Das Verbot des Handels in eigenen Aktien und seine Ausnahmen

Schriftenreihe zum Gesellschafts- und Kapitalmarktrecht

Herausgegeben von Lutz Michalski, Axel Jäger und Klaus-Rudolf Wagner

Band 31

PETER LANG
Frankfurt am Main · Berlin · Bern · Bruxelles · New York · Oxford · Wien

Magdalena Boguslawska

Das Verbot des Handels in eigenen Aktien und seine Ausnahmen

PETER LANG
Internationaler Verlag der Wissenschaften

Bibliografische Information der Deutschen Nationalbibliothek
Die Deutsche Nationalbibliothek verzeichnet diese Publikation in der Deutschen Nationalbibliografie; detaillierte bibliografische Daten sind im Internet über http://dnb.d-nb.de abrufbar.

Zugl.: Mainz, Univ., Diss., 2009

Gedruckt auf alterungsbeständigem,
säurefreiem Papier.

D 77
ISSN 1619-117X
ISBN 978-3-631-59465-0

www.peterlang.de

Meiner Mutter

Vorwort

Diese Arbeit wurde von der Juristischen Fakultät der Johannes Gutenberg-Universität zu Mainz im Wintersemester 2008/09 als Dissertation angenommen. Für die Veröffentlichung wurde der Stand der Rechtsprechung und Literatur bis Mitte des Jahres 2009 berücksichtigt.

In erster Linie bedanke ich mich herzlichst bei meinem verehrten Doktorvater, Herrn Prof. Dr. Mathias Habersack, der das Thema dieser Arbeit angeregt hat. Ich danke ihm für seine wertvollen wissenschaftlichen Anregungen während der gesamten Promotionszeit und für die Freiheit, die er mir bei der Erstellung der Arbeit ließ. Zu jeder Zeit hatte ich in ihm einen verständnisvollen Ansprechpartner. Ich möchte ihm auch für die außerordentlich schnelle Erstkorrektur danken. Mein herzlicher Dank gilt weiter Herrn Prof. Dr. Peter O. Mülbert für die zügige Erstellung des Zweitgutachtens.

Großen Dank schulde ich dem Europäischen Graduiertenkolleg „Systemtransformation und Wirtschaftsintegration im zusammenwachsenden Europa", das gemeinsam von den Universitäten Mainz, Heidelberg und Krakau angeboten wird, für die Förderung dieser Arbeit im Rahmen des gewährten Promotionsstipendiums.

Den Reihenherausgebern, insbesondere Herrn Prof. Dr. Lutz Michalski, möchte ich für die Aufnahme der Arbeit in die Schriftenreihe zum Gesellschafts- und Kapitalmarktrecht danken. Herrn Dr. Hermann Ühlein danke ich für die kompetente und schnelle Hilfe bei der Veröffentlichung der Arbeit.

Besonders bedanken möchte ich mich bei meiner Studienfreundin, Frau Regierungsrätin Katherine Grabolle, die mir zu jeder Zeit mit viel Geduld und in ständiger Diskussionsbereitschaft zur Seite stand. Ich danke ihr für ihre konstruktiven Gespräche, wertvollen Ratschläge, Aufmunterungen und die hilfreiche Durchsicht des Entwurfs meiner Arbeit. Frau Helene Tabatabaei danke ich für die mühevolle Korrektur des Manuskripts.

Mein herzlicher Dank gebührt Herrn Dr. Jiri Petras-Lohmann für die aufmunternde, humorvolle sowie „sponsorische" Unterstützung bei der Erstellung meiner Arbeit. Von ganzem Herzen danke ich meiner Mutter, Frau Dr. Jolanta Charaszkiewicz-Boguslawska, für ihre einzigartige und liebevolle Unterstützung während meiner gesamten juristischen Ausbildung. Meine Mutter hat mich mit ihrem Wissen und ihrer Lebenserfahrung in allen Lebenslagen begleitet und immer wieder motiviert. In Liebe und Dankbarkeit widme ich ihr diese Arbeit.

Inhaltsverzeichnis

Einleitung

Das generelle Verbot des Erwerbs eigener Aktien wurde in Deutschland als Reaktion auf die Folgen der Weltwirtschaftskrise durch die Notverordnung vom 19. September 1931 eingeführt, wobei schon damals in engen Grenzen Ausnahmen für wirtschaftlich notwendige Regelungen vorgesehen waren. In der Folgezeit wurde der Ausnahmekatalog des Verbotstatbestands um weitere, eng umgrenzte Fälle erweitert. Zwar schuf die Kapitalschutzrichtlinie von 1976[1] auf europäischer Ebene eine grundsätzliche Erlaubnis für den Aktienrückkauf durch die Gesellschaft, sofern die nationalen Gesetzgeber die Frage, ob sie einen solchen Erwerb überhaupt zulassen wollten, bejaht hatten. Da die Richtlinie jedoch nur Mindestbedingungen für den Erwerb eigener Aktien festsetzte, konnte der deutsche Gesetzgeber an seinen von 1931 bis 1965 geschaffenen, strengeren Regelungen festhalten, als er 1978 die Kapitalschutzrichtlinie umsetzte. Erst 1994 fand sich ein kleiner Ausschnitt des allgemeinen europäischen Ermächtigungstatbestands im deutschen Aktienrecht wieder, als durch das Zweite Finanzmarktförderungsgesetz[2] die branchenmäßige Ausnahme des § 71 Abs. 1 Nr. 7 AktG eingeführt wurde. Die von der Praxis lang ersehnte Liberalisierung des deutschen Aktienrechts erfolgte schließlich durch das Gesetz zur Kontrolle und Transparenz im Unternehmensbereich von 1998[3], das mit Einführung des § 71 Abs. 1 Nr. 8 AktG einen Erwerb eigener Aktien auch ohne besonderen sachlichen Erwerbsgrund und allein aufgrund einer allgemeinen Ermächtigung durch die Hauptversammlung erlaubt.

Der Grund für das bis zum Inkrafttreten des KonTraG bestehende grundsätzliche Verbot des Erwerbs eigener Aktien bestand darin, dass sich die leidvollen Erfahrungen der Weltwirtschaftskrise zu Beginn der dreißiger Jahre tief in das kollektive Gedächtnis der deutschen Rechtsliteratur eingegraben hatten. So wurden in der auf die Wirtschaftskrise folgenden Aufarbeitung ihrer Ursachen die Risiken des Erwerbs eigener Aktien für die Gläubiger, die Aktionäre und den Kapitalmarkt umfassend durchleuchtet, während eine Auseinandersetzung mit den Vorteilen des Rückerwerbs lange Zeit fehlte.

1 Abl. EG Nr. L 26 v. 31.1.1977, S. 1.
2 BGBl. I (1994), S. 1749.
3 BGBl. I (1998), S. 786.

Erst das Wachstum und die zunehmende internationale Verflechtung der Kapitalmärkte seit den 80-er Jahren stellte das in Deutschland bestehende Erwerbsverbot immer mehr in Frage. Der enorme Kapitalbedarf deutscher Publikumsgesellschaften machte es erforderlich, inländische Investoren an den deutschen Finanzplatz zu binden sowie neue, vor allem internationale Anleger zu gewinnen. Hierfür war es aber notwendig, die Attraktivität des deutschen Finanzplatzes zu steigern, da Anlagekapital vornehmlich in diejenigen Märkte fließt, die optimale Kapitalmarktbedingungen für Anleger bereitstellen. Deutsche Publikumsgesellschaften sahen sich gerade durch die strengen Regelungen im Bereich des Erwerbs eigener Aktien im internationalen Wettbewerb um das Risikokapital benachteiligt. Denn der Erwerb eigener Aktien wurde in fast allen Staaten der Europäischen Gemeinschaft freizügiger gehandhabt und war vor allem in den U.S.A. seit Jahrzehnten grundsätzlich erlaubt, wo er insbesondere als Mittel zur Kursbeeinflussung zum Einsatz kam[4]. Demgegenüber war es deutschen Unternehmen verwehrt, den Erwerb eigener Aktien als Instrument des Finanzmanagements zu nutzen. Zur Steuerung der Eigenkapitalbasis waren sie ausschließlich auf die schwerfälligen Instrumente der Kapitalerhöhung und Kapitalherabsetzung angewiesen. Daher verfolgte der Gesetzgeber des KonTraG das Ziel, das deutsche Aktienrecht zu modernisieren, zu internationalisieren und stärker auf die Wertsteigerung für die Anteilseigner zu orientieren. Im Hinblick auf den Eigenerwerb von Aktien sollte der neu geschaffene Tatbestand des § 71 Abs. 1 Nr. 8 AktG deutschen Gesellschaften ein Finanzinstrumentarium an die Hand geben, welches der international üblichen Praxis entsprach.

Seitdem können auch deutsche Unternehmen das Instrument des Aktienrückkaufs insbesondere zur Verwirklichung des Wertsteigerungsmanagements im finanziellen Bereich einsetzen. Den Vorteilen, die der Erwerb eigener Aktien als Instrument zur Finanzierung der Unternehmung mit sich bringen kann, stehen allerdings nicht unerhebliche Gefahren für die Funktionsfähigkeit der Kapitalmärkte und für die Anleger gegenüber. So besteht die Möglichkeit, dass die Aktiengesellschaft durch gezielte An- und Verkäufe eigener Aktien auf den Börsenkurs in manipulativer Weise einwirkt oder spezifische Kenntnisse im Rahmen des Aktienrückkaufs zum Nachteil der anderen Marktteilnehmer verwendet.

Der Gesetzgeber des KonTraG war sich dieser Risiken bewusst. Aus diesem Grunde schöpfte er die Spielräume der Kapitalschutzrichtlinie nicht vollständig aus, sondern versuchte mit der Schaffung von aktienrechtlichen Erwerbs- und Veräußerungsbeschränkungen den aus dem Eigenerwerb resultierenden Gefahren für die Funktionsfähigkeit des Kapitalmarktes und für die Anleger entgegenzuwirken.

---

4 Zum Erwerb eigener Aktien in den U.S.A. ausführlich Benckendorff, S. 73 ff. und 99 ff.; Hampel, S. 3 ff. und 59 ff.; Posner, AG 1994, 312 ff.; Kübler, S. 41 ff.

So stellen sowohl die Erwerbsgrenze in § 71 Abs. 1 Nr. 8 S. 1 AktG als auch das Handelsverbot in § 71 Abs. 1 Nr. 8 S. 2 AktG gesellschaftsrechtliche Beschränkungen des Erwerbs eigener Aktien dar, mit deren Hilfe die Gefahren der Verfälschung von Aktienkursen sowie der Vornahme von Insidergeschäften verhindert werden sollten. Folglich musste aktienrechtlichen Vorschriften, denen herkömmlicher Weise die Aufgabe zukommt, die Interessen der Gläubiger und der Aktionäre zu schützen, die Funktion zugeschrieben werden, zugleich Beeinträchtigungen des Kapitalmarktes und Schädigungen der Anleger durch marktmissbräuchliche Praktiken, sei es in Form von Marktmanipulation oder von Insidergeschäften, vorzubeugen. Welche gravierenden Auswirkungen diese Vorgehensweise des Gesetzgebers auf die Auslegung von aktienrechtlichen Vorschriften hat, zeigt in aller Deutlichkeit das in § 71 Abs. 1 Nr. 8 S. 2 AktG normierte Verbot des Handels in eigenen Aktien. Bis zum heutigen Tage herrscht darüber Streit, wann eine Gesellschaft „Handel in eigenen Aktien" betreibt.

Erst die Marktmissbrauchsrichtlinie[5] und die hierzu ergangenen Durchführungsakte haben Vorgaben normiert, die darauf angelegt sind, sich mit kapitalmarktrechtlichen Beziehungen zu befassen und spezielle Vorgaben für die Verhinderung von Marktmissbrauch festzulegen, um das Vertrauen der Anleger in die europäischen Kapitalmärkte zu stärken. In diesem Zusammenhang ist vor allem die Verordnung (EG) Nr. 2273/2003[6] über Ausnahmeregelungen für Rückkaufprogramme und Kursstabilisierungsmaßnahmen zu nennen, die in Durchführung zu Art. 8 der Marktmissbrauchsrichtlinie ergangen ist. Sie gilt kraft ihres Art. 12 seit dem 23. Dezember 2003 in allen Mitgliedstaaten unmittelbar und enthält zahlreiche und ausführliche Detailregelungen im Hinblick auf den Handel in eigenen Aktien im Rahmen von Rückkaufprogrammen einerseits und Kursstabilisierungsmaßnahmen für ein Finanzinstrument andererseits, für die die in der Marktmissbrauchsrichtlinie aufgestellten Verbote der Insidergeschäfte und Marktmanipulation nicht gelten (sog. „Safe Harbour"). In Zukunft muss jedes Aktienrückkaufprogramm in Umsetzung der europäischen Vorschriften an § 20a Abs. 1 WpHG und § 14 Abs. 1 WpHG gemessen werden und kann nur unter den Voraussetzungen von § 20a Abs. 2 oder 3 sowie § 14 Abs. 2 WpHG i.V.m. der Verordnung (EG) Nr. 2273/2003 vom Verbot der Marktmanipulation und des Insiderhandels freigestellt werden. Mithin haben die Vorschriften des WpHG eine umfassende Regelung geschaffen, die die kapitalmarktrechtliche Problematik des Marktmissbrauchs zum Gegenstand hat.

Mit Erlass der Kapitaländerungsrichtlinie[7] im Jahre 2006 hat sich der europäische Gesetzgeber im Bereich des Erwerbs eigener Aktien für weitgehende De-

5 Abl. EG Nr. L 96 v. 12.4.2003, S. 16.
6 Abl. L 336 v. 23.12.2003, S. 33.
7 Abl. EG Nr. L 264 v. 25.9.2006, S. 32.

regulierungen ausgesprochen. Die Ermächtigung zum Aktienrückerwerb nach Art. 19 Abs. 1 der Kapitalschutzrichtlinie soll künftig unter erleichterten Voraussetzungen erteilt werden können: Die Geltungsdauer der Ermächtigung der Hauptversammlung zum Aktienrückkauf wird von 18 Monaten auf fünf Jahre verlängert. Des Weiteren ist die europarechtliche Bestandsgrenze für eigene Aktien weggefallen. In Zukunft steht es den Mitgliedstaaten frei, den Rückkauf eigener Aktien durch nationales Recht an die Grenze von 10% Höchstbesitz an eigenen Aktien zu binden. Die Kapitaländerungsrichtlinie ist durch das Gesetz zur Umsetzung der Aktionärsrechterichtlinie (ARUG)[8] vom 30. Juli 2009 ins deutsche Recht umgesetzt worden.

Die Implementierung der Marktmissbrauchsrichtlinie und der hierzu ergangenen Durchführungsakte sowie die noch bevorstehende Umsetzung der Kapitaländerungsrichtlinie ins deutsche Recht werfen im Hinblick auf den Erwerb eigener Aktien auf der Grundlage allgemeiner Ermächtigung seitens der Hauptversammlung Fragen auf. Zunächst stellt sich die Frage, wie sich die neuen kapitalmarktrechtlichen Rahmenbedingungen auf die bestehenden Regelungen über den Erwerb eigener Aktien im deutschen Aktienrecht auswirken. Im Fokus der rechtlichen Analyse steht das im deutschen Aktienrecht bestehende Verbot des Handels in eigenen Aktien gemäß § 71 Abs. 1 Nr. 8 S. 2 AktG, das zwischen dem Aktienrecht einerseits und dem Kapitalmarktrecht andererseits eine Zwitterstellung einnimmt. Des Weiteren ist fraglich, ob die kapitalmarktrechtlichen Rahmenbedingungen für den Erwerb eigener Aktien hinreichenden Schutz bieten, um den im Zusammenhang mit dem Aktienrückkauf zwecks Beeinflussung des Börsenkurses stehenden Gefahren für den Kapitalmarkt und die Marktteilnehmer zu begegnen. Die rechtliche Behandlung dieser Frage ist vor allem im Hinblick auf die aktienrechtliche Deregulierung im Bereich des Erwerbs eigener Aktien, wie sie in der Kapitaländerungsrichtlinie zum Tragen kommt, zu würdigen. Dies sind die Kernaspekte der Arbeit und bilden den Dreh- und Angelpunkt für ihren Verlauf.

Die Arbeit gliedert sich in vier Kapitel. Das erste Kapitel ist den wirtschaftlichen Hintergründen des Erwerbs eigener Aktien gewidmet, das schwerpunktmäßig den Einsatz von Aktienrückkäufen als Instrument des Finanzmanagements, die hieraus folgenden Gefahren für den Kapitalmarkt und die Anleger sowie die Ursachen für die positiven Reaktionen von Aktienrückkäufen auf Aktienkurse behandelt. Das zweite Kapitel hat den Erwerb eigener Aktien nach Europäischem Gemeinschaftsrecht zum Gegenstand, d.h. es werden die Vorgaben in der Kapitalschutzrichtlinie, in der Kapitaländerungsrichtlinie und in der Marktmissbrauchsrichtlinie hinsichtlich des Aktienrückerwerbs erörtert. Das dritte Kapitel beschäftigt sich mit der Regelung des Erwerbs eigener Aktien im deutschen Aktienrecht,

8 BGBl. I (2009), S. 2479.

wobei der Schwerpunkt auf dem Eigenerwerb aufgrund der allgemeinen Ermächtigung der Hauptversammlung liegt. In diesem Zusammenhang wird vor allem das in § 71 Abs. 1 Nr. 8 S. 2 AktG kodifizierte Verbot des Handels mit eigenen Aktien einer kritischen Würdigung unterzogen sowie die Schutzmechanismen, die die aktienrechtlichen Vorschriften für Gläubiger und Aktionäre zur Verfügung stellen, analysiert. Das vierte Kapitel widmet sich den kapitalmarktrechtlichen Rahmenbedingungen für den Erwerb eigener Aktien. Zunächst erfolgt eine Analyse der in der Verordnung (EG) Nr. 2273/2003 enthaltenen Detailregelungen über den Handel mit eigenen Aktien im Rahmen von Rückkaufprogrammen. Sodann werden zentrale Normen des Wertpapierhandelsgesetzes, namentlich das Verbot von Insidergeschäften gemäß §§ 13, 14 WphG, das Verbot der Kurs- und Marktpreismanipulation gemäß § 20a WphG sowie die kapitalmarktrechtlichen Publizitätspflichten gemäß §§ 15 und 26 WpHG, einer tieferen Betrachtung unterzogen. Die Arbeit endet mit der Würdigung des Zusammenspiels von Aktien- und Kapitalmarktrecht im Bereich von Aktienrückkäufen.

1. Kapitel: Wirtschaftlicher Hintergrund des Erwerbs eigener Aktien

Setzt die Aktiengesellschaft den Erwerb eigener Aktien auf der Grundlage einer allgemeinen Ermächtigung der Hauptversammlung als Instrument der Finanzierungspolitik ein, so kann die Gesellschaft Einfluss auf die Eigenkapitalbasis nehmen und hierdurch den Unternehmenswert steigern. Darüber hinaus hat eine börsennotierte Aktiengesellschaft die Möglichkeit, die durch einen Rückkauf eigener Aktien hervorgerufenen positiven Reaktionen des Kapitalmarktes zu nutzen. So können Aktienrückkäufe sinkende Kurse wieder stabilisieren oder mitunter sogar zu Kurssteigerungen führen[9]. Die mit dem Aktienrückkauf einhergehende Kurssteigerung steht in zwei Fallgestaltungen im Vordergrund, namentlich im Fall des Eigenerwerbs zur Umsetzung einer Shareholder Value-orientierten Unternehmenspolitik und im Fall des Eigenerwerbs zur Abwehr von Übernahmeversuchen. Bevor diese beiden Fallgestaltungen einer intensiven Erörterung unterzogen werden, werden im Folgenden die Beweggründe für den Einsatz des Erwerbs eigener Aktien als Instrument des Finanzmanagements und die sich hieran anschließenden Gefahren für den Kapitalmarkt und die Anleger behandelt.

§ 1 Ökonomische Gründe für den Erwerb eigener Aktien

Der Einsatz von Aktienrückkäufen zur Umsetzung finanzpolitischer Ziele bietet der rückkaufwilligen Aktiengesellschaft eine Fülle von Gestaltungsmöglichkeiten. Die Aktiengesellschaft kann zunächst ihre Eigenkapitalbasis stärken, indem sie Aktien zu einem Börsenkurs kauft, zu dem sie die Aktien als unterbewertet ansieht, und diese bei einem Anziehen der Aktienkurse zu einem höheren Preis wieder veräußern. Auf diese Weise hat die Gesellschaft bei gleicher Anzahl ausgegebener Aktien das eingeworbene Kapital erhöht[10]. Ferner kann die Gesellschaft den Erwerb eigener Aktien zur Optimierung ihrer Kapitalstruktur einsetzen, da durch den Aktienrückkauf die Eigenkapitalrentabilität und damit die Rendite der verbleibenden Aktien gesteigert wird. Ist nämlich die Gesamtkapitalrentabilität in der Gesellschaft höher als die Fremdkapitalzinsen, so steigt die Rentabilität des Eigenkapitals mit

9 Die Ursachen dieses Phänomens werden ausführlich behandelt unter 1. Kap., § 4.
10 Wastl/Wagner/Lau, S. 30; Hampel, S. 6; Johannsen-Roth, S. 32; Benckendorff, S. 56.

einer Erhöhung des Fremdfinanzierungsanteils an (sog. „Leverage-Effekt“)[11]. Da Fremdkapital in der Regel billiger ist als Eigenkapital, geht mit der höheren Verschuldung zugleich die Senkung der (Eigen-) Kapitalkosten der Gesellschaft einher[12]. Hierdurch profitieren sowohl die Aktionäre als auch die Gesellschaft, die für neue Anleger attraktiver wird.

Des Weiteren ist es der Gesellschaft möglich, überschüssige liquide Mittel, für die sich innerhalb des Unternehmens keine rentable Investitionsmöglichkeit findet, durch den Rückkauf eigener Aktien an die Aktionäre zurückzugeben. Diese können dann ihrerseits über eine Wiederanlage am Kapitalmarkt entscheiden, wobei eine Investition in rentablere Verwendungsmöglichkeiten zu einer Verbesserung der Allokation des Kapitals auf dem Markt führt. Der Gesellschaft bietet der Abbau des Liquiditätsüberhangs im Wege des Rückerwerbs eigener Aktien flexiblere Einsatzmöglichkeiten und ermöglicht ihr das Betreiben einer stabilen Dividendenpolitik[13]. Durch die Verknappung des Aktiengesamtbestandes erhöht sich außerdem der Ertragsanteil des einzelnen Aktionärs am Gesamtgewinn der Gesellschaft, sofern sich die Zahl der verbleibenden Aktien proportional stärker verringert als das Kapital, das im Rahmen des Aktienrückkaufs verbraucht wird[14].

Für den Fall, dass Mitglieder der Unternehmensverwaltung Anteile der Gesellschaft halten, kommt es zu einem wirtschaftlichen Gleichlauf von Manager- und Unternehmensinteressen, da das Interesse der Manager an einer Gewinn- und Marktwertmaximierung der Aktien der Gesellschaft steigt[15]. Auch wird das Interesse der Besitzer substantieller Anteile an einer effektiven Unternehmenskontrolle intensiviert[16].

Eine bedeutende Rolle spielt der Aktienrückkauf schließlich bei Unternehmensumstrukturierungen und Neuakquisitionen, wo die eigene Aktie die Funktion einer Akquisitionsgewährung einnimmt. Dabei wird die Transaktion nicht mit Barmitteln, sondern mit eigenen Anteilen des Interessenten bezahlt. Zur Beschaffung des hierfür erforderlichen Bestands an eigenen Aktien bietet sich für die akquirierende Gesellschaft insbesondere der vorgelagerte Rückkauf eigener Aktien an[17].

Diese positiven, mit dem Einsatz des Erwerbs eigener Aktien als Instrument des Finanzmanagements verbundenen Effekte verdeutlichen, dass der Aktien-

---

11 Posner, AG 1994, 312, 314; hierzu ausführlich unter 1. Kap., § 3, I 2 b) bb).

12 Johannsen-Roth, S. 34; Benckendorff, S. 52 f.

13 Wastl/Wagner/Lau, S. 34 f.; Hampel, S. 6; hierzu auch unter 1. Kap., § 3, I 2 b) aa).

14 Johannsen-Roth, S. 41.

15 Wastl/Wagner/Lau, S. 37; Hampel, S. 6.

16 Hampel, S. 6.

17 Johannsen-Roth, S. 43 f.

rückkauf das Betreiben einer effizienten Unternehmenspolitik fördert und damit nicht nur im Interesse der Gesellschaft und der Aktionäre, sondern auch im Interesse der Gläubiger steht. Nicht zu leugnen ist allerdings, dass den Vorteilen, die ein Erwerb eigener Aktien mit sich bringen kann, auch eine Reihe von Nachteilen und Gefahren gegenübersteht. Die im Zusammenhang mit dem Einsatz des Erwerbs eigener Aktien als Instrument zur Finanzierung der Unternehmung stehenden Risiken weisen deutliche Bezüge sowohl zur Marktmanipulation als auch zur Problematik der Insidergeschäfte auf. Im Mittelpunkt der Diskussion steht dabei die manipulative Einflussnahme auf den Börsenkurs durch gezielte An- und Verkäufe eigener Aktien sowie die Verwertung von spezifischen Kenntnissen im Rahmen des Aktienrückkaufs zum Nachteil der anderen Marktteilnehmer.

§ 2 Missbrauchsmöglichkeiten und Gefahren des Erwerbs eigener Aktien für Kapitalmärkte und Anleger

I. Marktmanipulation

1. Allokative Funktionsfähigkeit des Kapitalmarktes

Aus volkswirtschaftlicher Sicht dient der Kapitalmarkt der effizienten Allokation von Kapital. Die Ersparnisse der privaten Haushalte und das anlagesuchende Geldvermögen der Wirtschaftsunternehmen werden in das Kapital umgewandelt, das die Emittenten für ihre Investitionen benötigen. Dabei soll das zur Verfügung stehende Kapital dorthin fließen, wo der jeweils dringendste Bedarf an Investitionsmitteln die höchste Rendite bei ausreichender Sicherheit der Anlage verspricht[18].

Die Effizienz einer Kapitalallokation wird jedoch nur dann gewährleistet, wenn der Börsenkurs eines Wertpapiers den Unternehmenswert sowie Ertrag und Risiko der Anlage möglichst korrekt widerspiegelt. Da sich der Börsenkurs durch das freie Zusammenspiel von Angebot und Nachfrage bildet, wird er nur dann dem wahren Wert eines Wertpapiers und damit dem inneren Wert des Unternehmens entsprechen, wenn auf den Preisbildungsmechanismus kein Einfluss genommen wird[19].

2. Erwerb und Veräußerung eigener Aktien als Mittel für Marktmanipulationen

Das Instrument des Rückerwerbs sowie der Wiederveräußerung eigener Aktien eröffnet der Gesellschaft die Möglichkeit, auf den Preisbildungsmechanismus des Kapitalmarktes einzuwirken. Die Gesellschaft ist in der Lage, durch den

18 Kümpel, Kapitalmarktrecht, S. 41 f., Rn. 57; s. hierzu auch unter 1. Kap., § 4, III 4.
19 S. hierzu ausführlich unter 1. Kap., § 4, II.

Rückerwerb eigener Aktien eine Aktiennachfrage zu erzeugen, die dem tatsächlichen Nachfrageverhalten des autonomen Kapitalmarktes nicht entspricht[20]. Hierdurch kann sie also einen falschen Eindruck über die Nachfrage nach ihren Aktien vermitteln und somit ein Absinken des Kurses ihrer Aktien verhindern[21]. Durch die Wiederveräußerung der eigenen Aktien kann die Gesellschaft das Angebot ihrer Aktien am Kapitalmarkt erweitern mit der Folge, dass eine nicht durch unabhängige Marktkräfte zustande gekommene, also künstliche, Kursstabilität erzeugt wird.

Mithin kann mit Hilfe des Erwerbs bzw. der Veräußerung eigener Aktien eine Kursstabilität oder -steigerung erwirkt werden, die nicht auf dem unabhängigen Zusammenspiel von Angebot und Nachfrage beruht und demzufolge nicht in der Lage ist, den Börsenkurs eines Wertpapiers korrekt wiederzugeben. Vielmehr wird den Anlegern eine höhere Bewertung der Aktien der Gesellschaft suggeriert als ihnen ohne den Eingriff in die Kräfte von Angebot und Nachfrage zukommen würde[22]. Ein so ermittelter Börsenkurs entspricht nicht dem inneren Wert des Unternehmens[23].

3. *Auswirkungen auf Anleger und Kapitalmarkt*

Die sich an den Aktienrückkauf als Mittel für Marktmanipulationen anschließenden Auswirkungen auf Anleger und Kapitalmarkt sind erheblich. Anleger werden über den wahren Marktwert des gehandelten Wertpapiers getäuscht und dadurch zu Investitionen veranlasst, die sie in dieser Form nicht getätigt hätten[24]. Sie müssen die Wertpapiere zu höheren Kursen kaufen oder billiger verkaufen, als dies ohne Eingriff auf die vorherrschenden Marktkräfte der Fall gewesen wäre[25]. Kommt es zu Fehlinvestitionen oder gar Verlusten, so verlieren die Marktteilnehmer das Vertrauen in die Ordnungsmäßigkeit der Preisbildung und insbesondere in die Aktie als Anlageform. Folge ist, dass sich Anleger vom Markt zurückziehen oder nur noch unter Erlangung eines Risikoaufschlags seitens der Gesellschaft bereit sind, ihre Ersparnisse in deren Anlagen zu investieren[26].

Diese Reaktionen der Anleger beeinträchtigen mittelfristig die Kapitalaufbringungsfunktion der Kapitalmärkte. Denn der Rückzug der Investoren aus dem Kapitalmarkt zieht eine Verringerung der Marktliquidität nach sich, was wiederum zu höheren Risikoprämien der Aktien und damit zu einem insgesamt niedrigeren Kursniveau führt. Niedrigere Kurse bewirken, dass Unternehmen höhere Eigen-

---

20 Wiedemann, Gesellschaftsrecht I, S. 563; Johannsen-Roth, S. 88.
21 von Rosen/Helm, AG 1996, 434, 437.
22 Johannsen-Roth, S. 87.
23 Lenzen, S. 52.
24 Ziebe, S. 24; Johannsen-Roth, S. 88.
25 Lenzen, S. 52.
26 Lenzen, S. 54 f.

kapitalkosten entstehen[27]. Nichts anders ergibt sich bei der Forderung nach einem Risikoaufschlag: Dieser führt zu steigenden Kapitalkosten der Unternehmen, was wiederum die Fähigkeit der Kapitalmärkte, den Unternehmen Möglichkeiten zur Eigenkapitalbeschaffung zu bieten, beeinträchtigt[28].

Schließlich kann die Börse infolge der manipulativen Einflussnahme auf den Börsenkurs weder einer Optimierung der Kapitalallokation nachkommen noch kann sie eine verlässliche Bewertung der Unternehmen vornehmen. Im Hinblick auf die Beeinträchtigung der Kapitalallokationsfunktion der Kapitalmärkte besteht die Gefahr, dass die Preise infolge einer Verzerrung des Börsenkurses ihrer Lenkungsfunktion nicht mehr nachkommen können und es so zu Fehlallokationen von Kapital kommt[29]. Was die Beeinträchtigung der Kapitalbewertungsfunktion der Kapitalmärkte betrifft, dient das Kursniveau nicht länger als Indikator für die wirtschaftliche Verfassung der Gesellschaft, da sich ihre tatsächliche Entwicklung dem Kurs nicht mehr entnehmen lässt[30]. Dies führt dazu, dass der Börsenkurs beispielsweise nicht den im Rahmen von Übernahmen oder Fusionen notwendigerweise festzustellenden Wert des Unternehmens widerspiegelt.

II. Insiderhandel

Im Mittelpunkt der Insiderproblematik steht die Schädigung der Anleger durch den Missbrauch von Insiderwissen. Dabei ist jedoch zu beachten, dass die den Insiderhandel unterbindenden kapitalmarktrechtlichen Vorschriften nicht dem Schutz der individuellen Interessen des einzelnen Anlegers, sondern dem Schutz der Gesamtheit der Anleger dienen, also auch solche Personen betreffen, die erst künftig Wertpapiere des Kapitalmarktes erwerben (potentielle Anleger)[31]. Die Insiderhandelsverbote bezwecken die Sicherung des Vertrauens der Anleger in die Funktionsfähigkeit der Kapitalmärkte, genauer gesagt in eine ordnungsgemäße Abwicklung der Wertpapiergeschäfte[32]. Dahinter steht die Überlegung, dass das Anlegerpublikum die gesamte Nachfrage und das gesamte Angebot am Markt bildet und deshalb dessen Kauf- und Verkaufspotenzial für die Liquidität des Kapitalmarktes und damit seine Funktionsfähigkeit entscheidend ist[33].

Liegt der innere Wert der Aktiengesellschaft über dem im Börsenkurs ihrer Aktien ausgedrückten Wert, mit anderen Worten sind die Aktien der Gesellschaft

---

27 Rudolph in FS für Adolf Moxter, 1335, 1342 f.; Lenzen, S. 54.
28 Lenzen, S. 55.
29 Lenzen, S. 53.
30 Johannsen-Roth, S. 88; Lenzen, S. 55.
31 Kümpel, Kapitalmarktrecht, S. 43, Rn. 60.
32 Beschlussempfehlung u. Bericht des Finanzausschusses des Deutsch. Bundestages, BT-Drucks. 12/7918, S. 95.
33 Kümpel, Kapitalmarktrecht, S. 43, Rn. 62.

gemessen am aktuellen Börsenwert unterbewertet, so besteht die Gefahr, dass Insider ihr Wissen über diese Wertdifferenz ausnutzen, um Geschäfte in den Aktien der Gesellschaft zum Nachteil der übrigen Marktteilnehmer zu tätigen[34]. Kommt es dann tatsächlich zu einer unrechtmäßigen Verwendung von Insiderinformationen, so ist eine informationsbezogene Chancengleichheit der Investoren am Markt nicht gewährleistet. Folge ist, dass sich Anleger, die über das entsprechende Sonderwissen nicht verfügen, ungerecht behandelt fühlen und sich daher vom Markt abwenden und ihr Anlagekapital nicht mehr in Aktien investieren[35]. Dies führt wiederum zu einer Verminderung der Liquidität des Kapitalmarktes und beeinträchtigt seine Funktionsfähigkeit.

In erster Linie unterliegt die Aktiengesellschaft selbst der Verlockung, Einfluss auf den Aktienkurs zu nehmen, indem sie gewinnbringend Kauf- und Verkaufsentscheidungen in eigenen Aktien vornimmt. Denn die Gesellschaft kann aufgrund der ihr intern zur Verfügung stehenden Unternehmensdaten selbst am besten beurteilen, ob ihre eigenen Aktien unterbewertet sind und der Erwerb dieser Aktien deshalb im Hinblick auf die zu erwartenden Kurssteigerungen sinnvoll erscheint[36]. Daneben kann es auch zu Privilegierungen sowohl von Vorstandsmitgliedern als auch der Verwaltung nahe stehenden (Groß-)Aktionären kommen. Denn im Gegensatz zu dem breiten Anlegerpublikum ist davon auszugehen, dass diese Marktteilnehmer Kenntnis von einem unmittelbar bevorstehenden Rückerwerb der Gesellschaft haben. Dementsprechend bietet sich ihnen eine geeignete Gelegenheit, diesen Informationsvorsprung zu nutzen und Aktien der Gesellschaft gezielt vor Durchführung des Rückerwerbs zu kaufen, um sie anschließend zu dem anlässlich des Rückkaufprogramms gestiegenen Börsenkurs wieder zu veräußern[37]. Dabei kann es unter rechtlichen Gesichtspunkten keine Rolle spielen, ob der Vorstand das Sonderwissen zum eigenen Vorteil oder aber zum Vorteil der Gesellschaft oder anderer Dritter einsetzt[38].

§ 3 Einflussnahme auf den Aktienkurs

Im Fall des Erwerbs eigener Aktien zur Umsetzung einer Shareholder Value-orientierten Unternehmenspolitik sowie im Fall des Erwerbs eigener Aktien zur Abwehr von Übernahmeversuchen rückt die mit dem Aktienrückkauf einhergehende Kurssteigerung in den Fokus der unternehmerischen Tätigkeit der Gesellschaft. Das Shareholder Value-Konzept sieht den Aktionär in seiner Rolle als

34 MüKoAktG-Oechsler, § 71, Rn. 25.
35 Caspari, ZGR 1994, 530, 533.
36 Wastl/Wagner/Lau, S. 67; Hirsch, S. 122.
37 Hopt, Kapitalanlegerschutz, S. 118; Benckendorff, S. 93; Johannsen-Roth, S. 88.
38 Wastl/Wagner/Lau, S. 67 f.; Johannsen-Roth, S. 89.

Kapitalanleger mit der Folge, dass die Steigerung des Aktienkurses in das Zentrum der unternehmerischen Entscheidungsfindung rückt[39]. Im Rahmen des Erwerbs zur Abwehr von Übernahmeversuchen hat die Unternehmensleitung an der Kurssteigerung deshalb ein besonderes Interesse, weil diese einen allgemeinen Schutz vor unerwünschten Unternehmensübernahmen durch fremde Aktienaufkäufer bietet[40].

I. Erwerb eigener Aktien zur Umsetzung einer Shareholder Value-orientierten Unternehmenspolitik

1. Einführung

Im Februar 2005 machte die Deutsche Bank mit Negativschlagzeilen in der Presse auf sich aufmerksam. Das Unternehmen kündigte nämlich an, im Laufe des Jahres rund 5200 Arbeitsplätze netto abzubauen sowie 1200 Stellen an Standorte mit niedrigen Kosten zu verlagern[41]. Diese Maßnahmen sind in der breiten Öffentlichkeit insbesondere deshalb auf vehemente Kritik[42] gestoßen, weil das Unternehmen gleichzeitig eine Gewinnverdopplung auf 4,1 Milliarden Euro vor Steuern für das Jahr 2004 verlautbarte. Das sind etwa 2,5 Milliarden Euro nach Steuern. Der rigorose Sparkurs der Deutschen Bank und damit einhergehend der geplante Abbau von Arbeitsplätzen wurde von dem Unternehmen als Teil eines Programms erläutert, mit dem die Eigenkapitalrendite bis Ende 2005 von derzeit 16,7% auf 25% vor Steuern gesteigert werden sollte[43].

Dieser dem aktuellen Tagesgeschehen entnommene Fall spiegelt die sowohl in der betriebswirtschaftlichen[44] als auch juristischen[45] Literatur viel diskutierte Frage nach dem Verhältnis von Anteilseignern und Arbeitnehmern im Rahmen

---

39 Mülbert, ZGR 1997, 129, 132.

40 Bezzenberger, S. 64 f., Rn. 77.

41 FAZ vom 4. Februar 2005, Nr. 29, S. 15; FAZ vom 9. Februar 2005, Nr. 33, S. 9.

42 S. beispielsweise FAZ vom 5. Februar 2005, Nr. 30, S. 13 und vom 10. Februar 2005, Nr. 34, S. 14.

43 FAZ vom 4. Februar 2005, Nr. 29, S. 15; FAZ vom 9. Februar 2005, Nr. 33, S. 9; s. dazu auch FAZ vom 5. Februar 2005, Nr. 30, S. 1 und vom 12. Februar 2005, Nr. 36, S. 11.

44 Arbeitskreis „Finanzierung“ der Schmalenbach-Gesellschaft, zfbf 48 (1996), 543, 544 f.; Ballwieser in FS für Adolf Moxter, S. 1378, 1389 f.; Busse v. Colbe, ZGR 1997, 271, 289 f.; Schilling, BB 1997, 373, 377 ff.; von Werder, ZfB Ergänzungsband 4/1997, 9, 11 ff.; Hommelhoff, ZfB Ergänzungsband 4/1997, 17, 18 f.; Titzrath, ZfB Ergänzungsband 4/1997, 31, 36; Schmidt/Spindler in FG für Friedrich Kübler, 515, 517 ff.

45 Mülbert, ZGR 1997, 129, 140 ff.; von Werder, ZGR 1998, 69, 74 ff.; Kuhner, ZGR 2004, 244, 267 ff.; Ulmer, AcP 202 (2002), 143, 155 ff.; Schmidt/Spindler in FG für Friedrich Kübler, 515, 534 ff.

der gemeinsamen wirtschaftlichen Veranstaltung „Unternehmung“ wider[46]. Die Brisanz der unternehmenspolitischen Konfliktlage zwischen den Interessen der Anteilseigner und denen der Arbeitnehmer lässt sich an dem Fallbeispiel der Deutschen Bank lehrbuchmäßig veranschaulichen: Das Geschäftsfeld eines Unternehmens ist beachtlich profitabel und erwirtschaftet dementsprechend eine hohe Eigenkapitalrendite (16,7% bei der Deutschen Bank). Durch einen weiteren drastischen Arbeitsplatzabbau lässt sich die erwirtschaftete Rendite aber noch um weitere, nicht unbeachtliche Prozentpunkte steigern (25% bei der Deutschen Bank)[47]. In dieser Fallkonstellation ist die Ausrichtung der Unternehmenspolitik auf die Vermehrung des Kapitals der Eigentümer und damit die Orientierung an den Interessen der Anteilseigner zu Lasten der Arbeitnehmerbelange nicht zu leugnen. Ein Konzept der Unternehmensführung, welches den Interessen der Anteilseigner Vorrang vor denjenigen der anderen Bezugsgruppen (Stakeholder) einer Aktiengesellschaft einräumt, zu denen neben den Arbeitnehmern, Lieferanten und Gläubigern auch die Allgemeinheit sowie das Management selbst gezählt werden, wird in Wissenschaft und Wirtschaft als „Shareholder Value“-Konzept tituliert[48].

Die Orientierung an dem Shareholder Value-Ansatz wirft die Frage auf, ob bzw. in welchem Umfang die Akzentuierung der Gewichte zugunsten der Kapitaleigner im Zielsystem der Unternehmung auf dem Fundament der deutschen Unternehmensverfassung akzeptabel ist[49]. Da der Einsatz von Aktienrückkaufprogrammen deutscher Aktiengesellschaften vor allem auch als Instrument einer wertorientierten Unternehmenspolitik eingesetzt werden kann[50], ist vor allem die Fragestellung von Interesse, ob das Shareholder Value-Prinzip mit der deutschen Unternehmensverfassung vereinbar ist. Wollen also die Führungskräfte eines deutschen Unternehmens das Instrument des Rückerwerbs eigener Aktien als Mittel einsetzen, um den Unternehmenswert der Gesellschaft und damit auch das Vermögen der Aktionäre zu mehren, so müsste sich das Konzept des Shareholder Value auf deutsche Unternehmen übertragen lassen. Zwar ist die Frage, in welchem Umfang der Vorstand einer Aktiengesellschaft im Rahmen seines Handlungsspielraums außer den Zielen der Anteilseigner auch diejenigen anderer Interessenträger ins Auge fassen sollte, nicht weniger von Bedeutung, sie beinhaltet jedoch ein Werturteil und setzt demzufolge eine Auseinandersetzung auf

46 von Werder, ZGR 1998, 69, 74; ders., ZfB Ergänzungsband 4/1997, 9, 11.

47 von Werder, ZGR 1998, 69, 85 f.; ders., ZfB Ergänzungsband 4/1997, 9, 12.

48 Ulmer, AcP 202 (2002), 143, 155; von Werder, ZGR 1998, 69, 74; Schmidt/Spindler in FG für Friedrich Kübler, 515, 516 f. mit der weiteren Unterscheidung zwischen einem moderaten und einem radikalen Shareholder Value-Konzept.

49 von Werder, ZGR 1998, 69, 74, 76; ders., ZfB Ergänzungsband 4/1997, 9, 11; Hommelhoff, ZfB Ergänzungsband 4/1997, 17, 18 f.; Titzrath, ZfB Ergänzungsband 4/1997, 31, 36; Ulmer, AcP 202 (2002), 143, 155; Mülbert, ZGR 1997, 129, 141.

50 Rams, Die Bank 1997, 216, 217.

normativer Ebene voraus[51]. Diese die Unternehmensethik betreffende Problematik soll hier nicht weiter vertieft werden.

2. *Das Shareholder Value-Konzept*

a) *Begriff, Bedeutung und Berechnung*

In Deutschland ist der Shareholder Value-Ansatz auch unter den Begriffen „Value-Management“, „Wertmanagement“ oder „Wertsteigerungsmanagement“ bekannt geworden[52]. Eine nach dem Shareholder Value-Konzept ausgerichtete Unternehmenspolitik zielt darauf ab, den Marktwert des Unternehmens zu maximieren[53]. Bei börsennotierten Aktiengesellschaften wird dieses oberste Ziel durch die Börsenkapitalisierung repräsentiert, also dem Streben, einen möglichst hohen Aktienkurs zu erzielen[54].

Shareholder Value bezeichnet den Marktwert des Eigenkapitals einer Unternehmung[55]. Der Marktwertbeitrag einzelner strategischer Maßnahmen oder Projekte sowie die Leistungen des Managements werden mit Methoden der dynamischen Investitionsrechnung unter Berücksichtigung unsicherer Erwartungen gemessen, wobei der finanzielle Nutzen einer Maßnahme für die Anteilseigner bewertet wird[56]. Damit findet sich die Messung und Konkretisierung des Marktwertes des Unternehmens im Wert aus Sicht der Anteilseigner wieder[57]. Die Discounted Cash Flow-Methode ist die heute in der Unternehmenspraxis am meisten verbreitete Rechentechnik zur Umsetzung des Shareholder Value-Ansatzes[58]. Danach wird der Unternehmenswert im Kern als Summe dreier Komponenten definiert, namentlich dem Barwert des betrieblichen Cash Flows während der Prognoseperiode (z.B. 5 Jahre), dem Residualwert als Barwert aller Cash Flows nach Ende des Planungszeitraums und dem Marktwert des nicht betriebsnotwendigen Vermögens[59]. Als Faktor für die Diskontierung der Zahlungsströme werden die Kapitalkosten heran-

---

51 von Werder, ZGR 1998, 69, 83 ff.; Clemm in FS für Wolfgang Ritter, S. 675, 680 ff.

52 Mülbert, ZGR 1997, 129, 131; von Werder, ZGR 1998, 69, 71.

53 Mülbert, ZGR 1997, 129, 132; Busse v. Colbe, ZGR 1997, 271, 273.

54 Kuhner, ZGR 2004, 244, 258; Mülbert, ZGR 1997, 129, 132.

55 Kuhner, ZGR 2004, 244, 258; Mülbert, ZGR 1997, 129, 131 f.; Schilling, BB 1997, 373; Busse v. Colbe, ZGR 1997, 271, 272.

56 Kuhner, ZGR 2004, 244, 258; Mülbert, ZGR 1997, 129, 133; Busse v. Colbe, ZGR 1997, 271, 272; Ballwieser in FS für Adolf Moxter, S. 1378, 1381, 1383.

57 Englert/Scholich, BB 1998, 684.

58 Gomez/Murarotto in Handwörterbuch des Bank- und Finanzwesens, re. Sp., S. 1930; Ballwieser in FS für Adolf Moxter, S. 1378, 1380, 1383 ff.; Englert/Scholich, BB 1998, 684, 685 f.; Bühner/Weinberger, BFuP 1991, 187, 191.

59 Von Werder, ZGR 1998, 69, 72; Gomez/Murarotto in Handwörterbuch des Bank- und Finanzwesens, re. Sp., S. 1930 u. li. Sp., S. 1931.

gezogen, die dem gewichteten Mittelwert aus Eigen- und Fremdkapitalkosten entsprechen[60]. Von dem so als Barwert künftiger Überschüsse ermittelten Gesamtwert des Unternehmens kommt man nach Abzug des Marktwertes des Fremdkapitals zum Shareholder Value als Marktwert des Eigenkapitals[61].

Der Shareholder Value-Ansatz kann aus buchhalterischer Sicht als Gegenprogramm zu herkömmlichen Methoden der Wertermittlung angesehen werden[62]. Denn es hat sich die Erkenntnis durchgesetzt, dass zum einen traditionelle Rechnungslegungsgrößen wie der Bilanzgewinn oder der Gewinn pro Aktie ungeeignet sind, um den Unternehmenserfolg verlässlich wiederzugeben[63]. So kann beispielsweise das für die Zukunft geschaffene Ausschüttungspotenzial eines Unternehmens weder anhand des Jahresüberschusses noch anhand des Bilanzgewinns zuverlässig abgebildet werden[64]. Der Grund hierfür ist darin zu sehen, dass die Geschäftsführung eines Unternehmens bilanzielle Gewinne durch die geeignete Ausübung gesetzlicher Ansatz- und Bewertungswahlrechte in beachtlichem Ausmaß beeinflussen kann[65]. Zum anderen sind aus Buchgrößen abgeleitete Kennziffern wie die buchmäßige Eigen- oder Gesamtkostenrentabilität ungeeignet, die Erfolgsaussichten zukünftiger Maßnahmen zu beurteilen[66]. Gewinn- und Rentabilitätskriterien vernachlässigen nämlich die Kapitalkosten, das Risiko von Strategien oder Investitionsprojekten und den Zeitwert von Zahlungen[67].

Die am Shareholder Value ausgerichtete Zahlungsstromorientierung durch Zugrundelegung von Cash Flows hat hingegen zur Folge, dass Führungskräfte eines Unternehmens nur solche Strategien und Investitionsprojekte durchführen, die eine Zunahme des Unternehmenswertes erwarten lassen. Denn die Wertermittlung unter Zugrundelegung von Cash Flows ermöglicht es, Strategien und Maßnahmen des Managements eines Unternehmens, die den Gewinn erhöhen oder das Unternehmen wachsen lassen, daraufhin zu überprüfen, ob sie denn auch gleichzeitig den Unternehmenswert erhöhen. Sie leisten dann einen angemessenen Beitrag zur Steigerung des Unternehmenswertes, wenn die Cash Flow-Rendite über den gewichteten durchschnittlichen Kapitalkosten liegt[68]. Ergibt hingegen die Analyse eines Ge-

---

60 von Werder, ZGR 1998, 69, 72; Gomez/Murarotto in Handwörterbuch des Bank- und Finanzwesens, re. Sp., S. 1930 u. li. Sp., S. 1931; Busse v. Colbe, ZGR 1997, 271, 278 ff.

61 Busse v. Colbe, ZGR 1997, 271, 280 f.; Ballwieser in FS für Adolf Moxter, S. 1378, 1383 ff.; Rams, Die Bank 1997, 216, 217.

62 von Werder, ZGR 1998, 69, 72.

63 Ballwieser in FS für Adolf Moxter, S. 1378, 1381.

64 Ballwieser in FS für Adolf Moxter, S. 1378, 1381; Schilling, BB 1997, 373.

65 Bernhardt/Witt, ZfB 67 (1997), 85, 87.

66 Ballwieser in FS für Adolf Moxter, S. 1378, 1381.

67 Bernhardt/Witt, ZfB 67 (1997), 85, 87.

68 Bernhardt/Witt, ZfB 67 (1997), 85, 87; Busse v. Colbe, ZGR 1997, 271, 273; Englert/Scholich, BB 1998, 684.

schäftsbereiches der Gesellschaft, dass eine Rendite unterhalb der Kapitalkosten erwirtschaftet wurde und ist eine Trendwende nicht absehbar, so kann es zur Durchführung der wohl umstrittensten, aber im Sinne des Wertmanagement-Ansatzes gleichzeitig auch konsequenten Strategiemaßnahmen kommen, namentlich der Durchführung von Desinvestitionsentscheidungen[69]. So kann unter Umständen sogar der abrupte Rückzug durch den Verkauf von Unternehmensteilen oder des gesamten Geschäftsbetriebes oder die Liquidation von Geschäften aus Sicht einer wertorientierten Unternehmenssteuerung erforderlich sein[70].

Mithin ist festzuhalten, dass nach dem Shareholder Value-Konzept die Wertermittlung unter Zugrundelegung von leistungsinduzierten Zahlungsströmen zwischen Unternehmen und Umwelt – von Cash Flows also – als ständiger Maßstab für die strategische Steuerung und Kontrolle ganzer Unternehmen, einzelner Konzerngesellschaften und Geschäftsbereiche angewandt werden soll (wertorientierte Unternehmenssteuerung)[71].

b) Einfluss der Aktienrückkäufe auf den Shareholder Value

Die am Shareholder Value orientierte Unternehmensführung rückt die Interessen der Aktionäre als Eigenkapitalgeber in den Vordergrund. Denn die Unternehmensführung wirtschaftet erfolgreich, wenn die Aktionäre eine Verzinsung des eingesetzten Kapitals erzielen, die mindestens ihrer erwarteten Verzinsung entspricht. Übersteigt die Verzinsung des eingesetzten Kapitals ihre Erwartungen, wird zusätzliches Aktionärsvermögen geschaffen[72].

Der Rückkauf eigener Aktien stellt ein geeignetes Instrument zur Förderung einer Shareholder Value-orientierten Unternehmenspolitik dar[73]. Denn der Aktienrückkauf fungiert als Mittel, um das oberste Ziel der auf den Shareholder Value ausgerichteten Unternehmensführung, nämlich die Steigerung des Vermögens der Anteilseigner, zu erreichen. Mithin besteht zwischen Aktienrückkäufen und dem Shareholder Value-Ansatz ein Mittel-Zweck-Verhältnis.

Strategische Entscheidungen und Maßnahmen zur Realisierung der Zielsetzung des Shareholder Value-Konzepts betreffen vor allem Bereiche der Investitionspolitik und der Finanzierungspolitik[74]. In diesen Bereichen kann der Rück-

69 Kuhner, ZGR 2004, 244, 265; Arbeitskreis „Finanzierung“ der Schmalenbach-Gesellschaft, zfbf 48 (1996), 543, 544; Mülbert, ZGR 1997, 129, 132.

70 Bühner/Weinberger, BFuP 1991, 187, 200 ff.

71 Busse v. Colbe, ZGR 1997, 271, 273 f.; Schilling, BB 1997, 373; Arbeitskreis „Finanzierung“ der Schmalenbach-Gesellschaft, zfbf 48 (1996), 543, 545.

72 Bühner/Weinberger, BFuP 1991, 187, 188.

73 Rams, Die Bank 1997, 216, 217.

74 Kuhner, ZGR 2004, 244, 264.

kauf eigener Aktien als zentrales Instrument sowohl zur Gestaltung der Beziehungen zwischen der Gesellschaft und dem Aktionär als auch zur Steigerung des Unternehmenswertes eingesetzt werden[75].

aa) Investitionspolitik

Zum Kernbestand einer Shareholder Value-orientierten Unternehmenspolitik gehört die investitionspolitische Handlungsanweisung, liquide Mittel an die Anteilseigner auszuschütten, sofern das Unternehmen keine Investitionsprojekte in Aussicht hat, deren erwartete Rendite mindestens die Eigenkapitalkosten abdeckt[76]. Denn zu einer Steigerung des Marktwertes des Eigenkapitals kann es nur kommen, wenn die erwarteten Renditen der einbehaltenen zahlungswirksamen Gewinne größer sind als diejenigen Renditen, welche die Anteilseigner nach erfolgter Ausschüttung durch eigene Anlage am Kapitalmarkt selbst erwirtschaften können[77].

Die Gesellschaft kann zwar die freie Liquidität an die Aktionäre im Wege der Dividendenzahlung auskehren. Jedoch stellt sich der Rückerwerb eigener Aktien als alternatives Instrument der Finanzierungspolitik dar, das der Gesellschaft nicht unerhebliche Vorzüge bietet. Verfolgt die Gesellschaft eine stabile Dividendenpolitik, so ist die Dividendenzahlung wenig geeignet, den Sondercharakter einer besonderen, einmaligen Ausschüttung zu dokumentieren. Denn das einmalige Anheben der Dividende zur Ausschüttung eines außerordentlichen Gewinns löst bei den Anlegern am Kapitalmarkt die Erwartungshaltung aus, auch künftig eine höhere Dividende ausgezahlt zu bekommen. Folgt nun auf die einmalige Dividendenerhöhung eine Dividendensenkung, werden aufgrund der Nichterfüllung der bestehenden Erwartungen der Aktionäre Kursverluste der Aktie an der Börse hervorgerufen[78]. Im Vergleich dazu bietet das Instrument des Aktienrückkaufs der Gesellschaft die adäquate Möglichkeit, eine einmalige Sonderzahlung an die Aktionäre auszukehren. Die Auskehrung liquider Mittel an die Aktionäre wird von dem positiven Nebeneffekt einer Steigerung des Aktienkurses der Aktien der zurück kaufenden Gesellschaft begleitet. Ferner sticht der Rückerwerb eigener Aktien gegenüber der Dividendenzahlung durch sein erhöhtes Maß an Flexibilität hervor. Im Gegensatz zu der Dividende, die als eine regelmäßig wiederkehrende und in ihrem Umfang bekannte Auszahlung zu begreifen ist[79], können im Wege

75 Rams, Die Bank 1997, 216, 217.

76 Kuhner, ZGR 2004, 244, 265; Mülbert, ZGR 1997, 129, 132.

77 Ballwieser in FS für Adolf Moxter, S. 1378, 1381; Arbeitskreis „Finanzierung“ der Schmalenbach-Gesellschaft, zfbf 48 (1996), 543, 544.

78 von Rossen/Helm, AG 1996, 434, 437; Eberstadt, WM 1996, 1809; Skog, ZGR 1997, 306, 309; Kraft/Altvater, NZG 1998, 448; Johannsen-Roth, S. 36, m.w.N.

79 Johannsen-Roth, S. 36.

des Rückerwerbs eigener Aktien Überschüsse während des ganzen Jahres – und nicht nur im Zusammenhang mit der Jahreshauptversammlung – weitergegeben werden[80]. Darüber hinaus kann jeder Aktionär unter Berücksichtigung seiner individuellen Vermögenslage entscheiden, ob er das Rückerwerbsangebot der Gesellschaft annehmen und einen entsprechenden Veräußerungserlös erzielen oder aber seine Aktien behalten und von den steigenden Börsenkursen profitieren will[81]. Schließlich ist nicht zu verkennen, dass die Ausschüttung von überflüssigen liquiden Mitteln im Wege des Aktienrückkaufs im Vergleich zu einer Dividendenzahlung für den einzelnen Aktionär mit steuerlichen Vorteilen verbunden ist[82].

Demnach stellt der Rückkauf eigener Aktien gegenüber der Dividendenzahlung ein vorteilhafteres Instrument dar, das im Rahmen einer Shareholder Value-orientierten Unternehmenspolitik zur Gestaltung der Beziehungen zwischen der Gesellschaft und dem Aktionär eingesetzt werden kann.

bb) Finanzierungspolitik

Eine weitere dem Shareholder Value-Ansatz zugrunde liegende Zielsetzung besteht darin, den Marktwert des Eigenkapitals durch die Änderung der Finanzierungsstruktur des Unternehmens zu steigern[83]. Der Rückkauf eigener Aktien ist dazu geeignet, diese Zielsetzung zu erreichen.

Im Zuge von Aktienrückkäufen ist es der Gesellschaft möglich, einen Teil ihres eingesetzten Eigenkapitals durch Fremdkapital zu ersetzen. Die Gesellschaft erwirbt eigene Aktien entweder gegen Aufnahme von Fremdkapital oder gegen Auflösung von Liquiditätsreserven[84]. Während im letzteren Fall die Ausschüttung liquider (Eigen-)Mittel lediglich eine relative Kapitalumschichtung bewirkt, führt im ersten Fall die Aufnahme von Fremdmitteln zu einem absoluten Ersatz von Eigenkapital durch Fremdkapital und damit zu einem verstärkten Substitutionseffekt[85]. Die Umschichtung der Passivseite der Bilanz ist für die Gesellschaft vor allem in Niedrigzinsphasen von Vorteil, da die Gesellschaft zu dieser Zeit verbilligt Fremdkapital am Kapitalmarkt aufnehmen kann[86].

Für das Fremdkapital sind unabhängig von der Ertragslage die vertraglich vereinbarten Zinsen zu entrichten[87]. Ist die erzielte Verzinsung des Gesamtkapitals höher als der feste Fremdkapitalzins, so fällt der gesamte vom Fremdkapital über

80 Skog, ZGR 1997, 306, 309.
81 von Rosen/Helm, AG 1996, 434, 439; Martens, AG 1996, 337, 338.
82 Johannsen-Roth, S. 38; Benckendorff, S. 54.
83 Kuhner, ZGR 2004, 244, 265; Rams, Die Bank 1997, 216, 217 f.
84 Rams, Die Bank 1997, 216, 218.
85 Johannsen-Roth, S. 33.
86 Posner, AG 1994, 312, 314; Kellerhals/Rausch, AG 2000, 222, 223.
87 Wöhe/Döring, S. 821; Perridon/Steiner, S. 487.

den festen Fremdkapitalzins hinaus erwirtschaftete Ertragsteil dem Eigenkapital zu. Die erwartete Rendite auf das eingesetzte Eigenkapital wird also umso größer, je kleiner der Anteil des Eigenkapitals am Gesamtkapital, d.h. je höher der Verschuldungsgrad ist[88]. Die Substitution von Eigenkapital durch Fremdkapital führt damit zu einer Steigerung der Eigenkapitalrentabilität der Gesellschaft. Die als „Leverage-Effekt“[89] bezeichnete Hebelwirkung des Fremdkapitals, genauer die zunehmende Verschuldung auf die Eigenkapitalrentabilität[90], kommt den Aktionären in Form höherer Renditen zugute[91]. Jedoch ist zu beachten, dass die Eigenkapitalrendite nicht mit zunehmender Verschuldung linear wächst, sondern sich der positive „Leverage-Effekt“ ab einem gewissen Verschuldungsgrad durch steigende Kapitalkosten allmählich kompensiert und schließlich umkehrt. Der Grund hierfür liegt darin, dass sich die Fremdkapitalgeber ohne die Gewährung höherer Fremdkapitalzinsen nicht länger bereit erklären werden, das aufgrund des wachsenden Verschuldungsgrades der Gesellschaft eingetretene Kreditrisiko zu tragen[92]. Solange jedenfalls die Gesamtkapitalrentabilität über dem Fremdkapitalzins liegt, wächst die Eigenkapitalrentabilität mit wachsender Verschuldung. Die Führungskräfte des Unternehmens werden demnach darauf bedacht sein, mit Hilfe des Einsatzes von Aktienrückkäufen einen möglichst optimalen Verschuldungsgrad[93] der Unternehmung zu erzielen, um den Marktwert des Eigenkapitals optimal maximieren zu können.

Die aufgrund der Substitution von Eigenkapital durch Fremdkapital eintretende größere Verschuldung bewirkt einen weiteren positiven Effekt, nämlich die Senkung der (Eigen-)Kapitalkosten. Der Grund hierfür ist darin zu sehen, dass sich das Fremdkapital bis zu der oben beschriebenen Schwelle als die günstigere Finanzierungsquelle erweist: Erstens muss die Gesellschaft auf die mit Fremdkapital finanzierten Teile ihrer Investitionen nur den marktüblichen Fremdkapitalzins entrichten. Zweitens sind diese Zinszahlungen steuerlich abzugsfähig[94]. Im Vergleich hierzu liegen die Eigenkapitalkosten der Gesellschaft regelmäßig höher. Zum einen verlangen die Eigenkapitalgeber neben einer bestimmten Basisverzinsung ihres eingebrachten Kapitals eine dem Unternehmensrisiko entsprechende Risikoprämie[95].

---

88 Wöhe/Bilstein, S. 410.

89 Ausführlich zum Leverage-Effekt: Wöhe/Bilstein, S. 409 ff.; Wöhe/Döring, S. 821 ff.; Perridon/Steiner, S. 487 ff.; Eilenberger, S. 18 ff.

90 Wöhe/Bilstein, S. 411.

91 Posner, AG 1994, 312, 314.

92 Wöhe/Bilstein, S. 415; Eilenberger, S. 19 f; Kellerhals/Rausch, AG 2000, 222, 223.

93 In der betriebswirtschaftlichen Literatur sind die Auffassungen zur Frage des optimalen Verschuldengrades widersprüchlich; teilweise wird vertreten, dass es diese Figur gar nicht gebe, s. dazu Wöhe/Bilstein, S. 415 f., m.w.N..

94 Rams, Die Bank 1997, 216, 217 f.; Kuhner, ZGR 2004, 244, 265; Kellerhals/Rausch, AG 2000, 222, 223.

95 Johannsen-Roth, S. 34; Benckendorff, S. 53.

Zum anderen sind mit der Verwaltung von Eigenkapital hohe finanzielle Aufwendungen verbunden (sog. „Shareholder Serving"-Kosten)[96].

Somit kann die Gesellschaft durch Umgestaltung ihrer Kapitalstruktur den Marktwert des Eigenkapitals der Unternehmung erhöhen. Der Rückerwerb eigener Aktien stellt hierbei ein sachdienliches Instrument dar. Der Ersatz von kostenintensivem Eigenkapital durch günstiges Fremdkapital führt zu einer Maximierung der Eigenkapitalrentabilität. In Abhängigkeit von der Substitutionsmenge kommt es zu einer Hebelwirkung des Fremdkapitals, die bei den verbleibenden Aktionären in Form höherer Renditen zum Tragen kommt. Gleichzeitig werden die durchschnittlichen Kapitalkosten gesenkt, was unmittelbar zu einer Steigerung des Unternehmenswertes führt.

Als Zwischenergebnis ist festzuhalten, dass sowohl die Auskehrung von überschüssigen Liquiditätsreserven als auch die Änderung der Finanzstruktur der Gesellschaft mittels einer Substitution von Eigenkapital durch Fremdkapital Strategiemaßnahmen zur Realisierung einer Shareholder Value-Politik eines Unternehmens darstellen, deren praktische Umsetzung im Wege von Aktienrückkäufen in geeigneter Weise erfolgen kann.

3. *Die Leitungsverantwortung des Vorstands im Hinblick auf die Interessen aller Bezugsgruppen in Deutschland*

Dem Vorstand ist die Unternehmensleitung gemäß § 76 Abs. 1 AktG übertragen. Dabei übt der Vorstand seine Leitungsaufgabe unter eigener Verantwortung aus, d.h. er ist weder an Weisungen anderer Gesellschaftsorgane noch an Weisungen von (Groß-)Aktionären gebunden[97]. Positiv ausgedrückt bedeutet dies, dass er nach eigenem Ermessen über Zielkonzeption, Organisation, Führungsgrundsätze und Geschäftspolitik des in der Form der Aktiengesellschaft verfassten Unternehmens entscheidet[98].

a) *Unternehmensinteresse*

Der Vorstand[99] hat bei der Wahrnehmung seiner Leitungstätigkeit nach ständiger Rechtsprechung des BVerfG und des BGH[100] das sog. Unternehmensinteresse als

---

96 Kopp, S. 40 f.; kritisch Bezzenberger, S. 67 f.

97 Hüffer, AktG, § 76, Rn. 10; KöKoAktG-Mertens, § 76, Rn. 10.

98 KöKoAktG-Mertens, § 76, Rn. 10; Hüffer, AktG, § 76, Rn. 12.

99 Die für den Vorstand aufgestellten Grundsätze im Hinblick auf das unternehmerische Handeln gelten in einer AG ebenfalls für den Aufsichtsrat, MüKoAktG-Semler/Spindler, Vor § 76, Rn. 77.

100 BVerfGE 50, 290, 374; BGHZ 36, 296, 306, 310; BGH NJW 1979, 1823, 1826; vgl. auch MüKoAktG-Semler/Spindler, Vor § 76, Rn. 84.

Handlungsmaxime zu beachten. Allerdings hat die Rechtsprechung diese unternehmensrechtlich konzipierte Leitungsmaxime der Vorstandstätigkeit nicht genauer definiert. Im Schrifttum gibt es daher eine Vielzahl von Versuchen, eine inhaltliche Konkretisierung des Begriffs „Unternehmensinteresse" vorzunehmen[101].

So finden sich bereits im Hinblick auf die dogmatische Herleitung der Figur des Unternehmensinteresses in der Literatur verschiedenen Ansätze, um die Existenz eines vom Gesellschaftsinteresse verschiedenen Unternehmensinteresses zu begründen[102]. Im Wesentlichen basieren die Begründungsstränge einmal auf der Annahme einer impliziten Fortgeltung des § 70 Abs. 1 AktG 1937[103], wonach der Vorstand die Gesellschaft so zu führen hatte, „wie das Wohl des Betriebes und seiner Gefolgschaft und der gemeine Nutzen von Volk und Reich es fordern", des Weiteren auf der Gemeinwohlbindung des Eigentums nach Art. 14 Abs. 2 GG[104] sowie schließlich auf der Beschickung von Gesellschaftsorganen durch Arbeitnehmervertreter bei mitbestimmten Aktiengesellschaften[105].

Soll das Unternehmensinteresse als Handlungsmaßstab für den Vorstand dienen, so liegt das spezifische Element dieser Vorstellung in der Ausrichtung auf das Unternehmen als Bezugspunkt der Interessen aller am Unternehmen beteiligten Gruppen (Stakeholder)[106]. Hierin ist auch der Unterschied zum Gesellschaftsinteresse zu sehen. Denn das Gesellschaftsinteresse bezeichnet eine „überindividuelle, von den konkreten Interessen der einzelnen Verbandsmitglieder abgelöste und für alle Gesellschaftsorgane gleichermaßen verbindliche Leitmaxime"[107]. Es muss somit nicht zwingend mit dem Interesse der Mehrheit der Gesellschafter identisch sein[108].

---

101 KöKo-Mertens, § 76, Rn. 16; MüKo-Semler/Spindler, Vor § 76, Rn. 84; Hüffer, AktG, § 76, Rn. 12; Kuhner, ZGR 2004, 244, 247 ff.; Schmidt/Spindler in FG für Friedrich Kübler, S. 515, 542 ff.; s. die verschiedenen Literaturauffassungen zu dem Begriff im Überblick bei Schilling, BB 1997, 373, 379 f.; als Maxime ablehnend Mülbert, ZGR 1997, 129, 155 f.

102 Kuhner, ZGR 2004, 244, 248; Schmidt/Spindler in FG für Friedrich Kübler, S. 515, 545; eine kritische Auseinandersetzung mit den verschiedenen Begründungsansätzen findet sich bei Mülbert, ZGR 1997, 129, 147 ff.; zur historischen Entwicklung des dtsch. AktG s. Groh, DB 2000, 2153, 2154 ff.; auch Hommelhoff in FS für Marcus Lutter, S. 95, 103 f.

103 Raisch in FS für Wolfgang Hefermehl, S. 347, 352 f.; Schilling in FS für Ernst Geßler, S. 159, 168 f.; KöKoAktG-Mertens, § 76, Rn. 16.

104 Kübler, Gesellschaftsrecht, § 32 III 4 a; Clemm in FS für Wolfgang Ritter, S. 675, 682; Semler in FS für Peter Raisch, S. 291, 295.

105 Reuter, AcP 179 (1979), 509, 510 ff.; Ballerstedt, ZGR 1977, 133, 136; Schilling, ZHR 144 (1980), 136, 142f.

106 Schmidt/Spindler in FG für Friedrich Kübler, S. 515, 542.

107 Mülbert, ZGR 1997, 129, 141.

108 Kuhner, ZGR 2004, 244, 246. Im Übrigen ist das Verhältnis zwischen dem verbandsrechtlichen Formalziel des Gesellschaftsinteresses und dem Unternehmens-

Demzufolge hat der Vorstand bei Ausübung seines unternehmerischen Ermessens eine Vielzahl von Einzelinteressen der diversen Bezugsgruppen, die im Rahmen der gemeinsamen wirtschaftlichen Veranstaltung „Unternehmung“[109] zusammentreffen, zu berücksichtigen. Träger solcher Interessen sind zunächst die Kapitalgeber – also die Aktionäre –, die Arbeitnehmer sowie die organisierten Führungskräfte der Gesellschaft als Interessenträger im Unternehmen. Hinzu kommen die Träger von Interessen am Unternehmen, namentlich die Gläubiger, die Kunden und die Lieferanten sowie die Allgemeinheit, die daran interessiert ist, dass sich das Unternehmen als „good corporate citizen“ in die staatlich verfasste nationale und internationale Gesellschaftsordnung einfügt[110].

b) *Gewichtung der Einzelinteressen*

Streit besteht im Hinblick auf die Gewichtung der verschiedenen Partikularinteressen, also hinsichtlich der Frage, wie diese Interessen im Rahmen einer Ermittlung des Unternehmensinteresses zu berücksichtigen sind[111]. Aus § 93 Abs. 1 AktG geht lediglich hervor, dass der Vorstand bei seiner Tätigkeit die Sorgfaltspflicht eines ordentlichen und gewissenhaften Geschäftsleiters zu beachten hat. Übereinstimmung dürfte aber dahingehend bestehen, dass der Vorstand in seiner Ermessensausübung insoweit begrenzt ist, als er den Bestand des Unternehmens sichern und für eine dauerhafte Rentabilität sorgen muss[112]. Denn ohne die Sicherstellung einer soliden wirtschaftlichen Basis kann eine Gesellschaft auf Dauer ihr Unternehmen nicht selbständig betreiben[113]. Weder werden Anleger bereit sein, ihr Kapital in das Unternehmen zu investieren, noch werden Gläubiger der Gesellschaft Kredite gewähren. Ebenso wenig wird es der Gesellschaft gelingen, neue Produkte und Leistungen zu entwickeln sowie neue Märkte zu erschließen, was allerdings für einen gesunden Wettbewerb auf den internationalen Kapitalmärkten als Voraussetzung gilt. Schließlich wird die Gesellschaft gezwungen sein, Arbeitsplätze abzubauen. Das Betreiben einer solchen Misswirtschaft entspricht weder dem Interesse der Aktionäre noch demjenigen der Arbeitnehmer oder der sonstigen Stakeholder. Mithin ist festzuhalten, dass der Vorstand seine

---

interesse als unternehmensrechtlich konzipierte Handlungsmaxime umstritten, s. zu den verschiedenen Ansichten Mülbert, ZGR 1997, 129, 143 ff.

109 von Werder, ZGR 1998, 69, 74; ders., ZfB-Ergänzungsband 4/1997, 9, 11.

110 MüKoAktG-Semler/Spindler, Vor § 76, Rn. 86 f.; KöKoAktG-Mertens, § 76, Rn. 16; Hüffer, AktG, § 76, Rn. 12.

111 MüKoAktG-Semler/Spindler, Vor § 76, Rn. 88.

112 KöKoAktG-Mertens, § 76, Rn. 10, 17, 22; Hüffer, AktG, § 76, Rn. 13; MüKoAktG-Semler/Spindler, Vor § 76, Rn. 79; MüKoAktG-Hefermehl/Spindler, § 76, Rn. 61; Clemm in FS für Wolfgang Ritter, S. 675, 679; Schilling, BB 1997, 373, 377.

113 MüKoAktG-Semler/Spindler, Vor § 76, Rn. 79; Hüffer, AktG, § 76, Rn. 13.

Geschäftsführung auf die Erzielung eines angemessenen, zur substantiellen Erhaltung von Kapital- und Ertragskraft ausreichenden Gewinns ausrichten muss[114]. Dieses Interesse an der Bestandserhaltung des Unternehmens als einer produktiven, wertschöpfenden Einheit[115] kann also im Rahmen der Ermittlung des Unternehmensinteresses als kleinster gemeinsamer Nenner festgelegt werden.

Im Hinblick auf die Wahrnehmung der Einzelinteressen der verschiedenen Bezugsgruppen einer Unternehmung geht die herrschende Meinung im juristischen Schrifttum von der Zielkonzeption einer angemessenen Interessenberücksichtigung aus[116]. Danach repräsentieren die Belange der Anteilseigner sowie diejenigen der anderen Stakeholder eigenständige Zielgrößen, die der Vorstand gegeneinander abzuwägen und nach dem Prinzip der praktischen Konkordanz zum Ausgleich zu bringen hat. Für das Verhältnis von Anteilseignern und Arbeitnehmern gilt insbesondere, dass weder die Interessen der einen noch der anderen Bezugsgruppe allgemeinen Vorrang genießen. Es kommt vielmehr darauf an, dass keiner dieser Interessenträger bei einer Entscheidung vollständig vernachlässigt wird[117]. Hieraus folgt jedoch, dass der Vorstand nicht *ausschließlich* auf das Ziel der Gewinnmaximierung und damit auf die im Interesse der Anteilseigner stehenden Steigerung ihres Vermögens verpflichtet werden kann. Vielmehr liegt es durchaus in seiner Kompetenz, auch den Zielen anderer Stakeholder Rechnung zu tragen[118]. Das Ziel eines nachhaltig zu erwirtschaftenden möglichst hohen Gewinns ist demnach von der oben beschriebenen Ausrichtung der Unternehmungsführung an einer dauerhaften Rentabilität des Unternehmens zu unterscheiden.

c) *Shareholder Value-Prinzip versus Unternehmensinteresse*

Für die Unternehmensführung einer deutschen Aktiengesellschaft lässt sich mithin die Schlussfolgerung ziehen, dass eine exklusive Orientierung am Shareholder Value-Prinzip mit der Handlungsmaxime des Unternehmensinteresses nicht vereinbar ist. Steht die Unternehmenspolitik einer Aktiengesellschaft ganz im Zeichen des Shareholder Value-Gedankes, so ist der Vorstand bei seinen Entscheidungen auf das Ziel der vorrangigen Steigerung des Ertragswertes des Eigenkapitals festgelegt, um den Unternehmenswert der Aktiengesellschaft und damit das Kapital der Eigentümer zu mehren. Damit rückt das Management die Interessen der Eigenkapital-

114 KöKoAktG-Mertens, § 76, Rn. 22; MüKoAktG-Semler/Spindler, § 76, Rn. 80.

115 Kuhner, ZGR 2004, 244, 250 f.

116 KöKoAktG-Mertens, § 76, Rn. 19; Hüffer, AktG, § 76, Rn. 12; ders., ZHR 161 (1997), 214, 217 f.; Kuhner, ZGR 2004, 244, 250 f.; von Werder, ZGR 1998, 69, 77 ff.; Mülbert, ZGR 1997, 129, 142 f.; Clemm in FS für Wolfgang Ritter, S. 675, 677; Ulmer, AcP 202 (2002), 143, 155, Fn. 69.

117 MüKoAktG-Semler/Spindler, Vor § 76, Rn. 88.

118 von Werder, ZGR 1998, 69, 78 f.; Kuhner, ZGR 2004, 244, 250.

geber – also der Aktionäre – in den Vordergrund des Zielsystems der Unternehmung. Die Interessen der übrigen Stakeholder, also insbesondere der Arbeitnehmer, der Gläubiger und der Öffentlichkeit, werden demzufolge gerade nicht – wie es das Unternehmensinteresse als Leitmaxime der Vorstandstätigkeit fordert – angemessen berücksichtigt. Eine allgemeingültige Bindung an den Shareholder Value dürfte daher der Vorstand nicht als Leitlinie seiner Unternehmenspolitik wählen.

Mithin liegt dem Shareholder Value-Konzept sowie dem Unternehmensinteresse als unternehmensrechtlich konzipierter Handlungsmaxime jeweils eine unterschiedliche Gewichtung der verschiedenen Interessen im Zielsystem der Unternehmung zugrunde. Ein grundsätzlicher Zielkonflikt der Einzelinteressen ist damit vorprogrammiert und stellt eine nur natürliche Folge der beiden sich in der Austarierung der Interessen unterscheidenden Leitlinien für die Leitungstätigkeit des Vorstands dar. Folglich vermag der Einwand, dass die einseitige Orientierung an den Interessen der Aktionäre letztlich auch im wohlverstandenen Interesse der Arbeitnehmer und des Gemeinweisens liege, den bestehenden Zielkonflikt zwischen Shareholder und Stakeholder Value nicht zu beseitigen[119]. In diesem Zusammenhang wird geltend gemacht, dass Gesellschaften infolge der Umstrukturierung auf lange Sicht ertragsstark und auf den internationalen Kapitalmärkten dementsprechend wettbewerbsfähig werden, was dazu führe, dass sie auch die Ansprüche der übrigen Bezugsgruppen bedienen können. Zwar kann dieser Argumentation insofern zugestimmt werden, als sich eine Fokussierung auf den Shareholder Value langfristig positiv auf die Wettbewerbsposition einer Unternehmung und damit auf die Sicherheit der verbleibenden Arbeitsplätze auswirkt[120]. Jedoch wird dies kaum den Arbeitnehmer, der mit 50 Jahren seinen Arbeitsplatz verliert und in der Folge mit den Raten für sein Eigenheim in Verzug gerät, trösten[121]. Ebenso wenig können die in die umgekehrte Richtung zielenden Hinweise, dass hohe freiwillige Sozialleistungen die Belegschaft zu vermehrtem Einsatz motivieren oder dass unter Verzicht auf eine Verlagerung von Arbeitsplätzen in Billiglohnländer ein positives Kunden-Image des Unternehmens erzeugt werde, die tatsächlich bestehenden Interessengegensätze beheben[122]. Denn es ist nicht zu verkennen, dass sowohl Rationalisierungs- und Umstrukturierungsmaßnahmen als auch eine Verlagerung von Betriebsstätten in andere Länder eine notwendige oder zumindest zweckmäßige Maßnahme darstellen, solange am Standort Deutschland die Rahmenbedingungen im Hinblick auf Personal- und

119 Arbeitskreis „Finanzierung“ der Schmalenbach-Gesellschaft, zfbf 48 (1996), 543, 545; Busse v. Colbe, ZGR 1997, 271, 289; Ballwieser in FS für Adolf Moxter, S. 1378, 1390; von Werder, ZGR 1998, 69, 75; Ulmer, AcP 202 (2002), 143, 156.

120 Kuhner, ZGR 2004, 244, 270.

121 von Werder, ZGR 1998, 69, 75.

122 Ulmer, AcP 202 (2002), 143, 156 f.

Produktionskosten, Investitionsgenehmigungsverfahren und Umweltauflagen einschließlich Steuerbelastung nicht verbessert werden[123].

d) *Moderater Shareholder Value-Ansatz*

Es fragt sich daher, welche Lösungsansätze für den im Hinblick auf die verschiedenen Partikularinteressen einer Unternehmung bestehenden Zielkonflikt bestehen. Zu erwägen ist, dass die Gesellschaft ihrer Unternehmenspolitik nicht den ursprünglichen Gedanken des Shareholder Value, also der einseitigen Orientierung an den Interessen der Kapitalgeber, zugrunde legt, sondern stattdessen versucht, den Shareholder Value-Gedanken in den für die Vorstandstätigkeit gezogenen Rahmen einzufügen.

Der Vorstand wird unter eigener Verantwortung tätig, d.h. er trifft seine Leitungsentscheidungen nach eigenem Ermessen. In dieser Ermessensausübung ist der Vorstand insoweit begrenzt, als er die Interessen aller im und am Unternehmen beteiligten Bezugsgruppen angemessen berücksichtigen muss. Dies bedeutet, dass er bei Vornahme seiner Abwägungsentscheidung verpflichtet ist, die verschiedenen Partikularinteressen zu beachten. Hingegen obliegt die Gewichtung der einzelnen Interessen allein dem Vorstand. Aus der (sachgerechten) Wahrnehmung der in einem Unternehmen zusammentreffenden Interessen folgt dann auf der einen Seite die Unvereinbarkeit mit der Fokussierung auf den Shareholder Value, d.h. der Vorstand ist weder berechtigt noch verpflichtet, die Interessen der Aktionäre zur alleinigen Richtschnur seines Handelns zu machen[124]. Auf der anderen Seite besteht in diesem für die Vorstandstätigkeit gezogenen Rahmen aber durchaus Raum für die Umsetzung des Shareholder Value-Gedankens. Denn eine nur auf die Interessen der Aktionäre einseitig ausgerichtete Betrachtungsweise entspricht nicht der Verfassung deutscher Unternehmen. Solange jedoch eine einseitige Übersteigerung des Shareholder Value nicht stattfindet, ist eine Betonung der Interessen der Kapitalgeber im Rahmen der Entscheidungsfindung des Vorstands zum Nachteil der Interessen der übrigen Stakeholder, insbesondere der Arbeitnehmer und des Gemeinwohls, zulässig[125]. Entscheidend ist allein, dass der Vorstand einen generellen Gewichtungsvorsprung der Aktionärsinteressen vermeidet und stattdessen in jedem einzelnen Fall die widerstreitenden Interessen gegeneinander abwägt und zu einem Ausgleich bringt. Ein so verstandenes moderates

---

123 Clemm in FS für Wolfgang Ritter, S. 675, 681, 687.

124 Hüffer, ZHR 161 (1997), 214, 217.

125 Hüffer, AktG, § 76, Rn. 12; ders., ZHR 161 (1997), 214, 218; in diesem Sinne auch MüKoAktG-Semler/Spindler, Vor § 76, Rn. 88 f.; s. auch MüKoAktG-Hefermehl/Spindler, § 76, Rn. 66; Titzrath, ZfB-Ergänzungsband 4/1997, 31, 36; Hommelhoff, ZfB-Ergänzungsband 4/1997, 17, 18; von Werder, ZGR 1998, 69, 77.

Shareholder Value-Konzept[126] ist mit der Unternehmensverfassung deutscher Aktiengesellschaften vereinbar.

Die Bindung des Vorstands an das Unternehmensinteresse als Leitmaxime deutscher Unternehmen hält auch den Herausforderungen des globalen Wettbewerbs stand. Im Zuge einer fortschreitenden Globalisierung der Wirtschaft und Liberalisierung der Kapitalmärkte hat die Eigenkapitalfinanzierung über die Börse sowie das Anlagevolumina von global operierenden, einflussreichen Marktakteuren, wie namentlich den großen institutionellen Investoren (z.B. Pensionsfonds), zunehmend an Bedeutung gewonnen. Der Wettbewerb auf den internationalen Kapitalmärkten lässt auch in Deutschland eine stärkere kapitalmarktorientierte Unternehmenssteuerung, die ein intensiveres Eingehen auf die Interessen der Aktionäre zur Folge hat, notwendig erscheinen. Würde die Geschäftsführung infolge der zunehmenden Globalisierung der These von der streng determinierenden Kraft des Kapitalmarktes folgen und damit den Aktionärsbelangen absoluten Vorrang vor den Belangen der übrigen Bezugsgruppen einräumen[127], so würde sie sich in Widerspruch zu dem Unternehmensinteresse als unternehmerisch konzipierter Handlungsmaxime deutscher Aktiengesellschaften stellen. Solange sich jedoch die Unternehmenspolitik des Managements an der Zielkonzeption einer angemessenen Berücksichtigung aller Stakeholderbelange und nicht nur einer Maximierung auf den Shareholder Value orientiert, steht ein Übergewicht der Aktionärsinteressen im Ermessen des Vorstands und somit im Einklang mit der deutschen Unternehmensverfassung. Unter Beachtung dieses Prinzips kann auch eine Geschäfts- und Investitionspolitik des Vorstands, die sich auf Neuinvestitionen mit überdurchschnittlichen Ertragschancen konzentriert sowie verschiedene Unternehmensbereiche im Hinblick auf ertragsschwache Teile überprüft, zulässig sein. Das Gleiche kann beispielsweise für das Ausschüttungsverhalten in den Gesellschaften gelten. So kann es zweckmäßig sein, die Ausschüttungspolitik dahingehend zu ändern, dass bei Investitionsmöglichkeiten, die eine ihrem Risiko adäquate Rendite nicht erwirtschaften, eine Rückführung von Mitteln an die Aktionäre vorgenommen wird. Ebenfalls kann eine Unternehmenspolitik, die darauf ausgerichtet ist, möglichst günstige Konditionen der Kapitalbeschaffung für die Aktiengesellschaft am Eigenkapitalmarkt zu erzielen, mit dem Unternehmensinteresse als Handlungsmaxime deutscher Aktiengesellschaften übereinstimmen. Will der Vorstand der Gesellschaft einen wachstumsbedingten zusätzlichen Kapitalbedarf am Kapitalmarkt zu möglichst günstigen Konditionen verschaffen und damit die wettbewerbsfähige Stellung der Gesellschaft am Eigen-

---

126 MüKoAktG-Semler/Spindler, Vor § 76, Rn. 90 ff.; Schmidt/Spindler in FG für Friedrich Kübler, S. 515, 516, 547.

127 von Werder, ZGR 1998, 69, 80 ff.; ders., ZfB-Ergänzungsband 4/1997, 9, 12.

kapitalmarkt sichern, so wird seine Aufgabe darin bestehen, die Finanzierungsmöglichkeiten der Gesellschaft zu verbessern. Dies kann beispielsweise dadurch erreicht werden, dass die Gesellschaft danach strebt, möglichst hohe Börsenkurse zu erzielen oder neue, investitionsstarke Aktionärskreise zu erschließen[128]. Ein im Vergleich zu den anderen Bezugsgruppen verstärktes Eingehen auf die Interessen der Eigenkapitalgeber – also der Aktionäre – kommt demzufolge einer Verbesserung der Eigenkapitalfinanzierungsmöglichkeiten einer Gesellschaft zugute.

Schließlich ist anzumerken, dass das Unternehmensinteresse als Handlungsmaxime der Gesellschaftsorgane durch die Aufnahme in den Deutschen Corporate Governance Kodex eine Bestätigung erfahren hat[129]. Gemäß § 161 AktG müssen Vorstand und Aufsichtsrat der börsennotierten Gesellschaft jährlich erklären, dass den Empfehlungen der Regierungskommission Deutscher Corporate Governance Kodex entsprochen wurde oder wird oder welche Em-pfehlungen nicht angewendet werden. Dahinter steckt die Idee, dass es Aktiengesellschaften freigestellt werden soll, sich gegen die Befolgung der Kodexempfehlung auszusprechen, vorausgesetzt, dass die Aktiengesellschaft die Entscheidung der Nichtbefolgung einzelner Kodexempfehlungen offen legt und begründet (sog. „Comply or Explain"-Methode)[130]. Der Deutsche Corporate Governance Kodex spricht sich in Abs. 1 der Präambel sowie an drei weiteren Stellen[131] für die Wahrung des Unternehmensinteresses aus. Demnach empfiehlt der Kodex im Einklang mit der herrschenden Literaturmeinung, neben den Interessen der Aktionäre auch die Interessen der Arbeitnehmer, der Kunden und der Lieferanten, der Gläubiger sowie ganz allgemein der Öffentlichkeit angemessen zu berücksichtigen[132].

4. *Zwischenergebnis*

1. Das Shareholder Value-Konzept bezeichnet ein Konzept der Unternehmensführung, welches den Interessen der Anteilseigner Vorrang vor denjenigen der anderen Bezugsgruppen (Stakeholder) einer Aktiengesellschaft einräumt.
2. Der Vorstand hat bei der Wahrnehmung seiner Leitungstätigkeit nach ständiger Rechtsprechung das Unternehmensinteresse als Handlungsmaxime zu beachten. Dies bedeutet, dass er bei Ausübung seines unternehmerischen Ermessens die Einzelinteressen der diversen Bezugsgruppen der Unternehmung angemessen berücksichtigen muss. Dabei obliegt die Gewichtung der einzelnen Interessen allein dem Vorstand.

---

128 Mülbert, ZGR 1997, 129, 162.

129 Kuhner, ZGR 2004, 244, 251.

130 Hopt, ZIP 2005, 461, 472; van Hulle/Maul, ZGR 2004, 484, 492.

131 S. Abschnitt 4.1.1., Abschnitt 4.3.3. und Abschnitt 5.5.1. des Deutschen Corporate Governance Kodex.

132 KodexKom-Ringleb, 4.1.1, Rn. 605; KodexKom-von Werder, 3.1, Rn. 353 ff.

3. Eine ausschließliche Orientierung der Unternehmensführung am Shareholder Value-Prinzip ist mit der Handlungsmaxime des Unternehmensinteresses nicht vereinbar. Eine nur auf die Interessen der Aktionäre einseitig ausgerichtete Betrachtungsweise entspricht daher nicht der Verfassung deutscher Unternehmen.
4. Solange der Vorstand einen generellen Gewichtungsvorsprung der Aktionärsinteressen vermeidet und im Rahmen seines Ermessens in jedem Einzelfall die widerstreitenden Interessen gegeneinander abwägt und zum Ausgleich bringt, ist gegen eine Betonung der Interessen der Aktionäre gegenüber den Interessen der übrigen Stakeholder nichts einzuwenden. Ein solches moderates Shareholder Value-Konzept ist mit der Unternehmensverfassung deutscher Aktiengesellschaften vereinbar.
5. Der Erwerb eigener Aktien kann als Instrument einer wertorientierten Unternehmensführung eingesetzt werden. Insbesondere in den Bereichen der Investitionspolitik und der Finanzierungspolitik können mit Hilfe des Aktienrückkaufs Strategiemaßnahmen (Ausschüttung überschüssiger Liquidität, Senkung der Kapitalkosten) umgesetzt werden, die den Shareholder Value-Gedanken im Rahmen der Unternehmenspolitik verwirklichen und damit zu einer Steigerung des Unternehmenswertes der Gesellschaft und damit auch des Vermögens der Aktionäre beitragen, die in einer positiven Kursentwicklung der Aktie der Gesellschaft zum Ausdruck kommt. Folglich stellt die Durchführung von Aktienrückkaufprogrammen ein wichtiges Instrument der Unternehmensführung dar, das auch zum Zwecke der Kursbeeinflussung dient.

II. Abwehr von Übernahmeversuchen

1. Erwerb eigener Aktien als Abwehrinstrument gegen feindliche Übernahmen

Verfügt die Gesellschaft über überschüssige liquide Mittel bzw. versäumt sie es, einen Teil ihres eingesetzten Eigenkapitals durch Fremdkapital zu ersetzen, um einen möglichst optimalen Verschuldungsgrad zu erzielen, gewinnt sie als Zielobjekt von feindlichen, d.h. gegen den Willen des Managements stattfindenden, Übernahmen[133] an Attraktivität. Denn im Falle des Übernahmeerfolges besteht für den Aufkäufer die Option, die Übernahme hauptsächlich aus der Liquidität der Zielgesellschaft bzw. aus einer Beleihung ihrer Aktiva zu finanzieren (sog. „Bootstrap Acquisition")[134]. Daneben eröffnet sich ihm die Möglichkeit, einen Übernahmegewinn allein resultierend aus einer Kapitalstrukturvariation zu realisieren[135].

---

133 Michalski, AG 1997, 152; Klein, NJW 1997, 2085; Schander, BB 1997, 1801.
134 Kopp, S. 41 f.; Johannsen-Roth, S. 48; Benckendorff, S. 61.
135 Kopp, S. 42.

Die Gesellschaft kann den Erwerb eigener Aktien als Instrument einsetzen, um feindlichen Übernahmeversuchen entgegenzutreten. Der Erwerb eigener Aktien führt zunächst zu steigenden Börsenkursen der Aktien der Zielgesellschaft und damit gegebenenfalls zu einer Erhöhung des Unternehmenswertes, was den Aktionären der Zielgesellschaft den Anreiz nimmt, auf das Übernahmeangebot einzugehen und dem Bieter ihre Aktien zu verkaufen. Die Steigerung des Aktienkurses lässt sich zum einen mit der verstärkten Nachfrage am Markt nach Aktien der Zielgesellschaft erklären[136]. Zum anderen wird die Ankündigung und die Durchführung eines Aktienrückkaufs von den Investoren als Signal gewertet, dass das Management, welches den wahren Wert des Unternehmens kennt, die eigenen Aktien für unterbewertet hält und daher in diese Aktien investiert[137]. Die Erhöhung des Börsenpreises der Aktien der Zielgesellschaft hat zur Folge, dass sich die Differenz zwischen dem Aktienkurs und dem vom Bieter angebotenen Preis verringert, so dass das Übernahmeangebot für die Aktionäre der Zielgesellschaft an Attraktivität verliert. Strebt der Bieter weiterhin die Übernahme der Zielgesellschaft an, ist er gezwungen, sein Übernahmeangebot nachzubessern: Er muss entweder ein höheres Barangebot abgeben oder im Falle eines Tauschangebots mehr Aktien für die Übernahme aufwenden. In jedem Fall verteuert sich die Übernahme für den Bieter[138]. Zudem erhöht der im Zuge des Rückkaufs eigener Aktien erfolgte Abbau liquider Mittel den Unternehmenswert der Zielgesellschaft. Folglich müsste ein potentieller Bieter für die Übernahme einen höheren Akquisitionspreis zahlen und würde einen entsprechend niedrigeren Gewinn aus der Übernahme erwirtschaften. Dies mindert den Anreiz für fremdfinanzierte Übernahmeversuche außen stehender Unternehmen[139]. Schließlich führt der Aktienrückkauf zu einer Verknappung der im Markt verfügbaren und mittels eines öffentlichen Übernahmeangebots erreichbaren Aktien, was die Chance des Bieters, die für die angestrebte kontrollierende Beteilung erforderliche Anzahl an Aktien zu erwerben, mindert[140]. Dem steht auch nicht entgegen, dass der Zielgesellschaft aus den erworbenen eigenen Aktien nach § 71b AktG kein Stimmrecht zusteht und sich dadurch der dem (nicht veräußernden) Bieter zustehende Stimmrechtsanteil

136 Hierzu ausführlich unter 1. Kap., § 4, II.

137 Sog. „Signalling Hypothesis“; hierzu und zu weiteren Erklärungsmodellen unter 1. Kap., § 4, III-VI.

138 MüKoAktG-Schlitt, § 33 WpÜG, Rn. 91; KöKoWpÜG-Hirte, § 33, Rn. 61; Schwennicke in Geibel/Süßmann, § 33, Rn. 27; Michalski, AG 1997, 152, 154; RegBegr. zum WpÜG, BT-Drucks. 14/7034, S. 58.

139 Kopp, S. 42; Schander, ZIP 1998, 2087, 2089.

140 MüKoAktG-Schlitt, § 33 WpÜG, Rn. 91; KöKoWpÜG-Hirte, § 33, Rn. 61; Schwennicke in Geibel/Süßmann, § 33, Rn. 27; Schander, ZIP 1998, 2087, 2089; Michalski, AG 1997, 152, 154; RegBegr. zum WpÜG, BT-Drucks. 14/7034, S. 58.

relativ betrachtet erhöht. Denn entscheidend ist nur, dass der Erwerb eigener Aktien zur Verhinderung des Erfolgs des Übernahmeangebots *geeignet* ist[141].

Mithin ist festzuhalten, dass die Zielgesellschaft den Erfolg eines Übernahmeangebots mit Hilfe des Erwerbs eigener Aktien verhindern kann, da sie durch eigene Käufe insbesondere den Börsenkurs ihrer Aktien zum Steigen bringen kann. Jedoch ist zu beachten, dass der Aktienrückerwerb aufgrund allgemeiner Ermächtigung gemäß § 71 Abs. 1 Nr. 8 AktG nur bis zur Höhe von maximal 10% des Grundkapitals zulässig ist (§ 71 Abs. 2 S. 1 AktG)[142], so dass die Gegenmaßnahme der Zielgesellschaft nur bei mittelgroßen Transaktionen erfolgversprechend sein dürfte[143]. Insofern spricht die Regierungsbegründung zum WpÜG dem Erwerb eigener Aktien durch die Zielgesellschaft eine Verhinderungseignung hinsichtlich des Übernahmeangebots zu, wenn der Aktienrückkauf „in größerem Umfang" erfolgt[144].

2. *Abwehrmaßnahmen aufgrund Hauptversammlungsermächtigung*

Ermächtigungsgrundlage für den Erwerb eigener Aktien zur Abwehr feindlicher Übernahmen ist § 71 Abs. 1 Nr. 8 AktG. Diese durch das KonTraG eingeführte Vorschrift hat die Möglichkeit zum Erwerb eigener Aktien „auf der Grundlage eines Hauptversammlungsbeschlusses" entscheidend erleichtert. Denn nach dieser Regelung ist eine vorzeitige Ermächtigung durch die Hauptversammlung möglich. Ferner ist die Angabe eines konkreten Zwecks in der Ermächtigung nicht erforderlich. Schließlich kann die von der Hauptversammlung vorzugebende Preisspanne prozentual zum jeweiligen Börsenkurs bestimmt werden[145].

§ 33 WpÜG statuiert den übernahmerechtlichen Grundsatz, dass der Vorstand nach Veröffentlichung der Entscheidung des Bieters zur Abgabe eines Angebots bis zur Veröffentlichung des Ergebnisses nach § 23 Abs. 1 S. 1 Nr. 2 WpÜG keine Handlungen vornehmen darf, durch die der Erfolg des Angebots verhindert werden könnte. Wie oben soeben gezeigt, stellt der Erwerb eigener Aktien durch die Zielgesellschaft eine zur Behinderung des Bieters und zur Vereitelung des Übernahmeangebots geeignete und daher grundsätzlich unzulässige Maßnahme dar. Jedoch kann gemäß § 33 Abs. 2 WpÜG die Hauptversammlung den Vorstand zu Verteidigungsmaßnahmen per Vorratsbeschluss für einen Zeitraum von 18 Monaten ermächtigen, soweit die Maßnahmen ihrer Art nach hinreichend bestimmt sind,

141 MüKoAktG-Schlitt, § 33 WpÜG, Rn. 91; KöKoWpÜG-Hirte, § 33, Rn. 61.
142 Im Zuge der Umsetzung der Kapitaländerungsrichtlinie bis zum 15. April 2008 steht Deutschland die Option offen, die Bestandsgrenze ganz aufzuheben.
143 Schander, ZIP 1998, 2087, 2089; MüKoAktG-Schlitt, § 33 WpÜG, Rn. 92; Schwennicke in Geibel/Süßmann, § 33, Rn. 27.
144 RegBegr. zum WpÜG, BT-Drucks. 14/7034, S. 58.
145 Hierzu ausführlich unter 3. Kap., § 2, I 1.

mit einer Dreiviertelmehrheit des vertretenen Grundkapitals gefasst werden und mit Zustimmung des Aufsichtsrats ergehen.

Der Vergleich zwischen der aktienrechtlichen und der übernahmerechtlichen Ermächtigungsgrundlage verdeutlicht, dass sich die Hauptversammlungsbeschlüsse nur in ihrer zeitlichen Begrenzung von 18 Monaten[146] decken. Daher ist fraglich, wie sich der Ermächtigungsbeschluss der Hauptversammlung nach § 71 Abs. 1 Nr. 8 AktG zu der Notwendigkeit eines Vorratsbeschlusses der Hauptversammlung für Abwehrmaßnahmen nach § 33 Abs. 2 WpÜG verhält.

Nach einer in der Literatur vertretenen Ansicht wird das Aktienrecht in übernahmerechtlichen Situationen von § 33 Abs. 2 WpÜG überlagert. Demnach sei eine Ermächtigung, die die Hauptversammlung ohne die Maßgabe über die Nutzung zur Abwehr eines feindlichen Übernahmeangebots gegeben hat (z.B. nach § 71 Abs. 1 Nr. 8 AktG), nicht ausreichend, um vom Vorstand als Abwehrinstrument gegen feindliche Übernahmen eingesetzt zu werden. Die Ermächtigung müsse vielmehr zusätzlich den Vorgaben des § 33 Abs. 2 WpÜG genügen. Insoweit entfalte die Vorschrift des § 33 Abs. 2 WpÜG Sperrwirkung[147]. Hingegen vertritt eine andere Literaturansicht die Rechtsauffassung, dass der Vorstand von einer ohne nähere Zweckbestimmung ergangenen, „einfachen" Ermächtigung nach § 71 Abs. 1 Nr. 8 AktG Gebrauch machen kann, um im Übernahmekampf eigene Aktien als Verteidigungsmaßnahme einzusetzen, sofern die Voraussetzungen des § 33 Abs. 1 S. 2 WpÜG vorliegen[148].

Gegen die erstgenannte Ansicht spricht vor allem, dass nach dem Willen des Gesetzgebers das WpÜG die Zuständigkeitsverteilung des Aktienrechts unberührt lassen sollte. So hat der Finanzausschuss des Deutschen Bundestages ausdrücklich darauf hingewiesen, dass § 33 Abs. 2 WpÜG das Recht des Vorstands zur Durchführung von Maßnahmen auf der Grundlage von Ermächtigungen nach anderen Rechtsvorschriften nicht einschränke. Daher könnten etwa die Ausnutzung genehmigten Kapitals gemäß § 202 AktG oder der Rückerwerb eigener Aktien gemäß § 71 Abs. 2 Nr. 8 AktG auch während eines Angebots durchgeführt werden, sofern die Anforderungen des § 33 Abs. 1 S. 2 WpÜG eingehalten würden[149]. Hierin kommt zum Ausdruck, dass § 33 Abs. 1 S. 2 WpÜG die aktienrechtlichen Anforderungen nicht reduzieren soll. Vielmehr soll dem Vorstand

146 Zumindest bis zur Umsetzung der Kapitaländerungsrichtlinie (15. April 2008). Die Richtlinie verpflichtet die Mitgliedstaaten, die Höchstgrenze für die Geltungsdauer von Erwerbsermächtigungen von 18 Monaten auf 5 Jahre zu verlängern.

147 Bayer, ZGR 2002, 588, 613; KöKoWpÜG-Hirte, § 33, Rn. 92, 101; Ekkenga in Ehricke/Ekkenga/Oechsler, WpÜG, § 33, Rn. 95.

148 Harbarth, ZIP 2002, 1, 9; Krause, BB 2002, 1053, 1055; Schwennicke in Geibel/Süßmann, § 33, Rn. 51, 75; MüKoWpÜG-Schlitt, § 33, Rn. 141, 169.

149 Begr.Finanzausschuss, BT-Drucks. 14/7477, S. 53.

durch die in dieser Vorschrift statuierten Ausnahmetatbestände ermöglicht werden, direkt in die Zusammensetzung des Aktionärskreises einzugreifen[150].

Ferner spricht der Wortlaut des § 33 Abs. 1 S. 2 WpÜG dafür, dass Abwehrmaßnahmen auf der Grundlage „einfacher" Ermächtigungsbeschlüsse zulässig sind. Denn dieser Vorschrift ist nicht zu entnehmen, dass ihre Ausnahmetatbestände nur für Maßnahmen im originären und nicht im von der Hauptversammlung abgeleiteten Zuständigkeitsbereich des Vorstands gelten sollen[151].

Schließlich liefert die systematische Auslegung des § 33 WpÜG ein weiteres Argument: Die Regelung des § 33 Abs. 2 WpÜG ist für Eingriffe in die Zusammensetzung des Aktionärskreises gegenüber der Vorschrift des § 33 Abs. 1 S. 2 WpÜG nicht lex specialis. Denn der Anwendungsbereich des § 33 Abs. 2 WpÜG geht nicht vollständig in dem Anwendungsbereich des § 33 Abs. 1 S. 2 WpÜG auf. Somit kann aus der Regelung des § 33 Abs. 2 WpÜG nicht gefolgert werden, dass Abwehrmaßnahmen im von der Hauptversammlung abgeleiteten Zuständigkeitsbereich nur dann zulässig sind, wenn die Ermächtigung die Anforderungen des § 33 Abs. 2 WpÜG erfüllt[152].

Als Ergebnis ist festzuhalten, dass der Vorstand im Falle eines Übernahmeangebots auf der Grundlage der ohne nähere Zweckangabe ergangenen Ermächtigung des § 71 Abs. 1 Nr. 8 AktG eigene Aktien zum Zwecke der Abwehr feindlicher Übernahmen erwerben kann, ohne auf den besonderen Vorratsbeschluss nach § 33 Abs. 2 WpÜG angewiesen zu sein. Jedoch verlangt die Ausnutzung der Ermächtigung in übernahmerechtlicher Hinsicht das Vorliegen eines der Ausnahmetatbestände des § 33 Abs. 1 S. 2 WpÜG.

In der Praxis hat der Einsatz von Abwehrmaßnahmen auf der Grundlage eines „einfachen" Ermächtigungsbeschlusses der Hauptversammlung mit Zustimmung des Aufsichtsrats nach § 33 Abs. 1 S. 2 Alt. 3 WpÜG eine weitaus größere Bedeutung erlangt als die Zulassung von Vorratsbeschlüssen der Hauptversammlung zur Abwehr von feindlichen Übernahmen nach § 33 Abs. 2 WpÜG. Dies dürfte zunächst mit der einfacheren Durchführung ersterer zusammenhängen. Des Weiteren ist davon auszugehen, dass der Beschlussvorschlag des Vorstands gemäß § 33 Abs. 2 WpÜG sowie die Fassung des Vorratsbeschlusses durch die Hauptversammlung den Kurs der Aktien negativ beeinflusst. Denn zum einen signalisiert der Vorstand mit einem solchen Beschlussvorschlag dem Markt, dass er die eigene Gesellschaft als potentielle Übernahmekandidatin ansieht. Zum anderen

150 Berrar/Schnorbus, ZGR 2003, 59, 106; Krause/Pötzsch in Assmann/Pötzsch/Schneider, § 33, Rn. 140; Krause, BB 2002, 1053, 1055; a.A. Bayer, ZGR 2002, 588, 614 ff.

151 Krause, BB 2002, 1053, 1055.

152 Krause/Pötzsch in Assmann/Pötzsch/Schneider, § 33, Rn. 141; Krause, BB 2002, 1053, 1055.

muss sich wegen der zwingenden Befristung der Ermächtigung auf 18 Monate jede ordentliche Hauptversammlung mit Vorratsbeschlüssen zur Abwehr feindlicher Übernahmeangebote befassen. Auch ist nicht zu verkennen, dass die Aktionäre die Vorratsbeschlüsse mit der Anfechtungsklage angreifen können[153].

3. *Optionsmodell*

a) *Übernahmerichtlinie*

Die seit 1974 andauernden Bemühungen um die Harmonisierung der Rahmenbedingungen für Übernahmeverfahren in der Europäischen Union haben mit dem Inkrafttreten der Europäischen Übernahmerichtlinie[154] am 20.5.2004 – zumindest vorerst – ein Ende gefunden[155]. Die Bestimmungen der Übernahmerichtlinie enthalten grundsätzlich lediglich Mindestanforderungen. Ziel der Richtlinie ist es, die Interessen der Aktionäre bei Übernahmeangeboten und sonstigen Kontrollerwerben zu schützen[156]. Die Festlegung von Mindestvorgaben bei der Abwicklung von Übernahmeangeboten soll gemeinschaftsweit Klarheit und Transparenz schaffen und somit vermeiden, dass die Formen der Umstrukturierung von Unternehmen in der Gemeinschaft durch willkürliche Unterschiede in der Führungs- und Managementkultur verzerrt werden[157].

Die Übernahmerichtlinie hat im Hinblick auf die vorliegend relevanten Einzelbereiche des Verbotes zur Ergreifung von Verteidigungsmaßnahmen (sog. Vereitelungs- oder Verhinderungsverbot) sowie der Wirksamkeitsdurchbrechung von den Bieter beeinträchtigenden Übernahmehindernissen (sog. Durchgriffs- oder Durchbrechungsregelung) in Art. 12 Abs. 1 und 2 Ü-RL ein zweistufiges Optionsmodell geschaffen. So räumt dieses Modell den Mitgliedstaaten auf einer ersten Stufe das Recht ein, von einer grundsätzlichen Anwendbarkeit der Neutralitätspflicht des Vorstands bei feindlichen Übernahmeversuchen (Art. 9 Abs. 2 und 3 Ü-RL) und der Durchbrechung verschiedener Übernahmehindernisse (Art. 11 Ü-RL) abzusehen (Opt-out der Mitgliedstaaten, Art. 12 Abs. 1 Ü-RL). Haben die Mitgliedstaaten von diesem Recht des Opt-out Gebrauch gemacht, sind sie jedoch auf

153 Krause/Pötzsch in Assmann/Pötzsch/Schneider, § 33, Rn. 203; Winter/Harbarth, ZIP 2002, 1, 12.

154 Richtlinie 2004/25/EG des Europäischen Parlaments und des Rates vom 21. April 2004 betreffend Übernahmeangebote, Abl. EU Nr. L 142/12 v. 30.4.2004.

155 Zur Entstehungsgeschichte s. die Begründung – Allgemeine Bemerkungen – des Vorschlags der Kommission für eine Richtlinie des Europäischen Parlaments und des Rates betreffend Übernahmeangebote, KOM (2002) 534 endg. vom 2.10.2002, 2002/0240 (COD); Krause, BB 2004, 113.

156 2. ErwGr. der RL 2004/25/EG, Abl. EU Nr. L 142/12 v. 30.4.2004, S. 12.

157 3. ErwGr. der RL 2004/25/EG, Abl. EU Nr. L 142/12 v. 30.4.2004, S. 12.

einer zweiten Stufe verpflichtet, den Gesellschaften mit Sitz in ihrem Hoheitsgebiet die Möglichkeit zu eröffnen, sich den Beschränkungen der Übernahmerichtlinie durch Hauptversammlungsbeschluss mit satzungsändernder Mehrheit[158] individuell zu unterwerfen und auch wieder lösen zu können (Opt-in der Gesellschaften, Art. 12 Abs. 2 Ü-RL). Ein weiteres wichtiges Element des Optionsmodells stellt die in Art. 12 Abs. 3 Ü-RL statuierte Reziprozitätsregelung dar, nach der – soweit dies von den Mitgliedstaaten festgelegt wird – eine Zielgesellschaft nur dann der Neutralitätspflicht und/oder der Durchbrechungsregelung unterliegt, wenn auch die Bietergesellschaft die entsprechende Regelung bzw. entsprechenden Regelungen anwendet. Zu beachten ist schließlich, dass die dem Optionsmodell unterfallenden Regelungen der Art. 9 Abs. 2 und 3, 11 Ü-RL von den Mitgliedstaaten zwingend ins nationale Recht umzusetzen sind, also auch dann, wenn ein Mitgliedstaat die Anwendung der genannten Vorschriften nicht zwingend vorschreibt. Der Grund hierfür liegt darin, dass diese Bestimmungen im nationalen Recht für den Fall vorhanden sein müssen, dass ein Unternehmen von ihnen im Wege des Opt-in Gebrauch macht[159].

b) Rechtslage in Deutschland

In Deutschland wurde die Übernahmerichtlinie mit dem Übernahmerichtlinie-Umsetzungsgesetz[160] ins nationale Recht transformiert, das mit einigen Ausnahmen am 14. Juli 2006 in Kraft getreten ist[161].

aa) Opt-out Deutschlands

Deutschland hat von dem Opt-out-Recht des Art. 12 Abs. 1 Ü-RL sowohl in Bezug auf die Neutralitätspflicht des Art. 9 Abs. 2 und 3 Ü-RL als auch in Bezug auf die Durchbruchsregel des Art. 11 Ü-RL Gebrauch gemacht. Dies kommt dadurch zum Ausdruck, dass zum einen § 33 WpÜG in seiner bisherigen Fassung – mit Ausnahme des Abs. 3, der in der neuen Bestimmung des § 33d WpÜG aufgeht – bestehen bleibt und zum anderen der deutsche Gesetzgeber keine zwingend per Gesetz von den Gesellschaften einzuhaltende Durchbrechungsregelung für sonstige Übernahmehindernisse geschaffen hat. Damit bleiben die durch § 33 WpÜG deutschen Ge-

---

158 Zur Frage, ob die Richtlinie eine Satzungsänderung oder einen Hauptversammlungsbeschluss mit satzungsändernder Mehrheit verlangt, s. die Stellungnahme von Habersack zum RegE eines Übernahmerichtlinie-Umsetzungsgesetz, S. 3.

159 Maul/Muffat-Jeandet, AG 2004, 306, 310.

160 Gesetz zur Umsetzung der Richtlinie 2004/25/EG des Europäischen Parlaments und des Rates vom 21. April 2004 betreffend Übernahmeangebote (Übernahmerichtlinie-Umsetzungsgesetz) vom 8. Juli 2006, BGBl. I (2006), S. 1426.

161 Art. 8 des Übernahmerichtlinie-Umsetzungsgesetz.

sellschaften zugestandenen Verteidigungsmaßnahmen gegen Unternehmensübernahmen zulässig, die insbesondere Maßnahmen des Vorstands mit Zustimmung des Aufsichtsrats (§ 33 Abs. 1 S. 2 Alt. 3 WpÜG) sowie Maßnahmen aufgrund von Vorratsbeschlüssen der Hauptversammlung (§ 33 Abs. 2 WpÜG) umfassen. Der Grund, warum der deutsche Gesetzgeber von dem Recht des Opt-out Gebrauch gemacht und insoweit an den bisherigen Verteidigungsmöglichkeiten des § 33 WpÜG festgehalten hat, ist laut Gesetzesbegründung darin zu sehen, dass die Übernahmerichtlinie keine gleichen Ausgangsbedingungen für Unternehmensübernahmen in den verschiedenen Mitgliedsstaaten (sog. „Level Playing Field") geschaffen habe. Die Richtlinie beseitige nicht die Unterschiede, die in den einzelnen Mitgliedstaaten sowie im Verhältnis zu Drittstaaten in Bezug auf die Verteidigungsmöglichkeiten gegen Unternehmensübernahmen bestehen[162]. Daher sei es geboten, an den bisherigen Abwehrmaßnahmen des § 33 WpÜG festzuhalten, solange in der EU keine einheitlichen rechtlichen Bestimmungen für die Zulässigkeit und die Ausübung von Verteidigungsmitteln des Vorstands der Zielgesellschaften geschaffen werden[163]. Andernfalls bestehe die Gefahr, dass deutsche Unternehmen gegenüber ausländischen Unternehmen benachteiligt werden, sofern letztere nach ihrem Recht über weitergehende Abwehrmechanismen verfügen[164].

bb) Opt-in der deutschen Gesellschaften

Da Deutschland die Möglichkeit ergriffen hat, die Vorgaben der Übernahmerichtlinie bezüglich der Neutralitätspflicht und der Durchbruchsregel nicht als verpflichtend umzusetzen, war der deutsche Gesetzgeber verpflichtet, die gesetzlichen Grundlagen dafür zu schaffen, dass sich deutsche Gesellschaften freiwillig diesen europäischen Vorgaben unterwerfen können. Die Einführung der §§ 33a-33d WpÜG dient der Umsetzung des Optionsmodells in Art. 12 Abs. 1, 2 und 4 i.V.m. Art. 9 Abs. 2 und 3 und Art. 11 Ü-RL.

(1) Europäisches Verhinderungsverbot

Die Bestimmung des § 33a Abs. 1 WpÜG sieht vor, dass Zielgesellschaften in ihrer Satzung die Anwendbarkeit des § 33 WpÜG ausschließen und sich statt dessen der in Abs. 2 normierten, dem Verhinderungsverbot des Art. 9 Abs. 2 und 3 Ü-RL entsprechenden Regelung unterwerfen können. Nach § 33a Abs. 2 S. 1 WpÜG unterliegen sowohl Vorstand als auch Aufsichtsrat einer strikten Neutralitätspflicht.

162 RegBegr. zum Übernahmerichtlinie-Umsetzungsgesetz, Drucks. 16/1003, S. 13 f.

163 Gemeinsame Stellungnahme des BDI, der BDA, des DIHK und der GDV zum RegE eines Übernahmerichtlinie-Umsetzungsgesetzes, S. 1.

164 RegBegr. zum Übernahmerichtlinie-Umsetzungsgesetz, Drucks. 16/1003, S. 14.

Danach dürfen sie nach Veröffentlichung der Entscheidung zur Abgabe eines Angebots bis zur Veröffentlichung des Ergebnisses nach § 23 Abs. 1 Nr. 2 WpÜG grundsätzlich keine Handlungen vornehmen, durch die der Erfolg des Angebots verhindert werden könnte. Jedoch sind in § 33a Abs. 2 S. 2 WpÜG vier Ausnahmen aufgeführt, welche die Neutralitätspflicht des Vorstands und des Aufsichtsrats durchbrechen. So können Vorstand und Aufsichtsrat einer Zielgesellschaft Maßnahmen, die ein Übernahmeangebot verhindern, grundsätzlich nur vornehmen, wenn während des Angebotsverfahrens eine zu diesem Zweck erteilte Ermächtigung der Hauptversammlung eingeholt wurde (Nr. 1). In der Regel sollen die Aktionäre über die Vornahme von Verteidigungsmaßnahmen entscheiden, da die Verwaltung bei einem Erfolg des Übernahmeangebots mit ihrer Ablösung rechnen muss und sich daher in einem Interessenkonflikt befindet[165]. Ohne Hauptversammlungsbeschluss fallen nicht unter das Verhinderungsverbot des § 33 Abs. 2 S. 1 WpÜG nur Handlungen innerhalb des normalen Geschäftsbetriebs (Nr. 2), ferner Geschäfte, die der Umsetzung von Entscheidungen dienen, die außerhalb des normalen Geschäftsbetriebs vor der Veröffentlichung der Entscheidung zur Abgabe eines Angebots getroffen wurden und bereits teilweise umgesetzt sind (Nr. 3) und schließlich die Suche nach einem konkurrierenden Angebot (Nr. 4).

Mithin ist festzuhalten, dass für den Fall, dass die Aktionäre dem europäischen Verhinderungsverbot des § 33a WpÜG durch Beschluss Geltung verschaffen, im Übernahmefall das grundsätzliche Erfolgsverhinderungsverbot des § 33 Abs. 1 S. 1 WpÜG mit seinen weiten Ausnahmetatbeständen in § 33 Abs. 1 S. 2 und Abs. 2 WpÜG nicht zur Anwendung kommt. Insbesondere sind weder die für die Praxis relevanten Abwehrmaßnahmen des Vorstands mit Zustimmung des Aufsichtsrats (§ 33 Abs. 1 S. 2 Alt. 3 WpÜG) noch Abwehrmaßnahmen aufgrund von Vorratsbeschlüssen der Hauptversammlung (§ 33 Abs. 2 WpÜG) zulässig. Insoweit beinhaltet die europäische im Vergleich zur deutschen Regelung das strengere Neutralitätsgebot.

(2) Europäische Durchbrechungsregel

§ 33b Abs. 1 WpÜG ermöglicht es deutschen Zielgesellschaften, sich durch Satzungsbestimmung der in Abs. 2 ausgeführten, der Durchbrechungsregel des Art. 11 Abs. 2 bis 4, 6 und 7 Ü-RL entsprechenden Regelung zu unterwerfen, wonach im Übernahmefall bestimmte strukturelle Übernahmehindernisse keine Wirkung entfalten (Opt-in der Gesellschaften). Die Durchbrechungsregel beruht auf dem Gedanken, dass aufgrund der unterschiedlichen gesellschaftsrechtlichen Systeme in den einzelnen Mitgliedstaaten strukturelle Besonderheiten im Hinblick auf

165 Maier, S. 2; Maul/Muffat-Jeandet, AG 2004, 306, 310.

bestimmte Übernahmehindernisse, wie beispielsweise Stimmrechtsbeschränkungen, sowie die Geltung von Mehrfachstimmrechten vorhanden sind und insoweit keine „Waffengleichheit“ zwischen den Gesellschaften in den einzelnen Mitgliedstaaten besteht. Zweck der Durchbrechungsregel ist es daher, in Bezug auf die Ausgangsbedingungen für Übernahmeangebote gleiche Voraussetzungen zu schaffen, indem die auf den unterschiedlichen gesellschaftsrechtlichen Systemen beruhenden Übernahmehindernisse für die Laufzeit des Übernahmeangebots außer Kraft gesetzt werden[166].

Die Durchbrechung bzw. Außerkraftsetzung der Übernahmehindernisse bezieht sich gemäß § 33b Abs. 2 S. 1 WpÜG auf zwei zeitliche Phasen des Übernahmeverfahrens, namentlich auf die Phase während des Laufens der Annahmefrist (Nr. 1 und 2) und auf die Phase nach erfolgreichem Angebot (Nr. 3). In dem Zeitraum, in dem die Annahmefrist für ein Übernahmeangebot läuft, sind zum einen satzungsmäßige und vertragliche Beschränkungen der Übertragung von Aktien gegenüber dem Bieter unwirksam (Nr. 1) und zum anderen entfalten in der Hauptversammlung, in der über die Ergreifung von Abwehrmaßnahmen beschlossen wird, Stimmrechtsbeschränkungen, die in der Satzung der Zielgesellschaft verankert sind, sowie Stimmbindungsverträge keine Wirkung und Mehrstimmrechtsaktien berechtigen nur zu einer Stimme (Nr. 2). Die zweite Phase der Durchbrechungsregel beginnt, wenn der Bieter nach dem Angebot über mindestens 75% des stimmberechtigten Kapitals der Zielgesellschaft verfügt. In diesem Fall steht dem Bieter das Recht zu, eine Hauptversammlung einzuberufen, sofern er eine Änderung der Satzung oder eine Neubesetzung des Aufsichtsrats verfolgt. Im Rahmen dieser Hauptversammlung finden satzungsmäßige und vertragliche Stimmrechtsbeschränkungen sowie satzungsmäßige Entsendungsrechte keine Anwendung und Mehrstimmrechtsaktien gewähren nur eine Stimme (Nr. 3).

Des Weiteren enthält Satz 2 des § 33b Abs. 2 WpÜG zwei Ausnahmen von dem Anwendungsbereich der Durchbrechungsregel des Satzes 1: Weder Vorzugsaktien ohne Stimmrecht noch Altverträge aus der Zeit vor Unterzeichnung der Übernahmerichtlinie sind in die Regelung einbezogen.

Schließlich hat der Bieter nach Maßgabe des § 33b Abs. 5 WpÜG die betroffenen Aktionäre für die Einschränkungen, die sich aus der Durchbrechungsregelung ergeben, angemessen zu entschädigen.

(3) Vorbehalt der Gegenseitigkeit

Das Wahlrecht der Gesellschaften wird durch die Regelung zur Gewährleistung der Gegenseitigkeit in § 33c WpÜG ergänzt. Demnach hat Deutschland von der Option des Art. 12 Abs. 3 Ü-RL Gebrauch gemacht und damit deutschen Gesell-

---

166 Krause, BB 2004, 113, 115; Maul/Muffat-Jeandet, AG 2004, 306, 311; Maier, S. 4.

schaften die Anwendung der Reziprozität gestattet. Ausweislich des § 33 Abs. 1 und 2 WpÜG hat die Hauptversammlung der betreffenden Gesellschaft zu bestimmen, ob von der Reziprozität in dem jeweiligen Fall tatsächlich Gebrauch gemacht werden soll.

§ 33c Abs. 1 und 2 WpÜG berechtigen eine deutsche Zielgesellschaft, die die Neutralitätspflicht des § 33a WpÜG und/oder die Durchbrechungsregel des § 33b WpÜG anwendet, sich von der Geltung dieser Beschränkungen durch Hauptversammlungsbeschluss zu befreien, wenn der Bieter oder die Gesellschaft, die den Bieter kontrolliert, die Neutralitätspflicht bzw. die Durchbrechungsregelung nicht anwendet. Ziel der Reziprozitätsregelung ist es, das Level Playing Field zu sichern, indem im Ergebnis einheitliche Ausgangsbedingungen zwischen den Gesellschaften in den einzelnen Mitgliedstaaten, auf welche unterschiedliche Regelungen des Optionsmodells anwendbar sind, hergestellt werden[167].

§ 33c Abs. 3 WpÜG bestimmt in Satz 1, dass über die Gegenstände des Abs. 1 (Gegenseitigkeit bei einem Verhinderungsverbot) und des Abs. 2 (Gegenseitigkeit bei einer Durchgriffsregel) ein einziger Hauptversammlungsbeschluss gefasst werden kann. Zudem ist in Satz 2 geregelt, dass die Ermächtigung durch die Hauptversammlung frühestens 18 Monate vor der Veröffentlichung der Entscheidung zur Abgabe eines Angebots gefasst worden sein darf. Für das Einhalten der Reziprozitätsregelung kann also auf Vorratsbeschlüsse zurückgegriffen werden.

4. Zwischenergebnis

Der Erlass der Übernahmerichtlinie und ihre „Eins zu Eins" erfolgte Umsetzung ins deutsche Recht[168] ist insofern zu begrüßen, als mit der Richtlinie nach einem nahezu dreißig Jahre andauernden Verhandlungsmarathon erstmals ein Kompromiss bei der Harmonisierung der Rahmenbedingungen für Übernahmeangebote in der EU geschaffen wurde. Ohne den Erlass der Richtlinie wäre es praktisch unmöglich gewesen, die Anwendungsbereiche der verschiedenen nationalen Übernahmerechte und die Überwachungszuständigkeiten der verschiedenen Aufsichtsorgane so zu ordnen, dass doppelte Zuständigkeiten und rechtsfreie Räume vermieden werden[169].

Gleichwohl handelt es sich bei dem gefundenen Kompromiss um eine Minimallösung. Das Optionsmodell des Art. 12 Abs. 1 und 2 Ü-RL räumt zunächst jedem Mitgliedstaat die Option ein, von der grundsätzlichen Anwendbarkeit der Neutralitätspflicht des Art. 9 Abs. 2 und 3 Ü-RL sowie der Durchgriffsregelung des Art. 11

167 RegBegr. zum Übernahmerichtlinie-Umsetzungsgesetz, Drucks. 16/1003, S. 14; Maul/Muffat-Jeandet, AG 2004, 306, 312.

168 RegBegr. zum Übernahmerichtlinie-Umsetzungsgesetz, Drucks. 16/1003, S. 12.

169 Krause, BB 2004, 113, 119.

Ü-RL abzuweichen (Opt-out der Mitgliedstaaten), eröffnet im Gegenzug aber den Gesellschaften in den einzelnen Mitgliedstaaten die Möglichkeit, sich freiwillig dem Regime des Art. 9 Abs. 2 und 3 Ü-RL sowie des Art. 11 Ü-RL zu unterwerfen. Hierdurch wird das Nebeneinander von zwei sich widersprechenden wirtschaftspolitischen Grundpositionen festgeschrieben: einerseits der einem strengen Neu-tralitätsgebot unterliegende und damit Abwehrmaßnahmen verhindernde europäische Regulierungsansatz und andererseits der abwehrfreundliche nationale Regulierungsansatz[170]. Folglich muss die Verwirklichung einer echten Harmonisierung, namentlich die Schaffung gleicher Ausgangsbedingungen für Übernahmeangebote innerhalb der EU (Level Playing Field), als gering beurteilt werden.

Deutschland hat von der Umsetzung des Art. 9 Abs. 2 und 3 Ü-RL sowie des Art. 11 Ü-RL abgesehen, so dass diese Bestimmungen von deutschen Unternehmen nicht per Gesetz einzuhalten sind (Opt-out). Demzufolge liegt es in der Hand der Aktionäre, ob sie über einen Beschluss das europäische Verhinderungsverbot des § 33a WpÜG bzw. die europäische Durchbrechungsregel des § 33b WpÜG zur Anwendung gelangen lassen wollen (Opt-in) oder doch lieber an der abwehrfreundlichen deutschen Regelung des § 33 WpÜG festhalten wollen.

Für Gesellschaften, deren Hauptversammlungen keine Opt-in-Beschlüsse fassen, bleibt es bei der bisherigen Regelung des § 33 WpÜG. Folglich können die Gesellschaften die in § 33 Abs. 1 S. 2 und Abs. 2 WpÜG aufgeführten Abwehrmaßnahmen gegen Unternehmensübernahmen anwenden, die insbesondere Maßnahmen des Vorstands mit Zustimmung des Aufsichtsrats (Abs. 1 S. 2 Alt. 3) als auch Maßnahmen aufgrund von Vorratsbeschlüssen der Hauptversammlung (Abs. 2) umfassen. Auch kann der Vorstand der Zielgesellschaft von einer ohne nähere Zweckbestimmung ergangenen, „einfachen" Ermächtigung nach § 71 Abs. 1 Nr. 8 AktG Gebrauch machen, um im Übernahmekampf eigene Aktien als Verteidigungsmaßnahme einzusetzen, sofern die Voraussetzungen des § 33 Abs. 1 S. 2 WpÜG vorliegen. Dabei kommt der Ermächtigung zu Abwehrmaßnahmen mit Zustimmung des Aufsichtsrats nach § 33 Abs. 1 S. 2 Alt. 3 WpÜG in der Praxis die größte Bedeutung zu. Zu beachten ist schließlich, dass Gesellschaften, die eine starke protektionistische Position vertreten und an den Abwehrmaßnahmen des § 33 WpÜG festhalten, langfristig mit Kursabschlägen und Imageverlusten rechnen müssen[171]. Denn die Übernahmemöglichkeit lässt den Aktienkurs in der Regel ansteigen, da der Bieter dem Markt signalisiert, dass er neben dem Verkehrswert der Aktie die Kontrollprämie, d.h. den zusätzlichen Preis für die Kontrolle über das gesamte Unternehmen, zu zahlen bereit ist. Zudem kann eine unternehmensfreundliche Haltung zur effektiven Kontrolle von Managementleistungen

170 Stellungnahme von Merkt zum RegE eines Übernahmerichtlinie-Umsetzungsgesetz, S. 6; Maier, S. 11.

171 Krause, BB 2004, 113, 114.

beitragen, da jederzeit die Möglichkeit gegeben ist, eine Unternehmensleitung, die nicht erfolgreich wirtschaftet, im Wege einer feindlichen Übernahme auszutauschen[172].

Daneben können Gesellschaften durch Satzungsänderung ein Opt-in sowohl hinsichtlich der Neutralitätspflicht gemäß § 33a WpÜG als auch hinsichtlich der Durchgriffsregel für Übernahmehindernisse gemäß § 33b WpÜG wählen. Beschließt die Gesellschaft, § 33a WpÜG anzuwenden, dürfen keine Vorratsbeschlüsse mit Blick auf Verteidigungsmaßnahmen (§ 33 Abs. 2 WpÜG) gefasst werden. Zudem kann der Ausnahmefall des § 33 Abs. 1 S. 2 Alt. 3 WpÜG (Zustimmung des Aufsichtsrats) nicht zur Anwendung gelangen. Damit verliert auch eine Ermächtigung, die die Hauptversammlung ohne die Maßgabe über die Nutzung zur Abwehr eines feindlichen Übernahmeangebots nach § 71 Abs. 1 Nr. 8 AktG gegeben hat, an Bedeutung. Denn die Ausnutzung einer solchen Ermächtigung in übernahmerechtlicher Hinsicht verlangt das Vorliegen eines der Ausnahmetatbestände des § 33 Abs. 1 S. 2 WpÜG, wobei der Zustimmung des Aufsichtsrats nach § 33 Abs. 1 S. 2 Alt. 3 WpÜG die weitaus größte praktische Relevanz zukommt. Für die Durchführung von Verteidigungsmaßnahmen muss gemäß § 33a Abs. 2 Nr. 1 WpÜG vielmehr von den Aktionären nach Bekanntwerden des Angebots eine Ermächtigung eingeholt werden. Daneben sind die in § 33a Abs. 2 Nr. 2-3 WpÜG aufgeführten, eng gefassten Abwehrmaßnahmen gegen Unternehmensübernahmen zulässig. Wendet die Gesellschaft im Wege des Opt-in die Durchbrechungsregelung des § 33b WpÜG an, so ist positiv zu verzeichnen, dass die Geltung der satzungsmäßigen und vertraglichen Übertragungsbeschränkungen von Aktien, der Stimmbindungsverträge und der Mehrstimmrechte im Übernahmefall ausgeschlossen wird. Aus Sicht deutscher Zielgesellschaften ist sowohl die Durchbrechung von Stimmbindungsverträgen als auch von Entsendungsrechten praxisrelevant[173]. Negativ zu bewerten ist jedoch, dass zum einen nicht alle eine Übernahme erschwerenden Hindernisse erfasst werden, namentlich die regelmäßig am Risikokapital beteiligten stimmrechtslosen Vorzugsaktien (§ 33b Abs. 2 S. 2 WpÜG). Zum anderen ist die Durchbruchsregelung ebenso wenig wie die Neutralitätspflicht des § 33a WpÜG gemäß Art. 12 Abs. 1 und 2 Ü-RL verpflichtend, so dass weiterhin keine einheitliche Regelung im Hinblick auf die Verhaltenspflicht des Leitungs- bzw. Verwaltungsorgans während der Übernahmephase sowie im Hinblick auf die eine Übernahme erschwerenden strukturellen Besonderheiten in den einzelnen Mitgliedstaaten besteht. Einen fairen Ausgleich leistet insofern die Möglichkeit eines Gegenseitigkeitsvorbehalts gemäß § 33c WpÜG, wonach eine deutsche Zielgesellschaft im Falle einer Übernahme an ihren Opt-in hinsichtlich

172 Maier, S. 11 f.; Stellungnahme von Merkt zum RegE eine Übernahmerichtlinie-Umsetzungsgesetz, S. 5 f.

173 Maul/Muffat-Jeandet, AG 2004, 306, 314 f.

der Neutralitätspflicht und/oder Durchbrechungsregelung nicht gebunden ist, wenn für den Bieter keine entsprechende Bestimmung gilt.

§ 4 Kapitalmarkttheoretische Erklärungsmodelle für den Rückerwerb eigener Aktien

Setzt die Aktiengesellschaft den Erwerb eigener Aktien zur Umsetzung einer Shareholder Value-orientierten Unternehmenspolitik oder zur Abwehr von Übernahmeversuchen ein, so steht die mit den Aktienrückkäufen einhergehende Kurssteigerung im Vordergrund der Rückkaufprogramme. Zu beachten ist jedoch, dass im Grunde jedem Aktienrückkauf positive Wirkungen auf das Kursniveau immanent sind, und zwar unabhängig davon, welchen Zweck die Aktiengesellschaft mit dem Rückerwerb verfolgt. Der Gesellschaft steht damit die Möglichkeit offen, den Erwerb eigener Aktien als kurspflegende Maßnahme einzusetzen, d.h. die mit jedem Rückkauf einhergehenden positiven Effekte der Kursstabilisierung oder Kurssteigerung zu nutzen. Die kursstabilisierende bzw. kurssteigernde Wirkung von Aktienrückkäufen ist für sich genommen nicht zu missbilligen. Jedoch können Aktienrückkäufe unter kapitalmarktrechtlichen Gesichtspunkten dann fragwürdig erscheinen, wenn der mit ihnen beabsichtigte Verwendungszweck nicht ernsthaft verfolgt wird, der Nebeneffekt der Kursbeeinflussung vielmehr zum Hauptmotiv wird. In welchen Fällen die Aktiengesellschaft mit dem Erwerb eigener Aktien die Grenze zur Illegalität überschreitet, wird im kapitalmarktrechtlichen Teil der Arbeit analysiert. Im Folgenden steht die Frage im Fokus, warum die Entscheidung des Vorstands über Zeitpunkt und Umfang eines Aktienrückkaufs bzw. dessen Durchführung positive Reaktionen des Kapitalmarktes hervorruft.

I. Einführung

Der schwarze Montag, der 19. Oktober 1987, bewirkte erhebliche Preisverluste an den U.S.-amerikanischen Wertpapierbörsen. Dies führte dazu, dass wenige Tage nach dem Börsenkrach mehr als 1000 der an der New Yorker Börse notierten Gesellschaften ihre Absicht ankündigten, einen Teil ihrer Aktien über die Börse zurück zu kaufen[174]. Vorrangig handelte es sich hierbei um solche Unternehmen, deren Aktienkurse im Verlauf des Börsensturzes besonders stark gefallen waren[175]. Eine Untersuchung der Securities Exchange Commission (SEC) ergab, dass an den dem Kurssturz folgenden Tagen 129 der 500 größten Publikumsgesellschaften (S&P 500) Ankäufe ankündigten oder durchführten. Dabei betrug

174 Skog, ZGR 1997, 306, 325.

175 Hampel, S. 27; Wastl/Wagner/Lau, S. 32.

der Umfang der Rückkaufgeschäfte zwischen 0,5% und 80% des Handelsvolumens einer beliebigen Aktie. Die SEC stellte in ihrer Studie fest, dass sich diejenigen Aktien, für welche die Gesellschaften unmittelbar nach dem Börsencrash Rückkaufprogramme ankündigten oder bereits schon durchführten, auf einem verhältnismäßig besseren Kursniveau am Wertpapiermarkt behaupten konnten als solche Aktien, für welche die Gesellschaften keine Rückkaufprogramme initiierten[176]. Die Ankündigungen der Reakquisitionsprogramme verhinderten möglicherweise einen weiteren Kursverfall des gesamten Aktienmarktes[177].

Analysten der amerikanischen Kapitalmärkte haben den Einfluss des Erwerbs eigener Aktien auf den Börsenkurs der den Aktienrückkauf tätigenden Aktiengesellschaft anhand von verschiedenen Erwerbsmethoden untersucht[178]. Die empirischen Untersuchungen belegen positive Reaktionen des Kapitalmarktes auf Ankäufe eigener Anteile durch Aktiengesellschaften. Insbesondere sind bei Aktienrückkäufen, die im Wege eines öffentlichen Angebots der Gesellschaft und zu einem Preis deutlich über dem ursprünglichen Aktienkurs erfolgen, deutliche Kurssteigerungen zu verzeichnen. In der Regel halten sich die Kurse auch nach Abschluss des Rückkaufs auf einem erhöhten Niveau, wenn auch nicht ganz auf der Höhe des Rückkaufpreises[179]. Darüber hinaus verdeutlicht das oben angeführte Beispiel von Aktienrückkaufprogrammen während des Börsencrashs von 1987 eine weitere positive Wirkung solcher Transaktionen: Die Aktiengesellschaft hat im Fall von negativen Überreaktionen des Marktes, die zu übermäßigen Kursverlusten führen, die Möglichkeit, durch den Erwerb eigener Aktien auf den Aktienkurs stabilisierend einzuwirken[180].

Im Hinblick auf Aktienrückkäufe, die über die Börse angekündigt und durchgeführt werden, kommen U.S.-amerikanische Untersuchungen zu folgenden Ergebnissen: *Vermaelen* ermittelt einen durchschnittlichen Anteil reakquirierter Aktien am Gesamtbestand ausgegebener Aktien von ca. 5%[181]. Die unmittelbaren Renditezuwächse infolge des Rückkaufs eigener Aktien über die Börse liegen laut *Vermaelen* und *Comment/Jarrell* zwischen durchschnittlich 2% und 3%, über einen Drei-Monats-Zeitraum nach Ankündigung des Aktienrückkaufprogramms

176 SEC, The October 1987 Market Break, A Report by the Division of Market Regulation U.S. Securities and Exchange Commission, Washington 1988, 6-1 ff.

177 Hampel, S. 27; Wastl/Wagner/Lau, S. 32.

178 Dann, Journal of Financial Economics 9 (1981), 113; Vermaelen, Journal of Financial Economics 9 (1981), 139; Comment/Jarrell, The Journal of Finance 46 (1991), 1243; s. auch die umfassenden Nachweise bei Hampel, S. 18 ff. und Kopp, S. 46 ff.

179 Bezzenberger, S. 63 f., Rn. 76; Hampel, S. 20.

180 Wastl/Wagner/Lau, S. 32; Bezzenberger, S. 64, Rn. 76.

181 Vermaelen, Journal of Financial Economics 9 (1981), 139, 144.

bei 2%[182]. Bei börsenmäßigen Aktienrückkäufen, die sich auf über 20% der ausstehenden Aktien der Gesellschaft erstrecken, sind sogar Kurssteigerungen von bis zu 6% zu beobachten[183]. Somit kann eine Aktienkurssteigerung in Abhängigkeit von dem Volumen der zurück zu kaufenden Aktien festgestellt werden.

Aufgrund der in empirischen Studien dokumentierten positiven Aktienkursbewegungen infolge der Ankündigung des Erwerbs eigener Aktien durch die Gesellschaft sind sowohl in der juristischen als auch in der ökonomischen Literatur Versuche unternommen worden, um den Zusammenhang zwischen den Aktienrückkäufen und der positiven Reaktion des Marktes auf solche Geschäfte zu erklären[184]. Es fragt sich daher, worin die Ursache dafür zu sehen ist, dass börsenmäßige Aktienrückkaufprogramme einen positiven Effekt auf die Entwicklung von Aktienkursen haben.

II. Das Verhältnis von Angebot und Nachfrage

Ein Grund für die kurssteigernde Wirkung des Aktienrückkaufs ist darin zu sehen, dass die Gesellschaft durch den Rückkauf eigener Aktien auf das Verhältnis der am Wertpapiermarkt vorherrschenden Kräfte von Angebot und Nachfrage verändernd einwirken kann[185].

Die Festsetzung des Börsenkurses, also des Preises der an der Börse gehandelten Wertpapiere[186], kommt durch das Zusammenspiel von Angebot und Nachfrage zustande. Der Börsenpreis eines Wertpapiers steigt, wenn zum einen die Nachfrage bei gleich bleibendem Angebot zunimmt oder zum anderen das Angebot bei gleich bleibender Nachfrage abnimmt. Dagegen sinkt der Börsenpreis eines Wertpapiers, wenn einerseits das Angebot bei gleich bleibender Nachfrage zunimmt oder andererseits die Nachfrage bei gleich bleibendem Angebot abnimmt.

Kauft die Aktiengesellschaft im Wege des öffentlichen Rückkaufprogramms eigene Aktien zurück, so tritt sie am Kapitalmarkt als Nachfragerin auf. Die Gesellschaft ist in der Lage, durch den Rückkauf eigener Aktien eine zusätzliche Aktiennachfrage zu erzeugen, die bei gleich bleibendem Angebot den Kurs beflügelt. Mit dem Abschluss des Rückkaufprogramms endet freilich auch die Rolle der

---

182 Vermaelen, Journal of Financial Economics 9 (1981), 139, 149; Comment/Jarrell, The Journal of Finance 46 (1991), 1243, 1262.

183 Comment/Jarrell, The Journal of Finance 46 (1991), 1243, 1262.

184 Vermaelen, Journal of Financial Economics 9 (1981), 139; Comment/Jarrell, The Journal of Finance 46 (1991), 1243; Bezzenberger, S. 65 ff., Rn. 78 ff.; Kopp, S. 116 ff.; Lenzen, S. 34 ff.

185 Bezzenberger, S. 65, Rn. 78; Lenzen, S. 34.

186 Büschgen, Das kleine Börsenlexikon, unter „Börsenkurs“, S. 221; Comment/Jarrell, The Journal of Finance 46 (1991), 12431.

Gesellschaft als zusätzliche Nachfragerin am Markt. Entscheidend ist jedoch, dass die Gesellschaft die zurück erworbenen Aktien aus dem Verkehr gezogen hat mit der Folge, dass das Angebot an den Aktien der Gesellschaft nunmehr geringer ist. Vorausgesetzt, die Nachfrage nach diesen Aktien ist genauso hoch wie vor Durchführung des Rückkaufprogramms, steigt der Börsenkurs der Aktien[187].

In der ökonomischen Literatur wird jedoch ein derart einfacher, unmittelbarer Zusammenhang zwischen dem Kauf und Verkauf von Aktien und der Entwicklung des Börsenkurses als unzureichender Erklärungsansatz für die kurssteigernde Wirkung von Aktienrückkäufen angesehen[188]. Es wird geltend gemacht, dass die Elastizität von Angebot und Nachfrage ein entscheidendes Kriterium im Rahmen der Kursbeeinflussung durch schlichte Käufe und Verkäufe von Aktien darstelle. So sei eine Beeinflussung des Börsenpreises durch den Kauf oder Verkauf von Aktien nur dann zu erwarten, wenn diese Handelsaktivitäten ein so großes Volumen erreichen, dass die Elastizität von Angebot und Nachfrage an ihre Grenzen stoße[189]. Am Kapitalmarkt sei eine große Vielzahl von Wertpapieren mit verschiedenen Rendite- und Risikocharakteristika vorhanden, so dass sich der Anleger sein Portefeuille selber zusammenstellen könne und auf den Erwerb von bestimmten Wertpapieren gerade nicht angewiesen sei[190]. Dies führe zum einen dazu, dass sich der Anleger in der vorteilhaften Lage befinde, ein bestimmtes Wertpapier nur zum gegenwärtigen Marktpreis kaufen zu können[191]. Zum anderen erhöhen zusätzliche Wertpapiere das Angebot nur in einem so unerheblichen Maße, dass ein Preisabfall nicht zu erwarten sei, da sie nur einen sehr geringen Prozentsatz im Verhältnis zur Summe bereits vorhandener Papiere gleicher Gattung ausmachen[192].

Auch wenn Vertreter dieser sog. „Substitutions-Hypothese“ bezweifeln, dass sich die kurssteigernde Wirkung des Aktienrückkaufs mit der Veränderung des Verhältnisses von Angebot und Nachfrage erklären lasse, vermögen sie selber keine Erklärungsgrundlage für die festgestellten Aktienkurssteigerungen infolge der Ankündigung des Erwerbs eigener Aktien zu liefern. Es werden daher im Folgenden weitere mögliche Erklärungsgrundlagen vorgestellt.

---

187 Bezzenberger, S. 65, Rn. 78.

188 Scholes, The Journal of Business 45 (1972), 179; Fischel/Ross, Havard L. Review 105 (1991), 503; Thel, Cornell L. Review 79 (1994), 219; s. die umfassende Darstellung bei Lenzen, S. 34 f.

189 Fischel/Ross, Havard L. Review 105 (1991), 503, 513; Thel, Cornell L. Review 79 (1994), 219, 224.

190 Scholes, The Journal of Business 45 (1972), 179, 181 f.

191 Fischel/Ross, Havard L. Review 105 (1991), 503, 514.

192 Scholes, The Journal of Business 45 (1972), 179, 182.

III. Die Signalsetzung auf den Kapitalmärkten

Als Erklärungsgrundlage für die Tatsache, dass Rückkäufe von eigenen Aktien vielfach mit einem markanten Anstieg der Aktienkurse verbunden sind, wird ganz überwiegend die sog. „Signalling Hypothesis" herangezogen: Die Verkündung der Absicht des Managements eines Unternehmens, eigene Aktien für die Gesellschaft zu erwerben, wird als Ausdruck („Signal") der Überzeugung verstanden, dass die Gesellschaft vom Markt nicht angemessen bewertet wird[193]. Um den hinter diesem Erklärungsansatz stehenden Gedanken zu erfassen, also den Zusammenhang zwischen dem Erwerb eigener Aktien als Signal zur Bewältigung von Informationsasymmetrien und der positiven Kursreaktion auf dem Markt herzustellen, bedarf es zunächst einer näheren Erörterung des komplexen Zusammenspiels von Marktinformation und Preisbildung.

1. Der Principal Agent-Ansatz

a) Neoklassische Finanzierungstheorie und Neue Institutionenökonomik

In der Ökonomik war das Problem der Information und ihrer Gewinnung und Verbreitung bis in die Nachkriegszeit hinein kein eigenständiges Forschungsthema[194]. Die neoklassische Gleichgewichtstheorie – das wohl erfolgreichste und einflussreichste Gedankengebäude der Ökonomik – geht von einer Modellwelt aus, in der Angebot und Nachfrage auf dem Markt den Preis beeinflussen und diesen solange verändern, bis die Nachfrage nach Gütern und Dienstleistungen komplett befriedigt und dementsprechend der Güter- bzw. Arbeitsmarkt vollkommen geräumt ist. Dabei ist der auf dem jeweiligen Markt vorherrschende Gleichgewichtspreis der Preis, der gerade noch die Produktionskosten deckt. Der Preis sorgt auch dafür, dass alle Ressourcen in ihre effizienteste Verwendung fließen[195]. Damit dieses neoklassische Gleichgewichtsmodell jedoch Gültigkeit beanspruchen kann, müssen eine Reihe von Prämissen erfüllt sein[196]. Dabei stellt die vollkommene Rationalität der Marktakteure eine der zentralen Voraussetzungen dar. Ein völlig rationaler Marktakteur ist über alle Marktbedingungen vollständig informiert und zwar ohne dass er sich um Informationen bemühen oder Kosten für Informationen aufbringen müsste. Ein solcher Akteur hat folglich die Fähigkeit, alles vorherzusehen, was geschehen könnte. Zudem ist jeder Marktteilnehmer in der Lage, ohne

193 Kübler, S.48; Vermaelen, Journal of Financial Economics 9 (1981), 139, 140; MüKoAktG-Oechsler, § 71, Rn. 1; Kopp, S. 118; Lenzen, S. 37 f.

194 Merkt, S. 208; Grundmann, § 8, Rn. 236.

195 Göbel, S. 28; s. auch Schmidt, S. 240, 242 ff.

196 Göbel, S. 28.

irgendwelche Schwierigkeiten, d.h. augenblicklich, oder die Aufwendung von Kosten, mögliche Vorgehensweisen gegeneinander abzuwägen sowie sich zwischen ihnen optimal zu entscheiden[197]. Diese Ausführungen verdeutlichen, dass das neoklassische Gleichgewichtsmodell davon ausgeht, dass auf Märkten informiert gehandelt wird, Informationen also immer und vor allem kostenfrei zu Verfügung stehen. Konsequenz einer solchen Sichtweise ist, dass es keiner Regelsysteme, also Institutionen, zur Regulierung von Informationsaktivitäten oder zur Optimierung der Informationsstruktur bedarf[198].

In der Realität hingegen funktioniert der Austausch zwischen den Wirtschaftsakteuren nicht über einen vollkommenen Markt. Die kapitalmarktrechtlichen Beziehungen zwischen den einzelnen Akteuren sind dadurch gekennzeichnet, dass Informationen asymmetrisch verteilt sind, Informationsvorsprünge bestehen und Marktteilnehmer eben nicht alles wissen, was man wissen kann[199]. Es ist davon auszugehen, dass ein wechselseitiger Zusammenhang zwischen Marktstruktur und Wettbewerb auf der einen und Informationsstruktur auf der anderen Seite besteht[200]. Da die neoklassische Finanzierungstheorie jedoch nicht in der Lage ist, die komplexe Wirklichkeit der Wirtschaft zu erfassen und zu erklären, entwickelte sich ein Gedankengebäude, das heute als „Neue Institutionenökonomik" bezeichnet wird[201]. Die Kernaussage dieser Theorie besteht darin, dass Menschen in einer arbeitsteiligen Tauschwirtschaft mit Koordinations- und Motivationsproblemen konfrontiert werden, welche mit Hilfe von Institutionen bewältigt werden können[202]. Einen zentralen Theoriestrang der Neuen Institutionenökonomik bildet der sog. „Principal Agent"-Ansatz (Agencytheorie)[203]. Der Principal Agent-Ansatz bezeichnet eine vertragliche Beziehung, in der eine Person oder Personengruppe (Prinzipal) Entscheidungen, deren Konsequenzen sie tragen muss, an eine andere Person oder Personengruppe (Agent) delegiert. Als weitere Merkmale werden die Haftung des Prinzipals für die Aktionen des Agenten, ein Entgelt für die Tätigkeit des Agenten, vertragliche Treue- und Loyalitätspflichten des Agenten gegenüber seinem Prinzipal und vertragliche Kontrollrechte des Prinzipals angeführt[204].

---

197 Göbel, S. 28; Merkt, S. 208.

198 Merkt, S. 208; Schmidt, S. 240, 244 f.

199 Schmidt, S. 240, 244 f.; Göbel, S. 29 f.; s. auch Hampel, S. 29 f.

200 Merkt, S. 208.

201 Ausführlich zum Ganzen Göbel, S. 32 ff.; s. auch Merkt, S. 208 ff.; Schmidt, S. 240, 248 ff.

202 Göbel, Vorwort.

203 Zwei weitere anerkannte Teilansätze sind der Verfügungsansatz (Property-Rights-Ansatz) und der Transaktionskostenansatz, Göbel, S. 60 ff.; Schmidt, S. 240, 249 ff.

204 Kallfass, S. 32, Fn. 62 m.w.N.; Göbel, S. 98 f.

b) Principal Agent-Beziehung zwischen Eigentümern und Managern

Die Aktiengesellschaft, begriffen als ein Netzwerk von Vertragsbeziehungen, durch welches insbesondere die für die Unternehmenstätigkeit erforderlichen Produktionsfaktoren der Arbeit und des Kapitals zusammengeführt werden[205], weist zwischen der Gesamtheit der Eigentümer und der zur Geschäftsleitung Befugten ein Vertretungsverhältnis auf, das die Merkmale einer Principal Agent-Beziehung erfüllt[206].

Die Aktionäre sind im Verhältnis zum Management des Unternehmens die Prinzipale. Sie finanzieren gemeinsam das haftende Eigenkapital der Aktiengesellschaft und haben einen Anspruch auf den Gewinn, der nach Erfüllung aller vertraglich fixierten Zahlungen verbleibt. Daraus folgt, dass die Aktionäre die wirtschaftlichen Konsequenzen der unternehmerischen Entscheidungen und Aktivitäten tragen, mithin als die Träger des unternehmerischen Risikos anzusehen sind[207].

Zwar ermöglicht den Aktionären die beliebige Teilbarkeit der Aktie, das Ausmaß des von ihnen zu tragenden Risikos selber zu bestimmen. Die Aktionäre können nämlich darüber entscheiden, wie viele Aktien einer Gesellschaft sie in welcher Höhe halten wollen. Auch können sie ihr Vermögen auf verschiedene Unternehmen verteilen, um ihr Risiko zu diversifizieren. Jedoch führt gerade die Beteiligung der Aktionäre an mehreren Unternehmen dazu, dass es für sie nahezu unmöglich ist, sich an der Leitung der einzelnen Unternehmen persönlich zu beteiligen. Auch fungieren Aktionäre in erster Linie als Kapitalgeber, so dass sie nicht notwendigerweise über das zur Leitung einer Aktiengesellschaft erforderliche Fachwissen verfügen. Hieraus folgt, dass die Risikodiversifikation der Aktionäre eine Delegation von Entscheidungs- und Steuerungsaufgaben an das Management erforderlich macht[208]. Die Manager treffen deshalb Investitions-, Produktions-, Absatz-, Personal- und Koordinationsentscheidungen im Unternehmen als Auftragnehmer der Aktionäre, also als deren Agenten. Dabei werden sie vom Unternehmen für ihre kündbaren und befristeten Tätigkeiten entlohnt[209].

---

205 Behrens in FS für Ulrich Drobnig, S. 491, 494.

206 Kallfass, S. 35 f.; Hampel, S. 32; Voigt, S. 102; Franke, WiSt 1993, 389, 390; Behrens in FS für Ulrich Drobnig S. 491, 494 f.; ausführlich zu Agency-Beziehungen Göbel, S. 98 ff.

207 Kallfass, S. 36; Hampel, S. 31; Behrens in FS für Ulrich Drobnig, S. 491, 495.

208 Hampel, S. 31; s. auch Voigt, S. 102 und Göbel, S. 99.

209 Kallfass, S. 35 f.

c) Problematik der Principal Agent-Beziehung

Die Streuungsmöglichkeiten der Aktie führen letztendlich zu einer Trennung von Eigentum und Kontrolle. Denn den Miteigentümern der Unternehmung, also den Aktionären, wird nur der wirtschaftliche Ertrag zugerechnet, mit dem die Übernahme des unternehmerischen Risikos einhergeht. Die dem Eigentumsrecht immanente Funktion der Dispositionsbefugnis, d.h. die Befugnis zur Geschäftsführung im Unternehmen, liegt hingegen in der Kompetenz der Mitglieder des Leitungsorgans, die von der Gesellschaft angestellt sind[210].

Das Phänomen der Trennung von Eigentum und Kontrolle hat das Vorliegen einer überlegenen Machtposition des Managements gegenüber den Aktionären zur Folge[211]. Denn einerseits verfügt das Management aufgrund seiner Stellung als Entscheidungsträger im Unternehmen im Vergleich zu den Aktionären über einen besseren Informationsstand[212]. Andererseits ist die Unternehmensleitung bei Ausübung ihrer Entscheidungsbefugnis keinem unternehmerischen Risiko ausgesetzt, da die Aktionäre die Risikoträger des Unternehmens sind[213].

Darüber hinaus ist zu beachten, dass in einer Aktiengesellschaft die Interessen der Aktionäre und diejenigen der Manager nicht gleichgerichtet sind. Es können Zieldivergenzen auftreten[214]. So werden Manager, die nur noch eine kurze Zeit im Unternehmen arbeiten werden, einen anderen Planungshorizont als die Gesellschafter haben. Auch liegt es in erster Linie im Interesse der Unternehmensleitung, eine konservative Investitions- und Finanzierungspolitik zu betreiben, um das Risiko einer Insolvenz und damit einhergehend das eines Arbeitsplatzverlustes einzuschränken[215].

Da dem Handlungsmodell des Homo oeconomicus das Rationalitätsprinzip zugrunde liegt, versuchen sowohl die Aktionäre als Prinzipale als auch die Manager als Agenten die optimale, nutzenmaximale Entscheidung zwischen alternativen Möglichkeiten zu treffen[216]. Folge des Verhaltens als rationaler Nutzenmaximierer ist, dass das Management nicht mehr im besten Interesse der Aktionäre handelt, sondern seine persönlichen Ziele verfolgt[217]. Hierin liegt auch das zentrale Problem der Principal Agent-Beziehung: Handelt das Management mit dem Ziel, seinen

---

210 Hampel, S. 31; Behrens in FS für Ulrich Drobnig, S. 491, 494 f.

211 Hampel, S. 32; s. dazu auch Berle/Means, S. 119 ff., die bereits 1932 die Trennung von Eigentum und Kontrolle in der Publikumsgesellschaft als das zentrale Regelungsproblem des modernen Aktienrechts identifizierten.

212 Hampel, S. 32 f.; Hartmann-Wendels, Kredit und Kapital 1990, 228, 229.

213 Behrens in FS für Ulrich Drobnig, S. 491, 495; Hampel, S. 31.

214 Kallfass, S. 36; Hampel, S. 32; Elschen, BFuP 1991, 209, 210.

215 Franke, WiSt 1993, 389, 390.

216 Göbel, S. 100, 23 f.

217 Göbel, S. 100; Hampel, S. 32.

persönlichen Nutzen zu maximieren, schädigt es zugleich die Interessen der Aktionäre. Denn die Handlungen der Agenten – also des Managements – wirken sich auf die Wohlfahrt der Prinzipale – also der Aktionäre – aus[218].

2. *Asymmetrische Informationsverteilung in Form der Hidden Information und deren Auswirkung auf Märkten*

Da die Vorstandsmitglieder im Vergleich zu den Anteilseignern Zugang zu unternehmensinternen Informationsquellen der Aktiengesellschaft haben, besteht zwischen den Vorstandsmitgliedern – den Agenten – und den Anteilseignern – den Prinzipalen – eine asymmetrische Informationsverteilung. Dabei kann sich die Informationsasymmetrie auf unterschiedliche Fälle beziehen[219].

Ein wichtiger Fall von asymmetrischer Informationsverteilung wird „Hidden Information" genannt. Der Begriff der Hidden Information beschreibt einen vor Vertragsschluss bestehenden Sachverhalt, in welchem der Agent über Spezialkenntnisse verfügt, die dem Prinzipal nicht zugänglich sind. Der fehlende Sachverstand des Prinzipals führt nun dazu, dass der Prinzipal nicht immer erkennen kann, ob die Handlungen des Agenten zu einem in seinem Sinne optimalen Ergebnis geführt haben[220]. So können Aktionäre oft nicht beurteilen, ob sich die Manager für die in ihrem Sinne beste Investitionsalternative entscheiden oder aber ob sie eigennützige Ziele wie Machtzuwachs oder Statusgewinn verfolgen[221].

Eine asymmetrische Informationsverteilung in Form der Hidden Information führt zu einer Beeinträchtigung der Allokationsfunktion des Kapitalmarktes[222]. Diese ist darin zu sehen, dass es Kapitalgebern nicht möglich ist, Aktiengesellschaften nach ihrer Qualität als Kapitalnehmer zu beurteilen und auszuwählen, sofern sie über keine unternehmensinternen Informationen der jeweiligen Gesellschaften verfügen. Haben die Kapitalgeber beispielsweise keine Kenntnisse über das Unternehmensvermögen, die geplanten Investitionsvorhaben, die Konkurrenzverhältnisse oder die technischen, organisatorischen sowie personellen Stärken eines Unternehmens, können sie diese entscheidenden Punkte nicht als Entscheidungsgrundlage für den Kauf von Wertpapieren einer bestimmten Gesellschaft verwenden. Die mangelnde Kenntnis der Kapitalgeber im Hinblick auf unternehmensinterne Informationen einer Gesellschaft führt dazu, dass die Kapitalgeber von einer durchschnittlichen Qualität aller auf dem Markt existierenden Kapitalnehmer ausgehen. Hierdurch wird die Selektionsfunktion des Kapitalmarktes eingeschränkt, d.h. die Mechanismen des Kapitalmarktes können nicht gewähr-

218 Hampel, S. 32; Behrens in FS für Ulrich Drobnig, S. 491, 495.
219 Göbel, S. 100 ff.
220 Hampel, S. 33; Göbel, S. 102; Hartmann-Wendels, Kredit und Kapital 1990, 228, 229.
221 Göbel, S. 102.
222 Kopp, S. 107.

leisten, dass das Kapital gemäß den marktlichen Konditionen auf Vorhaben mit unterschiedlichem Kapitalbedarf und unterschiedlichen Risiken verteilt wird. Für qualitativ hochwertige Kapitalnehmer sinkt damit der Anreiz, ihre Wertpapiere auf dem Kapitalmarkt anzubieten, weil die Zahlungsbereitschaft der Nachfrager für Wertpapiere von überdurchschnittlicher Qualität gering ist. Mithin stellt die Gleichbehandlung eine Belastung der qualitativ hochwertigen Kapitalnehmer durch qualitativ minderwertige Kapitalnehmer dar, da der Markt das Vermögen schlechter Unternehmen überbewertet und das Vermögen der guten Unternehmen unterbewertet. In dieser Situation kann es für qualitativ hochwertige Kapitalnehmer vorteilhafter sein, sich aus dem Kapitalmarkt ganz zurückzuziehen, was zur Folge hat, dass die durchschnittliche Qualität der Kapitalnehmer weiter sinkt. Es kommt zu einer ungünstigen oder negativen Auslese auf der Angebotsseite (sog. „Adverse Selection“ oder „Market for Lemons“). Falls die Kapitalgeber dies erkennen, senken sie ihre Zahlungsbereitschaft. Letztendlich kann der Prozess des Rückzugs des jeweils qualitativ hochwertigsten Kapitalnehmers und der Qualitätsverschlechterung solange weitergehen, bis der Markt völlig zusammenbricht[223].

Die negativen Auswirkungen der asymmetrischen Informationsverteilung auf Märkten verdeutlichen, dass Mechanismen zur Überbrückung des Interessenkonflikts zwischen Agenten und Prinzipalen erforderlich sind. So werden die Aktionäre Kontrollmechanismen etablieren, um zu verhindern, dass das von ihnen beauftragte Management nur seine eigenen Interessen und nicht diejenigen ihrer Auftraggeber zum Maßstab von Unternehmensentscheidungen macht. Das Management seinerseits wird Aufwendungen tätigen, um den Aktionären glaubwürdig zu signalisieren, dass es sehr wohl loyal handelt und die Aktionärsinteressen fördert. Entsprechende Kontroll- und Signalisierungskosten sowie der verbleibende Effizienzverlust, der mit der Interessendivergenz einer Principal Agent-Beziehung verbunden ist, lassen sich mit dem Begriff der Agency-Kosten erfassen[224].

3. *Informationseffizienz zur Überwindung der Informationsasymmetrie*

Eine asymmetrische Informationsverteilung zwischen Anbietern und Nachfragern von Wertpapieren kann im Extremfall zu Marktversagen führen. Deshalb liegt es im Interesse beider Seiten, Informationsasymmetrien abzubauen.

Jedoch übersteigt es das menschlich Mögliche, eine Symmetrie der Informationsverteilung auf Märkten dergestalt herzustellen, dass alle Marktteilnehmer

---

223 Schmidt, S. 240, 251; Kallfass, S. 69; Hampel, S. 33 f.; Kopp, S. 108; Grundmann, § 8, Rn. 239 und § 19, Rn. 651; s. dazu grundlegend Akerlof, Quarterly Journal of Economics 84 (1970), 488, der den Marktzusammenbruch wegen asymmetrischer Informationsverteilung am Beispiel des Marktes für Gebrauchtwagen („lemons“) untersuchte.

224 Eidenmüller, JZ 2001, 1041, 1047; Hampel, S. 35; Schmidt, S. 260.

über ein vollkommen identisches Wissen in Bezug auf alle kursrelevanten Daten verfügen. Deshalb ist es von entscheidender Bedeutung, möglichst alle für die Unternehmensbewertung relevanten Informationen dem Markt zugänglich zu machen. Dies wird dadurch erreicht, dass Informationen in einem für alle Marktteilnehmer beobachtbaren numerischen Index – dem Börsenkurs – gebündelt werden[225]. Dabei kommt es keineswegs darauf an, dass alle oder auch nur die Mehrheit der Marktteilnehmer in der Lage sind, die verfügbaren Informationen zu verarbeiten. Vielmehr wird das Problem der asymmetrischen Informationsverteilung bereits dann erheblich abgeschwächt, wenn wenigstens einige Marktteilnehmer – beispielsweise professionelle Marktteilnehmer wie Informationsintermediäre oder institutionelle Anleger – über Informationen hinsichtlich der Qualität von Wertpapieren verfügen. Nutzen die besser informierten Anleger ihren Informationsvorsprung zur Realisierung von Kursgewinnen aus, so sorgt der Marktmechanismus für eine Verbreitung der Informationen, indem sich die Bewertungen der besser informierten Anleger in den Kursen niederschlagen. So kommt es z.B. bei anlegerschützenden Wertpapieren zu einer erhöhten Nachfrage und damit zu einer Kurssteigerung. Die übrigen Marktteilnehmer, vor allem die Privatanleger, werden dann der durch den Preismechanismus ausgelösten Marktentwicklung folgen[226].

Mithin kann die zwischen Kapitalanbietern und -nachfragern bestehende asymmetrische Informationsverteilung dann überwunden werden, wenn der Kapitalmarkt informationseffizient ist, d.h. wenn sich Informationen, die für die Entscheidung der Marktteilnehmer relevant sind, unverzüglich und vollständig in den Preisen niederschlagen[227]. Dabei hängt der Grad der Informationssymmetrie davon ab, in welchem Ausmaß die Börsenpreise die verfügbaren Informationen widerspiegeln[228]. Geht man von der durch *Fama*[229] entwickelten Unterteilung der Kapitalmärkte in drei Formen des Informationsniveaus[230] aus, so besteht weitgehend Einigkeit, dass auf den deutschen Aktienmarkt die Hypothese der schwachen Informationseffizienz Anwendung findet[231]. Danach werden unter den verfügbaren

225 Hayek, The American Economic Review 35 (1945), 519, 525; MüKoAktG-Oechsler, § 71, Rn. 1; Kopp, S. 96 f.

226 Spindler, AG 1998, 53, 61; Grundmann, § 19, Rn. 649; Behrens in FS für Ulrich Drobnig, S. 491, 500 f.

227 Möller, zfbf 37 (1985), 500; s. auch Neumann/Klein, Kredit und Kapital 1982, 165.

228 Kopp, S. 97.

229 Fama, The Journal of Finance 25 (1970), 383, 388.

230 Es ist zwischen der These von der schwachen Form („weak form"), mittelstrengen Form („semi-strong form") und strengen Form („strong form") der Informationseffizienz zu unterscheiden.

231 Kopp, S. 105 m. w. N.

Informationen ausschließlich historische Marktdaten wie beispielsweise Preise, Mengen, Renditen und Preisänderungen zusammengefasst[232]. Da die Kursprognose auf Kursverlaufsmustern basiert, die in der Vergangenheit zu beobachten waren, können Kapitalanleger, die die historischen Daten systematisch auswerten, keine höheren Renditen als die Marktrendite erwarten[233].

4. *Allokationseffizienz auf Kapitalmärkten als Folge effizienter Informationsmärkte*

Während Wirtschaft und Staat für ihre Investitionen Kapital benötigen, benötigen Investoren für ihre Ersparnisse geeignete Anlagen[234]. Hierbei kommt der Börse eine entscheidende Funktion zu, nämlich die der Kapitalallokation: Sie führt durch die Konzentration von Kapitalangebot und Kapitalnachfrage an einem Platz das Sparkapital zum Kapitalbedarf, so dass es zu konkreten Geschäftsabschlüssen kommt[235]. Dabei soll sich die Zusammenführung von Angebot und Nachfrage effizient gestalten, d.h. das zur Verfügung stehende Kapital in die am dringendsten benötigten und erfolgversprechendsten Verwendungen fließen[236]. Wird das Kapital dort eingesetzt, wo es die höchste Rendite bei ausreichender Sicherheit zu erzielen vermag, wo es also am rentabelsten angelegt ist, dann ist dieses Ziel erreicht[237].

Die volkswirtschaftlich notwendige Funktion der effizienten Kapitalallokation kann der Kapitalmarkt jedoch nur wahrnehmen, wenn der Börsenkurs eines Wertpapiers sämtliche für die Kapitalanleger relevanten Informationen möglichst korrekt widerspiegelt. Dabei stellen Informationen über Unternehmenswert sowie Ertrag und Risiko der Anlage die entscheidenden Kriterien für die Anlageentscheidung der Kapitalmarktteilnehmer dar[238]. Daraus ergibt sich also, dass die vollständige und richtige Berücksichtigung sämtlicher objektiv vorhandener Informationen, mithin die Effizienz von Informationsmärkten, die Voraussetzung für eine optimale Allokation knapper Ressourcen ist[239]. Informationsmärkte sind demzufolge von Kapitalmärkten zu unterscheiden (Doppelmarktthese). Zu beachten ist jedoch, dass sich die Effizienz der Informationsmärkte auf die Effizienz von Kapitalmärkten auswirkt[240]. Dies kommt insbesondere darin zum Aus-

---

232 Fama, The Journal of Finance 25 (1970), 383; Kallfass, S. 83.
233 Kallfass, S. 83; Kopp, S. 101 f.
234 Claussen, Bank- und Börsenrecht, § 9, Rn. 1.
235 Claussen, Bank- und Börsenrecht, § 9, Rn. 1; Wastl, WM 1999, 620, 624.
236 Assmann in Assmann/Schütze, § 1, Rn. 24; Lenzen, S. 53.
237 Assmann in Assmann/Schütze, § 1, Rn. 24; Kümpel, Kapitalmarktrecht, S. 41 f., Rn. 57; Lenzen, S. 53.
238 Lenzen, S. 53; Kopp, S. 100 f.
239 Neumann/Klein, Kredit und Kapital 1982, 165; Möller, zfbf 37 (1985), 500, 501.
240 Grundmann, § 19, Rn. 648.

druck, dass eine unzureichende oder fehlende Information über wesentliche Ereignisse zu einer Fehlallokation auf Kapitalmärkten führt. So vermögen Kapitalanleger beispielsweise im Falle einer Unterbewertung des Vermögens einer Aktiengesellschaft die Werthaltigkeit von Wertpapieren dieser Gesellschaft nicht zu beurteilen und führen ihre Ersparnisse einer anderen Gesellschaft zu.

Mithin lässt sich der Zusammenhang zwischen der Effizienz der Informationsmärkte und der Allokationseffizienz auf Kapitalmärkten wie folgt zusammenfassen: Sind in den Marktpreisen alle für die Kapitalmarktteilnehmer relevanten Informationen vollständig und unverzüglich reflektiert, kann der Kapitalmarkt über den Preismechanismus die Mittelbewegung zwischen Kapitalanbietern und -nachfragern koordinieren und die Kapitalströme möglichst zu den Orten ihrer besten Verwendung leiten. Auf diese Weise erhalten Emittenten das Kapital, das sie für ihre Investitionen benötigen, während Kapitalanleger die jeweils aus ihrer Sicht optimale Anlageentscheidung treffen.

5. *Erwerb eigener Aktien als Signal zur Bewältigung von Informationsasymmetrien*

a) *Signaling-Theorie*

Das Management verfügt aufgrund seiner Stellung im Unternehmen im Hinblick auf Unternehmensdaten, die für die Anlageentscheidungen von Marktteilnehmern relevant sind, über Informationsvorsprünge. Daher werden die Kapitalanleger versuchen, diesen Vorsprung abzubauen, indem sie von der Unternehmensleitung aufklärende Informationen (Signale) verlangen. Aber auch für das Management eines Unternehmens ist die Übermittlung von Signalen vorteilhaft, sofern es nicht riskieren will, dass potentielle Aktionäre von einem Aktienkauf absehen, da sie das aus der zwischen ihnen und dem Management bestehenden Informationsasymmetrie resultierende Risiko als zu hoch einschätzen. Folglich wird das Management ein Interesse daran haben, durch die gezielte Auswahl von beobachtbaren Verhaltensweisen den Marktteilnehmern zusätzliche Signale zukommen zu lassen[241]. Dies bezieht sich sowohl auf die Verbreitung von positiven als auch negativen Nachrichten, da das Schweigen der Unternehmensleitung vom Kapitalmarkt als schlechteste Nachricht gewertet wird. Die freiwillige Offenlegung von negativen Nachrichten kann damit einer übertrieben negativen Bewertung der Geschäftspolitik des Unternehmens vorbeugen[242].

Es ist jedoch zu berücksichtigen, dass die Informationsübertragung Kosten verursacht. Daher muss das Management im Vorfeld darüber befinden, ob die jeweiligen Investitions- oder Finanzierungsmaßnahmen, die es dem Kapitalmarkt

---

241 Hampel, S. 37; Franke, WiSt 1993, 389, 393; Kopp, S. 110 f.
242 Merkt, S. 213; Grundmann, § 19, Rn. 652.

als zusätzliche Signale übermittelt, hinreichend Erträge produzieren, um die im Rahmen ihrer Realisierung anfallenden Kosten zu übersteigen[243].

Schließlich ist zu beachten, dass der Aspekt der Vertrauenswürdigkeit von Informationen eine entscheidende Rolle spielt. Verfolgt das Management das Ziel, dass Marktteilnehmer aus der Beobachtung einer bestimmten, durch das Management vorgenommenen Verhaltensweise auf die für ihre Anlageentscheidung relevanten Tatsachen schließen können, dann müssen die dem Kapitalmarkt übermittelten Informationen glaubwürdig sein. Die Glaubwürdigkeit eines Signals hängt entscheidend von den für die Unternehmensleitung bestehenden Anreizen ab, eine wahrheitsgemäße Informationspolitik zu betreiben. Verursacht eine bewusste Irreführung den eigenen Nachteil des besser informierten Managements, so besteht für das Management ein Anreiz, den Marktteilnehmern korrekte Informationen zu übermitteln[244]. So wird es sich für ein erfolgloses Unternehmen nicht lohnen, ein erfolgreiches Unternehmen zu imitieren und einen Erfolg, z.B. eine hohe Dividende, fälschlicherweise zu signalisieren. Denn die Kosten, die ein erfolgloses Unternehmen aufbringen muss, um die Finanzierung der Dividende zu ermöglichen, sind so hoch, dass sich eine Täuschung nicht lohnt[245].

Jeder durch das Management ausgewählten Verhaltensweise, sprich jeder Investitions- und Finanzierungsentscheidung, wird ein bestimmter Informationsgehalt beigemessen, der nur eine einzige plausible Interpretationsmöglichkeit im Hinblick auf die nicht oder nur schwer beobachtbaren Merkmale des Unternehmens zulässt[246]. Schüttet beispielsweise die Aktiengesellschaft höhere Dividenden aus, so wird den Kapitalmarktteilnehmern durch diese Finanzierungsentscheidung ein anderes Signal übermittelt als in dem Fall, in dem die Gesellschaft die Übernahme eines anderen Unternehmens ankündigt. Die Geschäftsführung von Unternehmen auf der einen Seite und die Marktteilnehmer auf der anderen Seite sind somit derart aufeinander abgestimmt, dass die Geschäftsführung durch die gezielte Auswahl von Verhaltensweisen die Erwartungen der Marktteilnehmer beeinflussen kann, da sie sich dessen bewusst ist, dass die einzelnen Verhaltensweisen jeweils andere Signale verkörpern, die von den Marktteilnehmern entsprechend bewertet werden. Die Marktakteure ihrerseits erwarten diese Signale, um sie als Entscheidungsgrundlage für ihre Anlageentscheidung berücksichtigen zu können.

---

243 Hampel, S. 37; Kopp, S. 111.
244 Hartmann-Wendels, S. 85; Kopp, S. 112 f.; Hampel, S. 37.
245 Franke, WiSt 1993, 389, 393.
246 Kopp, S. 111; Hartmann-Wendels, S. 85.

b) *Signalwirkung des Erwerbs eigener Aktien*

Fraglich ist daher, welche Signale den Kapitalmarktteilnehmern übermittelt werden, wenn das Management des Unternehmens einen Erwerb eigener Aktien ankündigt und sodann auch durchführt. Die Unternehmensleitung einer Aktiengesellschaft verfügt über unternehmensinterne Informationen, die es ihr ermöglichen, die zukünftige Geschäftsentwicklung des Unternehmens unter Berücksichtigung von Risiken und Erfolgsaussichten abzuschätzen. Auf dieser Grundlage ist die Unternehmensführung in der Lage, zu beurteilen, wie sich die Werte des Unternehmensvermögens und der Beteiligungstitel voraussichtlich entwickeln werden[247]. Kauft nun die Aktiengesellschaft eigene Aktien zurück, so signalisiert die Gesellschaft, dass sie den gegenwärtigen Börsenkurs, gemessen an den absehbaren Zukunftsperspektiven des Unternehmens, für unterbewertet hält. Damit werden den Kapitalmarktakteuren mit Ankündigung und Durchführung der Investitionsmaßnahme des Erwerbs eigener Aktien Informationen über den wahren Marktwert der Unternehmung übermittelt[248].

Wie oben bereits dargelegt, stellt der Aspekt der Glaubwürdigkeit von Informationen ein wichtiges Element der Informationsverbreitung dar. Das Instrument des Erwerbs eigener Aktien beinhaltet mehrere Ansatzpunkte, die darauf schließen lassen, dass die den Kapitalmarktteilnehmern übermittelten Informationen zuverlässig sind. Die Nichtteilnahme des Managements am Rückkaufprogramm eigener Aktien kann als ein erstes Anzeichen dafür gewertet werden, dass die durch den Erwerb eigener Aktien übermittelten Informationen korrekt sind. Denn ist das Management selbst am Rückkauf von Aktien der eigenen Gesellschaft nicht beteiligt, bekundet es sein Vertrauen in die Zukunft der die Rückkauftransaktion tätigenden Gesellschaft[249]. Als nächstes ist der mit dem Rückerwerb eigener Aktien verbundene Kostenaspekt für eine falsche Informationsübermittlung anzuführen. Erkennen im Nachhinein die Kapitalgeber, dass die Unternehmung bzw. die Aktien einer Gesellschaft nicht unterbewertet sind, so werden sie sich aufgrund der Verbreitung des irreführenden Signals von ihren Aktien trennen. Dies wirkt sich zum Nachteil der Unternehmensführung aus, da der Marktwert der Anteile der die Täuschung vorgenommenen Gesellschaft sinkt[250]. Schließlich ist aus der Tatsache, dass sich die Kurse auch nach Abschluss des Rückkaufs grundsätzlich auf einem höheren Niveau als vor dessen Ankündigung halten, zu schließen, dass die Informationen der Gesellschaft über ihre positiven Zukunftsaussichten der

---

247 Kallfass, S. 64.

248 Kübler, S. 48; Kellerhaus/Rausch, AG 2000, 222, 224; Hampel, S. 48 f.; Kopp, S. 118 f.

249 Hampel, S. 49.

250 Hampel, S.50.

Wahrheit entsprechen. Denn das Signalisieren der positiven Zukunftserwartungen verläuft erfolgreich und die Gewinnzuwächse für die Anteilseigner schlagen sich auf dauerhafter Basis nieder[251].

Abschließend ist darauf hinzuweisen, dass die Stärke eines Signals im Rahmen des Erwerbs eigener Aktien von der Anzahl der zurück erworbenen Aktien, dem relativen Anteil des Managements am Gesamtbestand der Aktien nach Durchführung des Rückkaufs und der Rückkaufprämie abhängt[252]. Da bei einem Rückkauf eigener Aktien über die Börse den verkaufswilligen Aktionären keine Verkaufsprämie angeboten wird, die Gesellschaft eigene Aktien nur bis zu einer Grenze von 10% des Grundkapitals erwerben darf und gleichzeitig die zusätzlichen Renditen im Vergleich zu anderen Rückkaufmethoden[253] niedrig liegen, stellt der börsenmäßige Aktienrückkauf das schwächste Signal von allen Formen des Erwerbs eigener Aktien dar.

Zusammenfassend lässt sich also festhalten, dass Informationen für die Kursbildung von Wertpapieren von herausragender Bedeutung sind. Kündigt die Gesellschaft den Rückkauf eigener Aktien über die Börse an, so wird diese Verhaltensweise vom Kapitalmarkt dahingehend aufgefasst, dass die Unternehmensleitung ihr Vertrauen in die Zukunft der Gesellschaft signalisiert. Denn die besser informierte Unternehmensführung kennt die Interna des Unternehmens und bringt deshalb durch den Rückkauf zum Ausdruck, dass sie zum einen die Aktien der Gesellschaft für unterbewertet hält und zum anderen der Ansicht ist, dass die Gesellschaft hinreichende Erträge erwirtschaften wird, um den Abfluss des Rückkaufgeldes zu verkraften[254]. Damit dient die Ankündigung des Aktienrückkaufprogramms der Reduktion der sich aus der Principal Agent-Beziehung ergebenden Informationsdiskrepanz zwischen dem Management und den bisherigen sowie potentiellen Aktionären. Der Wert des Informationsvorsprungs des Managements sinkt. Es findet eine Annäherung zwischen den Interessen des Managements und denjenigen der Aktionäre statt, was dazu führt, dass die Agency-Kosten sinken. Denn weder müssen Aktionäre Kosten für die Kontrolle des Managements aufwenden noch muss das Management Mittel aufbringen, um seine Handlungen

---

251 Hampel, S.49.

252 Hampel, S. 50; Kopp, S. 119 f.

253 Neben den Transaktionen an der Börse („Open Market Repurchases") gibt es noch folgende Methoden des Erwerbs eigener Aktien: Öffentliche Aktienrückkaufangebote („Tender Offer"), wobei hier zwischen dem Erwerb eigener Aktien durch die Emission von übertragbaren Verkaufsrechten („Transferable Put Rights") und dem Holländischen Auktionsverfahren („Dutch Auction Offer") zu unterscheiden ist. Vereinbarungen mit einzelnen Aktionären oder Aktionärsgruppen („Privately Negotiated Purchases") stellen die dritte Methode des Aktienrückkaufs dar, s. hierzu z.B. Hampel, S. 11 ff.; hierzu ausführlich unter 3. Kap., § 2, I 3.

254 Bezzenberger, S.65, Rn. 79.

den Aktionären näher zu bringen. Hat die zwischen den beiden Parteien bestehende Informationsasymmetrie abgenommen, so ist auch das hierdurch bedingte Problem der Hidden Information kleiner geworden. Dadurch, dass die Kapitalgeber mit Hilfe des Aktienrückkaufprogramms mit unternehmensinternen Informationen versorgt werden, können sie die Kapitalnehmer entsprechend ihrer Qualität bewerten und so die Anlage ihrer Mittel nach den eigenen Bedürfnissen ausrichten. Die Übermittlung von Informationen führt somit dazu, dass der Auswirkung einer adversen Selektion auf dem Markt vorgebeugt wird und damit Märkte die rechtlich relevante Funktion einer effizienten Kapitalallokation erfüllen können[255]. Ist die allokative Funktionsfähigkeit des Kapitalmarktes gewährleistet, so schlägt sich diese für eine marktwirtschaftlich orientierte Volkswirtschaft notwendige Funktion in einer positiven Kursreaktion am Aktienmarkt nieder.

Die durch ein börsenmäßiges Rückkaufprogramm für eigene Aktien ausgelösten Kurserhöhungen der Aktien ergeben sich mithin aus dem Zusammenspiel von Marktinformation und Kursbildung: Die Verbreitung relevanter Informationen durch den Erwerb eigener Aktien führt zu einem Abbau von Informationsdifferenzen zwischen dem besser informierten Management einerseits und außen stehenden Kapitalgebern andererseits und schlägt sich in einer Renditesteigerung der betreffenden Wertpapiere nieder.

IV. Die Veränderung der Zusammensetzung des Aktionärskreises

Der positive Effekt einer Kurssteigerung von Aktien einer ein börsenmäßiges Rückkaufprogramm tätigenden Gesellschaft kann auch damit erklärt werden, dass der Erwerb eigener Aktien die Zusammensetzung der Aktionärsstruktur verändert[256].

1. Asymmetrische Informationsverteilung in Form der Hidden Action

Wie oben bereits dargestellt, ist die Beziehung zwischen Management (Agent) und Anteilseignern (Prinzipal) innerhalb eines kapitalgesellschaftlich organisierten Unternehmens von einer asymmetrischen Informationsverteilung, d.h. einem Informationsvorsprung der zur Geschäftsführung Befugten gegenüber den Eigentümern der Gesellschaft, geprägt. Neben dem behandelten Problem der Hidden Information ist ein weiterer Fall von Informationsasymmetrie unter der Bezeichnung „Hidden Action“ bekannt. Dieses Problem tritt nach Vertragsschluss im Verlaufe der Principal Agent-Beziehung auf und ist dadurch gekennzeichnet, dass die An-

255 Hampel, S. 49.
256 Bezzenberger, S. 66, Rn. 80.

teilseigner die Handlungen des Managements nicht lückenlos beobachten und kontrollieren können[257]. Trifft das Management Investitions- oder Finanzierungsentscheidungen, die nicht den Zielvorstellungen der Anteilseigner entsprechen, sondern zu ihrem eigenen Vorteil gereichen, wird das dem Verhalten der Unternehmensleitung innewohnende Risiko als „Moral Hazard" bezeichnet[258].

2. *Erwerb eigener Aktien als Anreizsystem zur Überwindung der Informationsasymmetrie*

Das Problem der Hidden Action kann durch die Gestaltung geeigneter Anreizsysteme, namentlich durch den Erwerb eigener Aktien, eingeschränkt werden[259]. Kauft die Gesellschaft eigene Aktien über die Börse zurück, so verringert sich die Anzahl der ausgegebenen Aktien. Im Fall des börsenmäßigen Rückkaufs führt die Abnahme des Aktiengesamtbestandes automatisch zu einer Verschiebung der Eignerstruktur des Unternehmens. Denn der (äußerst seltene) Fall des Erwerbs eigener Aktien auf pro rata-Basis, also der Erwerb von Aktien von allen anbietenden Aktionären zu gleichen Teilen, kommt aufgrund der auf dem Aktienmarkt herrschenden anonymen Abwicklung von Transaktionen nicht in Betracht[260]. Die durch den Erwerb eigener Aktien bedingte Veränderung der Eignerstruktur kann zwei verschiedene Auswirkungen haben: Zum einen kann sie zu einer Erhöhung des Managementanteils am Aktienbestand der Gesellschaft und zum anderen zu einer stärkeren Konzentration des Aktienbesitzes in weniger Händen führen, jeweils in Abhängigkeit davon, ob das Management einen Besitzanteil an den Aktien der eigenen Gesellschaft hält oder nicht[261].

Halten Mitglieder des Managements Aktien an der Gesellschaft und nehmen sie an dem Rückkaufprogramm nicht teil, so wächst ihr relativer Anteil am Gesamtbestand in Titeln der Gesellschaft. Der größere Anteil des Managements am Gesamtertrag der Aktien führt einerseits dazu, dass die Stimm- und Einwirkungsrechte der Manager anwachsen, bewirkt aber andererseits, dass sich die von den Managern getroffenen Fehlentscheidungen in einem stärkeren Ausmaß auf ihre eigene Wohlfahrt auswirken, mithin das von ihnen zu tragende unternehmerische Risiko zunimmt. Demzufolge erscheint die Tatsache, dass die Aktionäre die Aktivitäten des Managements weder lückenlos beobachten noch kontrollieren können, für

257 Göbel, S. 102; Hartmann-Wendels, Kredit und Kapital 1990, 228, 229; Hampel, S. 33.

258 Hartmann-Wendels, Kredit und Kapital 1990, 228, 229; Hampel, S. 33; Elschen, BFuP 1991, 209, 210.

259 Hampel, S. 34 und S. 43 ff.

260 Hampel, S. 7, 25 und 43; Kopp, S. 40; Benckendorff, S. 60.

261 Hampel, S. 43; Bezzenberger, S. 66, Rn. 81.

das Management weniger reizvoll. Das Interesse des Managements wird weniger darauf gerichtet sein, seinen Informationsvorsprung zu Lasten der Aktionäre auszunutzen, als Investitions- und Finanzierungsentscheidungen verstärkt unter Berücksichtigung von Eigentümerinteressen zu treffen. Folglich kommt es zu einer größeren Harmonisierung zwischen den Zielvorstellungen der Manager einerseits und denen der Anteilseigner andererseits. Der Erwerb eigener Aktien durch die Gesellschaft im Falle des Anteilsbesitzes des Managements trägt also entscheidend dazu bei, die zwischen dem Management und den Aktionären bestehende Informationsasymmetrie in Form der Hidden Action zu verringern. Der Abbau dieses Informationsdefizits hat einen positiven Einfluss auf den Aktienkurs und damit auf die Renditeeigenschaften von Wertpapieren der die Rückkauftransaktion tätigen Aktiengesellschaft[262].

Besitzen die Organmitglieder keine Anteile der eigenen Gesellschaft, so kann ein positiver Effekt auf dem Aktienmarkt dadurch verzeichnet werden, dass die durch den Erwerb eigener Aktien bedingte Reduzierung des Gesamtbestandes der Aktien zu einer Konzentration des Aktienbesitzes in den Händen mittlerer und großer Aktionäre und damit zu einer verstärkten Einflussnahme auf die Unternehmenspolitik führt. Es sind vor allem die kleinen Aktionäre, die im Rahmen eines börsenmäßigen Rückkaufprogramms ihre Aktien zurückgeben. Dies hat zur Folge, dass sich die Anteile an der Gesellschaft verstärkt im Besitz mittlerer und großer Aktionäre befinden. Diese Aktionärsgruppen können durch die Ausübung ihrer Stimm- und Einwirkungsrechte die Aktivitäten des Managements effizienter kontrollieren und mitunter dafür sorgen, dass das Management eine Geschäftspolitik im Interesse der Aktionäre betreibt. Hierdurch kommt es zu einer Steigerung des Marktwertes der Unternehmung, die zu einer Erhöhung des Vermögens der Aktionäre führt. Am Aktienmarkt wird dieser Effekt anhand einer positiven Kursreaktion zu verzeichnen sein[263].

3. *Elimination opponierender Aktionäre*

Schließlich kann noch ein weiterer Gesichtspunkt für eine Steigerung des Aktienkurses angeführt werden: Diejenigen Aktionäre, die der wirtschaftlichen Zukunft der Aktiengesellschaft kritisch gegenüberstehen, werden ihre Aktien im Rahmen des börsenmäßigen Rückkaufprogramms an die Gesellschaft verkaufen. Mithin werden sie ihre Aktien nicht im Wege eines gewöhnlichen Verkaufs auf dem Aktienmarkt anbieten mit der Folge, dass das Angebot an Aktien der Gesellschaft steigt und den Kurs nach unten drückt. Es bleiben nur diejenigen Aktionäre in der Gesellschaft, die die wirtschaftlichen Ertragsaussichten des Unternehmens

262 Hampel, S. 35 und S. 43 ff.
263 Hampel, S. 47 f.

positiv bewerten, ihren Aktien einen höheren Wert beimessen und damit nicht oder nur unter der Erzielung einer hohen Verkaufsprämie verkaufswillig sind[264].

V. Die Debt Control-Hypothese

Als weitere Erklärungsgrundlage für den zu beobachtenden Kursanstieg im Zusammenhang mit einem Erwerb eigener Aktien kann die Debt Control-Hypothese herangezogen werden, die sich mit den Auswirkungen eines gesteigerten Verschuldungsgrades für Unternehmen befasst[265].

Die Aktiengesellschaft kann den Erwerb eigener Aktien entweder mit Hilfe von überschüssigen, liquiden Mitteln oder durch die Aufnahme von Fremdkapital finanzieren. Neben der Tatsache, dass die Substitution von Eigen- durch Fremdkapital aufgrund der Rückführung der Eigenkapitalquote zu einer Erhöhung der Eigenkapitalrendite führt (Leverage-Effekt), werden mit der Finanzierung des Aktienrückkaufs mittels eines höheren Einsatzes von Fremdmitteln disziplinierende Effekte erreicht. Die Unternehmensführung setzt sich durch die Erhöhung des Verschuldungsgrades freiwillig einer Kontrolle durch den Kapitalmarkt aus[266]. Fremdkapital wird zeitlich begrenzt gegeben und erzeugt laufende Zahlungsverpflichtungen. Das Management sieht sich daher dem Druck ausgesetzt, hinreichende finanzielle Mittel zu erwirtschaften, um den vereinbarten Zahlungsverpflichtungen nachzukommen. Gelingt dies dem Management nicht, muss es neue Kredite aufnehmen, was eine Überprüfung der Wirtschaftlichkeit des Unternehmens durch die Kapitalgeber nach sich zieht. Im Falle einer negativen Bewertung droht die Insolvenz, die den Verlust des Arbeitsplatzes und der Reputation für den einzelnen Manager bedeutet[267]. Mithin begründet eine höhere Verschuldung für das Management ein höheres Risiko. Um diesem Risiko zu begegnen, ist eine wirtschaftlich erfolgreichere Unternehmensführung erforderlich. So muss das Management mit Unternehmensressourcen sorgfältiger umgehen, darf beispielsweise in weniger rentable Projekte nicht investieren. Mithin ist der Spielraum des Managements bei der Vornahme von Finanzierungs- und Investitionsentscheidungen eingeschränkt, so dass es zu größeren Anstrengungen motiviert wird[268].

Hieraus wird deutlich, dass die Veränderung der Kapitalstruktur einer Unternehmung und die damit einhergehende Kontrolle durch den Kapitalmarkt für das Management gesteigerte Anreize darstellen, eine verbesserte, d.h. wirtschaftlich

---

264 Bezzenberger, S. 66, Rn. 80.
265 Hampel, S. 40 f. und S. 53 ff.; Kopp, S. 117.
266 Hampel, S. 40 und S. 53.
267 Franke, WiSt 1993, 389, 391.
268 Hampel, S. 40.

rentablere Unternehmenspolitik zu betreiben. Zudem ist zu beachten, dass die Kontrollmechanismen des Kapitalmarktes gegenüber anderen Institutionen effizienter und vor allem kostengünstiger gestaltet sind, da eine der Hauptfunktionen des Kapitalmarktes gerade in der Überprüfung und Bewertung der Wirtschaftlichkeit kapitalsuchender Unternehmen besteht[269]. Konsequenz der mittels des Erwerbs eigener Aktien durchgeführten Rekapitalisierung ist die Erhöhung des Marktwertes der Aktiengesellschaft und die Wohlfahrtsteigerung der Aktionäre[270]. Diese positiven Auswirkungen sind auf dem Aktienmarkt in Form von Kurssteigerungen der Aktien der betreffenden Gesellschaft zu verzeichnen.

VI. Die Free Cash Flow-Hypothese

Die Free Cash Flow-Hypothese befasst sich mit der Frage, welchen Einfluss Ausschüttungen an die Aktionäre auf den Marktwert eines Unternehmens haben. Der Free Cash Flow wird definiert als Überschuss über den zur Durchführung aller Projekte mit positivem Kapitalwert benötigten Cash Flow[271].

Nimmt das Management eine Ausschüttung liquider Mittel im Wege des Rückkaufs eigener Aktien vor, so wird der Free Cash Flow unter unmittelbarer Kontrolle des Managements reduziert. Hierdurch erhalten Aktionäre auf der einen Seite die Möglichkeit, über die ausgeschütteten Erträge frei zu verfügen. Je nach der eigenen, aktuellen Vermögenssituation kann der Aktionär darüber entscheiden, ob er die finanziellen Mittel wieder am Kapitalmarkt anlegt oder das zugeflossene Geld für andere Zwecke verwendet. Führt der Aktionär die ausgeschütteten Erträge einer anderen rentableren Verwendungsmöglichkeit zu, so wird die Allokationseffizienz des Kapitalmarktes gesteigert. Auf der anderen Seite wird die Wahrscheinlichkeit, dass das Management den Free Cash Flow in Projekte investiert, die eine geringere Rendite als die relevanten Kapitalkosten erwirtschaften, verringert oder gar aufgehoben. Damit gestaltet sich die Leitung der Unternehmung effizienter, zumal sich das Management keine überschüssigen Liquiditätsreserven vorbehält. Die Unternehmung unterliegt der Kontrolle durch den Kapitalmarkt. Hierdurch wird der Marktwert der Unternehmung gesteigert und der Wohlstand der Aktionäre erhöht. Diese durch die Ausschüttung liquider Mittel verursachten positiven Effekte bewirken schließlich eine Kurssteigerung der Anteilstitel[272].

---

269 Hampel, S. 40 und S. 53.
270 Hampel, S. 54.
271 Hampel, S. 38.
272 Hampel, S. 38 f. und S. 52.

VII. Zwischenergebnis

Das Verhältnis zwischen den Aktionären einer Gesellschaft und ihren Vorständen weist die Merkmale einer Principal Agent-Beziehung auf. Die Aktionäre – die Prinzipale – beauftragen die Vorstände – die Agenten – mit der Geschäftsführung der Gesellschaft. Die Unternehmensleitung verfügt aufgrund ihrer Rolle als Entscheidungsträger des Unternehmens im Hinblick auf unternehmensinterne Daten über einen Informationsvorsprung gegenüber den Anteilseignern. Da sich beide Parteien gemäß der ökonomischen Theorie als Nutzenmaximierer verhalten, wird die Unternehmensleitung ihre Kompetenz systematisch auf Kosten der Anteilseigner zu ihren eigenen Gunsten nutzen, sofern sie nicht durch rechtliche oder faktische Restriktionen daran gehindert wird. Solche Restriktionen verursachen jedoch Kosten, die sog. Agency-Kosten.

Der Erwerb eigener Aktien stellt ein geeignetes Instrument dar, um die zwischen den Eigentümern und dem Management bestehende asymmetrische Informationsverteilung effektiv zu bewältigen. Dabei kann der Rückkauf eigener Aktien die Zusammensetzung des Aktionariats verändern, die Wahl der Kapitalstruktur beeinflussen oder als Finanzierungsentscheidung des Managements dienen, um überschüssige Liquiditätspositionen an die Aktionäre auszuschütten. Diese zur Durchführung eines Aktienrückkaufs veranlassenden Motive haben eines gemeinsam: Sie reduzieren die Wahrscheinlichkeit, dass das Management freie Mittel unrentablen Verwendungszwecken zuführt. Ist das Management aber in seinem Verhalten dergestalt diszipliniert, dass es mit seinen Investitions- und Finanzierungsentscheidungen den Einsatz der unternehmerischen Ressourcen optimiert, so steigt der Marktwert der betreffenden Gesellschaft und damit die Wohlfahrt der Aktionäre. Die am Aktienmarkt zu beobachtenden größeren Kurseffekte beruhen mithin darauf, dass die Investoren davon ausgehen, dass sich das Management bei Vornahme seiner unternehmerischen Entscheidungen grundsätzlich auch von eigenen Interessen leiten lässt, mit dem angekündigten Aktienrückkaufprogramm aber nunmehr eine Maßnahme durchführen wird, die eine für die wirtschaftliche Zukunft des Unternehmens optimale Entscheidung darstellt[273].

Nach der Signaling-Hypothese treibt die Ankündigung und Durchführung eines börsenmäßigen Aktienrückkaufprogramms die Kurse in die Höhe, weil die Verkündigung der Absicht des Managements, eigene Aktien für die Gesellschaft zu erwerben, als Signal verstanden wird, dass das Unternehmen vom Markt nicht angemessen bewertet wird. Mithin beruhen die am Aktienmarkt zu beobachtenden Preisphänomene bei diesem Erklärungsansatz nicht auf dem Verhalten des Managements, sondern haben ihre Ursache in der endogenen Dynamik der Märkte. Denn die Ankündigung eines Rückkaufprogramms eigener Aktien be-

273 Ruffner, § 10 VI., S. 402 ff., insbes. S. 406.

deutet, dass sich der Aktienkurs dem fundamentalen Wert annähern wird. Die Angleichung zwischen dem Kurs und dem wahren Wert der Aktien reduziert die Unsicherheit über die wirtschaftlichen Zukunftsaussichten des Unternehmens und lässt Fehlbewertungen der Unternehmung verschwinden[274].

274 Ruffner, § 10 VI, S. 408 ff.

2. Kapitel: Der Erwerb eigener Aktien nach Europäischem Gemeinschaftsrecht

Am 13. Dezember 1976 hat der Rat der Europäischen Gemeinschaften auf der Rechtsgrundlage des Art. 54 Abs. 3 lit. g des EWG-Vertrages die Zweite Richtlinie zur Koordinierung des Gesellschaftsrechts[275] (im Folgenden: Kapitalschutzrichtlinie) erlassen. Der Erwerb eigener Aktien durch die Gesellschaft bildet einen Schwerpunkt der Kapitalschutzrichtlinie und ist in den Art. 18 bis 24a und Art. 39 geregelt. Die Kapitalschutzrichtlinie stellt die grundlegende Entscheidung, ob die Mitgliedstaaten den Erwerb eigener Aktien zulassen oder versagen wollen, in das Ermessen des Gesetzgebers der Mitgliedstaaten. Entschließt sich allerdings der nationale Gesetzgeber, den Erwerb eigener Aktien durch die Gesellschaft zuzulassen, muss er die gemeinschaftsrechtlichen Vorgaben der Kapitalschutzrichtlinie beachten (Art. 19 Abs. 1 der Kapitalschutzrichtlinie – im Folgenden: Kap-RL). Da der deutsche Gesetzgeber die Frage, ob er einen Erwerb durch die Gesellschaft überhaupt zulassen will, bejaht hat, sind die Regelungen der Kapitalschutzrichtlinie betreffend den Erwerb eigener Aktien für die Auslegung der §§ 71 bis 71e AktG von maßgeblicher Bedeutung. Im Folgenden beschränkt sich die Untersuchung der Kapitalschutzrichtlinie auf die Zentralnormen des Erwerbs eigener Aktien, d.h. die Grundnorm des Art. 19 Kap-RL und die Ausnahmevorschrift des Art. 20 Kap-RL, wobei der Schwerpunkt auf dem Erwerb eigener Aktien aufgrund allgemeiner Ermächtigung der Hauptversammlung liegt. Dies dient der Feststellung, wie sich der Erwerb eigener Aktien durch die Gesellschaft nach europäischem Recht darstellt.

275 Zweite Richtlinie des Rates vom 13. Dezember 1976 (77/91/EWG) zur Koordinierung der Schutzbestimmungen, die in den Mitgliedstaaten den Gesellschaften im Sinne des Artikels 58 Abs. 2 des Vertrages im Interesse der Gesellschafter sowie Dritter für die Gründung der Aktiengesellschaft sowie für die Erhaltung und Änderung ihres Kapitals vorgeschrieben sind, um diese Bestimmungen gleichwertig zu gestalten, Abl. EG Nr. L 26 v. 31.1.1977, S. 1.

§ 1 Die Zweite Richtlinie 77/91/EWG des Rates zur Koordinierung des Gesellschaftsrechts (Kapitalschutzrichtlinie)

I. Regelungsziel

Die Kapitalschutzrichtlinie koordiniert die nationalen Schutzbestimmungen, die im Interesse der Aktionäre einerseits und der Gläubiger der Gesellschaft andererseits für die Gründung der Aktiengesellschaft sowie für die Aufrechterhaltung, die Erhöhung und die Herabsetzung des Grundkapitals vorgeschrieben sind[276].

Die in der Kapitalschutzrichtlinie vorgeschriebenen Koordinierungsmaßnahmen verdeutlichen, dass die Richtlinie das kontinentale System des festen, unantastbaren Eigenkapitals für alle Mitgliedstaaten fixiert[277]. Hervorzuheben ist, dass mit der Angleichung der einzelstaatlichen Rechtsvorschriften ein Mindestmaß an Gleichwertigkeit beim Schutz der Anteilseigner und Gläubiger gewährleistet werden soll[278].

II. Die Grundnorm des Art. 19 Kap-RL

Der Erwerb eigener Aktien auf der Grundlage eines Hauptversammlungsbeschlusses stellt nach der Kapitalschutzrichtlinie den Regelfall dar. Dies ergibt sich aus dem Verhältnis des Art. 19 Abs. 1 Kap-RL zu seinen Absätzen 2 und 3 sowie zu Art. 20 Kap-RL. Denn die Absätze 2 und 3 des Art. 19 Kap-RL enthalten Fälle, in denen von dem in Art. 19 Abs. 1 Kap-RL aufgestellten Erfordernis eines Hauptversammlungsbeschlusses abgesehen werden kann, und in Art. 20 Kap-RL sind Konstellationen aufgeführt, die eine Anwendung des Art. 19 Kap-RL gänzlich ausschließen.

Die Kapitalschutzrichtlinie stellt – gleichsam vor die Klammer gezogen – in Art. 19 Abs. 1 Kap-RL klar, dass der Fall des Erwerbs eigener Aktien durch die Gesellschaft selbst dem Fall des Erwerbs durch einen mittelbaren Stellvertreter, also durch eine Person, die im eigenen Namen, aber für Rechnung der Gesellschaft handelt, gleichgestellt ist. Hierdurch soll verhindert werden, dass die Bestimmungen der Vorschrift durch Einschaltung eines Mittelsmannes umgangen werden.

Im Folgenden werden die Mindestvoraussetzungen für einen Aktienrückerwerb erörtert, die die Mitgliedstaaten gemäß Art. 19 Abs. 1 Kap-RL zu beachten haben, sofern ihre nationalen Rechtsvorschriften den Erwerb eigener Aktien durch die Gesellschaft gestatten.

---

276 Erwägungsgründe der RL 77/91/EWG, Abl. EG Nr. L 26 v. 13.12.1977, S. 1; Ganske, DB 1978, 2461; Hüffer, NJW 1979, 1065.

277 Art. 2 Kap-RL; s. auch Lutter in FS für Murad Ferid, S. 599, 602.

278 Erwägungsgründe der RL 77/91/EWG, Abl. EG Nr. L 26 v. 13.12.1977, S. 1.

1. Erfordernis eines Hauptversammlungsbeschlusses

Art. 19 Abs. 1 lit. a Kap-RL sieht in formeller Hinsicht vor, dass der Rückerwerb eigener Aktien durch die Gesellschaft durch einen Hauptversammlungsbeschluss genehmigt werden muss, der bestimmte Einzelheiten festlegt. Die Richtlinie lässt es also zu, die Zulässigkeit des Rückerwerbs von einer bloßen Ermächtigung durch die Hauptversammlung abhängig zu machen. Der Hauptversammlungsbeschluss muss allerdings den Umfang des geplanten Erwerbs und den Mindest- und Höchstpreis, zu dem die Aktien erworben werden dürfen, festlegen. Ferner darf die Laufzeit der Genehmigung 18 Monate nicht überschreiten.

2. Ausnahmen vom Erfordernis eines Hauptversammlungsbeschlusses

Von der Grundregel des Art. 19 Abs. 1 lit. a Kap-RL können die Mitgliedstaaten in zwei Fällen eine Ausnahme machen. Im ersten Ausnahmefall des Art. 19 Abs. 2 S. 1 Kap-RL ist die Ermächtigung durch die Hauptversammlung nicht erforderlich, wenn der Erwerb eigener Aktien notwendig ist, um einen schweren, unmittelbar bevorstehenden Schaden von der Gesellschaft abzuwenden. In diesem Fall treffen das Verwaltungsorgan gemäß Art. 19 Abs. 2 S. 2 Kap-RL besondere Berichtigungspflichten: Es muss in der nächsten Hauptversammlung die Aktionäre über die Gründe und den Zweck des Erwerbs, über Zahl und Nennbetrag der Aktien, über den Anteil am Grundkapital sowie über den gezahlten Gegenwert unterrichten. Der zweite Ausnahmefall des Art. 19 Abs. 3 S. 1 Kap-RL lässt den Erwerb eigener Aktien zu, wenn die Gesellschaft selbst oder ein mittelbarer Stellvertreter der Gesellschaft den Arbeitnehmern der Gesellschaft oder eines mit ihr verbundenen Unternehmens Aktien zum Erwerb anbietet. Satz 2 dieser Vorschrift enthält die Beschränkung, dass die erworbenen Aktien innerhalb eines Jahres nach ihrem Erwerb an die Arbeitnehmer auszugeben sind.

3. Weitere materielle Erwerbsbedingungen

Zusätzlich zu dem Erfordernis eines Hauptversammlungsbeschlusses stellt Art. 19 Abs. 1 lit. a S. 2 Kap-RL die Voraussetzung auf, dass die in Art. 19 Abs. 1 lit. b bis d genannten materiellen Bedingungen erfüllt werden müssen. Dabei haben die Mitglieder des Geschäftsführungsorgans darauf zu achten, dass die Beachtung dieser Erwerbsbedingungen eingehalten wird. Schließlich ist noch darauf hinzuweisen, dass die materiellen Bedingungen des Art. 19 Abs. 1 lit. b bis d Kap-RL auch im Falle des Erwerbs eigener Aktien zur Abwehr eines Schadens von der Gesellschaft (Art. 19 Abs. 2 Kap-RL) sowie im Falle des Erwerbs eigener Aktien zur Ausgabe von Belegschaftsaktien (Art. 19 Abs. 3 Kap-RL) beachtet werden müssen. Denn die in den Absätzen 2 und 3 des Art. 19 Kap-RL enthaltene

Befreiung von dem Erfordernis des Hauptversammlungsbeschlusses bezieht sich jeweils nur auf Art. 19 Abs. 1 lit. a Satz 1 und gerade nicht auf dessen Satz 2.

a) *Bestandsgrenze*

Gemäß Art. 19 Abs. 1 lit. b Kap-RL darf der Aktienerwerb unter Einrechnung bereits vorhandener Bestände eigener Aktien 10% des Grundkapitals der Gesellschaft nicht überschreiten. Bei der Berechnung der Grenze von 10% sind auch Aktien einzubeziehen, die eine Person im eigenen Namen, jedoch für Rechnung der Gesellschaft hält. Die Bedingung des Art. 19 Abs. 1 lit. b Kap-RL verhindert, dass die Gesellschaft jemals mehr als 10% ihres Grundkapitals an eigenen Aktien im Portefeuille hat[279].

b) *Kapitalgrenze*

Gemäß Art. 19 Abs. 1 lit. c Kap-RL darf der Erwerb nicht dazu führen, dass das Nettoaktivvermögen den in Art. 15 Abs. 1 lit. a Kap-RL genannten Betrag unterschreitet. Dies bedeutet, dass durch den Aktienerwerb das Vermögen der Gesellschaft nicht unter die Summe des Grundkapitals und der gebundenen Reserven fallen darf. Es dürfen also weder das Grundkapital noch die durch Gesetz oder Satzung vorgeschriebenen Rücklagen durch den Rückerwerb angetastet werden. Die Gesellschaft muss vielmehr imstande sein, den Kaufpreis für den Rückerwerb aus dem Bilanzgewinn oder aus freien Rücklagen zu finanzieren, also aus Mitteln, die sie auch an die Aktionäre als Dividende ausschütten dürfte. Die Einführung dieser sog. Kapitalgrenze verhindert, dass der Erwerb eigener Aktien zu Lasten des Grundkapitals und nicht verfügbarer Rücklagen geht[280].

Die Kapitalgrenze ist zudem im Zusammenhang mit der in Art. 22 Abs. 1 lit. b Kap-RL enthaltenen Regelung zu sehen, wonach für den Fall, dass eigene Aktien auf der Aktivseite der Bilanz ausgewiesen werden, auf der Passivseite ein gleich hoher Betrag in eine nicht verfügbare Rücklage eingestellt werden muss. Durch eine solche Regelung wird die Gesellschaft verpflichtet, die aktivierten eigenen Aktien durch eine Rücklage auf der Passivseite zu neutralisieren. Die Bildung der Rücklage bewirkt in der jeweiligen Höhe eine Ausschüttungssperre, da der in die Rücklage eingestellte Betrag für eine Gewinnausschüttung nicht verfügbar ist. Folglich steht für die Ausschüttung an die Gesellschafter nur das um die Anschaffungskosten der eigenen Aktien verminderte Vermögen der Gesellschaft zur

279 Ganske, DB 1978, 2461, 2463; Ziebe, AG 1992, 175, 178.

280 Erl. zu Art. 18 des Kommissionsvorschlags einer zweiten Richtlinie, Abl. EG Nr. C 48/8 v. 24.4.1970, S. 13; Kindl, ZEuP 1994, 77, 81.

Verfügung. Auf diese Weise wird letztlich verhindert, dass das Aktivvermögen der Gesellschaft zu Lasten der Gesellschaftsgläubiger ausgehöhlt wird[281].

c) *Nur voll eingezahlte Aktien*

Art. 19 Abs. 1 lit. d Kap-RL bestimmt, dass die Einlagen auf die zurück erworbenen Aktien voll eingezahlt sein müssen. Sofern die Gesellschaft nämlich Aktien kauft, auf die die Einlage noch nicht voll geleistet ist, ist die Kapitalaufbringung gefährdet. Denn in der Person der Gesellschaft vereinigen sich Gläubiger und Schuldner der Einlageforderung, was nach den Grundsätzen über die Konfusion zum Untergang der Einlageforderung führt[282].

III. *Die Ausnahmevorschrift des Art. 20 Kap-RL*

In Art. 20 Abs. 1 Kap-RL sind die Konstellationen aufgeführt, in denen die Mitgliedstaaten Art. 19 Kap-RL nicht anzuwenden brauchen. Damit stellt Art. 20 Abs. 1 Kap-RL eine unbegrenzte Ausnahme zu der Grundnorm des Art. 19 Kap-RL dar, weil weder die formelle Voraussetzung der Ermächtigung durch die Hauptversammlung noch die materiellen Erwerbsgründe des Art. 19 Abs. 1 lit. b bis d Kap-RL vorliegen müssen.

Bei den in der Kapitalschutzrichtlinie enthaltenen Ausnahmen handelt es sich um Regelungen, in denen es sich zwar formal ebenfalls um einen Erwerb handelt, die aber wirtschaftlich einen anderen Hintergrund haben und daher auch nicht unter die Regelung des Art. 19 Kap-RL fallen müssen[283]. Nach Art. 20 Abs. 1 Kap-RL ist der Erwerb eigener Aktien durch die Gesellschaft unbegrenzt zulässig, wenn die Aktien im Rahmen der Durchführung einer ordnungsgemäß beschlossenen Kapitalherabsetzung oder in ihrer Eigenschaft als rückerwerbbare Aktien i. S. des Art. 39 Kap-RL erworben werden (lit. a). Ferner wird der Erwerb eigener Aktien im Wege der Gesamtrechtsnachfolge als Ausnahme zu Art. 19 Kap-RL angesehen (lit. b). In dem Ausnahmekatalog der Vorschrift ist auch der Fall geregelt, dass voll eingezahlte Aktien unentgeltlich oder durch Banken und andere Finanzinstitute aufgrund einer Einkaufskommission erworben werden (lit. c). Unbeschränkt zulässig ist weiterhin der Erwerb eigener Aktien, wenn dieser im Zuge einer Umwandlung erfolgt (lit. d). Unbedenklich ist auch der

281 Ganske, DB 1978, 2461, 2463; Ziebe, AG 1982, 175, 178; Kindl, ZEuP 1994, 77, 81; Zätzsch/Maul in Becksches Handbuch der AG, § 4, Rn. 166; HGB-Merkt, § 272, Rn. 10.

282 Erl. zu Art. 18 des Kommissionsvorschlags einer zweiten Richtlinie, Abl. EG Nr. C 48/8 v. 24.4.1970, S. 13.

283 von Rossen/Helm, AG 1996, 434, 436.

Rückerwerb im Falle der Nichtleistung der Einlage durch den Aktionär (lit. e). Im Übrigen kann die Gesellschaft eigene Aktien zum Zwecke der Abfindung von Minderheitsgesellschaftern erwerben (lit. f). Erfolgt der Erwerb voll eingezahlter Aktien im Rahmen einer gerichtlichen Versteigerung, die dem Zweck dient, offene Forderungen der Gesellschaft gegen den Aktieninhaber zu erfüllen, müssen die Voraussetzungen des Art. 19 Kap-RL ebenfalls nicht beachtet werden (lit. g). Schließlich stellt der Rückkauf in Investment-Modellen den letzten Ausnahmetatbestand des Art. 20 Abs. 1 Kap-RL dar (lit. h).

IV. Zwischenergebnis

Zwar sind die von den Mitgliedstaaten zwingend zu beachtenden Mindestvoraussetzungen des europäischen Gesetzgebers sehr eng konzipiert. Jedoch lässt sich hieraus nicht der Schluss ziehen, dass ein zulässiger Erwerb von eigenen Aktien den Ausnahmefall bildet mit der Folge, dass der Erwerb eigener Aktien durch die Gesellschaft grundsätzlich verboten ist[284]. Die Einführung eines allgemeinen Verbotes hält die Kommission gerade nicht für angebracht. Denn der Erwerb eigener Aktien könne nützlich und gerechtfertigt sein, allerdings unter der Voraussetzung, dass dadurch weder die Interessen der Gesellschafter noch der Gläubiger verletzt werden[285]. Mithin besteht auf europarechtlicher Ebene eine grundsätzliche Erlaubnis für den Erwerb eigener Aktien durch die Gesellschaft, sofern die nationalen Gesetzgeber die Frage, ob sie einen solchen Erwerb überhaupt zulassen wollen, bejaht haben[286]. Die Regelungsdichte bezüglich des Erwerbs eigener Aktien durch die Gesellschaft und damit verbunden die Beschränkung des Regelungsspielraums des nationalen Gesetzgebers ist im Zusammenhang mit der Zielsetzung der Kapitalschutzrichtlinie zu sehen und daher notwendig. Denn die nationalen Regelungen bezüglich des Aktienrückerwerbs sollen eine Mindestvorgabe an (europarechtlich vorgegebenen) Bedingungen erfüllen, um als Maßnahme der Mindestharmonisierung im Rahmen des Aktionärs- sowie Gläubigerschutzes begriffen werden zu können.

Es ist nicht zu verkennen, dass die Mitgliedstaaten in der Ausgestaltung des Erwerbszwecks frei sind. Art. 19 Abs. 1 Kap-RL gestattet der Gesetzgebung der Mitgliedstaaten, den Rückerwerb eigener Aktien durch die Gesellschaft zu beliebigen Zwecken zuzulassen, sofern die in Art. 19 Abs. 1 lit. a bis d Kap-RL enthaltenen Bedingungen eingehalten werden.

Nach den Vorgaben der Kapitalschutzrichtlinie kann eine Aktiengesellschaft auf der Grundlage eines Hauptversammlungsbeschlusses eigene Aktien während

---

284 So aber Kindl, ZEuP 1994, 77, 79.

285 Erl. zu Art. 18 des Kommissionsvorschlags einer zweiten Richtlinie, Abl. EG Nr. C 48/8 v. 24.4.1970, S. 12.

286 Ebenso Johannsen-Roth, S. 121 f.; Benckendorff, S. 189.

des Zeitraums von 18 Monaten im beliebigen Umfang kaufen und verkaufen, sofern sie nur durch rechtzeitige Verkäufe gewährleistet, dass der Handelsbestand von 10% des Grundkapitals zu keinem Zeitpunkt überschritten wird. Dabei kann die Gesellschaft den Zweck des Erwerbs eigener Aktien frei bestimmen. Sie kann daher den Aktienrückkauf insbesondere zur Verwirklichung des Wertsteigerungsmanagements im finanziellen Bereich einsetzen und damit das Betreiben einer effizienten Unternehmenspolitik fördern.

Den im Zusammenhang mit dem Erwerb eigener Aktien stehenden Gefahren trägt der europäische Gesetzgeber hinreichend Rechnung, sofern es sich dabei um Gefahren für die Gesellschaftsgläubiger, für die Aktionäre sowie für die Gesellschaft handelt. Der Schutz der Gläubiger wird durch die Kapitalgrenze des Art. 19 Abs. 1 lit. c Kap-RL, die bilanzielle Neutralisierung des Art. 22 Abs. 1 lit. b Kap-RL und das Volleinzahlungsgebot des Art. 19 lit. d Kap-RL gewährleistet. Insoweit bestehen unter den Gesichtspunkten der Kapitalerhaltung und Kapitalaufbringung keine Bedenken gegen den Erwerb eigener Aktien. Die Interessen der Aktionäre werden insbesondere durch das in Art. 42 Kap-RL verankerte Gleichbehandlungsgebot gewahrt. Schließlich dämmt die Vorschrift des Art. 22 Abs. 1 lit. b Kap-RL die Gefahr einer Aushöhlung der Kompetenzordnung innerhalb der Aktiengesellschaft ein, indem sie das Ruhen der zurück erworbenen Mitgliedschaftsrechte anordnet.

Hingegen enthält die Kapitalschutzrichtlinie keinerlei Bestimmungen, die die Funktionsfähigkeit des Kapitalmarktes sicherstellen. Setzt also die Gesellschaft den Erwerb eigener Aktien als Instrument zur Finanzierung der Unternehmung ein, ist durch die Kapitalschutzrichtlinie weder die manipulative Einflussnahme auf den Börsenkurs noch die Verwertung von Insiderwissen unterbunden.

§ 2 Die Richtlinie 2006/68/EG des Europäischen Parlaments und des Rates zur Änderung der Richtlinie 77/91/EWG (Kapitaländerungsrichtlinie)

Am 6. September 2006 haben das Europäische Parlament und der Rat die Richtlinie 2006/68/EG zur Änderung der Richtlinie 77/91/EWG des Rates in Bezug auf die Gründung von Aktiengesellschaften und die Erhaltung und Änderung ihres Kapitals[287] (im Folgenden: Kapitaländerungsrichtlinie) erlassen. Die Änderung der Kapitalschutzrichtlinie basiert auf den Vorschlägen der SLIM-Arbeitsgruppe Gesellschaftsrecht[288] und den ergänzenden SLIM-Empfehlungen

287 Abl. EG Nr. L 264 v. 25.9.2006, S. 32.

288 SLIM = Simpler Legislation for the Internal Market, die Vorschläge sind abrufbar unter: http://ec.europa.eu/internal_market/simplification/docs/com2000-56/com2000-56_de.pdf; informativ Drygala, AG 2001, 291; Baldamus, S. 37 ff.

der Hochrangigen Expertengruppe[289], die über den Aktionsplan der Kommission aus dem Jahr 2003[290] in einen förmlichen Rechtsetzungsvorschlag für eine Änderung der Kapitalschutzrichtlinie vom 21. September 2004 mündeten[291]. Die Richtlinie ist am 15. Oktober 2006 in Kraft getreten[292] und gemäß Art. 2 Abs. 1 Unterabs. 1 der Kapitaländerungsrichtlinie bis zum 15. April 2008 ins nationale Recht umzusetzen. Im Folgenden stehen die zentralen Neuerungen im Bereich des Erwerbs eigener Aktien im Mittelpunkt, insbesondere die Frage, welche Veränderungen die Grundnorm des Erwerbs eigener Aktien erfahren hat.

I. Zielsetzung

Die Kapitaländerungsrichtlinie verfolgt das Ziel, die Kapitalschutzrichtlinie zu vereinfachen und zu modernisieren[293]. Die im Bereich der kapitalbezogenen Maßnahmen geschaffenen Erleichterungen sollen Aktiengesellschaften zum einen in die Lage versetzen, rascher und mit geringerem Kostenaufwand auf Marktentwicklungen reagieren können. Zum anderen soll die Leistungs- und Wettbewerbsfähigkeit der Unternehmen gestärkt werden, ohne den Aktionärs- und Gläubigerschutz zu verringern[294].

II. Auswirkungen der Kapitaländerungsrichtlinie auf den Erwerb eigener Aktien nach gemeinschaftlichem Recht

Der europäische Gesetzgeber spricht sich für erhebliche Erleichterungen im Bereich des Erwerbs eigener Aktien durch die Gesellschaft aus. Künftig kann die Geltungsdauer für die Ermächtigung zum Aktienrückerwerb gemäß Art. 19 Abs. 1 Unterabs. 1 Kap-RL in der Form der Kapitaländerungsrichtlinie (im Folgenden: Kap-RL n.F.)

---

289 High Level Group of Company Law Experts. Sie legte ihren sog. SLIM-Plus-Vorschlag am 4.11.2002 vor, abrufbar unter: http://ec.europa.eu/internal_market/company/docs/modern/report_de.pdf; informativ Baldamus, S. 44 f.

290 Mitteilung der Kommission an den Rat und das Europäische Parlament: „Modernisierung des Gesellschaftsrechts und der Corporate Governance in der Europäischen Union – Aktionsplan vom 21.5.2003“, KOM (2003) 284 endg.

291 Vorschlag für eine Richtlinie des Europäischen Parlaments und des Rates zur Änderung der Richtlinie 77/91/EWG des Rates in Bezug auf die Gründung von Aktiengesellschaften und die Erhaltung und Änderung ihres Kapitals vom 21.9.2004, KOM (2004) 730 endg. (im Folgenden: Richtlinienvorschlag der Kommission).

292 Nach Art. 3 der Kapitaländerungsrichtlinie ist die Richtlinie am zwanzigsten Tag nach ihrer Veröffentlichung im Amtsblatt der Europäischen Union in Kraft getreten.

293 2. ErwGr. der RL 2006/68/EG, Abl. EG Nr. L 264 v. 25.9.2006, S. 32.

294 Richtlinienvorschlag der Kommission, S. 2 und 6; 2. ErwGr. der RL 2006/68/EG, Abl. EG Nr. L 264 v. 25.9.2006, S. 32.

bis zu fünf Jahren betragen. Zudem ist die Gesellschaft im Hinblick auf den Höchstbesitz an eigenen Aktien nicht mehr an die Grenze von 10% des Grundkapitals gebunden. Außerdem enthält Art. 19 Abs. 1 Kap-RL n.F. sowohl einen Vorbehalt zugunsten des Gleichbehandlungsgrundsatzes als auch zugunsten der Marktmissbrauchsrichtlinie[295]. Schließlich ist Art. 19 Abs. 1 Kap-RL grundlegend umgestaltet worden. Bislang enthielt die Vorschrift Mindestvoraussetzungen für den Aktienrückkauf, die der nationale Gesetzgeber beachten musste, sofern er den Erwerb eigener Aktien durch die Gesellschaft überhaupt gestattet hat. Nunmehr legt Art. 19 Abs. 1 Unterabs. 1 Kap-RL n.F. die bisherigen Bedingungen – mit Ausnahme der Bestandsgrenze des Art. 19 Abs. 1 lit. b Kap-RL – als zwingende Voraussetzungen fest. Des Weiteren steht es den Mitgliedstaaten frei, den Erwerb eigener Aktien im Sinne von Unterabs. 1 des Art. 19 Abs. 1 Kap-RL n.F. zusätzlich zu den zwingenden Voraussetzungen dieser Vorschrift jeder beliebigen Bedingung zu unterwerfen, die in dem abschließenden Katalog des Art. 19 Abs. 1 Unterabs. 2 Kap-RL n.F. aufgeführt ist. Darunter findet sich auch die Bestandgrenze des Art. 19 Abs. 1 lit. b Kap-RL (Art. 19 Abs. 1 Unterabs. 2 lit. i Kap-RL n.F.). Somit statuiert Art. 19 Abs. 1 Kap-RL n.F. für den Erwerb eigener Aktien sowohl zwingende als auch fakultative Voraussetzungen.

1. Geltungsdauer

Nach Art. 19 Abs. 1 lit. a Kap-RL kann die Hauptversammlung die Verwaltung der Aktiengesellschaft nur für längstens 18 Monate zum Rückerwerb eigener Aktien ermächtigen. Nunmehr ist in Art. 19 Abs. 1 Unterabs. 1 lit. a Kap-RL n.F. die zeitliche Höchstgrenze für die Geltungsdauer einer Ermächtigung zum Aktienrückerwerb auf fünf Jahre verlängert worden.

Als Begründung führt die SLIM-Arbeitsgruppe zum einen an, dass die 18-monatige Regel des Art. 19 Abs. 1 lit. a Kap-RL durch sukzessive Ermächtigungen der Hauptversammlung leicht umgangen werden könne. Sie sei daher nichts anderes als eine schwerfällige und kostspielige Formalie, die nützliche Transaktionen, wie beispielsweise Aktienoptionsprogramme, verhindere[296]. Zum anderen wird auf den Gleichlauf mit der Regelung über das genehmigte Kapital gemäß Art. 25 Abs. 2 S. 3 Kap-RL verwiesen, wonach für das genehmigte Kapital ein Genehmigungszeitraum von bis zu fünf Jahren vorgesehen ist[297].

---

295 Richtlinie 2003/6/EG des Europäischen Parlaments und des Rates vom 28.1.2003 über Insider-Geschäfte und Marktmanipulation (Marktmissbrauch), Abl. EG Nr. L 96 v. 12.4.2003, S. 16.

296 Recommendations by the Company Law Slim Working Group on the Simplification of the First and the Second Company Law Directives, S. 13 (im Folgenden: SLIM-Vorschlag), abrufbar unter: http://europa.eu.int/comm/internal_market.

297 SLIM-Vorschlag, S. 13; Kallmeyer, AG 2001, 406, 408.

2. *Bestandsgrenze*

Nach Art. 19 Abs. 1 lit. b Kap-RL darf der Wert der von der Aktiengesellschaft insgesamt gehaltenen eigenen Aktien nicht mehr als 10% des gezeichneten Kapitals betragen. Nunmehr ist die Bestandsgrenze des Art. 19 Abs. 1 lit. b Kap-RL in eine Kann-Bestimmung geändert worden. Nach Art. 19 Abs. 1 Unterabs. 2 lit. i Kap-RL n.F. steht es den Mitgliedstaaten frei, einen Höchstwert für den Erwerb von Aktien aufgrund einer Hauptversammlung festzulegen. Dabei darf dieser Höchstwert nicht niedriger als 10% des gezeichneten Kapitals sein. Sehen die nationalen Vorschriften eine Begrenzung des Bestandes an eigenen Aktien in Höhe von 10% des Grundkapitals nicht vor, so ist der Erwerb eigener Aktien, abgesehen von dem Erfordernis der voll eingezahlten Einlagen auf die zurück erworbenen Aktien (Art. 19 Abs. 1 Unterabs. 1 lit. c Kap-RL n.F.), vor allem dadurch beschränkt, dass durch den Erwerb das Vermögen der Gesellschaft nicht unter die Summe des Grundkapitals und der gebundenen Reserven fallen darf (Art. 19 Abs. 1 Unterabs. 1 lit. b Kap-RL n.F.). Mithin führt letzteres Erfordernis dazu, dass der Erwerb eigener Aktien den Gesellschaften bis zur Höhe der ausschüttungsfähigen Rücklagen erlaubt ist, auch wenn diese mehr als 10% des gezeichneten Kapitals ausmachen[298].

Als Begründung für die Aufhebung der 10%-Grenze des Art. 19 Abs. 1 lit. b Kap-RL führt die SLIM-Arbeitsgruppe an, dass auch diese Regel durch sukzessive Rückkäufe umgangen werden könne[299]. Darüber hinaus wird geltend gemacht, dass die Gläubiger durch die Aufhebung der volumenmäßigen Grenze von 10% des Grundkapitals nicht beeinträchtigt werden. Denn dem Schutz der Gläubiger wird durch die Kapitalgrenze des Art. 19 Abs. 1 lit. c Kap-RL in Verbindung mit der Pflicht zur bilanziellen Neutralisierung in Art. 22 Abs. 1 lit. b Kap-RL hinreichend Rechnung getragen[300].

3. *Vorbehalt zugunsten des Gleichbehandlungsgrundsatzes und der Marktmissbrauchsrichtlinie*

Im Gegensatz zu der Kapitalschutzrichtlinie stellt Art. 19 Abs. 1 Kap-RL n.F. in seinem Eingangssatz ausdrücklich klar, dass die Mitgliedstaaten den Erwerb eigener Aktien nur „unbeschadet des Grundsatzes der Gleichbehandlung aller Aktionäre, die sich in denselben Verhältnissen befinden“, gestatten können. Bei dem Vorbehalt zugunsten des Gleichbehandlungsgrundsatzes handelt es sich lediglich um eine deklaratorische Klarstellung des geltenden Rechtszustandes. Denn nach Art. 42 Kap-RL

298 Richtlinienvorschlag der Kommission, S. 3 und 12.

299 SLIM-Vorschlag, S.13.

300 SLIM-Vorschlag, S. 13; Kallmeyer, AG 2001, 406, 408; Baldamus, S. 169.

müssen die Mitgliedstaaten bei der Anwendung der Richtlinie das Gleichbehandlungsgebot beachten. Jedoch zeigt der Umstand, dass der Gleichbehandlungsgrundsatz des Art. 42 Kap-RL für den Themenkomplex Erwerb eigener Aktien wiederholt wird, welche hohe Bedeutung der europäische Gesetzgeber diesem Grundsatz im Rahmen des Aktienrückerwerbs beimisst[301].

In dem Einleitungssatz des Art. 19 Abs. 1 Kap-RL n.F. findet sich außerdem ein Hinweis auf die Geltung der Marktmissbrauchsrichtlinie für Aktienrückkäufe, dem ebenfalls klarstellende Bedeutung zukommt. Die Kapitaländerungsrichtlinie stellt zudem in ihren Erwägungsgründen ausdrücklich klar, dass die Mitgliedstaaten die Bestimmungen der Marktmissbrauchsrichtlinie, der hierzu ergangenen Richtlinie 2004/72/EG[302] sowie der Verordnung (EG) Nr. 2273/2003[303] beachten müssen, um Marktmissbrauch zuverlässig zu verhindern[304]. Dem europäischen Gesetzgeber war es also ein besonderes Anliegen, im Rahmen der gesellschaftsrechtlichen Grundnorm des Erwerbs eigener Aktien, die darauf zielt, im Rahmen des Aktionärs- und Gläubigerschutzes ein Mindestmaß an Gleichwertigkeit sicherzustellen, auch auf die Gefahren hinzuweisen, die sich im Zusammenhang mit Aktienrückkäufen für die Funktionsfähigkeit des Kapitalmarktes ergeben können.

Mithin kann festgehalten werden, dass Art. 19 Abs. 1 Kap-RL n.F. die Interessen der Gläubiger insbesondere durch die Festlegung der zwingenden Voraussetzungen in Unterabs. 1 wahrt. Insoweit besteht der maßgebende Unterschied zur alten Rechtslage darin, dass die Bestandsgrenze des Art. 19 Abs. 1 lit. b Kap-RL in eine Kann-Bestimmung geändert worden ist. Darüber hinaus enthält die Vorschrift im Gegensatz zu ihrer Regelung in der Kapitalschutzrichtlinie sowohl einen Vorbehalt zugunsten des Gleichbehandlungsgrundsatzes als auch zugunsten der Marktmissbrauchsrichtlinie. Zwar kommt beiden Hinweisen lediglich eine klarstellende Bedeutung zu. Jedoch zeigt der europäische Gesetzgeber, dass er sich der aus dem Erwerb eigener Aktien resultierenden Gefahren für die Aktionäre und die Funktionsfähigkeit des Kapitalmarktes bewusst ist, indem er die beiden Schutzmechanismen – das Gleichbehandlungsgebot und die Vorgaben der Marktmissbrauchsrichtlinie

---

301 Oechsler, ZHR 170 (2006) 73, 85.

302 Richtlinie 2004/72/EG der Kommission vom 29.4.2004 zur Durchführung der Richtlinie 2003/6/EG des Europäischen Parlaments und des Rates – Zulässige Marktpraktiken, Definition von Insider-Informationen in Bezug auf Warenderivate, Erstellung von Insider-Verzeichnissen, Meldung von Eigengeschäften und Meldung verdächtiger Transaktionen, Abl. L 162 v. 30.4.2004, S. 70.

303 Verordnung (EG) Nr. 2273/2003 der Kommission vom 22.12.2003 zur Durchführung der Richtlinie 2003/6/EG des Europäischen Parlaments und des Rates – Ausnahmeregelungen für Rückkaufprogramme und Kurstabilisierungsmaßnahmen, Abl. L 336 v. 23.12.2003, S. 33.

304 7. ErwGr. der RL 2006/68/EG, Abl. EG Nr. L 264 v. 25.9.2006, S. 32.

einschließlich der dazu ergangenen Durchführungsmaßnahmen – benennt, mit denen diesen Gefahren Rechnung getragen werden kann.

III. Einzelbetrachtung der geänderten Voraussetzungen nach europäischem Recht

1. Verlängerung der 18-monatigen Geltungsfrist des Hauptversammlungsbeschlusses auf fünf Jahre

Die Verlängerung der zeitlichen Höchstgrenze für die Geltungsdauer einer Ermächtigung zum Aktienrückerwerb von 18 Monaten auf fünf Jahre wird in erster Linie damit begründet, dass die 18-Monats-Regel des Art. 19 Abs. 1 lit. a Kap-RL durch sukzessive Ermächtigungen leicht umgangen werden könne[305]. Tatsächlich ergeben sich weder aus der Vorschrift des Art. 19 Kap-RL noch aus der Entstehungsgeschichte Anhaltspunkte, die es der Gesellschaft verbieten würden, die Ermächtigung zum Erwerb eigener Aktien beliebig oft zu erneuern und damit auch mehrere zeitlich nacheinander folgende Ermächtigungen gleichen Inhalts zu fassen[306].

Jedoch erscheint das durch die Zeitgrenze von 18 Monaten bedingte und von den Aktiengesellschaften betriebene Verfahren der mehrmaligen, zeitlich nacheinander folgenden Verlängerung der Ermächtigung zum Erwerb eigener Aktien mit jeweils gleichem Inhalt wenig praktikabel und vor allem im Hinblick auf Aktienoptionsprogramme problematisch. Will die Gesellschaft nämlich einem Auslaufen der Ermächtigung zum Erwerb eigener Aktien wegen der Durchführung eines umfangreichen und zeitintensiven Rückkaufprogramms vorbeugen, so muss sie die Ermächtigung während des Fristlaufs verlängern. Da die Hauptversammlung – zumindest in Deutschland – jedoch in der Regel in einem 12-monatigen Turnus einberufen wird, findet de facto eine Begrenzung der Geltungsdauer der Ermächtigung auf 12 Monate statt. Würde die Gesellschaft die vom Gesetz vorgesehene maximale Frist von 18 Monaten in Anspruch nehmen, so würde dies dazu führen, dass bis zur Einberufung der nächsten ordentlichen Hauptversammlung eine Lücke von sechs Monaten entstünde, in denen keine eigenen Aktien erworben werden dürften. Sollte in dieser Zeit ein Aktienrückkaufprogramm durchgeführt werden, so müsste eine außerordentliche Hauptversammlung einberufen werden. In der Praxis ist die Ermächtigung zum Erwerb eigener Aktien deshalb regelmäßiger Tagesordnungspunkt jeder ordentlichen Hauptversammlung, so dass die Ermächtigungserteilung zum Dauerauftrag für

305 SLIM-Vorschlag, S. 13.
306 MüKoAktG-Oechsler, § 71, Rn. 176.

die Hauptversammlung wird. Ein solches Verfahren stimmt zwar mit dem Gesetz überein, erscheint jedoch wenig praktikabel. Die Begrenzung der Hauptversammlungsermächtigung auf die Dauer von 18 Monaten stellt daher eine schwerfällige und zudem kostspielige Formalie dar.

Des Weiteren erscheint die Geltungsdauer der Ermächtigung zum Aktienrückkauf von 18 Monaten vor allem im Hinblick auf Aktienoptionsprogramme bedenklich, die durch den Erwerb eigener Aktien finanziert werden. Insofern geht der SLIM-Vorschlag zur Verlängerung der Geltungsfrist auf fünf Jahre auf die Initiative von *Kallmeyer* zurück, der mit dem Themenkomplex Aktienoptionsprogramme ein Problem der deutschen Hauptversammlungspraxis vor Augen hatte[307].

Ein zulässiger Zweck für den Rückkauf eigener Aktien aufgrund allgemeiner Ermächtigung der Hauptversammlung ist die Bedienung von Bezugsrechten, die an Arbeitnehmer und Mitglieder der Geschäftsführung einer Aktiengesellschaft oder eines mit ihr verbundenen Unternehmens ausgegeben werden. Dabei kann die Finanzierung von Aktienoptionsprogrammen durch den Erwerb eigener Aktien auf zweierlei Weise erfolgen: Die Gesellschaft kann entweder zu Beginn des Aktienoptionsprogramms alle benötigen Aktien kaufen oder diese sukzessiv erwerben[308]. Im letzteren Fall können insoweit Friktionen entstehen, als Aktienoptionsprogramme regelmäßig für eine Laufzeit von mindestens fünf Jahren aufgelegt werden[309], während die Geltungsdauer der Ermächtigung zum Erwerb eigener Aktien auf 18 Monate begrenzt ist[310].

Allerdings kann von der Gesellschaft nicht erwartet werden, die für den gesamten Aktienoptionsplan voraussichtlich erforderlichen Aktien bereits zu dessen Beginn zu erwerben[311]. Zwar muss die Gesellschaft die entstehenden Kursrisiken unabhängig davon tragen, ob sie die für das Aktienoptionsprogramm benötigten Aktien bereits zu Beginn des Programms oder sukzessiv erwirbt[312]. Erwirbt die Gesellschaft jedoch sämtliche Aktien im Vorfeld des Aktienoptionsplans, ist sie insoweit eingeschränkt, als sie auf künftige Marktentwicklungen nicht flexibel reagieren kann. Die Gesellschaft ist nur gegen das Risiko steigender, nicht aber fallender Kurse abgesichert. Es ist aber schon allein aufgrund der Volatilität der Aktienmärkte offensichtlich, dass sich die Kurse der Gesellschaft während der langen Laufzeit des Aktienoptionsprogramms nicht auf einem Niveau halten, sondern ebenso gut steigen wie fallen können. Daher ist der Erwerb sämtlicher

---

307 Kallmeyer, AG 2001, 406, 407.

308 RegBegr. zum KonTraG, BT-Drucks. 13/9712, S. 14; Baldamus, S. 175.

309 Kallmeyer, AG 2001, 406, 408; Feddersen/Pohl, AG 2001, 26, 32, sprechen von durchschnittlich 6,5 Jahren.

310 Baldamus, S. 175.

311 Kallmeyer, AG 2001, 406, 408.

312 Baldamus, S. 175.

Aktien bereits zu Beginn des Aktienoptionsprogramms nur für solche Gesellschaften lohnenswert, die über überschüssige Liquidität verfügen und aus diesem Grunde sowieso ein Aktienrückkaufprogramm auflegen wollen. Für andere Gesellschaften ist diese Finanzierungsart dagegen mit dem Risiko der nutzlosen Vernichtung von Eigenkapital verbunden. Denn im Falle negativer Börsenkursentwicklung werden die Optionsrechte nicht ausgeübt. Die Gesellschaft kann dann die eigenen Aktien am Markt nur noch zu einem Preis platzieren, der unter dem Kaufpreis liegt. Folglich kann sie ihre Liquidität nur unter Realisierung eines Verlustes zurückgewinnen[313].

Daher erneuern Aktiengesellschaften die Ermächtigung zum Erwerb eigener Aktien in jeder ordentlichen Hauptversammlung, um den Aktienerwerb unter Berücksichtigung der jeweiligen Marktgegebenheiten für jede jährliche Tranche zu ermöglichen. Dabei ist die deutsche Praxis dazu übergegangen, die Hauptversammlung nicht vollumfänglich über den Aktienoptionsplan zu informieren, sondern eine Bezugnahme auf den Inhalt eines bereits beschlossenen Aktienoptionsplans genügen zu lassen[314]. Da allerdings § 71 Abs. 1 Nr. 8 S. 5 AktG auf §§ 193 Abs. 2 Nr. 4, 186 Abs. 3 und 4 AktG[315] verweist, müssen zumindest die in § 193 Abs. 2 Nr. 4 AktG aufgeführten Rahmendaten des Aktienoptionsprogramms Gegenstand des Hauptversammlungsbeschlusses selbst sein. Daneben müssen nach richtiger Ansicht[316] die Aktionäre bei der Ermächtigung des Vorstands erkennen, ob ihnen ein Bezugsrecht zustehen wird und wie groß die Verwässerungsgefahr angesichts des avisierten Ausgabepreises ist. Jedenfalls ist entscheidend, dass die Eckpunkte des Programms von der Hauptversammlung auch dann beschlossen werden, wenn der Hauptversammlungsbeschluss den Vorstand lediglich erneut zum Erwerb eigener Aktien zum Zwecke der Bedienung von Aktienoptionsplänen ermächtigt. Ein Verweis auf ein bereits bestehendes Aktienoptionsprogramm ist daher unzulässig und begründet die Anfechtbarkeit des Beschlusses[317].

Somit ist festzuhalten, dass die Geltungsdauer der Erwerbsermächtigung von 18 Monaten zu dem wenig praktikablen und daher von der Hauptversammlungspraxis nicht beachteten, aber dennoch vom Gesetz geforderten Ergebnis führt,

---

313 Kallmeyer, AG 1999, 97, 101.

314 Kallmeyer, AG 2001, 406, 408; Bosse, NZG 2001, 594, 597.

315 Es ist streitig, ob bei einem Rückerwerb zur Bedienung von Aktienoptionsprogrammen neben § 192 Abs. 2 Nr. 4 AktG auch § 186 Abs. 3, 4 AktG anwendbar ist oder ob die Vorschriften in einem Alternativverhältnis stehen; für ersteres: MüKo-AktG-Oechsler, § 71, Rn. 221; Kallmeyer, AG 1999, 97, 101; für letzteres: Hüffer, AktG, § 71, Rn. 19j; Bosse, NZG 2001, 594, 596 f.; offen gelassen LG Berlin, AG 2000, 328.

316 Oechsler, ZHR 170 (2006) 72, 80.

317 Bosse, NZG 2001, 594, 597; Kallmeyer, AG 2001, 406, 407 f.; Oechsler, ZHR 170 (2006) 72, 77 f.

dass ein Aktienoptionsplan in jeder ordentlichen Hauptversammlung wiederholt beschlossen werden muss, wenn der Vorstand dazu ermächtigt werden soll, Aktien zur Bedienung eines Aktienoptionsprogramms – auch zur Bedienung eines bereits laufenden Programms – zu erwerben. Im Hinblick auf dieses Ergebnis ist die Verlängerung der 18-Monatsgrenze auf fünf Jahre zu begrüßen.

Als weiteres Argument gegen die 18-Monats-Regel des Art. 19 Abs. 1 lit. a Kap-RL verweist die SLIM-Arbeitsgruppe auf das Institut des genehmigten Kapitals, bei dem die Ermächtigung des Vorstands nach Art. 25 Abs. 2 S. 3 Kap-RL auf höchstens fünf Jahre begrenzt ist[318]. Zwar stellt sich bei wirtschaftlicher Betrachtung der Erwerb eigener Aktien – zumindest solange die Aktien nicht wieder ausgegeben werden – als eine Kapitalherabsetzung dar. Jedoch erscheint die Übertragung der im deutschen Recht in § 202 Abs. 1 AktG geregelten Fünfjahresfrist im Rahmen des genehmigten Kapitals auf den Aktienrückkauf sachgerecht, da sich das genehmigte Kapital als spiegelbildlicher Akt zur Kapitalherabsetzung darstellt und so ein Gleichlauf zwischen den beiden Rechtsinstituten hergestellt ist. Das Wesen des Instituts des genehmigten Kapitals besteht darin, durch die Übertragung der Entscheidung über die Ausgabe der Aktien von der Hauptversammlung auf den Vorstand eine größere Flexibilität bei der Beschaffung von Aktienkapital zu erreichen[319]. Die Mehrzahl der deutschen börsennotierten Gesellschaften verfügt über ein genehmigtes Kapital, da es im Gegensatz zur ordentlichen Kapitalerhöhung (§§ 182-191 AktG) kein zeitraubendes Verfahren vorsieht[320]. Bei dem genehmigten Kapital handelt es sich ebenso wie bei dem Erwerb eigener Aktien um ein Finanzierungsinstrument des Vorstands, das rasche Reaktionen auf akute Finanzierungsbedürfnisse des Unternehmens sowie günstige Bedingungen des Kapitalmarktes ermöglicht[321]. Insoweit stößt die zeitliche Höchstgrenze von 18 Monaten in Art. 19 Abs. 1 lit. a Kap-RL auf Unverständnis, da sie verhindert, dass beide Instrumente des Finanzmanagements unter einheitlichen zeitlichen Voraussetzungen beschlossen werden können[322]. Auch für die Durchführung von umfassenden Kapitalstrukturmaßnahmen, die aufgrund ihrer langen Dauer eine Absicherung in Form einer entsprechenden zeitlichen Befristung benötigen, stellt das genehmigte Kapital ein geeignetes Finanzierungsinstrument dar. Dabei hat sich die zeitliche Befristung der Ermächtigung auf höchstens fünf Jahre in der Praxis als angemessener Ermessensspielraum für den Vorstand erwiesen. Die verlängerte Höchstlaufzeit von fünf Jahren für die Ermächtigung zum Aktienrückerwerb wird künftig dem Vorstand die Möglichkeit eröffnen, ein auf Dauer angelegtes Rückkaufpro-

---

318 SLIM-Vorschlag, S. 13.
319 Hueck/Windbichler, Gesellschaftsrecht, § 29, Rn. 19.
320 Hueck/Windbichler, Gesellschaftsrecht, § 29, Rn.19.
321 Kübler, Gesellschaftsrecht, § 16 IV 3; Oechsler, ZHR 170 (2006) 72, 81.
322 Oechsler, ZHR 170 (2006) 72, 81.

gramm unter Berücksichtigung der Kursentwicklung zu planen, um es entsprechend der wirtschaftlichen Situation der Gesellschaft zum relativ günstigsten Zeitpunkt vornehmen zu können[323]. Mithin ist auch hinsichtlich eines Gleichlaufs mit der Regelung über das genehmigte Kapital die Verlängerung der Geltungsdauer von Vorratsbeschlüssen der Hauptversammlung auf eine Höchstfrist von fünf Jahren zu befürworten.

2. *Aufhebung der Bestandsgrenze des § 71 Abs. 2 S. 1 AktG*

Die SLIM-Arbeitsgruppe ist der Auffassung, dass die 10%-Grenze des Art. 19 Abs. 1 lit. b Kap-RL durch sukzessive Rückkäufe umgangen werden könne[324]. In der Tat ist es der Gesellschaft möglich, eigene Aktien erneut zu erwerben, sobald der Bestand an eigenen Aktien wieder gesunken ist. Dies ist dann der Fall, wenn die erworbenen Aktien verwertet werden, indem sie beispielsweise eingezogen oder veräußert werden. In diesem Zusammenhang ist auch zu beachten, dass auf europäischer Ebene keine Erwerbsgrenze – wie im Falle des § 71 Abs. 1 Nr. 8 S. 1 AktG – besteht. Damit ist die Gesellschaft nicht in der Höchstmenge an Aktien beschränkt, die sie aufgrund der Ermächtigung erwerben darf, sondern in der Höchstmenge an Aktien, die sie kraft der Ermächtigung in Händen halten darf. Der Vorstand muss also lediglich die zuvor erworbenen Aktien zunächst verwerten, wenn er im Ergebnis mehr als 10% eigener Aktien zu erwerben beabsichtigt. Mithin ist der Kritik der SLIM-Arbeitsgruppe im Hinblick auf die Aufhebung der Bestandsgrenze des Art. 19 Abs. 1 lit. b Kap-RL wegen ihrer Umgehung durch sukzessive Rückkäufe zuzustimmen. Der Regelungszweck dieser Volumenbegrenzung, der verhindern soll, dass die Gesellschaft jemals mehr als 10% an eigenen Aktien bezogen auf ihr Grundkapital in ihrem eigenen Portefeuille hält, kann leicht ausgehöhlt werden. Zwar muss hierzu der Vorstand zunächst die zuvor erworbenen eigenen Aktien verwerten. Jedoch stellt diese Begrenzung keinen so erheblichen Eingriff in seinen Handlungsspielraum dar, dass er von einer Einziehung oder weiteren Veräußerung Abstand nehmen würde.

Darüber hinaus wird angeführt, dass die Gläubiger durch den Wegfall der Bestandsgrenze von 10% des Grundkapitals angesichts der Kapitalgrenze des Art. 19 Abs. 1 lit. c Kap-RL sowie der Pflicht zur bilanziellen Neutralisierung in Art. 22 Abs. 1 lit. b Kap-RL nicht beeinträchtigt werden[325]. Zur Erläuterung dieses Standpunktes ist erforderlich, auf die Entstehungsgeschichte der Bestandsgrenze von 10% des Grundkapitals einzugehen. Diese Begrenzung wurde erstmals im Wege der Notverordnung vom 19.9.1931 ins deutsche Aktienrecht eingeführt

323 Johannsen-Roth, S, 294.

324 SLIM-Vorschlag, S.13; s. unter 2. Kap., § 2, II 2.

325 SLIM-Vorschlag, S. 13; Kallmeyer, AG 2001, 406, 408; Baldamus, S. 169.

und vom europäischen Gesetzgeber unter Bezugnahme auf die deutsche Regelung in die Kapitalschutzrichtlinie von 1976 übernommen. Dabei bestehen keine Anhaltspunkte dahingehend, dass sich der europäische Gesetzgeber mit den Motiven des deutschen Reichspräsidenten in Bezug auf die Einführung der Norm im Jahre 1931 auseinandersetzte. Vielmehr nahm die Kommission in ihrem Vorschlag zur Kapitalschutzrichtlinie im Bereich des Themenkomplexes Erwerb eigener Aktien auf zwei verschiedene Rechtssysteme Rücksicht, die sich innerhalb der Gemeinschaft herausgebildet hatten. So wurde einerseits das nach deutschem Recht bestehende Modell, nämlich der bis zu einer Grenze von 10% erlaubte Erwerb eigener Aktien zur Vermeidung schwerer Schäden, und andererseits das romanische Modell, sprich der Aktienerwerb auf der Grundlage eines Hauptversammlungsbeschlusses, gesetzlich flankiert. Der Grund hierfür bestand darin, dass die Kommission weder den Aktionärs- noch den Gläubigerschutz durch eines dieser Systeme gefährdet sah[326].

Es ist daher weiter zu fragen, welcher Zweck der Bestandsgrenze von 10% des Grundkapitals im deutschen Recht beigemessen wurde. Die im Jahre 1931 in den damals gänzlich modifizierten § 226 HGB a.F. eingeführte Beschränkung stammt aus einer Zeit, als der Erwerb eigener Aktien auch zu Lasten des Einlagekapitals und damit zum Nachteil der Gläubiger möglich war. Denn bis zur Umsetzung der Kapitalrichtlinie im Jahre 1978 kannte das deutsche Aktiengesetz keine finanzielle Beschränkung des Aktienrückkaufs. Die Begrenzung auf 10% des Grundkapitals sollte in erster Linie einen Abfluss von Gesellschaftsvermögen, das als Haftungsmasse den Gläubigern diente, verhindern. Daneben kam ihr die Funktion zu, die Minderheitsaktionäre in ihrer Rechtsstellung zu schützen. Hintergrund der mengenmäßigen Begrenzung waren die Erfahrungen in der Weltwirtschaftskrise 1929 bis 1931, in denen Unternehmen dem Kursverfall ihrer Aktien ohne Rücksicht auf vorhandene flüssige Mittel mit dem massiven Erwerb eigener Aktien entgegenzusteuern versuchten und zusätzlich durch die fortlaufende Abschreibung der erworbenen eigenen Aktien bei weiteren Kursverlusten belastet waren. Die Kumulation der beiden Effekte führte zu einer Verlustspirale, die im äußersten Fall in einem Zusammenbruch der Unternehmen endete.

Mit Einführung der Kapitalgrenze des Art. 19 Abs. 1 lit. c Kap-RL und der bilanziellen Neutralisierung des Art. 22 Abs. 1 lit. b Kap-RL ins deutsche Recht im Jahre 1978 ist die Funktion der Bestandsgrenze in Bezug auf den Gläubigerschutz überlagert worden. Denn die europäischen Regelungen, die in den §§ 71 Abs. 2 S. 2 AktG, 272 Abs. 4 HGB umgesetzt worden sind, sind weitaus besser geeignet, einen effektiven Schutz der Gläubiger zu gewährleisten. Zum einen

326 Erl. zu Art. 18 des Kommissionsvorschlags einer zweiten Richtlinie, Abl. EG Nr. C 48/8 v. 24.4.1970, S. 12.

darf die Gesellschaft den Erwerb eigener Aktien nur aus Gewinnen oder aus verteilbaren, d.h. freien (Gewinn-)Rücklagen finanzieren, so dass der Erwerb nicht zu Lasten des Grundkapitals oder der gebundenen Rücklagen erfolgt. Zum anderen wird durch die bilanzielle Neutralisierung eigener Aktien erreicht, dass die eigenen Aktien wirtschaftlich gesehen nicht wie echte Aktiva der Aktiengesellschaft behandelt werden, sondern den Wert des Vermögens der Gesellschaft gerade nicht erhöhen. Damit kann sich in Krisenzeiten ein Wertverlust der Gesellschaft aufgrund der zweifelhaften Werthaltigkeit der eigenen Aktie in der Hand der Gesellschaft nicht mehr in doppelter Weise auf das Gesellschaftsvermögen auswirken. Die Regelung ist somit besser als eine Begrenzung des Bestandes an eigenen Aktien dazu geeignet, die Gefahr einer Verlustspirale zu bannen.

Schließlich kommt der Bestandsgrenze für eigene Aktien im Hinblick auf den Gläubigerschutz unter einem weiteren Gesichtspunkt nur geringe Bedeutung zu, so dass ihr Wegfall auf europäischer Ebene zu begrüßen ist. Die Schrankenregelung verhindert, dass die Gesellschaft freie Gewinnrücklagen in einer Höhe von mehr als 10% des Grundkapitals für einen Aktienrückkauf einsetzt. Jedoch ist es der Gesellschaft nicht verwehrt, ihre gesamten ausschüttungsfähigen Mittel im Wege der Dividendenzahlung an die Aktionäre auszukehren. Damit verliert die Begrenzung auf 10% des Grundkapitals im Hinblick auf den Schutz der Gläubigerinteressen an regulatorischer Bedeutung, da sich die Gläubiger der Gesellschaft gerade nicht darauf verlassen können, dass die Gesellschaft freie Gewinnrücklagen nur in einer bestimmten Höhe an ihre Aktionäre ausschüttet.

IV. Zwischenergebnis

1. Die Grundnorm für den Erwerb eigener Aktien durch die Gesellschaft ist durch die Kapitaländerungsrichtlinie umgestaltet worden. Unterabs. 1 des Art. 19 Abs. 1 Kap-RL n.F. legt die bisherigen Bedingungen – teilweise modifiziert – als zwingende Voraussetzungen fest, während die Bestandsgrenze nach Art. 19 Abs. 1 lit. b Kap-RL ihren obligatorischen Charakter verliert. Unterabs. 2 der Vorschrift enthält einen Katalog von weiteren Bedingungen für den Erwerb eigener Aktien. Den Mitgliedstaaten steht es frei, den Aktienrückkauf zusätzlich zu den zwingenden Voraussetzungen des Art. 19 Abs. 1 Unterabs. 1 Kap-RL n.F. einer beliebigen, dort aufgelisteten Bedingung – so auch der in Art. 19 Abs. 1 Unterabs. 2 lit. i Kap-RL n.F. normierten Bestandsgrenze – zu unterwerfen.
2. Nach der Kapitaländerungsrichtlinie kann die Ermächtigung zum Aktienrückerwerb unter erleichterten Voraussetzungen erteilt werden. Abweichend vom bisherigen Recht liegt die Höchstgrenze für die Geltungsdauer einer Ermächtigung zum Erwerb eigener Aktien nicht mehr bei 18 Monaten, sondern

bei fünf Jahren (Art. 19 Abs. 1 Unterabs. 1 lit. a Kap-RL n.F.). Die Bestandsgrenze des Art. 19 Abs. 1 lit. b Kap-RL, die den Höchstbesitz an eigenen Aktien auf 10% des Grundkapitals beschränkt, ist in eine Kann-Bestimmung geändert worden.

3. Die Verlängerung der zeitlichen Höchstgrenze für Erwerbsermächtigungen auf fünf Jahre schließt die selbst bei vollständiger Ausnutzung des 18-Monatszeitraums des Art. 19 Abs. 1 lit. a Kap-RL bis zur übernächsten ordentlichen Hauptversammlung entstehende Lücke von sechs Monaten, erleichtert die Planbarkeit und die Durchsetzung von über mehrere Jahre laufenden Aktienoptionsprogrammen und steht im Einklang mit der zeitlichen Voraussetzung des Instituts des genehmigten Kapitals gemäß Art. 25 Abs. 2 S. 3 Kap-RL.
4. Die Kapitalgrenze des Art. 19 Abs. 1 lit. c Kap-RL (nunmehr Art. 19 Abs. 1 Unterabs. 1 lit. b Kap-RL n.F.) und die bilanzielle Neutralisierung des Art. 22 Abs. 1 lit. b Kap-RL stellen weitaus bessere Schutzmechanismen als die Bestandsgrenze des Art. 19 Abs. 1 lit. b Kap-RL dar, um einen effektiven Schutz der Gläubiger zu gewährleisten.
5. Art. 19 Abs. 1 Kap-RL n.F. stellt ausdrücklich klar, dass die Interessen der Aktionäre durch den Gleichbehandlungsgrundsatz und die Funktionsfähigkeit des Kapitalmarktes durch die Marktmissbrauchsrichtlinie und die dazu erlassenen Durchführungsmaßnahmen sichergestellt werden.
6. Die Kapitaländerungsrichtlinie eröffnet den Mitgliedstaaten die Möglichkeit, den Erwerb eigener Aktien in einem weitaus größeren Umfang als bisher zuzulassen und damit den betroffenen Unternehmen größere Flexibilität bei der Finanzierung einzuräumen. Aktiengesellschaften können auf der Grundlage eines Hauptversammlungsbeschlusses ermächtigt werden, während des Zeitraums von fünf Jahren eigene Aktien bis zur Grenze der ausschüttungsfähigen Mittel zu kaufen und zu verkaufen. Die Verlängerung der 18-monatigen Geltungsfrist des Hauptversammlungsbeschlusses auf fünf Jahre ermöglicht es dem Vorstand, den Erwerb eigener Aktien als Instrument des Finanzmanagements einzusetzen und damit auf Marktentwicklungen flexibel reagieren zu können.

§ 3 Die Richtlinie 2003/6/EG des Europäischen Parlaments und des Rates über Insider-Geschäfte und Marktmanipulation (Marktmissbrauchsrichtlinie)

Setzt die Aktiengesellschaft den Erwerb eigener Aktien als Instrument zur Finanzierung der Unternehmung ein, so besteht die Gefahr, dass es zu Beeinträchtigungen des Kapitalmarktes und Schädigungen der Anleger durch marktmissbräuchliche Praktiken, sei es in Form von Marktmanipulation oder von Insidergeschäften, kommt. Kapitalmarktorientierte Schutzanliegen sind aber weder Gegenstand der Kapitalschutzrichtlinie noch der Kapitaländerungsrichtlinie. Erst die am 28. Januar 2003 verabschiedete Richtlinie 2003/6/EG des Europäischen Parlaments und des Rates über Insider-Geschäfte und Marktmanipulation (Marktmissbrauch)[327] (im Folgenden: Marktmissbrauchsrichtlinie) hat spezifisch kapitalmarktrechtliche Bestimmungen normiert, die darauf angelegt sind, die Funktionsfähigkeit des Kapitalmarktes sicherzustellen. Im Folgenden stehen die den Erwerb eigener Aktien betreffenden kapitalmarktrechtlichen Bestimmungen im Vordergrund. Da jedoch die Marktmissbrauchsrichtlinie eine sehr komplexe Regelung aufweist, die vor allem durch zahlreiche an die Kommission gerichtete Ermächtigungsklauseln gekennzeichnet ist, ist es ebenfalls erforderlich, auf das Regelungskonzept der Richtlinie einzugehen. Hingegen erfolgt eine vertiefte Untersuchung der zu der Marktmissbrauchsrichtlinie ergangenen Durchführungsmaßnahmen erst im Rahmen der Analyse der deutschen Rechtslage.

I. Das Vier-Stufen-Konzept

Die Marktmissbrauchsrichtlinie ist am 12. April 2003 in Kraft getreten[328]. Die Richtlinie ist als Basisrechtsakt im Rahmen eines vierstufigen Rechtsetzungsverfahrens ergangen. Bei dem vom „Ausschuss der Weisen“[329] unter Leitung von Alexandre Lamfalussy erarbeiteten vierstufigen Rechtsetzungsverfahren[330] handelt es sich um ein Verfahren, dass das langwierige Rechtsetzungsverfahren im Bereich des Wertpapierhandels ersetzen soll. Das Verfahren soll es der Europäischen Gemeinschaft ermöglichen, auf die angesichts des technologischen Fortschritts und der zunehmenden Internationalisierung der Märkte stetig wachsenden Anforderungen bei der Regulierung der Finanzdienstleistungsmärkte rasch und flexibel zu reagieren[331].

---

327 Richtlinie 2003/6/EG des Europäischen Parlaments und des Rates v. 28.1.2003 über Insider-Geschäfte und Marktmanipulation (Marktmissbrauch), Abl. EG Nr. L 96 v. 12.4.2003, S. 16.

328 Gemäß Art. 21 tritt die Richtlinie am Tage ihrer Veröffentlichung im Amtsblatt der Europäischen Union in Kraft.

329 4. ErwGr. der RL 2003/6/EG, Abl. EG Nr. L 96 v. 12.4.2003, S. 16.

330 Legislativverfahren konnten oft erst nach drei oder vier Jahren abgeschlossen werden, s. Mitteilung der Kommission v. 11.5.1999 „Umsetzung des Finanzmarktrahmens: Aktionsplan“, KOM (1999) 232, S. 16, li.Sp.

331 Schlussbericht des Ausschusses der Weisen über die Regulierung der europäischen Wertpapiermärkte v. 15.2.2001, S. 19-47, abrufbar unter http://ec.europa.eu/internal_market/securities/docs/lamfalussy/wisemen/final-report-wisement_de.pdf;

Das vierstufige Rechtsetzungsverfahren setzt sich zusammen aus Rahmenbedingungen (Stufe 1), Durchführungsmaßnahmen (Stufe 2), Zusammenarbeit zwischen den Regulierungsbehörden (Stufe 3) und Durchsetzung (Stufe 4)[332]. Während auf der ersten Stufe des Verfahrens in dem jeweiligen Regelungsgegenstand, d.h. in der Richtlinie oder Verordnung, lediglich breite und allgemeine Grundsätze festgeschrieben werden, folgt auf der zweiten Stufe der Erlass von technischen Durchführungsmaßnahmen durch die Kommission unter Mithilfe von zwei hierzu eingerichteten Ausschüssen. Auf der dritten Stufe des Verfahrens werden dann gemeinsame Empfehlungen, Leitlinien und Standards durch die Wertpapierregulierungsbehörden erarbeitet, um die einheitliche Umsetzung und Anwendung sicherzustellen. Abschließend erfolgt auf Stufe 4 eine Überprüfung durch die Kommission.

Die Besonderheit des Vier-Stufen-Konzepts zur Regulierung der europäischen Wertpapiermärkte liegt darin, dass die Regelung technischer Details nicht mehr dem herkömmlichen Rechtsetzungsverfahren, das wegen der Rechtsgrundlage des Art. 95 EGV das Verfahren der Mitentscheidung gemäß Art. 251 EGV ist, überlassen wird, sondern die Kommission in der Richtlinie zum Erlass von technischen Durchführungsmaßnahmen ermächtigt wird[333]. Die Marktmissbrauchsrichtlinie legt in ihrer Verfahrensvorschrift des Art. 17 das Verfahren für die Ausübung der der Kommission übertragenen Durchführungsbefugnisse fest[334]. Damit wird erstmals auf die Gesetzgebung im Bereich des Wertpapierhandels das sog. Komitologieverfahren übertragen[335], welches das Verfahren zur Delegierung der Durch-

---

vgl. hierzu auch die bereits von der Kommission angeführten Überlegungen in der Mitteilung der Kommission v. 28.10.1998 „Finanzdienstleistungen: Abstecken eine Aktionsrahmens“, KOM (1998) 625, S. 7 und der Mitteilung der Kommission, KOM (1999) 232, S. 16; ferner 4. ErwGr. der RL 2003/6/EG, Abl. EG Nr. L 96 v. 12.4.2003, S. 16; Grimme/v. Buttlar, WM 2003, 901, 904; Dier/Fürhoff, AG 2002, 604.

332 Schlussbericht des Ausschusses der Weisen, aaO; vgl. auch 4. ErwGr. der RL 2003/6/EG, Abl. EG Nr. L 96 v. 12.4.2003, S. 16; Fischer, AG 2004, R 44; Grimme/v. Buttlar, WM 2003, 901, 904 f.

333 Streinz/Ohler, WM 2004, 1309.

334 Hierbei handelt es sich um das sog. Regelungsverfahren mit Kontrolle gem. Art. 5 a des Beschlusses des Rates vom 28 Juni 1999 zur Festlegung der Modalitäten für die Ausübung der der Kommission übertragenen Durchführungsbefugnisse (1999/468/EG), Abl. EG Nr. C 255 v. 21.10.2006, S. 4; Art. 17 Abs. 2 M-RL, der bislang noch auf das Regelungsverfahren verweist, ist anzupassen, s. Erklärung des Europäischen Parlaments, des Rates und der Kommission zum Beschluss des Rates vom 17. Juli 2006 zur Änderung des Beschlusses 1999/468/EG zur Festlegung der Modalitäten für die Ausübung der der Kommission übertragenen Durchführungsbefugnisse (2006/512/CE), Abl. EG Nr. C 255 v. 21.10.2006, S. 1 f.

335 Die Übertragung politisch bedeutsamer Entscheidungen auf die Kommission im Rahmen der Komitologie wird im landwirtschaftlichen Bereich seit Jahren erfolgreich

führungsbefugnisse vom Rat auf die Kommission zwecks Ausübung von EU-Vorschriften bezeichnet[336].

Die Unterscheidung von in der Marktmissbrauchsrichtlinie festgelegten Rahmenbedingungen und dem gesonderten Erlass von technischen Durchführungsdetails nach Verabschiedung der Richtlinie führt vor allem zu einer stärkeren Berücksichtigung technischer Detailfragen, die nunmehr auf die Marktentwicklung effizient abgestimmt werden können[337]. Auch kann die Einhaltung gleicher Wettbewerbsbedingungen für alle Wirtschaftsakteure sichergestellt und die Zusammenarbeit zwischen den zuständigen Behörden ausgebaut werden[338].

II. Zielsetzung

Ziel der Marktmissbrauchsrichtlinie ist es, die Integrität der europäischen Finanzmärkte zu sichern und das Vertrauen der Anleger in die europäischen Finanzmärkte zu stärken, indem zur Bekämpfung des Marktmissbrauchs für alle Wirtschaftsakteure ein gemeinschaftsrechtlicher Rechtsrahmen geschaffen wird[339].

Ein Finanzmarkt, der im Hinblick auf die Bekämpfung von Marktmissbrauch reguliert und einer soliden Aufsicht unterworfen ist, kann seine volle Kraft entfalten und neue Arbeitsplätze schaffen, die Wettbewerbsfähigkeit der europäischen Wirtschaft fördern und als stetiger Motor für Wachstum in Europa dienen[340]. Ein auf diese Weise entstandener, einheitlicher Binnenmarkt für Finanzdienstleistungen kann insgesamt zur Entwicklung eines neuen wirtschaftlichen und sozialen Zusammenhangs in Europa beitragen[341].

---

praktiziert, s. Streinz/Ohler, WM 2004, 1309; Kopp in Streinz, EUV/EGV, Art. 37 EGV, Rn. 60 ff.

336 Streinz/Ohler, WM 2004, 1309; Leppert/Stürwald, ZBB 2002, 90, 105; zur Definition der Komitologie s. Leppert/Stürwald, aaO, Fn. 104.

337 8. ErwGr. der RL 2003/6/EG, Abl. EG Nr. 96 v. 12.4.2003, S. 16.

338 Erl. zu Art. 17 des Kommissionsvorschlags einer MaMi-RL, KOM (2001) 281 endg., S. 12.

339 Begründung zum Gemeinsamer Standpunkt (EG) Nr. 50/2002 des Rates v. 19.7.2002 im Hinblick auf den Erlass der Richtlinie des Europäischen Parlaments und des Rates über Insider-Geschäfte und Marktmanipulation (Marktmissbrauch), Abl. Nr. C 228 E v. 25.9.2002, II, S. 29; 12. ErwGr. der RL 2003/6/EG, Abl. EG Nr. L 96 v. 12.4.2003, S. 17.

340 Mitteilung der Kommission, KOM (1998) 625, S. 5, li. Sp.; 1. und 2. ErwGr. der RL 2003/6/EG, Abl. EG Nr. L 96 v. 12.4.2003, S. 16.

341 Allg. Begr. des Kommissionsvorschlags einer MaMi-RL, KOM (2001) 281 endg., S. 2.

III. Regelungsinhalt

1. Rechtslage bis zum Erlass der Marktmissbrauchsrichtlinie

Bis zum Erlass der Marktmissbrauchsrichtlinie waren sowohl das europäische als auch das nationale Recht dadurch gekennzeichnet, dass sie die Integrität der Märkte nur unvollständig sicherten. So beschränkte sich die Insiderrichtlinie[342], die nunmehr gemäß Art. 20 der Marktmissbrauchsrichtlinie (im Folgenden: M-RL) aufgehoben ist, lediglich darauf, den Missbrauch privilegierter Informationen zu verhindern. Ferner gab es in einigen Mitgliedstaaten keine Rechtsvorschriften zur Ahndung von Kursmanipulationen oder zur Verbreitung irreführender Informationen. Diese Situation trug zum einen zu Wettbewerbsverzerrungen bei, da sich Wirtschaftsakteure oft über Begriffe und Durchsetzungsvorschriften in den einzelnen Mitgliedstaaten im Unklaren waren[343]. Zum anderen konnte Gefahren, die aus der Entwicklung neuer Produkte und Technologien hervorgingen – wie z.B. das Internet als Medium zum Informationsaustausch –, nicht mehr sicher begegnet werden[344].

Die Marktmissbrauchsrichtlinie trifft sowohl Regelungen zur Bekämpfung von Insidergeschäften als auch zur Bekämpfung von Marktmanipulation. Damit vermeidet sie Unstimmigkeiten, die durch das Bestehen der Insiderrichtlinie und den Erlass einer neuen, separaten Richtlinie gegen Marktmanipulation hätten entstehen können[345]. Eine einzige Richtlinie gegen Marktmissbrauch stellt zudem sicher, dass überall in der Gemeinschaft für Kompetenzverteilung, Durchsetzung und Zusammenarbeit ein und derselbe Rechtsrahmen gilt[346].

2. Überblick über die Regelungen

Der Begriff der „Insider-Information" ist in Art. 1 Nr. 1 M-RL legaldefiniert. Das Verbot der Insidergeschäfte ist in den Art. 2 bis 4 M-RL niedergelegt. Die Art. 2 und 3 M-RL enthalten Verbotstatbestände für Primärinsider im Sinne eines Erwerbs- und Veräußerungsverbotes (Art. 2 M-RL) und eines Weitergabe- und Empfehlungsverbotes (Art. 3 M-RL). Art. 4 M-RL erstreckt die Verbotstatbestände auf Se-

---

342 Richtlinie 89/592/EWG des Rates v. 13.11.1989 zur Koordinierung der Vorschriften betreffend Insider-Geschäfte, Abl. Nr. L 334 v. 18.11.1989, S. 30.

343 11. ErwGr. der RL 2003/6/EG, Abl. EG Nr. L 96 v. 12.4.2003, S. 16; Allg. Begr. des Kommissionsvorschlags einer MaMi-RL, KOM (2001) 281 endg., S. 3.

344 10. ErwGr. der RL 2003/6/EG, Abl. EG Nr. L 96 v. 12.4.2003, S. 16; Allg. Begr. des Kommissionsvorschlags einer MaMi-RL, KOM (2001) 281 endg., S. 4.

345 Allg. Begr. des Kommissionsvorschlags einer MaMi-RL, KOM (2001) 281 endg., S. 4; 13. ErwGr. der RL 2003/6/EG, Abl. EG Nr. L 96 v. 12.4.2003, S. 17.

346 12. ErwGr. der RL 2003/6/EG, Abl. EG Nr. L 96 v. 12.4.2003, S. 17.

kundärinsider. In Art. 5 M-RL ist das Verbot manipulativer Handlungen kodifiziert, wobei sich die Legaldefinition der „Marktmanipulation" in Art. 1 Nr. 2 M-RL findet. In Art. 8 M-RL berücksichtigt der Richtlinientext, dass in bestimmten Fällen Ausnahmen von dem Verbot des Marktmissbrauchs zu gestatten sind. Art. 9 M-RL bestimmt den sachlichen und Art. 10 M-RL den räumlichen Anwendungsbereich.

3. Anwendungsbereich

Erwirbt die Aktiengesellschaft eigene Aktien und veräußert sie die Aktien möglicherweise im Anschluss, so ist der sachliche Anwendungsbereich der Marktmissbrauchsrichtlinie gemäß Art. 9 Unterabs. 1 M-RL eröffnet, wenn es sich bei den Wertpapieren um Finanzinstrumente handelt, die zum Handel auf einem geregelten Markt in mindestens einem Mitgliedstaat zugelassen sind oder für die ein entsprechender Zulassungsantrag gestellt wurde, unabhängig davon, ob das Geschäft selbst tatsächlich auf diesem Markt abgewickelt wird.

Nach Art. 1 Nr. 3 1. Spiegelstrich M-RL zählen zu den Finanzinstrumenten alle Wertpapiere im Sinne der Wertpapierdienstleistungsrichtlinie[347]. Die Bezugnahme auf Art. 1 Nr. 4 der Wertpapierdienstleistungsrichtlinie ist als Bezugnahme auf die entsprechende Begriffsbestimmung in Art. 4 Abs. 1 Nr. 17 i.V.m. Nr. 18 lit. a der RL 2004/39/EG[348] anzusehen[349]. Danach zählen zu den Finanzinstrumenten vor allem Aktien. Die in Art. 1 Nr. 4 M-RL enthaltene Bezugnahme auf die Definition des geregelten Marktes in Art. 1 Nr. 13 der Wertpapierdienstleistungsrichtlinie gilt als Bezugnahme auf Art. 4 Abs. 1 Nr. 14 der RL 2004/39/EG. Danach wird der geregelte Markt als ein von einem Marktbetreiber betriebenes und/oder verwaltetes multilaterales System definiert, das die Interessen einer Vielzahl Dritter am Kauf und Verkauf von Finanzinstrumenten innerhalb des Systems und nach seinen nichtdiskretionären Regeln in einer Weise zusammenführt oder das Zusammenführen fördert, die gemäß den Regeln und/oder den Systemen des Marktes zum Handel zugelassen wurden, sowie eine Zulassung

---

347 Richtlinie des Rates der Europäischen Gemeinschaften über Wertpapierdienstleistungen v. 10.5.1993 (93/22/EWG), Abl. EG Nr. L 141 v. 11.6.1993, S. 27.

348 Richtlinie 2004/39/EG des Europäischen Parlaments und des Rates vom 21. April 2004 über Märkte für Finanzinstrumente, zur Änderung der Richtlinien 85/611/EWG und 93/6/EWG des Rates und der Richtlinie 2000/12/EG des Europäischen Parlaments und des Rates und zur Aufhebung der Richtlinie 93/22/EWG des Rates, Abl. Nr. L 145 v. 30.4.2004, S. 1.

349 Die RL 93/22/EWG ist mit Wirkung zum 30.4.2006 durch Art. 69 der Richtlinie 2004/39/EG aufgehoben, wobei Bezugnahmen auf die RL 93/22/EWG bzw. auf deren Begriffsbestimmungen oder Artikel als Bezugnahmen auf die RL 2004/39/EG bzw. auf deren entsprechende Begriffsbestimmungen oder Artikel gelten (Art. 69 der RL 2004/39/EG).

erhalten hat und ordnungsgemäß und gemäß den Bestimmungen des Titels III der Richtlinie funktioniert.

IV. Die Ausnahmevorschrift des Art. 8 M-RL

Der europäische Gesetzgeber hat in der Marktmissbrauchsrichtlinie das Verbot der missbräuchlichen Handelspraktiken angeordnet, worunter Insidergeschäfte und Marktmanipulation zu verstehen sind. Für den Erwerb eigener Aktien durch die Gesellschaft hat er in Art. 8 M-RL eine Ausnahme von den Verboten der Marktmanipulation und der Insidergeschäfte unter ganz bestimmten Bedingungen geschaffen. Danach gelten die in der Marktmissbrauchsrichtlinie ausgesprochenen Verbote nicht für den Handel mit eigenen Aktien im Rahmen von Rückkaufprogrammen und Kursstabilisierungsmaßnahmen für ein Finanzinstrument, sofern derartige Transaktionen im Einklang mit den nach dem Verfahren des Art. 17 Abs. 2 M-RL erlassenen Durchführungsmaßnahmen erfolgen. In Durchführung des Art. 8 M-RL hat die Kommission im Wege der Komitologie am 22. Dezember 2003 die Verordnung (EG) Nr. 2273/2003 über Ausnahmeregelungen für Rückkaufprogramme und Kursstabilisierungsmaßnahmen erlassen[350]. Da die Verordnung in allen Mitgliedstaaten der Europäischen Gemeinschaft unmittelbare Wirkung entfaltet, wird sie erst im Rahmen der Analyse der kapitalmarktrechtlichen Rahmenbedingungen für den Erwerb eigener Aktien in Deutschland einer tieferen Betrachtung unterzogen.

Im Folgenden erfolgt zunächst eine Untersuchung der dem Erlass der Verordnung zugrunde liegenden Ausnahmevorschrift des Art. 8 M-RL. Erst wenn das Rückkaufprogramm nicht unter die Ausnahmevorschrift des Art. 8 M-RL fällt, ist es anhand der Maßgaben der allgemeinen Verbotsvorschriften der Marktmissbrauchsrichtlinie, d.h. der Markmanipulation und Insidergeschäfte, zu überprüfen[351].

1. Zusammenspiel von Verbotstatbestand und Freistellungsmöglichkeit

Die Marktmissbrauchsrichtlinie schafft mit der Ausnahmevorschrift des Art. 8 Freiräume, in denen die in der Richtlinie aufgestellten Verbote für bestimmte, eingegrenzte Verhaltensweisen nicht gelten, sog. „Safe Harbour“[352]. Dabei kommt den

---

350 Abl. EG Nr. L 336 v. 23.12.2003, S. 33.

351 3. ErwGr. der Verordnung (EG) Nr. 2273/2003, Abl. L 336 v. 23.12.2003, S. 33; s. auch unter 4. Kapitel, § 2, II 1.

352 Allg. Begr. des Kommissionsvorschlags einer MaMi-RL, KOM (2001) 281 endg., S. 5.

von der Kommission auf der zweiten Stufe des Rechtsetzungsverfahrens im Wege der Komitologie erlassenen Durchführungsmaßnahmen besondere Bedeutung zu, da sie die Bedingungen konkretisieren, unter denen Emittenten der Handel mit eigenen Aktien erlaubt ist. Das Gleiche gilt für die Vornahme von Kursstabilisierungsmaßnahmen. Damit hat sich der europäische Gesetzgeber bei dem Zusammenspiel von Verbotstatbestand und Freistellungsmöglichkeit an angelsächsischen Regelungsvorbildern[353] orientiert. Diesen Bestimmungen ist eine gestufte Regelungstechnik durchaus geläufig und hat sich auch bewährt[354]. Deren doppeltaktigem Regelungsansatz folgend, enthält die Marktmissbrauchsrichtlinie zunächst allgemeine Verbotstatbestände, von denen dann Art. 8 M-RL einzelne Bereichsausnahmen zulässt. Die nähere Ausformung dieses Safe Harbour überlässt der Richtlinientext nach Maßgabe des Vier-Stufen-Konzepts der Kommission. Die von der Kommission aufgestellten Ausnahmetatbestände für den Handel mit eigenen Aktien und Kursstabilisierungsmaßnahmen stellen für Marktteilnehmer Vorgaben dar, anhand welcher sie erkennen können, in welchen Fällen derartige Transaktionen marktkonform sind und nicht als Verstoß gegen das Verbot des Marktmissbrauchs angesehen werden. Die Ermächtigung zugunsten der Kommission schafft also Rechtssicherheit.

2. *Begründung der Ausnahmeregelung des Art. 8 M-RL*

Die Marktmissbrauchsrichtlinie zielt auf den Schutz der auf den Wertpapiermärkten vorherrschenden Kräfte von Angebot und Nachfrage ab, indem sie die Integrität der Märkte sicherstellen will, um damit auch das Vertrauen der Öffentlichkeit in Wertpapiere und Derivate zu stärken[355]. Zu diesem Zweck ordnet die Richtlinie das Verbot von missbräuchlichen Handelspraktiken an, worunter sie Insidergeschäfte und Marktmanipulation versteht. Hinter beiden Verboten steht die Vorstellung, dass nur auf transparenten Märkten eine marktgerechte Preisbildung möglich ist und damit eine effiziente Faktorallokation eintritt[356]. Allerdings hat der Richtliniengeber den Handel mit eigenen Aktien im Rahmen von Rückkaufprogrammen und Kursstabilisierungsmaßnahmen für Finanzinstrumente von den Verbotstatbeständen der Marktmissbrauchsrichtlinie ausgenommen. Damit hat er die mit diesen Marktaktivitäten verbundenen Gefahren als nicht so erheblich

353 Fleischer, ZIP 2003, 2045, 2050; Möller, WM 2002, 309, 313; Moosmayer, wistra 2002, 161, 164; Lenzen, WM 2000, 1131, 1135.

354 Fleischer, ZIP 2003, 2045, 2050; Hopt/Waschkeit in FS für Werner Lorenz, S. 147, 164.

355 2. ErwGr. der RL 2003/6/EG, Abl. EG Nr. L 96 v. 12.4.2003, S. 16.

356 15. ErwGr. der RL 2003/6/EG, Abl. EG Nr. L 96 v. 12.4.2003, S. 17; Streinz/Ohler, WM 2004, 1309, 1310.

eingestuft, dass sie generell ein strafbewehrtes Verhalten darstellen und somit den Tatbestand der Marktmanipulation oder der Insidergeschäfte erfüllen. Der europäische Gesetzgeber gibt mit der Regelung des Art. 8 M-RL vielmehr zu erkennen, dass die aus dem Handel mit eigenen Aktien im Rahmen von Rückkaufprogrammen und aus den Kursstabilisierungsmaßnahmen für ein Finanzinstrument resultierenden Risiken durch eine vorbeugende Regelung, die konkrete Bedingungen für derartige Transaktionen aufstellt, entkräftet werden können. Der Grund für eine solche Regelung besteht darin, dass Kursstabilisierungsmaßnahmen für Finanzinstrumente oder der Handel mit eigenen Aktien im Rahmen von Rückkaufprogrammen unter bestimmten Umständen aus wirtschaftlichen Gründen gerechtfertigt sein können[357]. So führte die Kommission in ihrem Entwurf einer Marktmissbrauchsrichtlinie im Hinblick auf den Handel mit eigenen Aktien im Rahmen von Rückkaufprogrammen an, dass Emittenten durch die Vornahme von Geschäften mit eigenen Aktien ihr Eigenkapital stärken können, was letztendlich auch im Interesse der Anleger liege[358].

Mithin ermöglicht der Erlass der Safe Harbour-Vorschrift, die wirtschaftlichen Vorteile, die aus dem Handel mit eigenen Aktien resultieren, zu nutzen, ohne allerdings die mit einer derartigen Transaktion verbundenen Risiken außer Acht zu lassen. Denn die von der Kommission aufgestellten Bedingungen, unter denen Emittenten der Handel mit eigenen Aktien und die Vornahme von Kursstabilisierungsmaßnahmen erlaubt sind, sind unter Berücksichtigung der Risiken entstanden, die diese Marktaktivitäten für den Finanzmarkt nach sich ziehen können. Die Marktmissbrauchsrichtlinie soll nämlich durch die Safe Harbour-Regulierung die wirtschaftlichen Vorteile des Handels mit eigenen Aktien und der Kursstabilisierungsmaßnahmen gegenüber den Gefahren für den Finanzmarkt ausgleichen[359].

3. *Vorgaben des Art. 8 der Marktmissbrauchsrichtlinie*

Der Richtlinientext zu Art. 8 M-RL gibt selbst zwei Einschränkungen vor, die die Kommission bei Erlass der Durchführungsmaßnahmen zu dieser Vorschrift im Wege des Komitologieverfahrens zu beachten hatte. Zum einen darf die Gesellschaft nur mit eigenen *Aktien* auf dem Kapitalmarkt handeln und dies zum anderen nur im Rahmen von *Rückkaufprogrammen*. Die erste Einschränkung hat insbesondere zur Folge, dass Schuldverschreibungen und sonstige verbriefte

357 33. ErwGr. der RL 2003/6/EG, Abl. EG Nr. L 96 v. 12.4.2003, S. 18.
358 Erl. zu Art. 7 und 8 des Kommissionsvorschlags einer MaMi-RL, KOM (2001) 281 endg., S. 9.
359 CESR's Advice on Level 2 Implementing Measures for the proposed Market Abuse Directive, Dezember 2002, CESR/02.089d, S. 35, Rn. 107; s. hierzu unter 4. Kap., § 1, I 3.

Schuldtitel, die auf dem Kapitalmarkt gehandelt werden können, nicht von dem Anwendungsbereich des Art. 8 M-RL erfasst werden. Handelt die Gesellschaft demnach mit eigenen Schuldverschreibungen, so ist diese Transaktion an den allgemeinen Verbotsbestimmungen der Marktmissbrauchsrichtlinie zu messen[360]. Die Terminologie „*Rückkauf*programm" schließt den Verkauf eigener Aktien grundsätzlich aus. Tritt die Gesellschaft also gleichzeitig in der Rolle einer Käuferin und Verkäuferin eigener Aktien am Kapitalmarkt auf, fallen ihre Marktaktivitäten nicht in den Anwendungsbereich des Art. 8 M-RL. Die Vornahme dieser Geschäfte ist wiederum nach Maßgabe der allgemeinen Bestimmungen der Marktmissbrauchsrichtlinie zu würdigen[361]. Zwar kann es in manchen Fällen durchaus erforderlich sein, dass die Gesellschaft eigene Aktien nicht nur erwirbt, sondern diese anschließend auch wieder veräußert. Dennoch gilt der Grundsatz, dass Art. 8 M-RL eine Freistellung von den Verboten des Marktmissbrauchs nur für Rückkäufe von eigenen Aktien normiert[362].

Fällt der Aktienrückerwerb bzw. der Verkauf eigener Aktien nicht unter die Ausnahmevorschrift des Art. 8 M-RL i.V.m. der Verordnung (EG) Nr. 2273/2003, muss die jeweilige Transaktion daraufhin überprüft werden, ob sie den Tatbestand der Marktmanipulation oder der Insidergeschäfte erfüllt.

V. Das Verbot der Marktmanipulation

1. Das Verbot manipulativer Handlungen

Art. 5 M-RL beinhaltet das Verbot manipulativer Handlungen. Die Vorschrift des Art. 5 M-RL enthält eine an die Mitgliedstaaten gerichtete Verpflichtung, jedermann zu untersagen, Marktmanipulation zu betreiben. Das Verbot bezieht sich sowohl auf natürliche als auch auf juristische Personen, da beide den Markt manipulieren können und die eintretenden Nachteile sich in ihren Auswirkungen auf den Finanzmarkt nicht unterscheiden[363].

Die Legaldefinition der Marktmanipulation findet sich in Art. 1 Nr. 2 M-RL, zunächst als allgemeine Definition – sog. Basisdefinition[364] –, die sodann durch drei konkrete Beispiele ergänzt wird, die aufzeigen, wann im Einzelnen Markt-

360 CESR/02.089d, S. 36, Rn. 112.
361 CESR/02.089d, S. 36, Rn. 115; CESR Market Abuse Consultation – Feedback Statement, Dezember 2002, CESR/02-287b, S. 29, Rn. 119.
362 CESR/02.089d, S. 36, Rn. 116; CESR/02-287b, S. 29, Rn. 120.
363 Erl. zu Art. 5 des Kommissionsvorschlags einer MaMi-RL, KOM (2001) 281 endg., S. 8.
364 Vgl. Unterabs. zu Art. 1 Nr. 2 lit. a, b und c der Richtlinie.

manipulation vorliegt. Die Definition der Marktmanipulation ist dadurch gekennzeichnet, dass die in ihr enthaltenen Bestimmungen von der Zielsetzung geprägt sind, Marktmanipulation anhand eines bestimmten Verhaltens der betreffenden Person erkennen zu können, ohne deren Vorsatz oder Ziel berücksichtigen zu müssen[365].

2. *Systematisierung der Marktmanipulation*

Die Legaldefinition der Marktmanipulation erfasst in Art. 1 Nr. 2 lit. a bis c M-RL einerseits „handelsgestützte" und andererseits „informationsgestützte" Marktmanipulationen. Diese der Systematisierung dienenden Begriffe entstammen der ökonomischen Literatur[366].

Die Marktmissbrauchsrichtlinie erfasst in Art. 1 Nr. 2 lit. a und b M-RL „handelsgestützte" Marktmanipulationen. Nach Art. 1 Nr. 2 lit. a M-RL zählen hierzu Geschäfte oder Kauf- bzw. Verkaufsaufträge, die entweder falsche oder irreführende Signale für das Angebot von oder die Nachfrage nach Finanzinstrumenten oder ihren Kurs geben oder geben könnten (lit. a 1. Spiegelstrich) oder den Kurs eines oder mehrerer Finanzinstrumente so beeinflussen, dass ein anormales oder künstliches Preisniveau erzielt wird (lit. a 2. Spiegelstrich). Dabei erfasst die letzte Alternative nicht nur das Handeln einer Person, sondern auch die Begehung durch mehrere in Absprache handelnde Personen. Des Weiteren findet sich in Art. 1 Nr. 2 lit. a M-RL eine flexible Regelung, deren Aufgabe es ist, zu vermeiden, dass die Richtlinie aufgrund einer zu eng gefassten Definition eine zulässige Marktpraxis verbietet[367]. Danach soll keine Manipulation vorliegen, wenn die handelnde Person, die ein Geschäft eingeht oder Kauf- bzw. Verkaufsaufträge erteilt, die normalerweise eine Marktmanipulation darstellen würden, legitime Gründe und eine Übereinstimmung mit der zulässigen Marktpraxis auf dem betreffenden Markt nachweisen kann. Dabei wird der Begriff der zulässigen Marktpraxis in Art. 1 Nr. 5 M-RL legaldefiniert als Gepflogenheiten, die auf einem oder mehreren Finanzmärkten nach vernünftigem Ermessen erwartet werden und von der zuständigen Behörde des jeweiligen Mitgliedstaates unter Berücksichtigung von im Komitologieverfahren durch die Kommission geschaffenen Leitlinien anerkannt werden. Nach Art. 1 Nr. 2 lit. b M-RL fallen unter Marktmanipulationen ferner Geschäfte oder Kauf- bzw. Verkaufsaufträge unter

365 Erl. zu Art. 1 („Marktmanipulation") des Kommissionsvorschlags einer MaMi-RL, KOM (2001) 281 endg., S. 6; Dier/Fürhoff, AG 2002, 604, 607.
366 Allen/Gale, 5 Rev. of Fin. Studies, 503 ff. (1992); Lenzen, S. 33 ff.
367 Begr. zum Gemeinsamen Standpunkt des Rates, Abl. Nr. C 228 E v. 25.9.2002, unter III b, S. 30.

Vorspiegelung falscher Tatsachen und unter Verwendung sonstiger Kunstgriffe und Formen der Täuschung.

Zu den „informationsgestützten“ Marktmanipulationen gehört nach Art. 1 Nr. 2 lit. c M-RL die Verbreitung von Informationen, die falsche oder irreführende Signale in Bezug auf Finanzinstrumente geben oder geben könnten. Eine Verbreitung ist über die Medien einschließlich des Internets, aber auch über andere Wege möglich, wobei sowohl die Verbreitung von Gerüchten als auch die Verbreitung von falschen oder irreführenden Nachrichten erfasst ist, wenn die handelnde Person weiß oder hätte wissen müssen, dass diese falsch oder irreführend waren[368].

Der Richtlinientext weist in dem letzten Abs. des Art. 1 Nr. 2 M-RL ausdrücklich darauf hin, dass die Definitionen der Marktmanipulation so angepasst werden, dass auch neue Handlungsmuster, die den Tatbestand der Marktmanipulation in der Praxis erfüllen, einbezogen werden können. Um dieser Zielsetzung gerecht werden zu können, enthält Art. 1 Nr. 7 S. 2 M-RL eine an die Kommission gerichtete Ermächtigungsklausel. Nach Art. 1 Nr. 7 S. 2, 17 Abs. 2 M-RL ist die Kommission befugt, im Komitologieverfahren Durchführungsmaßnahmen für die Definition des Begriffs Marktmanipulation zu erlassen. Damit ist die Definition einerseits konkret genug, um ein verantwortungsvolles Verhalten der Marktteilnehmer zu fördern und als Richtschnur für ein solches Verhalten zu dienen, andererseits aber auch abstrakt und folglich flexibel genug, um gegebenenfalls neuen Marktentwicklungen gerecht werden zu können[369].

VI. Das Verbot des Insiderhandels

Dem Verbot des Insiderhandels liegt der Gedanke zugrunde, dass Marktteilnehmer keine Wettbewerbsvorteile aufgrund der unrechtmäßigen Verwendung kursrelevanter Informationen erlangen dürfen, da ansonsten das Vertrauen der übrigen Anleger in eine ordnungsgemäße Abwicklung der Wertpapiergeschäfte beeinträchtigt wird.

1. Adressaten des Verbotes von Insidergeschäften

Adressaten der Verbotstatbestände der Art. 2 und 3 M-RL sind diejenigen Personen, die aufgrund eines der personenbezogenen Merkmale des Unterabs. 2 des Art. 2 M-RL in Besitz der Insiderinformation gelangt sind. Danach gelten die Verbotsnormen für Personen, die als Mitglied eines Verwaltungs-, Leitungs-

368 Zu den Besonderheiten bei Journalisten, die in Ausübung ihres Berufes handeln, s. Art. 1 Nr. 2 lit. c, S. 2 M-RL.

369 Erl. zu Art. 1 („Marktmanipulation“) des Kommissionsvorschlags einer MaMi-RL, KOM (2001) 281, S. 7.

oder Aufsichtsorgans des Emittenten (lit. a), durch ihre Beteiligung am Kapital des Emittenten (lit. b) oder dadurch, dass sie aufgrund ihrer Arbeit, ihres Berufes oder ihrer Aufgaben Zugang zu der betreffenden Information haben (lit. c) oder aufgrund ihrer kriminellen Aktivitäten (d)[370] über Informationen verfügen.

Gemäß Art. 2 Abs. 2 M-RL gilt das Insiderhandelsverbot nunmehr *auch* für natürliche Personen, die an dem Beschluss beteiligt sind, das Geschäft für Rechnung der betreffenden juristischen Person zu tätigen, wenn es sich bei der in Art. 2 Abs. 1 M-RL genannten Person um eine juristische Person handelt. Damit gilt das Verbot der Insidergeschäfte sowohl für natürliche als auch juristische Personen, was insbesondere zur Folge hat, dass eine juristische Person als Insider handeln kann, indem sie beispielsweise Insiderinformationen zum eigenen Vorteil nutzt[371].

Art. 4 M-RL erstreckt im Gegensatz zur Insiderrichtlinie nicht nur das Erwerbs- und Veräußerungsverbot des Art. 2 M-RL, sondern nunmehr auch das Weitergabe- und Empfehlungsverbot des Art. 3 M-RL auf Personen, die nicht in den Adressatenkreis dieser Artikel einbezogen sind, aber dennoch über Insiderinformationen verfügen, vorausgesetzt, diese Personen wussten oder hätten wissen müssen, dass es sich um Insiderinformationen handelt (sog. Sekundärinsider).

2. *Die Verbotshandlungen*

a) *Erwerbs- und Veräußerungsverbot*

Nach Art. 2 M-RL ist es Personen, die über eine Insiderinformation verfügen, verboten, unter Nutzung derselben für eigene oder fremde Rechnung direkt oder indirekt Finanzinstrumente, auf die sich die Information bezieht, zu erwerben oder zu veräußern oder dies zu versuchen. Demgegenüber sah Art. 2 Abs. 1 der Insiderrichtlinie vor, dass jeder Mitgliedstaat den Primärinsidern untersagte, unter Ausnutzung einer Insiderinformation in Kenntnis der Sache Wertpapiere zu erwerben oder zu veräußern.

Die erste gegenüber der Insiderrichtlinie eingetretene Änderung ist, dass die Marktmissbrauchsrichtlinie den Ausdruck „in Kenntnis der Sache“ nicht mehr verwendet. Die Streichung erfolgte, weil die Primärinsider zwangsläufig täglich Zugang zu Insiderinformationen haben und sich des vertraulichen Charakters der Informationen, die sie erhalten, bewusst seien[372]. Ferner unterscheidet sich die

---

370 Diese Regelung stellt eine Reaktion darauf dar, dass es im Zusammenhang mit den Terroranschlägen vom 11. September 2001 im Umfeld der Terroristen zu Insidergeschäften gekommen sein könnte, 14. ErwGr. der RL 2003/6/EG, Abl. EG Nr. L 96 v. 12.4.2003, S. 17.

371 Erl. zu Art. 2, 3 u. 4 des Kommissionsvorschlags einer MaMi-RL, KOM (2001) 281 endg., S. 7.

372 Erl. zu Art. 2, 3 u. 4 des Kommissionsvorschlags einer MaMi-RL, aaO, S. 7.

Marktmissbrauchsrichtlinie von der Insiderrichtlinie insofern, als das in der Insiderrichtlinie enthaltene Tatbestandsmerkmal „unter Ausnutzung“ durch die Formulierung „unter Nutzung“ ersetzt wurde[373]. Der Wille des europäischen Gesetzgebers, auf eine auf einen Zweck oder einen Vorsatz verweisende Komponente zu verzichten und insofern die bloße Verwendung einer Insiderinformation zu ahnden, kommt in der englischen Fassung der Marktmissbrauchsrichtlinie deutlicher zum Ausdruck[374]. An Stelle der in der Insiderrichtlinie enthaltenen Formulierung „the advantage of that information“ wurde in der Marktmissbrauchsrichtlinie die Formulierung „using that information“ verwendet. Es wäre daher wünschenswert gewesen, wenn bei der deutschen Fassung der Marktmissbrauchsrichtlinie die in dem Vorschlag des Europäischen Parlaments vom 14.03.2002[375] enthaltene Übersetzung „unter Verwendung“ beibehalten und damit auch ein Einklang mit der in dem 29. und 30. Erwägungsgrund der Richtlinie angewandten Terminologie erzielt worden wäre. Dies ändert jedoch nichts daran, dass das Tatbestandsmerkmal „Nutzung“ richtlinienkonform im Sinne einer „Verwendung“ und nicht im Sinne von „Ausnutzung“ auszulegen ist[376].

b) Weitergabe- und Empfehlungsverbot

Nach Art. 3 M-RL ist es verboten, zum einen Insiderinformationen an Dritte weiterzugeben, soweit dies nicht im normalen Rahmen der Ausübung ihrer Arbeit oder ihres Berufes oder der Erfüllung ihrer Aufgaben geschieht (lit. a), und zum anderen, auf der Grundlage von Insiderinformationen zu empfehlen oder andere Personen zu verleiten, Finanzinstrumente, auf die sich die Information bezieht, zu erwerben oder zu veräußern oder sie von einem Dritten erwerben oder veräußern zu lassen (lit. b).

3. Die Definition der Insiderinformation

Alle Verbotshandlungen enthalten den Begriff der Insiderinformation. Die Definition einer Insiderinformation findet sich in Art. 1 Nr. 1 M-RL. Nach Unterabs. 1 dieser Vorschrift ist eine „Insider-Information“ eine nicht öffentlich bekannte

---

373 Die in Satz 1 u. 2 des 18. ErwGr. enthaltenen Formulierung „Ausnutzung“ kann daher als Redaktionsfehler angesehen werden, vgl. Dier/Fürhoff, AG 2002, 604, 607, Fn. 23.

374 Leppert/Stürwald, ZBB 2002, 90, 92; Dier/Fürhoff, AG 2002, 604, 607.

375 Legislative Entschließung des Europäischen Parlaments v. 14.3.2002 zu dem Vorschlag für eine Richtlinie des Europäischen Parlaments und des Rates über Insider-Geschäfte und Marktmanipulation (Marktmissbrauch), Abl. Nr. C 47 v. 27.2.2003, S. 417.

376 Dier/Führhoff, AG 2002, 604, 607, Fn. 25.

präzise Information, die direkt oder indirekt einen oder mehrere Emittenten von Finanzinstrumenten oder ein oder mehrere Finanzinstrumente betrifft und die, wenn sie öffentlich bekannt würde, geeignet wäre, den Kurs dieser Finanzinstrumente oder den Kurs sich darauf beziehender derivater Finanzinstrumente erheblich zu beeinflussen.

VII. Die Organisation der Aufsicht

Art. 11 ff. M-RL enthält Regelungen im Hinblick auf die Zuständigkeiten und Befugnisse der nationalen Behörden der Mitgliedstaaten, die es zum Ziel haben, die Bekämpfung von Insidergeschäften und Marktmanipulation einheitlicher, effizienter und transparenter zu gestalten. Die europarechtlichen Vorschriften sollen die bestehenden nationalen Vorschriften nicht ersetzen, sondern vielmehr dazu beitragen, dass sich die nationalen Regelungen über die Umsetzung der Marktmissbrauchsrichtlinie einander annähern[377]. So enthält beispielsweise Art. 11 M-RL die Regelung, dass jeder Mitgliedstaat verpflichtet ist, eine einzige zuständige Behörde zu benennen, die für die Überwachung der Einhaltung der gemäß dieser Richtlinie erlassenen Vorschriften verantwortlich ist[378].

VIII. Zwischenergebnis

1. Die Marktmissbrauchsrichtlinie ist als Basisrechtsakt im Rahmen eines vierstufigen Rechtsetzungsverfahrens ergangen. Die Besonderheit eines solchen Vier-Stufen-Konzepts besteht darin, dass die Kommission in der Richtlinie zum Erlass von technischen Durchführungsmaßnahmen im Wege der Komitologie ermächtigt wird.
2. Der europäische Gesetzgeber verfolgt mit der Marktmissbrauchsrichtlinie das Sachanliegen, einen gemeinschaftlichen Rechtsrahmen für die Verhütung und Aufdeckung sowie die Ermittlung und Ahndung von Marktmissbrauch zu schaffen, der sich sowohl auf Insidergeschäfte als auch Marktmanipulation erstreckt.
3. Art. 8 M-RL schafft für den Handel mit eigenen Aktien im Rahmen von Rückkaufprogrammen Freiräume, in denen die in der Marktmissbrauchsrichtlinie

---

377 Allg. Begr. des Kommissionsvorschlags einer MaMi-RL, KOM (2001) 281 endg., S. 5.

378 Diese Regelung entspricht dem Konzept einer anderen Rechtsordnung, nämlich der US-amerikanischen Bundesgesetzgebung zur Wertpapierregulierung, dem Securities Act von 1933 und dem Securities Exchange Act von 1934, s. Moosmayer, wistra 2002, 161, 164; Ekkenga WM 2002, 317, 318.

aufgestellten Verbote der Marktmanipulation und des Insiderhandels nicht gelten, sog. „Safe Harbour“. Dies setzt allerdings voraus, dass das Aktienrückkaufprogramm im Einklang mit den Bestimmungen der Verordnung (EG) Nr. 2273/2003 steht. Falls dies nicht der Fall ist, ist das Rückkaufprogramm an den allgemeinen Verbotsvorschriften der Marktmissbrauchsrichtlinie zu messen.

4. Die Ausnahmevorschrift des Art. 8 M-RL verdeutlicht, dass der Erwerb eigener Aktien durch die Gesellschaft für die Funktionsfähigkeit des Kapitalmarktes eine nicht so erhebliche Gefahr darstellt, dass er generell als strafbewehrtes Handeln zu qualifizieren wäre. Vielmehr kann den Risiken, die mit dem Einsatz des Erwerbs eigener Aktien als Mittel zur Finanzierung der Unternehmung verbunden sind, durch eine vorbeugende Regelung, die spezifische Bedingungen für derartige Transaktionen aufstellt, d.h. durch die Verordnung (EG) Nr. 2273/2003, begegnet werden. Die europäische Regelung ermöglicht es Gesellschaften, die wirtschaftlichen Vorteile, die der Erwerb eigener Aktien als Instrument des Finanzmanagements mit sich bringt, zu nutzen.
5. Die Verbote der Marktmanipulation und des Insiderhandels enthalten spezifisch kapitalmarktorientierte Bestimmungen, die gezielt eine manipulative Einflussnahme auf den Börsenkurs und eine Verwertung von Insiderwissen verhindern sollen. Ein außerhalb des Safe Harbour liegendes Aktienrückkaufprogramm ist nach Maßgabe dieser Vorschriften zu überprüfen. Folglich ist es eine Frage des Einzelfalls, ob ein solches Rückkaufprogramm als Marktmissbrauch zu werten ist.
6. Die Regelungen der Marktmissbrauchsrichtlinie verdeutlichen, dass der Erwerb eigener Aktien auf europäischer Ebene als sinnvolles Instrument für ein modernes Finanzierungsmanagement des Vorstands einer Unternehmung angesehen wird.

3. Kapitel: Die gesellschaftsrechtliche Behandlung des Erwerbs eigener Aktien im deutschen Aktienrecht

Im Anschluss an die Analyse der gemeinschaftlichen Vorgaben betreffend den Erwerb eigener Aktien wird nunmehr deren Umsetzung ins deutsche Aktienrecht untersucht. Die rechtlichen Rahmenbedingungen für den Erwerb eigener Aktien ergeben sich aus den §§ 71 bis 71e AktG. Den Schwerpunkt der aktienrechtlichen Betrachtung bildet die auf Art. 19 Abs. 1 Kap-RL beruhende Vorschrift des § 71 Abs. 1 Nr. 8 AktG, wonach der Erwerb eigener Aktien aufgrund einer allgemeinen Ermächtigung der Hauptversammlung zulässig ist. Bevor im nachfolgenden Abschnitt auf die Liberalisierung des Erwerbs eigener Aktien durch Einführung der Neuregelung des § 71 Abs. 1 Nr. 8 AktG eingegangen wird, erfolgt ein Überblick über die historische Entwicklung des Eigenerwerbs in Deutschland.

§ 1 Der Erwerb eigener Aktien seit Erlass des Gesetzes zur Kontrolle und Transparenz im Unternehmensbereich (KonTraG)

I. Historischer Überblick

Der Erwerb eigener Aktien durch die Gesellschaft war weder im preußischen Gesetz vom 8. November 1843 noch im Allgemeinen Deutschen Handelsgesetzbuch von 1861 geregelt[379]. Im Zuge des verstärkten Auftretens von Aktiengesellschaften zu Beginn des 19. Jahrhunderts erfolgte der Erwerb eigener Aktien vornehmlich im Wege der Amortisation[380]. Dabei achteten die Konzessionsbehörden jedoch darauf, dass der Rückerwerb nur aus laufenden oder aufgespeicherten Gewinnen und nicht zu Lasten des Eigenkapitals erfolgte[381]. In der ersten Aktiennovelle vom 11. Juni 1870 verzichtete der Gesetzgeber auf die kontrollierende Mitwirkung des Staates bei der Gründung der Aktiengesellschaft zu Gunsten des Normativsystems und legte für den Erwerb eigener Aktien ein generelles Verbot

379 Schön, S. 2; MüKoAktG-Oechsler, § 71, Rn. 26.

380 Peltzer, WM 1998, 322, 324; MüKoAktG-Oechsler, § 71, Rn. 26.

381 Bezzenberger, S. 15, Rn. 23.

fest, Art. 215 Abs. 3 ADHGB[382]. Aufgrund der in der Literatur geäußerten Kritik, die ein absolutes Erwerbsverbot als weit überzogen bemängelte[383], änderte der Gesetzgeber das uneingeschränkte Verbot des Art. 215 Abs. 3 ADHGB im Zuge der zweiten Aktienrechtsnovelle von 1884 in eine Sollbestimmung, nach welcher die Aktiengesellschaft eigene Aktien „im geschäftlichen Betriebe"[384] oder, wie es seit 1897 im HGB hieß, „im regelmäßigen Geschäftsbetriebe"[385] nicht erwerben sollte. Obwohl der Gesetzgeber beim Erlass der Bestimmung nur einen Erwerb eigener Aktien „außerhalb des regelmäßigen Geschäftsbetriebes" zulassen wollte und damit Ausnahmefälle wie den Erwerb aufgrund von Schenkung oder Erbschaft, im Wege der Zwangsvollstreckung oder im Rahmen einer Einkaufskommission im Sinn hatte, legte die herrschende Literaturmeinung unter dem Wandel der wirtschaftlichen Verhältnisse und Anschauungen den unscharfen Begriff des „regelmäßigen Geschäftsbetriebes" immer enger aus, so dass der Kreis der außerhalb des regelmäßigen Geschäftsbetriebes liegenden Geschäfte immer weiter gezogen wurde[386]. Wurde ein Erwerb eigener Aktien zum Zwecke der Kursregulierung anfänglich noch als verbotenes Geschäft angesehen, gehörte es in den Jahren der Nachkriegszeit bei einer auf ihr Ansehen bedachten Aktiengesellschaft zum guten Ton, bei schwankenden oder fallenden Kursen durch An- und Verkäufe von eigenen Aktien den Kurs zu regulieren[387]. Zahlreiche Unternehmen fassten damit die Vorschrift des § 226 HGB von 1897 als Freibrief für einen nahezu schrankenlosen Erwerb eigener Aktien auf. Diese Einstellung zu Aktienrückkäufen änderte sich erst durch die in der Weltwirtschaftskrise von 1929 bis 1931 gemachten leidvollen Erfahrungen. Verwendeten Aktiengesellschaften zu Beginn der Weltwirtschaftskrise ihre infolge der verringerten Geschäftstätigkeit flüssigen Mittel zum Erwerb eigener Aktien, um Kapitalherabsetzungen durchzuführen und damit höhere Dividendenzahlungen zu ermöglichen und profitierten sie von der damit einhergehenden Kursstützung oder gar Kurssteigerung, so wurde im weiteren Verlauf der Krise die Kursbeeinflussung zum Hauptmotiv des Erwerbs eigener Aktien. Die Vorstände zahlreicher Unternehmen kauften in der Vorstellung, ein weiteres Sinken der Kurse verhindern zu können, eigene Aktien ohne Rücksicht auf vorhandene flüssige Mittel zurück. Der damit einhergehende Liquiditätsverlust führte

382 Schön, S. 3 f.; Bezzenberger, S. 15, Rn. 23; Art. 215 Abs. 3 ADHGB, abgedruckt bei MüKoAktG-Oechsler, § 71, Rn. 26.

383 Zum Meinungsstand s. Schön, S. 5 f. und Bezzenberger, S. 16, Rn. 24.

384 Art. 215 d Abs. 1 ADHGB; abgedruckt bei Schön, S. 8.

385 § 226 Abs. 1 HGB von 1897; abgedruckt bei MüKoAktG-Oechsler, § 71, Rn. 28.

386 Benckendorff, S. 37; Schön, S. 11 f.; Düringer/Hachenburg-Flechtheim, § 226, Anm. 1.

387 Schön, S. 11; Düringer/Hachenburg-Flechtheim, § 226, Anm. 1; Benckendorff, S. 38.

zu Zusammenbrüchen von einigen Unternehmen[388]. Der Gesetzgeber reagierte auf die Wirtschaftskrise in Deutschland durch die Notverordnung vom 19. September 1931 und fasste den § 226 HGB von 1897 neu[389]. Die Gesellschaft durfte eigene Aktien fortan nur erwerben, wenn ein solcher Erwerb zur Abwehr eines schweren Schadens notwendig war oder der Rückerwerb im Wege einer Einkaufskommission oder zum Zwecke der Einziehung erfolgte. Als weitere Zulässigkeitsschranke für den ersten und dritten Ausnahmefall galt es zu beachten, dass der Gesamtnennbetrag der Eigenaktien 10% des Grundkapitals nicht übersteigen durfte. Sowohl die Aktienrechtsreform des Jahres 1937 als auch die Aktienrechtsreform des Jahres 1965 erweiterten den Ausnahmekatalog der zulässigen Zwecke des Erwerbs eigener Aktien auf die Fälle des unentgeltlichen Erwerbs und der Ausgabe der Aktien an Arbeitnehmer sowie der Abfindung ausscheidender Minderheitsaktionäre und der Gesamtrechtsnachfolge[390]. Die Umsetzung der Kapitalschutzrichtlinie von 1976 durch das Zweite Gesellschaftsrechtliche Koordinierungsgesetz vom 13.12.1978[391] führte zu einer umfassenden formalen Neustrukturierung sowie zu einer inhaltlichen Verschärfung der Regelung über den Erwerb eigener Aktien. Zu den inhaltlichen Verschärfungen zählte insbesondere, dass der Erwerb eigener Aktien in den meisten Fällen nur zulässig ist, wenn die Gesellschaft in der Lage ist, die Rücklage für eigene Aktien zu bilden, ohne das Grundkapital auszuhöhlen oder andere gebundene Rücklagen zu mindern (§ 72 Abs. 2 S. 2 AktG). Die in diesem Rahmen bestehende Möglichkeit zur Regelung eines Aktienerwerbs mit allgemeiner Ermächtigung der Hauptversammlung (Art. 19 Abs. 1 lit. a Kap-RL) wurde hingegen bewusst „wegen des zweifelhaften Wertes, den die Möglichkeit des Erwerbs eigener Aktien ganz allgemein hat,“[392] in die gesetzlichen Bestimmungen der §§ 71 ff. AktG nicht eingeführt. Erst mit dem Zweiten Finanzförderungsgesetz vom 26. Juni 1994[393] machte der deutsche Gesetzgeber von dem allgemeinen europäischen Ermächtigungstatbestand insoweit Gebrauch, als er es Aktienbanken gestattete, eigene Aktien zum Zwecke des Wertpapierhandels auf der Grundlage einer Ermächtigung der Hauptversammlung

388 Flechtheim, Bank-Archiv 1931, 10, 11; Schön, S. 16; Peltzer WM 1998, 322, 325; Bezzenberger, S. 17 f., Rn. 25.

389 § 226 HGB von 1931, abgedruckt bei MüKoAktG-Oechsler, § 71, Rn. 30.

390 Benckendorff, S. 43 f.; Johannsen-Roth, S. 102 f.; § 65 AktG von 1937 und § 71 AktG von 1965 abgedruckt bei MüKoAktG-Oechsler, § 71, Rn. 31und 32.

391 Gesetz zur Durchführung der Zweiten Richtlinie des Rates der Europäischen Gemeinschaften zur Koordinierung des Gesellschaftsrechts v. 13.12.1978, BGBl. I (1978), S. 1959.

392 BT-Drucks. 8/1678, S. 14.

393 Gesetz über den Wertpapierhandel und zur Änderung börsenrechtlicher und wertpapierrechtlicher Vorschriften (Zweites Finanzmarktförderungsgesetz), BGBl. I (1994), S. 1749.

zurück zu erwerben (§ 71 Abs. 1 Nr. 7 AktG). Die entscheidende rechtspolitische Neubewertung des Instruments des Erwerbs eigener Aktien erfolgte jedoch erst mit Einführung des § 71 Abs. 1 Nr. 8 AktG durch das Gesetz zur Kontrolle und Transparenz im Unternehmensbereich (KonTraG)[394].

II. Zielsetzung des KonTraG

Der Gesetzgeber des KonTraG verfolgte das Ziel, das deutsche Aktienrecht zu modernisieren, zu internationalisieren und stärker auf die Wertsteigerung für die Anteilseigner zu orientieren. Dabei sollten diese Ziele nicht durch eine weitere Regulierung des Unternehmensrechts und zwingende gesetzliche Verbote erreicht werden, sondern durch Selbstorganisation der Unternehmen sowie Kontrolle durch die vorhandenen Überwachungsebenen und die Märkte[395].

Anlass für die Liberalisierung des deutschen Aktienrechts und damit auch des Rechts der eigenen Aktie waren zum einen auf Management- und Aufsichtsversagen zurückzuführende Unternehmenskrisen[396]. Zum anderen verlangten die im Zusammenhang mit einer fortschreitenden Globalisierung stehenden Entwicklungen in Deutschland, dass der Gesetzgeber vor allem das Aktienrecht auf die Bedürfnisse und Erwartungen der internationalen Finanzmärkte ausrichtet[397].

III. Liberalisierung des Erwerbs eigener Aktien durch das KonTraG

Der Gesetzgeber des KonTraG orientierte sich am Vorbild der in Art. 19 Abs. 1 Kap-RL enthaltenen Bestimmung, als er durch Art. 1 Nr. 5a) cc) KonTraG die Vorschrift des § 71 Abs. 1 Nr. 8 AktG in den Katalog der Erwerbstatbestände des § 71 Abs. 1 AktG einfügte. Damit schuf er einen Tatbestand, wonach der Erwerb eigener Aktien auch ohne besonderen sachlichen Erwerbsgrund und allein aufgrund einer allgemeinen Ermächtigung von Seiten der Hauptversammlung zulässig ist. Nach der Begründung des Regierungsentwurfs soll der neu geschaffene Tatbestand „das Finanzierungsinstrumentarium der deutschen Gesellschaften ... an die international übliche Praxis ... (angleichen)“. Der Rückerwerb soll fortan „zur Belebung des Börsenhandels, zur Steigerung der Akzeptanz der Aktie als

394 BGBl. I (1998), S. 786.
395 Claussen, DB 1998, 177; RegBegr. zum KonTraG, BT-Drucks. 13/9712, S. 11; Ernst/Seibert/Stuckert, KonTraG, S. 1.
396 Zu nennen sind Unternehmenskrisen bei Schneider, Balsam, Metallgesellschaft, KHD, s. Claussen, AG 1996, 481; ders., AG S/1997, 108; ders., 1998, 177.
397 Wastl, DB 1997, 461; RegBegr. zum KonTraG, BT-Drucks. 13/9712, S. 11.

Anlageform, zu erhöhter Emissionsneigung und damit zur Attraktivität des deutschen Finanzplatzes beitragen"[398].

Aus der Neuregelung des § 71 Abs. 1 Nr. 8 AktG folgt zum einen, dass die gesetzlichen Sachvoraussetzungen der Nrn. 1 bis 6 des § 71 Abs. 1 AktG durch einen Ermächtigungsbeschluss der Hauptversammlung nach Nr. 8 ersetzbar sind. Zum anderen kann die Hauptversammlung den Vorstand zu anderen als den in den Spezialtatbeständen des § 71 Abs. 1 Nr. 1 bis 6 AktG genannten Erwerbszwecken ermächtigen, wie z.B. zu Aktienrückkäufen zur Finanzierung von Unternehmensakquisitionen, zur Erhöhung des Leverage-Effekts oder zur Ausschüttung von Eigenmitteln[399]. Damit kann der Vorstand den Erwerb eigener Aktien erstmals als Instrument des Finanzmanagements einsetzen. Dabei ist die Hauptversammlung nicht verpflichtet, dem Vorstand im Hinblick auf den Erwerb eigener Aktien bestimmte Zweckvorgaben zu machen[400]. In Anbetracht dieser durch die Neuregelung des § 71 Abs. 1 Nr. 8 AktG eröffneten Möglichkeit ist aus dem grundsätzlichen Verbot eine grundsätzliche Erlaubnis zum Erwerb eigener Aktien durch die Gesellschaft geworden, wenn auch unter Einhaltung bestimmter Erwerbsschranken. Mithin ist das bisherige Regel-Ausnahme-Verhältnis des § 71 Abs. 1 AktG umgekehrt worden[401].

So sehr die Öffnung des Erwerbs eigener Aktien auch zu begrüßen ist, ist nicht zu verkennen, dass der deutsche Gesetzgeber bei der Neuregelung des § 71 Abs. 1 Nr. 8 AktG über die Vorgaben der Kapitalschutzrichtlinie hinausgegangen ist. So ist in § 71 Abs. 1 Nr. 8 S. 1 AktG vorgesehen, dass die insgesamt zu erwerbenden Aktien 10% des Grundkapitals nicht übersteigen dürfen. Ferner ist der Anwendungsbereich des Eigenerwerbs aufgrund eines allgemeinen Hauptversammlungsbeschlusses insoweit eingeschränkt, als der Erwerb zum Zwecke des Handels in eigenen Aktien ausdrücklich ausgeschlossen ist (§ 71 Abs. 1 S. 2 AktG). Beide Anforderungen werden von der Kapitalschutzrichtlinie nicht vorausgesetzt und sind daher Gegenstand einer vertieften Untersuchung im nachfolgenden Abschnitt.

---

398 RegBegr. zum KonTraG, BT-Drucks. 13/9712, S. 13.

399 MüKoAktG-Oechsler, § 71, Rn. 171; s. unter 1. Kap., § 1, I.

400 RegBegr. zum KonTraG, BT-Drucks. 13/9712, S. 13.

401 Bezzenberger, S.24, Rn. 33; Wastl, DB 1997, 461, 462; Kraft/Altvater, NZG 1998, 448, 449; Benckendorff, S.209 f.; Hirsch, S. 31; a.A. Hüffer, AktG, § 71, Rn. 3; differenzierend Johannsen-Roth, der das bislang geltende Erwerbsverbot „der Sache nach" als aufgehoben betrachtet, der gesetzessystematischen Ausgestaltung des § 71 AktG aber ein Verbot mit Ausnahmevorbehalt entnimmt.

§ 2 Der Erwerb eigener Aktien aufgrund allgemeiner Ermächtigung der Hauptversammlung

Der Gesetzgeber des KonTraG war einerseits bestrebt, den Rückkauf eigener Aktien zu liberalisieren, andererseits schöpfte er die Spielräume der Kapitalschutzrichtlinie nicht vollständig aus. So konnten deutsche Unternehmen den Aktienrückkauf erstmals zur Verwirklichung des Wertsteigerungsmanagements einsetzen, mussten allerdings in Form der Erwerbsgrenze des § 71 Abs. 1 Nr. 8 S. 1 AktG und des Handelsverbots des § 71 Abs. 1 Nr. 8 S. 2 AktG Erwerbs- und Veräußerungsbeschränkungen beachten, die in der Kapitalschutzrichtlinie nicht vorgesehen waren. Im Rahmen der rechtlichen Behandlung der Kernregelung des § 71 Abs. 1 Nr. 8 AktG werden die Voraussetzungen für den Erwerb eigener Aktien aufgrund einer allgemeinen Ermächtigung durch die Hauptversammlung einer tieferen Betrachtung unterzogen. Dabei wird darauf eingegangen, wie die Vorgaben des Art. 19 Abs. 1 Kap-RL in § 71 Abs. 1 Nr. 8 AktG umgesetzt worden sind, welche Änderungen die deutsche Vorschrift durch die Umsetzung der Kapitaländerungsrichtlinie erfahren hat und ob weiterer Umsetzungsbedarf besteht. Im Fokus der nachfolgenden Untersuchung steht vor allem die Frage, warum der Erwerb eigener Aktien im deutschen Recht zum Zwecke des Handels in eigenen Aktien gemäß § 71 Abs. 1 Nr. 8 S. 2 AktG verboten ist.

I. Die Kernregelung des § 71 Abs. 1 Nr. 8 AktG

Am 01. September 2009 ist das Gesetz zur Umsetzung der Aktionärsrechterichtlinie (ARUG)[402] vom 30. Juli 2009 in Kraft getreten, das neben der Umsetzung der sog. Aktionärsrechterichtlinie[403] auch der Umsetzung der Kapitaländerungsrichtlinie dient. Der Gesetzgeber des ARUG hat die zwingende Vorgabe der Kapitaländerungsrichtlinie, die Geltungsdauer der Ermächtigung der Hauptversammlung zum Erwerb eigener Aktien von 18 Monaten auf künftig fünf Jahre zu verlängern (Art. 19 Abs. 1 Unterabs. 1 lit. a Kap-RL n.F.)[404], ins deutsche Recht umgesetzt. Darüber hinaus hat er von den weiteren, faktultativen Deregulierungsmöchlichkeiten, die infolge der Änderung der Kapitalschutzrichtlinie durch die Kapitaländerungsrichtline eröffnet worden sind, keinen Gebrauch gemacht.

---

402 BGBl. I (2009), S. 2479.

403 Richtlinie 2007/36/EG des Europäischen Parlaments und des Rates vom 11. Juli 2007 über die Ausübung bestimmter Rechte von Aktionären in börsennotierten Gesellschaften (Abl. L 184 v. 14.7.2007, S. 17).

404 S. unter 2. Kap., § 2 II 1, III 1.

Nunmehr darf die Gesellschaft eigene Aktien nach § 71 Abs. 1 Nr. 8 AktG aufgrund einer höchstens fünf Jahre geltenden Ermächtigung der Hauptversammlung, die den niedrigsten und höchsten Gegenwert sowie den Anteil am Grundkapital, der zehn von Hundert nicht übersteigen darf, festlegt, erwerben.

1. Hauptversammlungsbeschluss

a) Beschlusserfordernis

Der Erwerb eigener Aktien bedarf eines den Vorstand ermächtigenden Beschlusses der Hauptversammlung. Der Gesetzgeber hat mit Normierung des Beschlusserfordernisses die grundsätzliche Entscheidung über die Zulassung von Aktienrückkäufen in die Hände der Aktionäre gelegt und damit eine Kompetenzzuweisung zugunsten der Hauptversammlung statuiert[405]. Bei dem Erwerb eigener Aktien handelt es sich um eine Geschäftsführungsmaßnahme[406]. Nach deutschem Aktienrecht wird aus der gemäß § 76 Abs. 1 AktG bestehenden Eigenverantwortlichkeit des Vorstands bei Leitung der Aktiengesellschaft der Grundsatz abgeleitet, dass die Geschäftsführung in die ausschließliche Zuständigkeit des Vorstands fällt[407]. Hingegen ist die Hauptversammlung von der Mitwirkung an der Führung der laufenden Geschäfte fast völlig ausgeschlossen[408]. Nur für den Fall, dass der Vorstand es verlangt, kann die Hauptversammlung über Fragen der Geschäftsführung befinden, § 119 Abs. 2 AktG[409]. Da die Vorschrift des § 71 Abs. 1 Nr. 8 AktG allerdings auf Art. 19 Abs. 1 lit. a Kap-RL beruht und die europäische Norm das Erfordernis eines Hauptversammlungsbeschlusses aufstellt, ist diese Vorgabe für die Umsetzung in das deutsche Aktienrecht verbindlich[410]. Der Entscheidung des europäischen Gesetzgebers lag offenbar der Gedanke zugrunde, dass der Erwerb eigener Aktien eine für das Vermögen der Gesellschaft folgenreiche Maßnahme darstellen kann und daher einer Legitimation durch die hiervon in erster Linie betroffenen Aktionäre bedarf[411].

Die Kompetenz des Vorstands wird im Hinblick auf den Erwerb eigener Aktien durch das Zustimmungserfordernis der Hauptversammlung nicht völlig un-

---

405 Hüffer, AktG, § 71, Rn. 19 d; Peltzer, WM 1998, 322, 328.

406 DAV, ZIP 1997, 163; 171.

407 Kübler, Gesellschaftsrecht, § 15 III 4 a; Hueck/Windbichler, Gesellschaftsrecht, § 21, Rn. 8 und § 23, Rn. 15.

408 Kübler, Gesellschaftsrecht, § 15 V 1.

409 Ausnahmsweise hat der BGH in offener Rechtsfortbildung ungeschriebene Zuständigkeiten der Hauptversammlung für eng begrenzte „satzungsnahe“ Sachverhalte anerkannt, BGH Z 159, 30, 44 f. = BGH NZG 2004, 575, 579 („Gelatine“).

410 Martens, AG 1996, 337, 339.

411 Johannsen-Roth, S. 166.

tergraben. Die Hauptversammlung trifft zunächst die grundsätzliche Entscheidung, ob ein Aktienrückkauf erfolgen soll. Ferner kann sie eine Initiative des Vorstands zum Erwerb eigener Aktien grundsätzlich zurückweisen oder begrenzen. Schließlich sichert die Festsetzung des Preisrahmens im Ermächtigungsbeschluss eine hinreichende Einflussmöglichkeit der Hauptversammlung, während die Höchstfrist der Ermächtigung eine Kontrollfunktion der Hauptversammlung gewährleistet[412]. Die Entscheidungsfreiheit des Vorstands wird zum einen insoweit gesichert, als er nicht verpflichtet ist, von der Ermächtigung der Hauptversammlung zum Erwerb eigener Aktien Gebrauch zu machen. Zum anderen darf der Vorstand von der Hauptversammlung nicht nach § 83 Abs. 1 S. 1 AktG angewiesen werden, eigene Aktien zu erwerben[413]. Auch kann der Vorstand selbst entscheiden, zu welchem Zeitpunkt er den Rückkauf eigener Aktien durchführen will[414].

Gemäß den Regelungen des KonTraG zur Zwecksetzung ist die Bestimmung des Zwecks Geschäftsführungsaufgabe[415]. Jedoch bleibt der Hauptversammlung das Recht, diesen Spielraum des Vorstands durch Zweckvorgaben einzuschränken[416]. Ebenso verhält es sich bei der Bestimmung von weiteren Einzelheiten des Eigenerwerbs. So kann die Hauptversammlung einerseits in dem Ermächtigungsbeschluss die zeitliche Vorgabe treffen, wie lange die Aktien gehalten werden, ferner darüber entscheiden, welcher Verwendung die Aktien später zugeführt werden sollen sowie das Verfahren zur Rückführung der Aktien angeben[417]. Andererseits kann sie von der Bestimmung weiterer Einzelheiten betreffend den Aktienrückkauf ganz absehen und dem Vorstand insoweit die Entscheidung über die Erwerbsmethode und – in den Grenzen des § 71 Abs. 1 Nr. 8 S. 3 und 4 AktG – das Veräußerungsverfahren überlassen[418].

b) Geltungsdauer

Der deutsche Gesetzgeber hat die Geltungsdauer der Ermächtigung durch die Hauptversammlung zum Erwerb eigener Aktien entsprechend der aus der Kapitaländerungsrichtlinie folgenden zwingenden Vorgabe des Art. 19 Abs. 1 Unterabs. 1 lit. a Kap-RL n.F. von bisher höchstens 18 Monaten auf höchstens fünf Jahre verlängert.

---

412 Peltzer, WM 1998, 322, 328.
413 DAV, ZIP 1997, 163; 171; Peltzer, WM 1998, 322, 328.
414 Peltzer, WM 1998, 322, 328.
415 Ausführlich zur Zwecksetzung unter 3. Kap., § 2, I 2.
416 RegBegr. zum KonTraG, BT-Drucks. 13/9712, S. 13.
417 RegBegr. zum KonTraG, BT-Drucks. 13/9712, S. 13.
418 MüKoAktG-Oechsler, § 71, Rn. 186 f.

Die Verlängerung der 18-monatigen Geltungsfrist des Hauptversammlungsbeschlusses auf fünf Jahre trägt der Hauptversammlungspraxis Rechnung. Nach bisher geltendem Recht musste die Gesellschaft die Verlängerung der Geltungsdauer der Ermächtigung jedes Jahr aufs Neue auf die Tagesordnung setzen, wenn sie einem Auslaufen der Ermächtigung zum Erwerb eigener Aktien vorbeugen wollte[419]. In der Praxis sahen die Gesellschaften deshalb die Ermächtigung zum Aktienrückkauf gewissermaßen als Dauerauftrag für jede ordentliche Hauptversammlung vor[420]. Dabei galt es zu beachten, dass der von der Gesellschaft nicht in Anspruch genommene Teil der laufenden Frist bei der Bestimmung der neuen Frist abgezogen werden musste, weil die Geltungsdauer der Ermächtigung 18 Monate nicht überschreiten durfte[421]. Damit wurde die Ermächtigung de facto – abgesehen von dem Fall, dass die Gesellschaft die Ermächtigung zum Erwerb eigener Aktien nicht erneuern wollte – auf 12 Monate begrenzt, da die Hauptversammlung einer Aktiengesellschaft in aller Regel nur einmal im Jahr stattfindet[422]. In diesem Zusammenhang ebenfalls erwähnenswert ist das bislang in der Praxis oft vorkommende Problem, dass die bisher vorgesehene Höchstlaufzeit von 18 Monaten die Planbarkeit und Abwicklung von über mehrere Jahre laufenden Aktienoptionsprogrammen erschwerte[423]. Schließlich trägt die Höchstlaufzeit von fünf Jahren dem Umstand Rechnung, dass es sich beim Erwerb eigener Aktien einerseits und dem genehmigten Kapital gemäß § 202 Abs. 1 AktG andererseits um zwei korrespondierende Instrumente des Finanzmanagements handelt, die es dem Vorstand ermöglichen, auf Marktentwicklungen durch eine Vergrößerung oder Verkleinerung des Grundkapitals in einer Bandbreite von plus bis minus 10% zu reagieren[424]. Dennoch erscheint die Höchstdauer von fünf Jahren noch geeignet, das Recht der Aktionäre, über Kapitalmaßnahmen grundsätzlich selbst zu entscheiden, effektiv zu gewährleisten[425].

Die gesetzliche Höchstfrist von fünf Jahren gilt nur für den Erwerb und nicht für das Halten eigener Aktien. Dies folgt zum einen aus dem Wortlaut des § 71 Abs. 1 Nr. 8 S. 1 AktG, der sich nur auf den Erwerb durch die Gesellschaft bezieht, und entspricht zum anderen dem Willen des Gesetzgebers des KonTraG[426].

---

419 RegBegr. zum ARUG, BT-Drucks. 16/11642, S. 36; MüKoAktG-Oechsler, § 71, Rn. 176; Bezzenberger, S. 31, Rn. 42.

420 Kallmeyer, AG 2001, 406, 407.

421 Hüffer, AktG, § 71, Rn. 19 b; Zätzsch/Maul in Beck'sches Handbuch der AG, § 4, Rn. 157.

422 Martens, AG 1996, 337, 339, Fn. 9.

423 Hierzu ausführlich unter 2. Kap., § 2 III 1.

424 Cahn, Der Konzern 2007, 385, 393; Oechsler, ZHR 170 (2006) 72, 81; s. unter 2. Kap., § 2 III 1.

425 RegBegr. zum ARUG, BT-Drucks. 16/11642, S. 36 f.

426 RegBegr. zum KonTraG, BT-Drucks. 13/9712, S. 13.

Folglich kann die Wiederveräußerung eigener Aktien auch noch nach Ablauf der Ermächtigungsfrist erfolgen. Dies kann jedoch dazu führen, dass mit wachsender Haltungsdauer das ursprüngliche Erwerbsmotiv und das Interesse an der Fortdauer des Haltens eigener Aktien auseinander fallen[427].

c) Preisrahmen

Des Weiteren verpflichtet § 71 Abs. 1 Nr. 8 AktG die Hauptversammlung, den niedrigsten und höchsten Gegenwert für den Ankauf der eigenen Aktien festzusetzen. Demnach hat der Ermächtigungsbeschluss den Preisrahmen vorzugeben, innerhalb welchem sich der für den Aktienrückkauf erzielbare Gegenwert bewegen muss. Dabei muss die Festsetzung des Gegenwerts so bestimmt erfolgen, dass ein außerhalb der Gesellschaft stehender Beobachter den höchsten und niedrigsten Gegenwert anhand des Hauptversammlungsbeschlusses feststellen kann[428]. Hierdurch soll zum einen erreicht werden, die von dem Beschluss für Gläubiger und künftige Anleger ausgehenden Gefahren klar erkennbar zu machen. Zum anderen soll der Möglichkeit entgegengewirkt werden, dass der Vorstand die Ausschüttung von Liquiditätsreserven der Aktiengesellschaft unkontrolliert vornimmt[429].

Die Gesellschaft muss die Unter- und Obergrenze des Gegenwertes zum Beschlusszeitpunkt nicht betragsmäßig festlegen[430]. Denn die Angabe fester Beträge erscheint angesichts der zum Teil erheblichen bzw. im Voraus nicht abschätzbaren Schwankungen der Aktienkurse wenig zweckmäßig. Ein starkes Steigen oder Fallen der Kurse könnte den von der Hauptversammlung betragsmäßig festgesetzten Preisrahmen gegenstandslos machen, so dass die Gesellschaft von dem Aktienrückkauf Abstand nehmen müsste[431]. Vielmehr ist eine relative Anbindung des Preisrahmens an den künftigen Börsenkurs innerhalb eines im Beschlusszeitpunkt festgesetzten Beobachtungszeitraums zulässig[432]. Folglich kann sich die Festlegung der Unter- und Obergrenze des Gegenwertes auf den jeweils aktuellen Börsenkurs oder einen bestimmten Kurs an der Börse (z.B. Kassakurs des Vortages) sowie einen Kurs, der innerhalb einer Referenzperiode von einigen Tagen besteht (z.B. 3 bis 5 Börsentage), beziehen[433]. Die Hauptversammlung wird im Er-

---

427 Geßler, AktG, § 71, Rn.26.

428 MüKoAktG-Oechsler, § 71, Rn. 177; Zätzsch/Maul in Beck'sches Handbuch der AG, § 4, Rn. 158.

429 MüKoAktG-Oechsler, § 71, Rn. 177; Johannsen-Roth, S. 168.

430 MüKoAktG-Oechsler, § 71, Rn. 177; Hüffer, AktG, § 71, Rn. 19 e.

431 Butzke, WM 1995, 1389, 1392; Johannsen-Roth, S. 161; Benckendorff, S. 222.

432 RegBegr. zum KonTraG, BT-Drucks. 13/9712, S. 13; Butzke, WM 1995, 1389, 1392; MüKoAktG-Oechsler, § 71, Rn. 177.

433 Butzke, WM 1995, 1389, 1392; Zätzsch/Maul in Beck'sches Handbuch der AG, § 4, Rn. 158.

mächtigungsbeschluss in der Regel nach der Erwerbsart differenzieren: Bei einem Aktienrückkauf über die Börse liegt der Preisrahmen in den meisten Fällen zwischen 5 und 10% über bzw. unter dem Börsenkurs, wobei als Bemessungsperiode für den durchschnittlichen Börsenkurs die letzten 3 bis 5 Börsentage herangezogen werden[434]. Erfolgt der Rückkauf eigener Aktien demgegenüber im Wege eines öffentlichen Angebots, so sind die zulässigen prozentualen Abweichungen vom durchschnittlichen Börsenkurs höher als beim Erwerb über die Börse. Der Preisrahmen liegt hier in der Regel zwischen 20 und 30% über bzw. unter dem Börsenkurs, wobei ein durchschnittlicher Börsenkurs von 3 bis 10 Börsentagen vor Veröffentlichung des Angebots zugrunde gelegt wird[435].

d) Erwerbsvolumen

Als dritte zwingende Vorgabe sieht § 71 Abs. 1 Nr. 8 AktG vor, dass die Hauptversammlung in ihrem Beschluss festschreibt, dass die Höchstmenge an zu erwerbenden Aktien höchstens 10% des Grundkapitals beträgt. Diese Volumenbegrenzung bezieht sich nach dem Willen des Gesetzgebers des KonTraG nicht wie die in § 71 Abs. 2 S. 1 AktG getroffene Regelung auf den jeweiligen Aktienbestand, sondern auf die insgesamt zu erwerbenden Aktien[436]. Hat demnach der Vorstand der Aktiengesellschaft im Rahmen des Ermächtigungszeitraums das Erwerbsvolumen von 10% einmal ausgeschöpft, so ist ihm jeder weitere Erwerb eigener Aktien aufgrund derselben Ermächtigung untersagt, auch wenn der durch die Gesellschaft gehaltene aktuelle Bestand an eigenen Aktien durch zwischenzeitliche Veräußerungen wieder unterhalb der maximal zulässigen Erwerbsschranke von 10% liegt[437]. Erteilt die Hauptversammlung innerhalb des gleichen oder zumindest sich überschneidenden Ermächtigungszeitraumes zu einem späteren Zeitpunkt eine erneute Ermächtigung zum Erwerb eigener Aktien in Höhe von 10% des Grundkapitals, so muss die Gesellschaft darauf achten, dass durch die aufgrund der alten Ermächtigung erworbenen Aktien und die neu zu erwerbenden Aktien die Bestandsobergrenze von 10% des Grundkapitals nicht überschritten wird (§ 71 Abs. 2 S. 1 AktG)[438].

---

434 DAI, Erwerb eigener Aktien, S. 11; MüKoAktG-Oechsler, § 71, Rn. 177.

435 DAI, Erwerb eigener Aktien, S. 12; MüKoAktG-Oechsler, § 71, Rn. 177.

436 RegBegr. zum KonTraG, BT-Drucks. 13/9712, S. 13.

437 Bezzenberger, S. 32 f., Rn. 44 mit anschaulichem Beispiel; s. auch DAV, ZIP 1997, 163, 171, dessen Ausführungen sich allerdings auf § 71 Abs. 1 Nr. 8 RefE KonTraG (ZIP 1996, 2129, 2130) beziehen, der noch keine Erwerbsobergrenze vorsah; s. dazu die Erläuterungen bei Martens, AG S/1997, 83, 85.

438 Bezzenberger, S. 33, Rn. 44 mit anschaulichem Beispiel in Fn. 74.

Die in § 71 Abs. 1 Nr. 8 AktG statuierte Begrenzung auf die Höchstmenge an Aktien, die die Gesellschaft aufgrund der Ermächtigung erwerben darf, stellt gegenüber den Regelungen über den Erwerb eigener Aktien in der europäischen Kapitalschutzrichtlinie eine Verschärfung dar. Denn die Kapitalschutzrichtlinie sieht in ihrem Art. 19 Abs. 1 lit. b nur eine Grenze in Bezug auf die Höchstmenge an Aktien vor, die die Gesellschaft kraft der Ermächtigung in Händen halten darf. Eine solche, den jeweiligen Bestand an Eigenaktien betreffende Begrenzung hat der deutsche Gesetzgeber aber bereits in § 71 Abs. 2 S. 1 AktG normiert.

Mit der Statuierung einer Erwerbsobergrenze versucht der Gesetzgeber der Gesellschaft die Möglichkeit zu nehmen, während des Ermächtigungszeitraums erworbene eigene Aktien wieder zu veräußern und dann noch einmal eigene Aktien zurück zu kaufen, also das Grundkapital mehrfach umzuschlagen. Hierin liegt auch der entscheidende Unterschied zu der in § 71 Abs. 2 S. 1 AktG enthaltenen Regelung. Die Grenze des § 71 Abs. 2 S. 1 AktG steht einem fortlaufenden Handel in eigenen Aktien nicht entgegen, da diese Vorschrift lediglich eine Begrenzung im Hinblick auf den jeweiligen Bestand an Eigenaktien aufstellt, nicht aber im Hinblick auf die Menge, die aufgrund der Ermächtigung in das Gesellschaftsvermögen hineinströmen darf. Mithin ist festzuhalten, dass der Gesetzgeber mit der Statuierung einer Erwerbsschranke das Ziel verfolgt, die Gefahr missbräuchlicher Kursbeeinflussung dadurch einzuschränken, dass es Gesellschaften unmöglich gemacht werden soll, durch einen massiven An- oder Verkauf eigener Aktien auf die Kursbildung Einfluss zu nehmen[439]. Hierin zeigt sich die Motivation des Gesetzgebers, den Gefahren für die Funktionsfähigkeit des Kapitalmarktes durch eine gesellschaftsrechtliche Regulierung entgegenzutreten.

2. *Zwecksetzung*

a) *Zweckfreier Erwerb als grundsätzliche Regelung*

Der Referentenentwurf zum KonTraG[440] sah im Hinblick auf die Neuregelung des § 71 Abs. 1 Nr. 8 AktG ursprünglich vor, dass der Erwerb eigener Aktien nur auf Grund eines Hauptversammlungsbeschlusses zulässig sein sollte, „der den niedrigsten und höchsten Gegenwert sowie den Zweck festlegt und weitere Einzelheiten bestimmen soll“. Demnach setzte der Referentenentwurf einerseits einen Beschluss über den Zweck der Maßnahme voraus, verzichtete andererseits aber darauf, Vorgaben über den Inhalt zulässiger Zwecke aufzustellen. Die Bestimmung der Zweckvorgaben sollte vielmehr von den Anteilseignern vorgenommen werden.

---

439 Hüffer, AktG, § 71, Rn. 19 e; Kraft/Altvater, NZG 1998, 448, 450; Bezzenberger, S. 33, Rn. 44.

440 Abgedruckt in ZIP 1996, 2129 ff. und AG S/1997, 7 f.

Im Hinblick auf die Bestimmung weiterer Einzelheiten im Hauptversammlungsbeschluss führte die Begründung zum Referentenentwurf aus, dass hierzu beispielsweise die zeitliche Vorgabe, wie lange die Aktien gehalten werden sollen und dürfen, die spätere Verwendung und gegebenenfalls das Verfahren zur Rückführung der Aktien zählen[441].

Die Regelung, dass die Hauptversammlung dem Vorstand im Rahmen der Ermächtigung bestimmte Zweckvorgaben auferlegen könne, ist in der Literatur auf Kritik gestoßen. So wurde angeführt, dass die Einschränkung durch eine Zweckbestimmung entweder leer laufe, wenn alle oder alle denkbaren Zwecke beschlossen werden können, oder aber zur praktischen Bedeutungslosigkeit führe, wenn nur ein einziger, eng begrenzter Zweck Beschlussinhalt sein dürfe[442]. Im letzteren Fall würde der Erwerb eigener Aktien nicht mehr der nach dem Reformwillen des Gesetzgebers vorgesehenen Aufgabe nachkommen können, als neues finanzierungspolitisches Gestaltungsinstrumentarium das deutsche Aktienrecht zu modernisieren und zu internationalisieren. Es wurde allerdings auch auf die Gefahr hingewiesen, dass mit der Angabe eines Zwecks eine Generalermächtigung an den Vorstand erteilt werde. Werde dem Vorstand beispielsweise die Ermächtigung erteilt, den Börsenkurs der Aktien positiv zu beeinflussen, so könne eine solche Ermächtigung im Grunde als eine Generalermächtigung begriffen werden, da neben der vorgegebenen Zweckangabe praktisch jeder andere Zweck mitverfolgt werden könne[443]. Diese verschiedenen Interpretationsmöglichkeiten bezüglich der Festlegung des mit dem Erwerb eigener Aktien verfolgten Zwecks verdeutlichen einen weiteren, gegen die Regelung hervorgebrachten Kritikpunkt, nämlich den Vorwurf, dass die Regelung den Keim der Rechtsunsicherheit in sich trage[444]. Schließlich wurde betont, dass auch unter Berücksichtigung des Aktionärsschutzes die Festlegung des Zwecks im Hauptversammlungsbeschluss nicht erforderlich sei. Denn die Ermächtigung zur Kapitalerhöhung im Rahmen eines genehmigten Kapitals, die unter wirtschaftlichen Gesichtspunkten das Gegenstück zum Aktienrückkauf darstelle, sehe eine Zweckangabe nicht als notwendig an[445].

Darüber hinaus wurde auch die Regelung, wonach der Hauptversammlungsbeschluss weitere Einzelheiten bestimmen soll, bemängelt. Zum einen trage eine solche Regelung zur Rechtsunsicherheit bei, da aus ihr nicht hervorgehe, welche konkreten Gesichtspunkte im Hauptversammlungsbeschluss genannt werden

441 ZIP 1996, 2129, 2130 f.
442 Martens, AG S/1997, 83, 85.
443 Stellungnahme des DAV, ZIP 1997, 163, 171.
444 Stellungnahme des DAV, ZIP 1997, 163, 171.
445 Stellungnahme des DAV, ZIP 1997, 163, 171.

sollen. Zum anderen stelle die Regelung als Soll-Bestimmung ein Einfallstor für missbräuchliche Anfechtungsklagen dar[446].

Die in der Literatur geäußerte Kritik blieb nicht ohne Erfolg. Denn nach der in ihrer endgültigen Fassung durch das KonTraG am 27.4.1998 eingefügten Neuregelung des § 71 Abs. 1 Nr. 8 AktG ist der Erwerb eigener Aktien „aufgrund einer höchstens 18 Monate geltenden Ermächtigung der Hauptversammlung, die den niedrigsten und höchsten Gegenwert sowie den Anteil am Grundkapital, der zehn von Hundert nicht übersteigen darf, festlegt“, zulässig. Demnach verzichtet die Neuregelung des § 71 Abs. 1 Nr. 8 AktG auf die Festlegung eines Erwerbszwecks durch die Hauptversammlung. Der Gesetzgeber des KonTraG stellte in der Begründung zum Regierungsentwurf insoweit ausdrücklich fest, dass der Entwurf keinen Katalog zulässiger Zwecke festlege[447]. Allerdings wird der Kanon der zulässigen Zwecke durch die negative Vorgabe des § 71 Abs. 1 Nr. 8 S. 2 AktG beschränkt, die den Handel in eigenen Aktien als Erwerbszweck ausschließt. Mithin können eigene Aktien zu jedem beliebigen Zweck erworben werden, der nicht als „Handel in eigenen Aktien“ unter § 71 Abs. 1 Nr. 8 S. 2 AktG fällt. Darüber hinaus ist der Gesetzgeber des KonTraG den in der Literatur geäußerten Bedenken insofern gefolgt, als die Hauptversammlung nunmehr weitere Einzelheiten des Eigenerwerbs bestimmen „kann“ und nicht – wie im Referentenentwurf noch vorgesehen – „soll“. Damit ist die Festlegung des Zwecks Geschäftsführungsaufgabe; der Hauptversammlung steht allerdings das Recht zu, den Spielraum des Vorstands durch Zweckvorgaben oder durch die Bestimmung weiterer Einzelheiten im Beschluss einzuschränken[448].

b) Verbot des Handels in eigenen Aktien

aa) Entstehungsgeschichte

In der Literatur ist die Auffassung verbreitet, dass der Gesetzgeber mit der Einfügung des Handelsverbotes in Satz 2 des § 71 Abs. 1 Nr. 8 AktG auf die Kritik *Hubers* und *Lutters* am Referentenentwurf reagiert habe[449]. Deshalb erscheint es im Hinblick auf den mit dieser Norm verfolgten Sinn und Zweck von Vorteil, die von *Huber* und *Lutter* geäußerten Bedenken gegenüber der Regelung des Referentenentwurfs zu erläutern.

446 Stellungnahme des DAV, ZIP 1997, 163, 171; Martens, AG S/1997, 83, 85.

447 RegBegr. zum KonTraG, BT-Drucks. 13/9712, S. 13.

448 MüKoAktG-Oechsler, § 71, Rn. 184; RegBegr. zum KonTraG, BT-Drucks. 13/9712, S. 13.

449 MüKoAktG-Oechsler, § 71, Rn. 189; Hüffer, AktG, § 71, Rn. 19 i; Claussen, DB 1998, 177, 180; Bosse, WM 2000, 806.

Ausgangspunkt der von *Huber* gegenüber dem Referentenentwurf geäußerten Kritik ist die Überlegung, dass die Regelung des § 71 Abs. 1 Nr. 8 AktG i. d. F. des RefE im Vergleich zu der in § 71 Abs. 1 Nr. 7 AktG enthaltenen Bestimmung es jeder Aktiengesellschaft – und damit nicht nur einem Kredit- und Finanzinstitut – ermögliche, zum Zwecke des Wertpapierhandels einen Handelsbestand in eigenen Aktien aufzubauen. Die Gesellschaft werde durch den Hauptversammlungsbeschluss ermächtigt, während des Zeitraums von 18 Monaten eigene Aktien im beliebigen Umfang zu kaufen und zu verkaufen, sofern sie nur durch rechtzeitige Verkäufe dafür Sorge trage, dass gemäß § 71 Abs. 2 S. 1 AktG i. d. F. des RefE der Handelsbestand 10% des Grundkapitals zu keinem Zeitpunkt überschreite. Setze demnach der Hauptversammlungsbeschluss als Zweck des Eigenerwerbs den Handel in eigenen Aktien fest, werde die Gesellschaft ermächtigt, eigene Aktien im Rahmen des zulässigen Höchstbetrages von höchstens 10% fortlaufend zurück zu erwerben und wieder zu veräußern. Die Gesellschaft verfüge also im Umfang des Höchstbetrages von höchstens 10% über ein bewegliches Kapital[450].

Es ist allerdings zu beachten, dass sich *Huber* in seinen Ausführungen auf den Referentenentwurf zum KonTraG vom 26.11.1996 bezieht, der in seinem § 71 Abs. 1 Nr. 8 AktG noch keine Begrenzung bezüglich des Volumens der zu erwerbenden Aktien vorsah. Die Bestimmung, dass der Hauptversammlungsbeschluss das Erwerbsvolumen festzulegen hat, welches 10% des Grundkapitals nicht übersteigen darf, ist erst durch den Regierungsentwurf zum KonTraG in § 71 Abs. 1 Nr. 8 S. 1 AktG eingefügt worden. Folglich stellt sich die Frage, ob die Ansicht *Hubers*, die Aktiengesellschaft verfüge im Rahmen des Höchstbetrages von höchstens 10% über ein bewegliches Kapital, da sie in diesem Umfang eigene Aktien fortlaufend zurück erwerben und wieder veräußern könne, nach Einführung der Erwerbsobergrenze von 10% des Grundkapitals in § 71 Abs. 1 Nr. 8 S. 1 AktG i. d. F. des RegE noch Bestand hat. Schließlich ist diese Volumenbegrenzung mit dem Ziel eingefügt worden, es der Gesellschaft zu verbieten, eigene Aktien unbeschränkt zu kaufen und zu verkaufen, solange zu keinem Zeitpunkt die Bestandsgrenze des § 71 Abs. 2 S. 1 AktG in Höhe von 10% des Grundkapitals überschritten ist. Es handelt sich somit gerade nicht um eine Freigrenze, die durch Verkauf oder Einziehung von Aktien wieder unterschritten und durch weiteren Rückerwerb erneut erreicht werden könnte[451]. Dies ergibt sich aus der Regierungsbegründung zum KonTraG, wonach sich die 10%-Schwelle des § 71 Abs. 1 Nr. 8 S. 1 AktG im Gegensatz zu § 71 Abs. 2 S. 1 AktG nicht auf den jeweiligen Aktienbestand, sondern auf „die insgesamt zu erwerbenden Aktien" bezieht[452]. Jedoch ist zu berück-

450 Huber in FS für Bruno Kropff, S. 101, 109 f.
451 MüKoAktG-Oechsler, § 71, Rn. 182; s. 3. Kap., § 2, I 1c).
452 RegBegr. zum KonTraG, BT-Drucks. 13/9712, S. 13.

sichtigen, dass das Gesetz für die Ermächtigung nach § 71 Abs. 1 Nr. 8 S. 1 AktG keine Mindestfrist festsetzt. Gesetzlich geregelt ist lediglich die Höchstfrist der Ermächtigung, die 18 Monate beträgt. Demzufolge könnte der Vorstand theoretisch von der Hauptversammlung mehrmals in kurzen Zeitabständen nacheinander zum An- und Verkauf eigener Aktien ermächtigt werden[453]. Zwar ist es nicht sehr wahrscheinlich, dass die Hauptversammlung den Vorstand in der Abfolge kurzer Zeitabstände zu solchen Praktiken ermächtigt, dennoch besteht die Möglichkeit einer solchen Vorgehensweise, so dass der Vorstand jeweils bis zur Erwerbsgrenze von 10% des Grundkapitals durch fortlaufenden Kauf und Verkauf Handel in eigenen Aktien betreiben könnte. Mithin sind die Überlegungen *Hubers* durch die Einführung der 10%-Grenze in § 71 Abs. 1 Nr. 8 S. 1 AktG i. d. F. des RegE nicht obsolet geworden.

Der Zweck eines fortlaufenden Kaufs und Verkaufs eigener Aktien durch die Gesellschaft, sprich eines Handels in eigenen Aktien, könne laut *Huber* nur in der Erzielung eines Gewinns bestehen. Denn unter Beachtung ökonomischer Gesichtspunkte sei ein fortlaufender Handel in eigenen Aktien nur dann sinnvoll, wenn die Gesellschaft das Ziel verfolge, einen Kursgewinn zu erzielen oder zumindest keinen Kursverlust zu erleiden. Folglich werde die Gesellschaft eigene Aktien im Falle einer nach ihrer Ansicht bestehenden Unterbewertung kaufen und die Papiere im Falle eines Kursanstiegs wieder verkaufen[454].

Die Gefahren, die aus der Ermächtigung des Vorstands zum Börsenhandel in eigenen Aktien resultieren, lassen sich zum einen auf die in der Weltwirtschaftskrise von 1929 bis 1931 gemachten Erfahrungen und zum anderen auf kapitalmarktpolitische Erwägungen zurückführen. Der durch die Wirtschaftskrise in Deutschland bedingte Rückgang des Wirtschaftswachstums führte zu einer Verringerung des Geschäftsumfangs der Aktiengesellschaften und zwang diese, ihr zu hoch erscheinendes Grundkapital herabzusetzen. Die Durchführung der Kapitalherabsetzungen erfolgte im Wege des Aktienrückkaufs, der mit dem aus der reduzierten Geschäftstätigkeit stammenden überschüssigen Kapital finanziert wurde[455]. Die Ausschüttung nicht benötigter Liquidität an die Aktionäre wurde von einem weiteren Motiv begleitet, namentlich von Spekulationen. Die Vorstände der Aktiengesellschaften sahen die eigenen Aktien oft als unterbewertet an und glaubten, die Gelegenheit des niedrigen Kursstandes nutzen zu können, um günstig eigene Aktien zu erwerben und anschließend mit Kursgewinnen wieder zu veräußern. Wurde demnach durch den Aktienrückkauf der Kurs gestützt oder sogar gehoben, stellte dieser Effekt eine erwünschte Nebenfolge des Eigenerwerbs

453 MüKoAktG-Oechsler, § 71, Rn. 182.
454 Huber in FS für Bruno Kropff, S. 101, 121.
455 Schön, S. 16; Flechtheim, Bank-Archiv 1931, 10, 11.

dar[456]. Insbesondere beim Erwerb unter pari war die Chance einer Bilanzbereinigung oder Sanierung verlockend[457]. Mit dem Fortschreiten der Krise entwickelte sich jedoch die Kursbeeinflussung zum ausschlaggebenden Hauptmotiv für die Rückkäufe eigener Aktien. Die Vorstände vieler Gesellschaften fühlten sich beim fortschreitenden Kursverfall verpflichtet, ohne Rücksicht auf vorhandene flüssige Mittel durch Aktienrückkäufe ein weiteres Absinken der Börsenkurse zu verhindern. Damit geriet ein Großteil der Aktiengesellschaften in die Zwangslage, den einmal begonnenen Ankauf eigener Aktien bei weiter sinkenden Kursen fortsetzen zu müssen und hierfür immer mehr liquide Mittel aufzuwenden[458]. Eine solche Vorgehensweise stellte sich bei Anhalten der Wirtschaftskrise als ein völlig nutzloses Unterfangen dar und mündete schließlich in Zusammenbrüchen einiger Gesellschaften[459].

Huber vertritt nun die Ansicht, dass die während der Weltwirtschaftskrise gemachten negativen Erfahrungen betreffend den Erwerb eigener Aktien kein Phänomen der damaligen Extremsituation seien. Vielmehr gelten die beschriebenen Gefahren des Handels in eigenen Aktien für die heutigen Kapitalmärkte fort. Schätze der Vorstand die individuelle Lage der eigenen Gesellschaft, die allgemeine Wirtschaftslage oder beides zu optimistisch ein und nehme entsprechende Transaktionen vor, so treten anstatt der erhofften Kurssteigerungen Kursverluste ein. In einem solchen Fall werde der Vorstand Stützungskäufe vornehmen, um die Fehlspekulationen zu korrigieren. Schlägt jedoch der Versuch, die eigenen Aktien auf diese Weise zu stabilisieren, fehl, erleide die Gesellschaft sich vervielfachende Vermögensverluste[460]. Mithin zeigt die historische Betrachtung Gefahren auf, die auch heutzutage an Aktualität nichts eingebüßt haben und daher die Ermächtigung des Vorstands, eigene Aktien zum Zwecke des Börsenhandels zu erwerben, als unerwünscht erscheinen lassen[461].

Die zweite, im Zusammenhang mit dem Börsenhandel in eigenen Aktien bestehende Gefahr ist laut *Huber* kapitalmarktpolitischer Art. Zum einen könne die Gesellschaft durch den Handel in eigenen Aktien in manipulativer Weise auf den Kurs der eigenen Aktie einwirken. Der Gesellschaft sei es nämlich möglich, ihre Geschäfte in eigenen Aktien mit ihrer Informationspolitik derart abzustimmen, dass es ihr gelinge, die Kurse kurzfristig in die Höhe zu treiben, um dann eigene

---

456 Schön, S.16; Gerber, S. 61 f.; Flechtheim, Bank-Archiv 1931, 10, 11; Düringer/Hachenburg-Flechtheim, § 226, Anm. 1.

457 Düringer/Hachenburg-Flechtheim, § 226, Anm. 1.

458 Schön, S. 16; Flechtheim, Bank-Archiv 1931, 10, 11; Düringer/Hachenburg-Flechtheim, § 226, Anm. 1; Peltzer, WM 1998, 322, 325.

459 Dazu gehörten die „Favag“, die „Nordwolle“, die Brauerei „Schultheiß-Patzenhofer“ und die Darmstädter und Nationalbank (Danat-Bank), vgl. Schön, S. 17.

460 Huber in FS für Bruno Kropff, S. 101, 122.

461 S. hierzu Claussen, AG 1991, 10, 13.

Aktien unter Gewinnmitnahmen zu verkaufen. Zum anderen können sich weder die Gesellschaft noch ihre Vorstandsmitglieder, die selbst Inhaber von Aktien oder Aktienoptionen seien, von dem Vorwurf freisprechen, bei einem fortlaufenden und im größeren Umfang getätigten Kauf und Verkauf eigener Aktien überlegenes Insiderwissen ausgenutzt zu haben[462]. Diese kapitalmarktpolitischen Erwägungen stellten einen weiteren Kritikpunkt *Hubers* gegen den zweckfreien Erwerb eigener Aktien nach dem Referentenentwurf zum KonTraG dar.

Lutter erhebt ebenfalls Bedenken gegen die nach dem Referentenentwurf zum KonTraG eröffnete Möglichkeit, „den Vorstand zu ermächtigen, in eigenen Aktien zu handeln, diese also mehr oder minder ständig zu kaufen und zu verkaufen“[463]. Die von ihm geäußerte Kritik stimmt mit den von *Huber* angeführten Bedenken überein und befasst sich vor allem mit der Rolle des Vorstands innerhalb des Kompetenzgefüges der Aktiengesellschaft. So bestehe zum einen die Aufgabe des Vorstands nicht darin, mit dem Geld der Aktionäre zu spekulieren. Diese Befugnis stehe nur den Aktionären selber zu, denn trotz der Legitimation durch die Hauptversammlung handele es sich stets auch um das Geld der Minderheit. Zum anderen sei der Vorstand aufgrund seiner Organstellung dazu prädestiniert, die tatsächliche Situation zu optimistisch einzuschätzen, so dass Spekulationsverluste vorprogrammiert seien. Schließlich sei der Vorstand ein geborener Insider, so dass Insidergefahren nicht von der Hand zu weisen seien[464].

bb) Reaktionen auf die Verbotsvorschrift

Die in § 71 Abs. 1 Nr. 8 S. 2 AktG enthaltene Formulierung, „als Zweck ist der Handel in eigenen Aktien ausgeschlossen“, ist in der Literatur auf vehemente Kritik gestoßen. Dabei ist jedoch zu beachten, dass sich die kritischen Äußerungen weniger auf das Regelungsanliegen (dieses ist größtenteils als berechtigt gewürdigt worden) als auf seine gesetzestechnische Ausformung beziehen[465].

Zunächst wird die inhaltliche Unklarheit des Tatbestandsmerkmals „Handel in eigenen Aktien“ kritisiert[466]. Die Gesetzesbegründung zum KonTraG leistet in diesem Zusammenhang auch wenig Hilfestellung. Denn der Gesetzgeber führt in seiner Begründung lediglich aus, dass ein „fortlaufender Kauf und Verkauf eigener Aktien und der Versuch, Trading-Gewinne zu machen“ als Erwerbszweck aus-

462 Huber in FS für Bruno Kropff, S. 101, 122.
463 Lutter, AG S/1997, 52, 56.
464 Lutter, AG S/1997, 52, 56.
465 Hüffer, AktG, § 71, Rn. 19 i; Martens, AG S/1997, 83, 85 f.; Wiese, DB 1998, 609; a.A. Kraft/Altvater, NZG 1998, 448, 450, die das Handelsverbot insgesamt als missglückt bezeichnen.
466 Claussen, DB 1998, 177, 180; Kraft/Altvater, NZG 1998, 448, 450; Martens AG S/1997, 83, 85 f.; vgl. auch Bosse, WM 2000, 806.

scheide[467]. Dadurch, dass der Gesetzgeber zur Umschreibung des Begriffs „Handel in eigenen Aktien" einen Anglizismus („Trading-Gewinne") verwendet, wird die inhaltliche Bedeutung der Ausschlussvorschrift noch zusätzlich verschleiert[468]. Demnach ist nicht verwunderlich, wenn *Martens* bemängelt, dass sich die inhaltliche Bedeutung der Regelung „wohl nur spekulativ ergründen" lasse[469].

Ferner werden Bedenken im Hinblick auf die dogmatische Einordnung des Ausschlusstatbestands geäußert. Es wird bemängelt, dass eine eindeutige Einordnung des Verbotes des Handels in eigenen Aktien nicht möglich sei, da diese Zweckbegrenzung einerseits Auswirkungen auf die Kompetenzen der Hauptversammlung habe und andererseits eine an den Vorstand gerichtete Verhaltensregelung darstelle[470].

Die Regelungen der §§ 71 ff. AktG dienen sowohl dem Kapitalschutz als auch der Kompetenzabgrenzung[471]. Der Rückerwerb stellt eine Maßnahme der Geschäftsführung dar und fällt somit grundsätzlich in den alleinigen Verantwortungsbereich des Vorstands. Indem es nun der Hauptversammlung nach Satz 2 des § 71 Abs. 1 Nr. 8 AktG verwehrt sein soll, den Handel in eigenen Aktien als Zweck des Eigenerwerbs zu beschließen, wirke sich die Norm auch mittelbar auf die Beschlusskompetenz der Hauptversammlung aus und schränke diese ein. Der Wille des Gesetzgebers gehe offenbar dahin, unter allen Umständen zu verhindern, dass der Vorstand aufgrund eines gesetzmäßigen Beschlusses der Hauptversammlung Handel in eigenen Aktien betreibe. Denn wegen der Ausnahmevorschrift des § 93 Abs. 4 S. 1 AktG sei der Vorstand in einem solchen Fall gegenüber der Gesellschaft haftungsrechtlich nicht verantwortlich. Jedoch sei die Vorstellung, dass die Hauptversammlung aufgrund eines entsprechenden Vorschlags des Vorstands und Aufsichtsrats den Eigenerwerb zwecks Handels in eigenen Aktien beschließe, abwegig. Die Nichtvornahme eines solchen Beschlusses stelle gerade „ein Gebot praktischer Vernunft" dar, so dass die in Satz 2 vorgesehene Zweckbegrenzung sich erübrige[472].

In der Sache begründe das Tatbestandsmerkmal des Handels in eigenen Aktien eine zusätzliche Verhaltensanforderung an den Vorstand. Der durch § 76 Abs. 1 AktG gewährte unternehmerische Spielraum des Vorstands werde jedoch zum einen auch ohne ausdrückliche Zweckbestimmung durch die allgemeinen Bestimmungen des Aktienrechts begrenzt. Zum anderen sei die Vorschrift als eine

467 RegBegr. zum KonTraG, BT-Drucks. 13/9712, S. 13.
468 Wiese, DB 1998, 609.
469 Martens, AG S/1997, 83, 85.
470 Martens, AG S/1997, 83, 86.
471 Hüffer, AktG, § 71, Rn. 1.
472 Martens, AG S/1997, 83, 86; Bosse, WM 2000, 806, 808; Johannsen-Roth, S. 174.

an den Vorstand adressierte, zusätzliche Sorgfaltspflicht systematisch deplaziert. Sie sei vielmehr in § 90 Abs. 1 AktG einzufügen gewesen[473].

Schließlich wird kritisiert, dass durch die negative Vorgabe, den Handel in eigenen Aktien auszuschließen, den Aktiengesellschaften ein Erwerbszweck des Aktienrückkaufs verboten werde, der sowohl unter mikro- als auch makroökonomischen Gesichtspunkten erwünscht sei. So stelle die Stabilisierung des Kurses der eigenen Aktie einen überaus positiven Effekt dar. Bei der Volatilität der Aktienmärkte sei es geradezu wünschenswert, dass die Gesellschaften durch den An- und Verkauf eigener Aktien versuchen, allzu großen Kursausschlägen entgegen zu wirken. Manipulationen des Vorstands könne insbesondere durch die Berichtspflicht nach § 71 Abs. 3 S. 1 AktG vorgebeugt werden[474].

cc) Auslegung der Verbotsvorschrift

Die obigen Ausführungen haben gezeigt, dass die Beantwortung der Frage, wann eine Gesellschaft Handel in eigenen Aktien betreibt, durchaus Schwierigkeiten bereitet. Zwar entspricht der Ausschlusstatbestand des § 71 Abs. 1 Nr. 8 S. 2 AktG wortwörtlich der Ergänzung, die *Lutter* forderte[475]. Jedoch verdeutlicht die sich gegen die eingefügte Zweckbegrenzung gerichtete Kritik, dass eine eindeutige Bestimmung des Tatbestandsmerkmals des „Handels in eigenen Aktien" nicht gegeben ist.

Im Folgenden werden Voraussetzungen herausgearbeitet, unter denen davon auszugehen ist, dass eine Gesellschaft Handel in eigenen Aktien betreibt.

(1) Wortlautauslegung

Zunächst ist zu prüfen, ob der Anwendungsbereich des Verbotes des Handels in eigenen Aktien im Wege der Wortlautauslegung näher zu bestimmen ist. Stellt man auf den Begriff des Handelsgeschäfts i. S. des § 343 HGB ab, so ergibt sich, dass jeder An- und Verkauf eigener Aktien durch die Gesellschaft ein Handelsgeschäft darstellt. Denn die Aktiengesellschaft kann als Formkaufmann i. S. des § 6 Abs. 1 HGB i.V.m. § 3 Abs. 1 AktG stets nur Handelsgeschäfte abschließen. Folglich würde auch der einmalige Kauf und Verkauf eigener Aktien ein Handelsgeschäft darstellen und damit i. S. des § 71 Abs. 1 Nr. 8 S. 2 AktG als Erwerbszweck unzulässig sein. Nach diesem Begriffsverständnis würde die Regelung des

---

473 Bosse, WM 2000, 806, 808; Martens, AG S/1997, 83, 86.

474 Kraft/Altvater, NZG 1998, 448, 450; Kübler, AG S/1997, 48, 51; Claussen, DB 1998, 177, 180.

475 Lutter, AG S/1997, 52, 56.

§ 71 Abs. 1 Nr. 8 AktG mithin leer laufen, so dass eine Auslegung anknüpfend an den juristischen Begriff des Handelsgeschäfts ausscheidet[476].

Versucht man den Begriff des Handels unter Zuhilfenahme des allgemeinen Sprachgebrauchs zu erfassen, so ergibt sich kein anderes Ergebnis. Handel wird ganz allgemein als Übertragung von Wirtschaftsgütern durch ein Wirtschaftssubjekt auf ein anderes verstanden[477]. Abgesehen von dem Ausnahmefall einer nachfolgenden Einziehung erwerben Gesellschaften eigene Aktien vor allem unter der Option, die Wertpapiere zu einem späteren Zeitpunkt wieder veräußern zu können. Würde man daher den nach Satz 2 verbotenen Handel im Sinne einer derivativen Güterübertragung interpretieren, so wäre der Erwerb eigener Aktien grundsätzlich unzulässig. Mithin wäre die Regelung des § 71 Abs. 1 Nr. 8 AktG unter Zugrundelegung eines allgemeinen Begriffsverständnisses praktisch ohne jegliche Bedeutung[478].

Da es nicht möglich ist, den Anwendungsbereich des Verbotes des Handels in eigenen Aktien anhand einer Wortlautauslegung zu bestimmen, erfolgt im Folgenden eine Auslegung des Ausschlusstatbestands unter Zuhilfenahme der gesetzgeberischen Regelungsintention.

(2) Auslegung anhand der Gesetzesbegründung

Ausweislich der Begründung zum Regierungsentwurf darf der Eigenerwerb „nicht der kontinuierlichen Kurspflege und dem Handel in eigenen Aktien dienen. Auf einem funktionierenden Kapitalmarkt liefert der Markt die richtige Unternehmensbewertung."[479]. An weiterer Stelle im Regierungsentwurf heißt es: „Der Entwurf legt keinen Katalog zulässiger Zwecke fest, sondern erklärt lediglich den Zweck Handel in eigenen Aktien für unzulässig. Damit scheidet ein fortlaufender Kauf und Verkauf eigener Aktien und der Versuch, Trading-Gewinne zu machen, als Zweck aus."[480]

Demnach differenziert der Gesetzgeber in der Begründung zwischen dem Verbot der kontinuierlichen Kurspflege und dem Verbot des Handels in eigenen Aktien, fasst die beiden Verbotstatbestände allerdings in § 71 Abs. 1 Nr. 8 S. 2 AktG unter der Formulierung, „als Zweck ist der Handel in eigenen Aktien ausgeschlossen", zusammen. Mithin wird der Begriff des Handels in der Gesetzesnorm als Oberbegriff und in der Gesetzesbegründung als Teilaspekt benutzt[481].

---

476 Martens, AG S/1997, 83, 86; Johannsen-Roth, S. 175.
477 Müller-Hagedorn in Handbuch der Betriebswirtschaft, Teilband 1, Sp. 1565.
478 Martens, AG S/1997, 83, 86; Hirsch, S. 151 f.
479 RegBegr. zum KonTraG, BT-Drucks. 13/9712, S. 13, li. Sp.
480 RegBegr. zum KonTraG, BT-Drucks. 13/9712, S. 13, re. Sp.
481 Hirsch, S. 152.

Die in der Gesetzesbegründung vorgenommene Unterscheidung in den Tatbestand der Kurspflege und den Tatbestand des Handels ist bei der Konkretisierung der Vorschrift des § 71 Abs. 1 Nr. 8 S. 2 AktG anhand der gesetzgeberischen Regelungsintention beizubehalten.

(a) Handel in eigenen Aktien als unzulässiger Zweck des Eigenerwerbs

In der Begründung des Regierungsentwurfs wird der Begriff des Handels in eigenen Aktien näher erläutert. Dort heißt es, dass zum einen kein „fortlaufender Kauf und Verkauf eigener Aktien" stattfinden und zum anderen „der Versuch, Trading-Geschäfte zu machen" unterbleiben soll. Zwar wurde der Gesetzgeber im Hinblick auf den Ausdruck „Trading-Geschäfte" insoweit kritisiert, als sich die Verwendung eines Anglizismus zur Erläuterung des Tatbestandsmerkmals „Handel in eigenen Aktien" als ungeeignet erweist[482]. Jedoch ergibt sich aus der Formulierung „fortlaufender Kauf und Verkauf" zumindest ein Anknüpfungspunkt für den gesetzgeberischen Willen. Der Vorstand soll durch Hauptversammlungsbeschluss nicht zu dem Zweck ermächtigt werden, eigene Aktien ständig zu kaufen und zu verkaufen.

Allerdings ist zu beachten, dass ein fortlaufender, über eine gewisse Dauer mehrfach wiederholender Kauf und Verkauf eigener Aktien für sich allein noch nicht den Tatbestand des unzulässigen Handels in eigenen Aktien begründet. Denn es ist nicht ersichtlich, warum der Fall, in dem die Gesellschaft zehnmal eine Million eigener Aktien kauft und verkauft, einer anderen rechtlichen Behandlung unterliegen sollte als der Fall, in dem die Gesellschaft einmal zehn Million Aktien erwirbt und dann wieder veräußert[483]. Dieser Beispielsfall verdeutlicht, dass das Merkmal eines ständigen An- und Verkaufs eigener Aktien für die Annahme einer Verbotsregelung i. S. des § 71 Abs. 1 Nr. 8 S. 2 AktG nicht ausreicht. Vielmehr muss eine weitere Voraussetzung hinzutreten, die dem Handeltreiben als ständigen An- und Verkauf eigener Aktien das Gewicht einer unzulässigen Transaktion verleiht.

Vergegenwärtigt man sich die von *Huber* und *Lutter* gegen die Regelung des § 71 Abs. 1 Nr. 8 AktG i. d. F. des RefE hervorgebrachte Kritik[484], so wird deutlich, dass der Begriff des Handels in eigenen Aktien erst dann erfüllt ist, wenn als zweites und wesentliches Element die Gewinnerzielungsabsicht hinzutritt[485].

Das Erfordernis eines subjektiven Elements ergibt sich zum einen aus dem Zweck eines Handels in eigenen Aktien und zum anderen aus den mit dem Handel-

482 S. unter 3. Kap., § 2, I 2 b) bb).
483 Bezzenberger, S. 135, Rn. 161.
484 S. unter 3. Kap., § 2, I 2b) bb).
485 Bosse, WM 2000, 806, 807; Bezzenberger, S. 135, Rn. 161.

treiben verbundenen Gefahren. Ein fortlaufender Kauf und Verkauf eigener Aktien ist laut *Huber* unter ökonomischen Aspekten nur dann sinnvoll, wenn die Gesellschaft ein Gewinnziel verfolgt, also das Ziel, einen Kursgewinn zu erzielen oder zumindest keinen Kursverlust zu erleiden. Hieraus resultiert auch die mit einem Börsenhandel in eigenen Aktien verbundene Gefahr. Sieht der Vorstand die eigenen Aktien als Handelsware an, wird er die verteilungsfähigen Gewinnrücklagen – also letztlich das Geld der Aktionäre – dazu verwenden, um eigene Aktien der Gesellschaft günstig zu kaufen und zu einem späteren Zeitpunkt wieder mit Gewinn zu verkaufen. Er wird also versuchen, kurzfristige Preisänderungen auszunutzen, um Transaktionen unter Gewinnmitnahmen zu tätigen. Dabei übernimmt er das mit den Transaktionen verbundene Risiko und handelt unter Unsicherheit, mit anderen Worten er spekuliert mit dem Geld der Aktionäre.

Da der Vorstand der eigenen Aktiengesellschaft jedoch nicht wie ein neutraler Anleger gegenübersteht, erscheinen die von ihm vorgenommenen Geschäfte in eigenen Aktien als besonders risikoreich. Während ein neutraler Anleger im Falle sinkender Kurse die Aktien der betroffenen Gesellschaft abstoßen würde, wird der Vorstand den Abwärtstrend durch Stützungskäufe aufzufangen versuchen. Denn er wird die individuelle Lage der Gesellschaft im Vergleich zu einem außen stehenden Aktionär stets optimistischer einschätzen, was dazu führen kann, dass die Gesellschaft nicht unerhebliche Spekulationsverluste erleidet.

Mithin führt die Auslegung des Tatbestandsmerkmals des Handels in eigenen Aktien unter Berücksichtigung der von *Huber* und *Lutter* verfolgten Intention einer Zweckbindung zu dem Ergebnis, dass ein verbotener Handel in eigenen Aktien neben einem ständigen An- und Verkauf eigener Aktien als weitere Voraussetzung eine Gewinnerzielungsabsicht des Vorstands beinhaltet.

Das alleinige Ansinnen der Gesellschaft, durch einen späteren Verkauf eigener Aktien einen Mehrbetrag einlösen zu wollen, kann der Gesellschaft nicht berechtigt zum Vorwurf gemacht werden. Denn schließlich ist die Aktiengesellschaft keine Wohltäterin auf dem Börsenparkett, so dass der Erwerb eigener Aktien in der Erwartung, diese nach Eintritt der prognostizierten Börsenentwicklung mit Gewinn zu veräußern, der Gesellschaft nur schwerlich zum Vorwurf gemacht werden kann[486].

Zudem stünde es im Widerspruch zum eindeutigen Willen des Gesetzgebers des KonTraG, wenn es der Gesellschaft verboten wäre, eigene Aktien in der Erwartung zu erwerben, dass die Wertpapiere zu einem späteren Zweck mehr wert sein werden und zu einem höheren Betrag wieder ausgegeben werden können[487]. Die Öffnung des Erwerbs eigener Aktien ist ein wichtiger Baustein im Rahmen der Liberalisierung des deutschen Aktienrechts. Deutschen Aktiengesellschaften

486 Martens, AG S/1997, 83, 86.
487 Bezzenberger, S. 135 f., Rn. 161.

soll die Möglichkeit eröffnet werden, den Aktienrückerwerb als Finanzierungsinstrument zu nutzen, um dem Wettbewerb auf den globalisierten Finanzmärkten gewachsen zu sein[488]. Setzt nun die Gesellschaft den Aktienrückkauf als finanzierungspolitisches Gestaltungsinstrument ein, so geht damit der Effekt einher, dass der Erwerb eigener Aktien den Börsenkurs beflügelt. Die kurssteigernde Wirkung des Erwerbs eigener Aktien erkennt auch der Gesetzgeber des KonTraG an. Er weist darauf hin, dass der Erwerb eigener Aktien durch die Gesellschaft dazu führe, dass das Aktienmaterial aus dem Markt genommen und das umlaufende Material verknappt werde. Zudem gehe mit dem Aktienrückerwerb eine Rückführung des Eigenkapitals des Unternehmens einher und führe zu einer Erhöhung der Eigenkapitalrendite der verbleibenden Aktien[489]. Sowohl die Materialverknappung als solche als auch die Erhöhung der Eigenkapitalrendite bilden die Grundlage für Kurswachstum. Wird diese wirtschaftlich vorteilhafte Lage von der Aktiengesellschaft dazu genutzt, die zuvor erworbenen eigenen Aktien unter Erlangung eines Mehrbetrages wieder zu veräußern, kann sich das Gesetz einer solchen Verhaltensweise nicht entgegenstellen. Vielmehr ist davon auszugehen, dass die Gesellschaft stets unter dem bedingten Willen handeln wird, die erworbenen Aktien unter einer Gewinnmitnahme wieder auszugeben[490].

Diese Ausführungen verdeutlichen die Notwendigkeit einer weiteren Voraussetzung für die Annahme eines verbotenen Handels in eigenen Aktien, da sich das Merkmal der Gewinnerzielungsabsicht für sich allein als nicht tragfähig erweist.

Die in einem fortlaufenden, über eine gewisse Dauer mehrfach stattfindenden Kauf und Verkauf eigener Aktien liegende Gefahr nicht unerheblicher Spekulationsverluste tritt erst dann zum Vorschein, wenn ein Zusammenhang zwischen den fortlaufenden Geschäften und der Gewinnerzielungsabsicht besteht[491]. Denn weder das objektive Merkmal der fortlaufenden Wiederholung noch das subjektive Merkmal der Gewinnerzielungsabsicht sind für sich allein tragfähig, um die Unzulässigkeit des Erwerbszwecks zu begründen. Mithin liegt ein verbotener Handel in eigenen Aktien nur dann vor, wenn der Erwerb von vornherein auf die Gewinnerzielung durch Erwerb und Veräußerung eigener Aktien angelegt ist. Dabei wird im fortlaufenden Geschäft sehr oft ein Indiz für die Gewinnerzielungsabsicht liegen[492]. Stellt hingegen die Realisierung von Kursgewinnen nicht den alleinigen Zweck eines Rückkaufs dar, sondern werden daneben noch andere zulässige Zwecke verfolgt, dann ist der Eigenerwerb nicht von vornherein darauf gerichtet, durch fortlaufenden An- und Verkauf eigener Aktien Gewinne zu er-

488 RegBegr. zum KonTraG, BT-Drucks. 13/9712, S. 11, li. Sp. und S. 13, li. Sp.
489 RegBegr. zum KonTraG, BT-Drucks. 13/9712, S. 13, li. Sp.
490 Bezzenberger, S. 136, Rn. 161.
491 Bezzenberger, S. 136, Rn. 161.
492 Hüffer, AktG, § 71, Rn. 19 i; Bezzenberger, S. 136, Rn. 161.

zielen. Folglich liegt in einem solchen Fall keine unzulässige Spekulation in eigenen Aktien vor[493].

Durch die Verbindung von Gewinnerzielungsabsicht und fortlaufenden Geschäften offenbart sich neben der Gefahr, dass die Spekulation in eigenen Aktien bei fallenden Kursen zu einer Verlustspirale führen kann, eine weitere für die Marktteilnehmer bestehende Gefahr. Verfolgt die Gesellschaft das Ziel, unter Ausnutzung der Kursentwicklung am Kapitalmarkt eigene Aktien günstig zu erwerben und mit Profit zu veräußern, tritt sie in unmittelbare Konkurrenz zu den anderen Marktteilnehmern. Da die Gesellschaft jedoch über ihre eigenen unternehmensinternen Vorgänge im Vergleich zu den außen stehenden Marktakteuren immer besser informiert sein wird, werden diese im Wettbewerb mit der Aktiengesellschaft immer benachteiligt sein. Dieses für die anderen Marktteilnehmer bestehende Risiko soll § 71 Abs. 1 Nr. 8 S. 2 AktG ebenfalls verhindern, indem er den Handel in eigenen Aktien als Erwerbszweck ausschließt[494].

Mithin ist ein Handel in eigenen Aktien dann zu bejahen, wenn der Vorstand eigene Aktien nur zu dem Zwecke erwirbt, durch den fortlaufenden An- und Verkauf eigener Aktien Kursgewinne zu erzielen. Dabei indiziert das fortlaufende Geschäft die Gewinnerzielungsabsicht.

(b) Kontinuierliche Kurspflege als unzulässiger Zweck des Eigenerwerbs

Der Referentenentwurf zum KonTraG sah noch kein Handelsverbot vor und bestimmte dementsprechend in seiner Begründung, dass der Eigenerwerb nicht zur kontinuierlichen Kurspflege dienen *solle*[495]. Die Ausgestaltung dieser Bestimmung als Sollvorschrift erfuhr im Zuge der Einführung des Verbotes des Handels in eigenen Aktien in § 71 Abs. 1 Nr. 8 S. 2 AktG i. d. F. des RegE dahingehend eine Änderung, als es nunmehr in der Begründung des RegE zum KonTraG heißt, dass der Eigenerwerb nicht zur kontinuierlichen Kurspflege dienen *dürfe*[496]. Als Grund für den Ausschluss der kontinuierlichen Kurspflege als Zweck des Eigenerwerbs wird sowohl im Referentenentwurf als auch im Regierungsentwurf angeführt, dass auf einem funktionierenden Kapitalmarkt der Markt die richtige Unternehmensbewertung liefere[497]. Damit soll die Funktionsfähigkeit des Preismechanismus auf dem Kapitalmarkt gesichert werden.

493 Bosse, WM 2000, 806, 808.
494 Bezzenberger, S. 136, Rn. 162.
495 ZIP 1996, 2129, 2130.
496 RegBegr. zum KonTraG, BT-Drucks. 13/9712, S. 13, li. Sp.
497 ZIP 1996, 2129, 2130; RegBegr. zum KonTraG, BT-Drucks. 13/9712, S. 13, li. Sp.

Durch welche Aktivitäten des Vorstands der Preismechanismus des Marktes in seiner Funktionsfähigkeit derart gestört wird, dass von dem Vorliegen einer kontinuierlichen Kurspflege ausgegangen werden kann, ist allerdings umstritten.

Einigkeit besteht insoweit, als im Falle einer Überreaktion des Marktes, namentlich im Falle des Kursverfalls infolge eines Börsencrashs, es der Gesellschaft erlaubt ist, eigene Aktien zum Zwecke der Kurspflege zurück zu kaufen. Denn der Zusammenbruch des Aktienmarktes stellt eine Extremsituation dar, die von außen indiziert wird. In einer solchen Situation muss die Gesellschaft die Möglichkeit haben, eigene Aktien zurück zu erwerben, um einen Zusammenbruch des eigenen Kurses abzumildern bzw. zu verhindern. Darüber hinaus wird kein Verstoß gegen das Verbot einer dauerhaften Kurspflege gegeben sein, da in diesem Fall nur eine einmalige Einwirkung auf den Aktienkurs vorliegt[498].

Abgesehen von dem Fall des Aktienrückkaufs als Reaktion auf einen Börsencrash besteht in der Literatur im Hinblick auf die Zulässigkeit von Rückkäufen eigener Aktien zum Zwecke der Kurspflege Streit. Eine Ansicht geht von einem weiten Verständnis des in § 71 Abs. 1 Nr. 8 S. 2 AktG geregelten Verbotes des Handels in eigenen Aktien aus. Danach ist der Erwerb eigener Aktien zum Zwecke der Kurspflege – außer im Fall der Abmilderung von Kursverlusten infolge eines Börsencrashs – unzulässig. So sieht diese Ansicht Aktienrückkaufprogramme, die von der Gesellschaft zur Verbesserung der eigenen Kursperformance initiiert werden, als unzulässig an. Denn mit der Durchführung eines solchen Rückkaufprogramms beabsichtige die Gesellschaft einzig und allein, die Bewertung und Einschätzung des eigenen Unternehmens zu beeinflussen. Eine übertriebene Reaktion wie im Falle des Börsencrashs liege gerade nicht vor, so dass der Erwerb eigener Aktien nicht als Ausgleich eines Fehlverhaltens des Marktes begriffen werden könne, sondern eine marktverzerrende Maßnahme gegen die Bewertung des Kapitalmarktes darstelle[499].

Dem ist jedoch mit der im Schrifttum überwiegend vertretenen Auffassung[500] entgegen zu halten, dass der Eigenerwerb zwecks Kurspflege nicht auf den Sonderfall eines Börsencrashs eingeengt werden kann. Vielmehr ist davon auszugehen, dass es aufgrund der Volatilität der Aktienmärkte jederzeit zu großen Kursschwankungen kommen kann. So können beispielsweise ganze Branchen beachtlichen Kursschwankungen unterworfen sein mit der Folge, dass sich eine schlechte Performance einer Gesellschaft aufgrund des schwindenden Vertrauens der Anle-

---

498 Johannsen-Roth, S. 176 f.; Benckendorff, S. 225; Hirsch, S. 158 f.

499 Hirsch, S. 159 f.

500 Kraft/Altvater, NZG 1998, 448, 450; Johanssen-Roth, S. 176 f.; Benckendorff, S. 225 f.

ger auf die gesamte Branche auswirkt[501]. Ferner ist denkbar, dass ungerechtfertigte Kursschwankungen dadurch zu verzeichnen sind, dass die Aktien einer Gesellschaft das Objekt von übermäßigen Spekulationen sind[502]. Deshalb erscheint es in Fällen, in denen die Überreaktionen des Kapitalmarktes nicht im Zusammenhang mit einer fehlerhaften Leistung der jeweiligen Unternehmensführung der Gesellschaft stehen, angebracht, dass die Gesellschaft durch den Rück- bzw. Verkauf eigener Aktien großen Kursausschlägen entgegenwirkt. Dieses im Hinblick auf die Zulässigkeit der Kurspflege enger gefasste Verständnis des Handelsverbotes gemäß § 71 Abs. 1 Nr. 8 S. 2 AktG steht im Einklang mit den hierzu ergangenen Ausführungen in der Gesetzesbegründung zum KonTraG. Dort heißt es, dass „der Eigenerwerb nicht der *kontinuierlichen* Kurspflege dienen dürfe"[503]. Daraus lässt sich der Umkehrschluss ableiten, dass eine kurzfristige, durch den Markt veranlasste Kurspflege auf der Grundlage einer Ermächtigung nach § 71 Abs. 1 Nr. 8 AktG erlaubt ist[504]. Ferner ist zu berücksichtigen, dass nach anderen Gesetzen, namentlich dem Wertpapierhandelsgesetz, Kurspflegemaßnahmen zulässig sind[505]. Schließlich ist der Reformwille des Gesetzgebers des KonTraG zu beachten, der mit der Nutzung des Aktienrückkaufs als Finanzinstrument die Liberalisierung des deutschen Aktienmarktes verfolgt. So soll der Eigenerwerb zur „Belebung des Börsenhandels", zur „Steigerung der Akzeptanz der Aktie als Anlageform", zu „erhöhter Emissionsneigung" und damit letztlich zur „Attraktivität des deutschen Finanzplatzes beitragen" – Ziele, die bei einer anderen Interpretation des Begriffs der kontinuierlichen Kurspflege schwerlich erreicht werden könnten[506].

Mithin ist festzuhalten, dass das Verbot des Handels in eigenen Aktien des § 71 Abs. 1 Nr. 8 AktG im Hinblick auf die Zulässigkeit der Kurspflege eng auszulegen ist. Von dem Handelsverbot nicht erfasst und damit zulässig ist die kurzfristige, durch den Kapitalmarkt indizierte Kurspflege. Verboten erscheint eine Kurspflege erst dann, wenn sich der Kurs der Aktien der zurück erwerbenden Gesellschaft über einen länger andauernden Zeitraum nicht mehr als das Ergebnis einer durch den Preisbildungsmechanismus des Kapitalmarktes zustande kommenden Entscheidung der Marktteilnehmer, sondern als das Ergebnis von Eingriffen des Vorstands in die Kräfte von Angebot und Nachfrage darstellt[507].

---

501 Johannsen-Roth, S. 177; Benckendorff, S. 226.

502 Benckendorff, S. 226.

503 RegBegr. zum KonTraG, BT-Drucks. 13/9712, S. 13, li. Sp.

504 Claussen, DB 1998, 177, 180; Saria, NZG 2000, 458, 459; Johannsen-Roth, S. 177.

505 Cramer in Assmann/Schneider, WpHG, § 14, Rn. 35 f. und Koller in Assmann/Schneider, WpHG, § 31, Rn. 62; Claussen, DB 1998, 177, 180.

506 RegBegr. zum KonTraG, BT-Drucks. 13/9712, S. 13, li. Sp.; Johannsen-Roth, S. 177.

507 S. hierzu auch MüKoAktG-Oechsler, § 71, Rn. 195.

dd) *Zwischenergebnis*

1. Eigene Aktien können zu jedem beliebigen Zweck erworben werden, der nicht als „Handel in eigenen Aktien" i. S. v. § 71 Abs. 1 Nr. 8 S. 2 AktG zu klassifizieren ist. Das aktienrechtliche Handelsverbot beinhaltet den Tatbestand der Spekulation und den Tatbestand der kontinuierlichen Kurspflege.
2. Das Spekulationsverbot ist erfüllt, wenn der Vorstand eigene Aktien nur zu dem Zweck erwirbt, durch den fortlaufenden An- und Verkauf eigener Aktien Kursgewinne zu erzielen. Dabei indiziert das fortlaufende Geschäft die Gewinnerzielungsabsicht. Das Sachanliegen dieses Verbotstatbestands besteht darin, Spekulationen des Vorstands in eigenen Aktien der Gesellschaft zu unterbinden, da diese bei fallenden Kursen typischerweise in eine Verlustspirale führen. Die Ratio des Spekulationsverbotes liegt in erster Linie im Schutz des Gesellschaftsvermögens und damit im Gläubigerschutz. Daneben sollen die Aktionäre vor einem unzweckmäßigen Einsatz der Gesellschaftsmittel geschützt werden.
3. Das Verbot der kontinuierlichen Kurspflege ist dann zu bejahen, wenn der Vorstand über eine länger andauernde Zeit in den Preisbildungsmechanismus des Marktes durch den Erwerb und die Wiederveräußerung eigener Aktien derart eingreift, dass sich der Aktienkurs nicht mehr als das Ergebnis der Marktentscheidungen der anderen Anbieter und Nachfrager darstellt. Hieraus folgt im Umkehrschluss, dass die kurzfristige Kurspflege durchaus auf die Ermächtigung gemäß § 71 Abs. 1 Nr. 8 AktG gestützt werden kann. Damit dient das Verbot der kontinuierlichen Kurspflege dem Schutz der Funktionsfähigkeit des Kapitalmarktes.
4. Der Verbotstatbestand der kontinuierlichen Kurspflege spiegelt die Motivation des deutschen Gesetzgebers wider, die aus dem Eigenerwerb resultierenden Gefahren der Verfälschung von Aktienkursen sowie der Vornahme von Insidergeschäften durch eine gesellschaftsrechtliche Beschränkung des Erwerbs eigener Aktien verhindern zu wollen.

3. *Grundsatz der Gleichbehandlung*

Im Hinblick auf den Schutz der Aktionäre verlangt das aktienrechtliche Gleichbehandlungsgebot des § 53a AktG, auf das § 71 Abs. 1 Nr. 8 S. 3 AktG ausdrücklich verweist[508], dass alle Aktionäre grundsätzlich die gleichen Möglichkeiten haben müssen, Aktien zu gleichen Bedingungen an die Gesellschaft zu veräußern

508 MüKoAktG-Oechsler, § 71, Rn. 198 hält den Verweis redaktionell für verunglückt, weil er den Eindruck erweckt, dass anderer aktienrechtlicher Prinzipien ohne ausdrückliche gesetzliche Erwähnung nicht gelten.

und von der Gesellschaft zu erwerben. Damit verlangt das Gesetz keine Gleichheit des Ergebnisses, aber eine Gleichheit der Chancen auf Teilnahme an dem Rückerwerb bzw. der Rückveräußerung[509]. Die Kapitaländerungsrichtlinie hat durch den Hinweis auf den Gleichbehandlungsgrundsatz in dem Einleitungssatz des Art. 19 Abs. 1 Kap-RL n.F. seine Bedeutung für den Erwerb eigener Aktien durch die Gesellschaft hervorgehoben[510]. Will die Aktiengesellschaft eigene Aktien zurück erwerben und wieder veräußern, so stehen ihr abhängig davon, ob sie börsennotiert ist oder nicht, verschiedene Rückkaufs- und Wiederveräußerungsmethoden zur Verfügung. Im Folgenden wird untersucht, ob bzw. unter welchen Voraussetzungen die verschiedenen Verfahren des Rückerwerbs und der Wiederausgabe eigener Aktien dem Grundsatz der gleichmäßigen Behandlung der Aktionäre Rechnung tragen.

a) Methoden des Rückerwerbs und der Wiederveräußerung eigener Aktien

Das Gesetz gibt keine bestimmte Form des Rückkaufs oder der Veräußerung eigener Aktien vor. Durch die in § 71 Abs. 1 Nr. 8 S. 4 AktG enthaltene Regelung, wonach „Erwerb und Veräußerung über die Börse dem [Gleichbehandlungsgebot des § 53a AktG] genügen", wird deutlich, dass die Transaktion eigener Aktien über die Börse nur eine exemplarische, nicht aber ausschließliche Methode des Rückerwerbs und der Rückveräußerung darstellt[511]. Ferner nennt die Begründung zum Regierungsentwurf den Eigenerwerb im Wege einer öffentlichen Offerte (sog. „Tender"-Verfahren) – sei es auf der Grundlage eines Festpreis- oder eines Preisspannenangebots – als weitere, denkbare Variante des Aktienrückkaufs[512]. Damit hat der Gesetzgeber Stimmen in der Literatur[513], die ausschließlich den Erwerb über die Börse zulassen wollten, eine Absage erteilt. Den Gesellschaften wird mithin angesichts der fehlenden gesetzlichen Festlegung auf bestimmte Methoden des Aktienrückkaufs und der Aktienrückveräußerung eine größtmögliche Flexibilität gewährt. In Abhängigkeit davon, welchen Zweck börsennotierte Unternehmen mit dem Rückerwerb eigener Aktien verfolgen, können sie die Form der Durchführung des Rückerwerbs wählen. Damit besteht für Publikumsgesellschaften die Möglichkeit, die jeweilige Erwerbsmethode auf ihre speziellen, unter-

509 Bezzenberger, S. 114, Rn. 136; Benckendorff, S. 243; RegBegr. zum KonTraG, BT-Drucks. 13/9712, S. 13. Oechsler, MüKoAktG, § 71, Rn. 200 f., 204 und Paefgen, ZIP 2002, 1509, 1510 ff. gehen davon aus, dass beim Rückerwerb außerhalb der Börse ein in der Mitgliedschaft wurzelndes Andienungsrecht des Aktionärs bestehe; noch weitergehend Habersack, ZIP 2004, 1121, 1123 ff., der ein solches Recht auch beim Erwerb über die Börse anerkennt.

510 S. unter 2. Kap., § 2, II 3.

511 Kraft/Altvater, NZG 1998, 448, 449; Bosse, NZG 2000, 16.

512 RegBegr. zum KonTraG, BT-Drucks. 13/9712, S. 13.

513 Martens, AG 1997, 337, 339 f.

nehmerischen Bedürfnisse auszurichten. Aber auch Gesellschaften, deren Wertpapiere nicht an der Börse gehandelt werden, steht die Möglichkeit offen, eine sachgerechte und den Umständen des Einzelfalls entsprechende Erwerbsmethode auszuwählen[514].

Die Regelung des § 53a AktG verpflichtet die Gesellschaft, ihre Aktionäre im Rahmen der mitgliedschaftlichen Beziehungen unter gleichen Bedingungen objektiv gleich zu behandeln[515]. Damit lässt die Vorschrift Raum für sachgerechte Differenzierungen und vermeidet dadurch eine lebensfremde Starrheit des Gleichbehandlungsgebots[516]. Eine ungleiche Behandlung der Aktionäre ist daher dann zulässig, wenn sie sachlich berechtigt ist und damit nicht den Charakter der Willkür trägt[517]. Sachlich gerechtfertigt ist der Eingriff in die Mitgliedschaftsrechte der betroffenen Aktionäre nur dann, wenn er geeignet und erforderlich ist, bestimmte Interessen der Aktiengesellschaft zu wahren, und auch unter Berücksichtigung der Aktionärsinteressen als verhältnismäßig erscheint[518]. Die Gefahren einer sachlich nicht gerechtfertigten Ungleichbehandlung der Aktionäre können sich je nach Wahl und Ausgestaltung der Rückkaufs- und Wiederveräußerungsmethode in unterschiedlicher Weise stellen.

b) *Gleichbehandlung der Aktionäre beim Aktienrückkauf*

aa) *Erwerb über die Börse*

Der Rückerwerb über die Börse stellt den sowohl praktisch wie auch rechtlich einfachsten Weg und damit auch die am weitesten verbreitete Methode dar, eigene Aktien zu reakquirieren. Die Gesellschaft wird diese Form des Aktienrückkaufs wählen, wenn sie beabsichtigt, über einen gewissen Zeitraum hinweg relativ kleine Mengen eigener Aktien zu erwerben[519].

Nach dem Willen des Gesetzgebers stellt der Handel über die Börse bei börsennotierten Gesellschaften „die Methode der Wahl zur Wahrung der Gleichbehandlung“ dar[520]. Daher ordnet § 71 Abs. 1 Nr. 8 S. 4 AktG ausdrücklich an, dass Erwerb

---

514 RegBegr. zum KonTraG, BT-Drucks. 13/9712, S. 13.

515 Geßler/Hefermehl-Hefermehl/Bungeroth, § 53a, Rn. 3; Hüffer, AktG, § 53a, Rn. 4; KöKoAktG-Lutter/Zöllner, § 53a, Rn. 5 ff.

516 MüKoAktG-Bungeroth, § 53a, Rn. 12.

517 BGH Z 33, 175, 186 = NJW 1961, 26; BGH Z 71, 40, 44 = NJW 1978, 1316; BGH Z 120, 141, 150 = NJW 1993, 400; MüKoAktG-Bungeroth, § 53a, Rn. 13 KöKoAktG-Lutter/Zöllner, § 53a, Rn. 13.

518 Hüffer, AktG, § 53a, Rn. 10; KöKoAktG-Lutter/Zöllner, § 53a, Rn. 15.

519 Hampel, S. 12; Escher-Weingart/Kübel, ZHR 162 (1998), 537, 546; Johannsen-Roth, S. 14 f.

520 RegBegr. zum KonTraG, BT-Drucks. 13/9712, S. 13.

und Veräußerung eigener Aktien über die Börse dem Gleichbehandlungsgrundsatz des § 53a AktG „genügen“[521]. Der allgemeine Zugang zum Börsenhandel und dessen Anonymität gewährleisten, dass jeder Aktionär die gleiche Chance hat, an der Rückkaufaktion zu partizipieren[522].

Zwar werden die Aktionäre materiell ungleich behandelt, da die Gesellschaft zum jeweils aktuellen Börsenkurs eigene Aktien von den Aktionären erwirbt und damit den Aktionären unterschiedliche Kaufpreise zahlt[523]. Jedoch stellen Kursschwankungen ein geradezu typisierendes, dem Börsengeschehen gleichsam immanentes Risiko dar, für welches sich die Investoren mit dem Erwerb von Wertpapieren einer börsennotierten Aktiengesellschaft eigenverantwortlich entschieden haben[524]. Somit liegt in den Marktgegebenheiten ein sachlicher Grund für die unterschiedliche Behandlung der Aktionäre, so dass diese nicht willkürlich erfolgt und damit auch keine Verletzung des Gleichbehandlungsgrundsatzes begründet.

bb) Öffentliches Rückkaufangebot

Der Erwerb eigener Aktien im Wege einer an alle Aktionäre gerichteten öffentlichen Erwerbsofferte (sog. „Tender Offer“) stellt ausweislich der Gesetzesbegründung sowohl für börsennotierte als auch für nicht börsennotierte Gesellschaften eine geeignete Form des Aktienrückkaufs dar[525]. Eine Gesellschaft, deren Aktien an der Börse gehandelt werden, wird sich in erster Linie für diese Erwerbsmethode entscheiden, wenn sie eine größere Anzahl von Aktien innerhalb eines kurzen Zeitraums zu erwerben beabsichtigt[526]. Eine Nachfrage über die Börse würde aufgrund der Menge der zurück zu erwerbenden Aktien und des hierzu veranschlagten Zeitraums zu einer erheblichen Kurssteigerung führen, die den Rückerwerb teurer und unter Umständen undurchführbar werden ließe[527].

Das öffentliche Rückkaufangebot tritt in der Praxis sowohl als Festpreisangebot (sog. „Fixed Price Tender Offer“) als auch als Bieterverfahren (sog. „Auction Tender Offer“) auf. Daneben besteht noch die Möglichkeit der Ausgabe übertragbarer Verkaufsrechte (sog. „Transferable Put Rights“ – TPR’s).

---

521 Zur Frage, ob sich der deutsche Gesetzgeber mit dieser Regelung einer authentischen Interpretation bedient: dafür Huber in FS für Bruno Kropff, S. 101, 113; Johannsen-Roth, S. 184; dagegen Möller, S. 107 ff., Rn. 222.

522 Benckendorff, S. 73 f., 243; Bezzenberger, S. 115, Rn. 137; Hirsch, S. 74, 106; Baum, ZHR 167 (2003), 580, 593; Hampel, S. 12; Martens, AG 1996, 337, 339.

523 Huber in FS für Bruno Kropff, S. 101, 113; Leuering, AG 2007, 435, 436.

524 Budde in FS für Offerhaus, S. 659, 666 f.; Bezzenberger, S. 115, Rn. 137.

525 RegBegr. zum KonTraG, BT-Drucks. 13/9712, S. 13.

526 Baum, ZHR 167 (2003), 580, 590; Hampel, S. 11 f.; Benckendorff, S. 74; Johannsen-Roth, S. 16.

527 Berrar/Schnorbus, ZGR 2003, 59, 66; Wastl/Wagner/Lau, S. 23; Möller, S. 110, Rn. 226.

(1) Festpreisangebot (Fixed Price Tender Offer)

Die Gesellschaft erklärt sich im Rahmen eines Festpreisangebots gegenüber allen Aktionären bereit, eine bestimmte Zahl von Aktien zu einem Festpreis, den der Vorstand im Rahmen der im Ermächtigungsbeschluss genannten Preisspanne festlegt, zurück zu kaufen. Gleichzeitig kündigt die Gesellschaft entsprechend der in § 71 Abs. 1 Nr. 1 S. 1 AktG aufgestellten Anforderung den prozentualen Anteil der zurück zu erwerbenden Aktien bezogen auf den Aktienbestand an und gibt den Auslauftermin für das Rückkaufangebot bekannt[528].

Bei einem Festpreisangebot wird der Angebotspreis für die zurück zu erwerbenden Aktien regelmäßig über dem aktuellen Börsenkurs liegen, so dass den verkaufswilligen Aktionären eine Verkaufsprämie gewährt wird[529]. In der Zuerkennung einer solchen Prämie liegt in Bezug auf die Angemessenheit der Preisgestaltung indes keine Ungleichbehandlung zu Lasten der nicht verkaufenden Aktionäre. Denn die Zahlung einer Verkaufsprämie ist erforderlich, um den Aktionären einen Anreiz zum Verkauf ihrer Anteile zu geben und damit sicherzustellen, dass die Gesellschaft innerhalb eines begrenzten Zeitraums die gewünschte Zahl von Aktien erwerben kann[530].

Im Hinblick auf die Einheitlichkeit des Kaufpreises gebietet es der Gleichbehandlungsgrundsatz, dass die Gesellschaft während der Laufzeit eines Angebots einen gleichen Kaufpreis an alle sich an der Rückkaufaktion beteiligten Aktionäre zahlt. Es ist kein sachlicher Grund dafür ersichtlich, dass Aktionäre, die das Rückkaufangebot der Gesellschaft bereits angenommen haben, im Vergleich zu sich später an dem Rückkauf beteiligenden Aktionären einen niedrigeren Kaufpreis erhalten sollen[531]. Des Weiteren hat die Gesellschaft gemäß dem Gebot gleichmäßiger Behandlung unter dem Aspekt der Gewährleistung gleicher Verkaufschancen darauf zu achten, dass die Bekanntgabe ihrer Rückerwerbsabsicht in einer Form erfolgt, die es allen Aktionären ermöglicht, von dem öffentlichen Rückkaufangebot tatsächlich Kenntnis zu nehmen[532]. Kommt es bei einem öffentlichen Rückkaufangebot zum Festpreis zu einer Überzeichnung des Angebots, so ist die Gesellschaft aus § 53a AktG schließlich dazu verpflichtet, die eingegangenen Ver-

528 Bezzenberger, S. 116, Rn. 138; Berrar/Schnorbus, ZGR 2003, 59, 67; Johannsen-Roth, S. 16.

529 Baum, ZHR 167 (2003), 580, 593.

530 Baum, ZHR 167 (2003), 580, 593; Benckendorff, S. 74; Hirsch, S. 77.

531 Baum, ZHR 167 (2003), 580, 595; Johannsen-Roth, S. 185; Benckendorff, S. 244; von Rosen/Helm, AG 1996, 434, 438.

532 Dies kann entsprechend § 121 Abs. 4 S. 1 AktG mittels eingeschriebenen Briefs oder durch Veröffentlichung in den Gesellschaftsblättern geschehen; Baum, ZHR 167 (2003), 580, 597 f.; Benckendorff, S. 244; Johannsen-Roth, S. 185.

kaufsanträge gleichmäßig zu repartieren, d.h. von jedem Aktionär den verhältnismäßig gleichen Anteil der von ihm der Gesellschaft angebotenen Aktien zu erwerben[533]. Dabei sind die veräußernden Aktionäre entsprechend ihrer Beteiligungsquoten und nicht proportional zur Zahl der jeweils zum Verkauf angebotenen Aktien zu bedienen[534].

(2) Bieterverfahren (Auction Tender Offer)

Die Gesellschaft wird in der Regel bestrebt sein, eine zu hohe Verkaufsprämie zu vermeiden, zumal diese zugleich die Ursache für eine Zuteilung pro rata ist. Daher wird sich im Rahmen des öffentlichen Rückkaufangebots für die Gesellschaft das Bieterverfahren oftmals vorteilhafter als das Festpreisangebot erweisen. Beim Bieterverfahren kündigt die Gesellschaft an, eine bestimmte Anzahl von Aktien zurück zu kaufen, und gibt hierfür in der Regel einen Mindest- und einen Höchstpreis vor. Die verkaufswilligen Aktionäre müssen dann ihrerseits innerhalb einer bestimmten Frist den von ihnen akzeptierten Mindestpreis nennen, der sich innerhalb der vorgegebenen Bandbreite zu bewegen hat[535]. Denkbar ist aber auch, dass die Gesellschaft einen Preiskorridor nicht vorgibt, sondern die Aktionäre lediglich zur Abgabe von Angeboten auffordert[536]. Damit birgt dieses Verfahren gegenüber dem Festpreisangebotsverfahren ein geringeres unternehmerisches Risiko für die Aktiengesellschaft. Denn die Gestaltung des Kaufpreises und das damit einhergehende Risiko der richtigen Einschätzung der Gesellschaft am Kapitalmarkt werden auf die Aktionäre übertragen[537].

Die verkaufsbereiten Aktionäre werden sodann nach der Höhe des von ihnen gebotenen Kaufpreises bedient. Die Gesellschaft nimmt also die Angebote der Aktionäre von unten nach oben (sog. „Bottom-up") an, bis das gewünschte Quorum erreicht ist[538]. Diese Zuschlagsbedingungen sind jedoch nicht zwingend. Vielmehr kann das Bieterverfahren auch in der Form der holländischen Auktion (sog.

---

533 Bezzenberger, S. 116, Rn. 139; Huber in FS für Bruno Kropff, S. 101, 115; Budde in FS für Klaus Offerhaus, S. 659, 667; Escher-Weingart/Kübler, ZHR 162 (1998), 537, 546;.

534 Ausführlich Möller, S. 113 ff., Rn. 229 ff.; Baum, ZHR 167 (2003), 580, 599; Berrar/Schnorbus, ZGR 2003, 59, 67. Nach Kiem, AG 2000, 209, 213, kann die Anzahl der abgegebenen Verkaufsangebote etwa nur dann Maßstab der Bedienung pro rata sein, wenn sich die Beteiligungsquoten nicht zuverlässig ermitteln lassen.

535 Kindl, DStR 1999, 1276, 1279; Huber in FS für Bruno Kropff, S. 101, 115; Bezzenberger, S. 118, Rn. 141.

536 Berrar/Schnorbus, ZGR 2003, 59, 67.

537 Johannsen-Roth, S. 18.

538 Kindl, DStR 1999, 1276, 1279; Huber in FS für Bruno Kropff, S. 101, 115; Berrar/Schnorbus, ZGR 2003, 59, 67 f.

„Dutch Auction") auftreten. Danach erstellt die Gesellschaft auf der Grundlage der eingegangenen Angebote eine Angebotskurve und ermittelt anhand dieser den niedrigsten Preis, der ihr den Erwerb der gewünschten Anzahl eigener Aktien ermöglicht. Der dergestalt errechnete Kaufpreis (sog. „Closing- bzw. Market-Clearing-Price") wird an alle Aktionäre gezahlt, deren Angebot mit dem ermittelten Preis übereinstimmt oder niedriger ist. Aktionäre, die ein über diesem Preis liegendes Angebot abgegeben haben, nehmen folglich an dem Rückkauf nicht teil[539].

Sowohl bei dem Erwerb in der Reihenfolge des geringsten Gebots aufwärts („bottom-up") als auch bei der Ermittlung des Kaufpreises im Rahmen einer Dutch Auction handelt es sich um Zuschlagsbedingungen, die ein sachgerechtes Unterscheidungskriterium für den Erwerb eigener Aktien darstellen[540]. Daher wirft das Bieterverfahren keine Bedenken im Hinblick auf die Gleichbehandlung der Aktionäre auf, denn allen Aktionären wird die gleiche Chance eingeräumt, ihre Aktien zu einem von ihnen festgesetzten Preis an die Gesellschaft zu veräußern.

(3) Übertragbare Verkaufsrechte (Transferable Put Rights)

Im Rahmen der öffentlichen Rückkaufangebote kann schließlich der Erwerb eigener Aktien auch durch die Ausgabe von übertragbaren Verkaufsrechten (Transferable Put Rights – TPR's) erfolgen. Die Gesellschaft gewährt allen Aktionären proportional zu ihrem Anteilsbesitz Verkaufsoptionen (sog. „Puts"), die innerhalb eines festgelegten Zeitraums zum Verkauf eines bestimmten Aktienanteils an die Gesellschaft zu einem vorab festgesetzten Preis – dem sog. Basispreis – berechtigen[541]. Dabei liegt der Basispreis oberhalb des gegenwärtigen Kurswertes der Aktien der zurück kaufenden Gesellschaft, was zur Attraktivität dieses Verfahrens beiträgt[542]. Will also beispielsweise die Gesellschaft ein Zehntel ihrer Aktien zurück erwerben, so erhält jeder Aktionär, der zehn Aktien hält, das Recht, innerhalb der Angebotsfrist eine Aktie zum Basispreis an die Gesellschaft zu verkaufen. Mit anderen Worten auf jede Aktie wird eine Verkaufsoption für ein Zehntel Aktie zugeteilt[543].

Zwar erhalten Aktionäre, die eine größere Anzahl von Aktien besitzen, auch eine größere Anzahl von Andienungsrechten und können dementsprechend mehr Aktien an die Gesellschaft veräußern. Jedoch stellt die Orientierung an dem Verhältnis der Beteiligungsquoten der Aktionäre – wie im Fall des öffentlichen

---

539 Wastl/Wagner/Lau, S. 26; Escher-Weingart/Kübler, ZHR 162 (1998), 537, 546; Bezzenberger, S. 118, Rn. 141 mit anschaulichem Beispiel.

540 Budde in FS für Klaus Offerhaus, S. 659, 667 f.; Möller, S. 115 f., S. 236; Bezzenberger, S. 118, Rn. 141; Huber in FS für Bruno Kropff, S. 101, 115.

541 Johannsen-Roth, S. 20; Budde in FS für Klaus Offerhaus, S. 659, 668.

542 Bezzenberger, S. 119, Rn. 142; Huber in FS für Bruno Kropff, S. 101, 116.

543 Huber in FS für Bruno Kropff, S. 101, 116; Hampel, S. 17.

Rückkaufangebots zu einem Festpreis – ein sachgerechtes Unterscheidungskriterium dar, so dass ein Verstoß gegen den aktienrechtlichen Gleichbehandlungsgrundsatz des § 53a AktG nicht gegeben ist.

cc) Außerbörslicher Erwerb von Einzelaktionären (Negotiated Repurchase)

Als letzte Rückerwerbsform ist der gezielte Erwerb größerer Aktienpakete von einzelnen Aktionären oder Aktionärsgruppen aufgrund individueller Vereinbarung (sog. „Negotiated Repurchase“) zu nennen[544]. Bei einem Paketerwerb werden die Konditionen des Rückkaufs zwischen den Parteien ausgehandelt, wobei der Vorstand regelmäßig einen den aktuellen Börsenkurs übersteigenden Preis, eine sog. Verkaufsprämie in Form eines Paketzuschlags, an den oder die veräußernden Gesellschafter zahlt[545].

Die Behandlung der Reakquisition eigener Aktien im Wege eines Paketerwerbs ist im Hinblick auf den Grundsatz gleichmäßiger Behandlung der Aktionäre gemäß § 53a AktG problematisch. Schließt die Unternehmensverwaltung mit einzelnen ausgesuchten Aktionären individuell einen Vertrag betreffend den Rückerwerb eigener Aktien ab, so kommen nur diesen Aktionären Sondervorteile in Form der Zahlung eines Paketzuschlags zu, während den übrigen Aktionären durch die Zahlung eines solchen überhöhten Kaufpreises Mittel entzogen werden[546]. Hinzu kommt, dass im Falle einer wirtschaftlichen Krise der Gesellschaft die verbleibenden Aktionäre oftmals wesentliche Teile ihres Anteilsvermögens verlieren, da die ihre Anteile veräußernden Aktionäre bereits zuvor aus dem gemeinsamen unternehmerischen Risiko entlassen wurden[547]. Mithin beinhaltet jeder Paketerwerb eine formale Ungleichbehandlung, da die Aktionäre schon äußerlich ungleich behandelt werden, also nur ausgewählte Aktionäre oder Aktionärsgruppen ihre Aktien an die Gesellschaft verkaufen dürfen und so in den Genuss einer Paketprämie kommen.

Zu prüfen ist daher, ob die dem Paketerwerb zugrunde liegende formale Ungleichbehandlung der Aktionäre sachlich gerechtfertigt ist. Dabei ist zwischen börsennotierten und nicht börsennotierten Gesellschaften zu unterscheiden. Bei Familiengesellschaften oder Gesellschaften mit einem kleinen, namentlich bekannten Aktionärskreis, deren Aktien nicht an der Börse gehandelt werden, sind Konstellationen denkbar, in denen die durch den Paketerwerb herbeigeführte formal ungleiche Behandlung der Aktionäre sachlich gerechtfertigt ist. Die Gesetzesbegründung zum KonTraG nennt als sachliche Gründe für die Ungleichbehandlung

544 MüKoAktG-Oechsler, § 71, Rn. 204; Wastl/Wagner/Lau, S. 27; Bosse, NZG 2000, 16.
545 MüKoAktG-Oechsler, § 71, Rn. 204; Johannsen-Roth, S. 21 f.; Hirsch, S. 81.
546 Baum, ZHR 167 (2003), 580, 593; Johannsen-Roth, S. 190; Benckendorff. S. 244 f.
547 Wastl/Wagner/Lau, S. 27 f.; Peltzer, WM 1998, 322, 329.

der Aktionäre die Bewältigung der Generationennachfolge oder die Auflösung von Patt-Situationen[548]. Als weitere Gründe für eine sachliche Rechtfertigung kann das Interesse der Gesellschaft angeführt werden, eine ausgewogene Gesellschafterstruktur zu erreichen oder den Gesellschafterkreis um einen unliebsamen Aktionär oder eine inhomogene Aktionärsgruppe zu bereinigen[549]. Diese Fallgestaltungen haben gemeinsam, dass das mit dem Paketerwerb verfolgte Ziel der Gesellschaft in der Veränderung der Aktionärsstruktur liegt. In personalistisch organisierten Aktiengesellschaften kommt es entscheidend auf die Person des veräußernden Aktionärs bzw. auf die Gruppe der veräußernden Aktionäre an. Will die Gesellschaft beispielsweise eine Strukturveränderung dergestalt herbeiführen, dass mit dem Austritt eines Gesellschafters keine finanzielle Belastung der übrigen Anteilseigner verbunden ist oder kein Fremder in die Gesellschaft eintritt, so kann dieses Ziel aufgrund der personalistischen Struktur der nicht börsennotierten Gesellschaft nicht durch den Erwerb eigener Aktien im Wege eines öffentlichen Angebots erreicht werden. Vielmehr kommt als Erwerbsmethode nur der individuell ausgehandelte Rückkauf in Betracht.

Fraglich ist, ob bei börsennotierten Aktiengesellschaften ebenfalls eine sachliche Rechtfertigung für die mit Negotiated Repurchase einhergehende formale Ungleichbehandlung der Aktionäre besteht. Börsennotierte Gesellschaften nutzen den Erwerb eigener Aktien aufgrund einer allgemeinen Ermächtigung der Hauptversammlung gemäß § 71 Abs. 1 Nr. 8 AktG vor allem als Instrument des Finanzmanagements. Sind Aktienrückkäufe jedoch finanzpolitisch motiviert, so kann die Gesellschaft das mit ihnen verfolgte Ziel, wie beispielsweise die Ausschüttung von Eigenmitteln oder die Steigerung des Unternehmenswerts, mit anderen Erwerbsmethoden, namentlich dem Erwerb über die Börse oder dem Erwerb mittels eines öffentlichen Rückkaufangebots, welche die Mitgliedschaftsrechte der Aktionäre weniger beeinträchtigen, erreichen. Der mit dem Aktienrückkauf als Instrument des Finanzmanagements angestrebte Erfolg wird dadurch erreicht, dass Aktien vom Markt genommen werden. Von wem die Aktien zurück gekauft werden, spielt dabei keine Rolle. Mithin stellen finanzpolitische Ziele der Gesellschaft keinen sachlichen Grund für eine Ungleichbehandlung der Aktionäre im Rahmen eines Negotiated Repurchase dar[550]. Aber auch der Erwerb eigener Aktien zwecks Einflussnahme auf die Anteilseignerstruktur wird bei einer börsennotierten Publikumsgesellschaft in der Regel keine sachliche Rechtfertigung für die mit dem Pakethandel verbundene ungleichmäßige Behandlung der Aktionäre begründen. Im Gegensatz zu geschlossenen, personalistischen Aktiengesellschaften ist das

548 RegBegr. zum KonTraG, BT-Drucks. 13/9712, S. 14.
549 Kiem, ZIP 2000, 209, 214.
550 Benckendorff, S. 245; Hirsch, S. 108.

Grundkapital bei Publikumsgesellschaften breit gestreut. Damit geht einher, dass der einzelne Aktionär bzw. die jeweilige Aktionärsgruppe für die Gesellschaft eine vergleichsweise geringe Bedeutung hat, so dass ein anerkennenswertes Interesse einer Publikumsgesellschaft an einer Einwirkung auf den Kreis ihrer Anleger grundsätzlich nicht besteht[551]. Als Sachgrund für eine dem Paketerwerb zugrunde liegende formale Ungleichbehandlung der Gesellschafter nach § 71 Abs. 1 Nr. 8 S. 3 AktG wird jedoch das Interesse der Gesellschaft gesehen, ein unverkäufliches Aktienpaket, das auf dem Markt zirkuliert und dessen Präsenz dem Ansehen der Gesellschaft schadet, aufzunehmen[552]. Ferner wird erwogen, der Gesellschaft den individuell ausgehandelten Rückerwerb unter dem Aspekt der Kostenersparnis zu gestatten. In dem Fall, dass die zu erwerbenden Aktien für einen Zweck bestimmt sind, der zu seiner Durchführung einen großen Bestand an Aktien erfordert, ist es für die Gesellschaft kostengünstiger, ein Aktienpaket von einem Großaktionär zu erwerben, als ein börsenmäßiges Rückkaufprogramm oder ein öffentliches Rückkaufangebot durchzuführen. Ein größerer Bestand an eigenen Aktien ist beispielsweise bei der Ausgabe von Belegschaftsaktien, bei der Platzierung von Aktien an einer Auslandsbörse oder bei der Durchführung einer Akquisition erforderlich[553]. Schließlich können unterschiedliche Aktiengattungen, namentlich Stammaktien und Spartenaktien, auch eine unterschiedliche Behandlung beim Aktienrückkauf rechtfertigen[554]. Hieraus folgt, dass bei börsennotierten Gesellschaften vereinzelt Konstellationen in Betracht kommen können, die einen sachlichen Grund für die mit einem Paketerwerb einhergehende formal ungleichmäßige Behandlung der Aktionäre begründen. Entscheidend ist demnach der Einzelfall, der daraufhin zu untersuchen ist, ob er die Wahl dieser Erwerbsform sachlich rechtfertigt.

Ein sachlicher Grund für eine ungleichmäßige Behandlung der Aktionäre ist sowohl bei einer nicht börsennotierten Aktiengesellschaft als auch bei einer börsennotierten Aktiengesellschaft gegeben, wenn die von dem Paketerwerb ausgeschlossenen Aktionäre dem Erwerb zugestimmt haben. Denn dann beruht die mit dem individuell ausgehandelten Rückkauf einhergehende Ungleichbehandlung nicht auf einem willkürlichen Verhalten der Unternehmensverwaltung, sondern auf dem Willen jedes einzelnen Gesellschafters, ihm gegenüber vom Gleichbehandlungsgrundsatz abzuweichen[555]. Fraglich ist indes, ob auch eine Mehrheitsentscheidung der Aktionäre, die ihre Aktien nicht an die Gesellschaft verkaufen dürfen, als sachliche Rechtfertigung für eine Ungleichbehandlung in Betracht

551 Hirsch, S. 109.
552 Wastl, DB 1997, 461, 463, Fn. 32; MüKoAktG-Oechsler, § 71, Rn. 206.
553 Benckendorff, S. 246; MüKoAktG-Oechsler, § 71, Rn. 206.
554 Berrar/Schnorbus, ZGR 2003, 59, 65.
555 Bezzenberger, S. 121, Rn. 144; Möller, S. 135, Rn. 268.

kommt. Das britische Recht, das beim Erwerb eigener Aktien zwischen dem Erwerb über die Börse (sog. „Market Purchase“) und dem Erwerb außerhalb der Börse (sog. „Off-Market Purchase“) unterscheidet, sieht für diese Rechtsfrage eine Regelung vor. Danach hat die Generalversammlung bei einem Erwerb außerhalb der Börse mit einer Dreiviertelmehrheit in konkrete Aktienrückkaufverträge mit bestimmten Verkäufern einzuwilligen, wobei die veräußerungsberechtigten Aktionäre von der Abstimmung ausgeschlossen sind[556]. Ein solcher Lösungsweg ließe sich auch für Hauptversammlungen deutscher Unternehmen fruchtbar machen. Der Vorstand könnte der Hauptversammlung den Vorschlag unterbreiten, für den dem Negotiated Repurchase zugrunde liegenden Vertrag eine qualifizierte Mehrheit zu verlangen. Die Aktionäre, mit denen das Sondergeschäft abgeschlossen werden soll, könnten sich dann in der Hauptversammlung der Stimme enthalten, während die nicht veräußerungsberechtigten Aktionäre den Rückkauf mit qualifizierter Mehrheit gutheißen müssten[557]. Dieser Lösungsansatz findet sich im Aktienrecht bei Sonderbestimmungen für Aktiengattungen (§§ 179 Abs. 3, 141 Abs. 3, 138 AktG) wieder. So können die Inhaber einer bevorzugten Gattung durch einen mehrheitlichen Sonderbeschluss auf ihre Vorrechte verzichten, ohne dass die Zustimmung jedes Aktionärs der betroffenen Gattung erforderlich ist. Mithin kann für die Praxis deutscher Hauptversammlungen festgehalten werden, dass eine mit Dreiviertelmehrheit gefasste Entscheidung der nicht veräußerungsberechtigten Aktionäre für einen im Wege des Negotiated Repurchase abzuschließenden Vertrag genügend ist.

c) Gleichbehandlung der Aktionäre bei der Wiederausgabe eigener Aktien

Nach § 71 Abs. 1 Nr. 8 S. 3 AktG gilt der Gleichbehandlungsgrundsatz nicht nur für den Erwerb, sondern auch für die Veräußerung eigener Anteile. Demnach muss die Gesellschaft die Aktionäre bei einer späteren Wiederveräußerung eigener Aktien gleichmäßig behandeln, d.h. sicherstellen, dass jeder Aktionär die gleiche Chance auf den Erwerb der zur Veräußerung anstehenden eigenen Aktien hat[558].

aa) Anerkennung eines Erwerbsrechts auf wiederveräußerte Aktien

Zwischen dem Erwerb einerseits und der Veräußerung andererseits besteht ein bedeutender Unterschied. Während die Gesellschaft ihre Aktien immer nur von ihren Aktionären erwerben kann, kann sie die eigenen Aktien an Dritte begeben, die bislang nicht Aktionäre der Gesellschaft waren. Im Falle der Abgabe der Aktien an Dritte ist aber formal eine gleichmäßige Behandlung der Aktionäre gewähr-

556 Bezzenberger, S. 121 f., Rn. 144; Wast/Wagner/Lau, S. 141.
557 Bezzenberger, S. 122, Rn. 144.
558 RegBegr. zum KonTraG, BT-Drucks. 13/9712, S. 14; Benckendorff, S. 283.

leistet, da alle alten Aktionäre gleichermaßen vom Erwerb der Aktien ausgeschlossen werden[559]. Dennoch besteht die Gefahr, dass sich der Wert der alten Anteile verwässert, wenn sich Erwerber der eigenen Aktien zu billig in die Gesellschaft einkaufen. Der Gleichbehandlungsgrundsatz des § 53a AktG vermag in diesem Zusammenhang nur unvollkommen für den Schutz der Aktionäre zu sorgen. Denn das Gleichbehandlungsgebot fordert nur eine Gleichbehandlung der Aktionäre untereinander, nicht hingegen eine Gleichbehandlung der Aktionäre im Verhältnis zu außen stehenden Dritten[560]. Folglich stellt sich im Rahmen der Veräußerung eigener Aktien die Frage, ob für Aktionäre ein Erwerbsrecht ähnlich dem Bezugsrecht bei Kapitalerhöhungen auf wiederveräußerte eigene Aktien der Gesellschaft anzuerkennen ist, kraft dessen ihnen bei der Veräußerung ein auch gegenüber Dritten vorrangiges Zugriffsrecht zusteht[561].

Der Wortlaut des § 71 Abs. 1 Nr. 8 S. 5 AktG ist nicht eindeutig. Der erste Halbsatz dieser Vorschrift gestattet der Hauptversammlung, eine „andere", d.h. dem Gebot der Gleichbehandlung zuwiderlaufende[562] Veräußerung zu beschließen. Einerseits kann der zweite Halbsatz des § 71 Abs. 1 Nr. 8 S. 5 AktG dahingehend ausgelegt werden, dass die Normen über das Bezugsrecht nur „in diesem Falle" Anwendung finden, also im Fall einer vom Gleichbehandlungsgrundsatz abweichenden Art der Veräußerung. Damit würde durch den Verweis auf § 186 Abs. 3 und 4 AktG kein allgemeines Bezugsrecht begründet, so dass den Aktionären bei der Abgabe der eigenen Aktien an einen Nichtaktionär auch kein Erwerbsrecht zuzusprechen wäre[563]. Andererseits erscheint ein Verweis auf den Ausschluss des Bezugsrechts nur dann sinnvoll, wenn das Bezugsrecht der Aktionäre als grundsätzlich gegeben vorausgesetzt wird[564]. Die Bestimmungen über den Bezugrechtsausschluss sind bei Kapitalerhöhungen aber gerade auf den Fall zugeschnitten, dass die Aktien an Dritte ausgegeben werden[565].

559 Bezzenberger, S. 123, Rn. 145; Habersack, ZIP 2004, 1121, 1122; Cahn in Spindler/Stilz, AktG, § 71, Rn. 134.

560 MüKoAktG-Bungeroth, § 53a, Rn. 5; KöKoAktG-Lutter/Zöllner, § 53a, Rn. 19; Habersack, ZIP 2004, 1121, 1123.

561 Bezzenberger, S. 123, Rn. 145; Cahn in Spindler/Stilz, AktG, § 71, 130; MüKoAktG-Oechsler, § 71, Rn. 209.

562 Allg. Meinung, s. RegBegr. zum KonTraG, BT-Drucks. 13/9712, S. 14; Cahn in Spindler/Stilz, AktG, § 71, Rn. 133; MüKoAktG-Oechsler, § 71, Rn. 217; Habersack, ZIP 2004, 1121, 1122; Bezzenberger, S. 127, Rn. 151.

563 Benckendorff, S. 285; Piepenburg, BB 1996, 2582, 2584; MüKoAktG-Oechsler, § 71, Rn. 209.

564 Möller, S. 140, Rn. 276; Cahn in Spindler/Stilz, AktG, § 71, Rn. 131.

565 Bezzenberger, S. 128, Rn. 153.

Für die Anerkennung[566] eines dem Bezugsrecht vergleichbaren Erwerbsrechts auf wiederveräußerte eigene Aktien der Gesellschaft spricht vor allem der Vergleich zu der Ausgabe neuer Aktien aus einer Kapitalerhöhung. Die Wiederveräußerung eigener Aktien und die Ausgabe neuer Aktien aus einer Kapitalerhöhung weisen sowohl im Hinblick auf ihren wirtschaftlichen Bedeutungsgehalt als auch auf die Interessenlage der Aktionäre signifikante Parallelen auf[567]. So kann die Gesellschaft einerseits im Wege der effektiven ordentlichen Kapitalerhöhung gemäß den §§ 182 ff. AktG sowie andererseits mittels der Wiederausgabe eigener Aktien zusätzliche Titel am Kapitalmarkt platzieren und hierfür zur zeitnahen Deckung eines Finanzbedarfs liquide Mittel erhalten, ohne dabei Fremdkapital aufnehmen zu müssen[568]. Im Hinblick auf die Interessenlage der Aktionäre besteht zwar insofern ein Unterschied, als sich die Veräußerung eigener Aktien auf bereits existente Aktien bezieht, während die Ausgabe junger Aktien im Rahmen einer Kapitalerhöhung zur Entstehung neuer Aktien führt[569]. Gleichwohl sind die den Aktionären drohenden Gefahren in beiden Fällen im Wesentlichen dieselben. Sowohl bei der effektiven Kapitalerhöhung durch Neuemission als auch bei der Wiederveräußerung eigener Aktien entstehen zusätzliche Stimmrechte, die zu einer prozentual sinkenden Stimmkraft bei den übrigen Aktionären führen. Hat die Gesellschaft beispielsweise 10 Aktien ausgegeben und erwirbt davon eine Aktie zurück, so ist ein Aktionär, der ebenfalls eine Aktie besitzt, zu 1/9 an der Gesellschaft beteiligt. Veräußert die Gesellschaft die eigene Aktie an einen Dritten, so hat dies zur Folge, dass sich wieder 10 Aktien in Aktionärshand befinden und sich damit die Beteiligungsquote des hier betrachteten Aktionärs auf 1/10 verringert[570]. Will also die Gesellschaft die Verminderung der Beteiligungsquoten derjenigen Aktionäre, die keine Aktien erwerben, verhindern, muss sie die Aktien an die bisherigen Aktionäre gleichmäßig begeben. Dabei ist unerheblich, dass die Veränderung der Stimmrechtsverhältnisse im Fall der Wiederveräußerung eigener Aktien ihre Ursache darin hat, dass der Gesellschaft gemäß § 71b AktG

566 Die h.L. geht vom Bestehen eines Bezugsrechts aus, wobei sich die Begründungen unterscheiden, s. MüKoAktG-Oechsler, § 71, Rn. 209; Cahn in Spindler/Stilz, AktG, § 71, Rn. 134 f.; Habersack, ZIP 2004, 1121, 1123 ff.; Hüffer, AktG, § 71, Rn. 19m; Zätzsch/Maul in Beck'sches Handbuch der AG, § 4, Rn. 163; Hohner/Paura in Ulmer/Habersack/Winter, Großkommentar zum GmbHG, § 33, Rn. 44.

567 RegBegr. zum KonTraG, BT-Drucks. 13/9712, S. 14; Reichert/Harbarth, ZIP 2001, 1441, 1442; Kiem, ZIP 2000, 209, 214; Kindl, DStR 1999, 1276, 1279; a.A. Oechsler in MüKoAktG, § 71, Rn. 209, der das Bezugsrecht unter einer anderen Begründung bejaht; dieser Begründung nur teilweise zustimmend: Cahn in Spindler/Stilz, AktG, § 71, Rn. 132.

568 Reichert/Harbarth, ZIP 2001, 1441, 1442; Johannsen-Roth, S. 196.

569 Reichert/Harbarth, ZIP 2001, 1441, 1442; Johannsen-Roth, S. 199 f.

570 Beispiel nach Bezzenberger, S. 129, Rn. 153, Fn. 326.

für die Dauer des Haltens eigener Aktien keine Stimmrechte zustehen und diese erst wieder mit der Veräußerung aufleben[571]. Entscheidend ist in erster Linie, dass die Wiederaktivierung eigener Aktien durch Veräußerung bei wirtschaftlicher Betrachtung für die Aktionäre dieselben Wirkungen wie eine effektive ordentliche Kapitalerhöhung hat. In beiden Fällen erhöht sich die Zahl der mit den Rechten versehenen Aktien (im Falle der Kapitalerhöhung erfolgt darüber hinaus eine Erhöhung der Zahl der existierenden Aktien) und die Beteiligungsquoten der keine Aktien erhaltenden Aktionäre vermindern sich[572]. Ferner ist in diesem Zusammenhang eine weitere Überlegung maßgebend: Die durch die Gesellschaft zurück erworbenen Aktien gehören zum Gesellschaftsvermögen, das den Aktionären im Verhältnis ihrer Beteiligungsquoten zusteht. Folglich haben auch die Aktionäre entsprechend ihren Beteiligungsquoten das Recht, auf diese Werte zuzugreifen, auch wenn sich die mit den eigenen Aktien verbundenen Verwaltungs- und Vermögensrechte wegen der in § 71b AktG enthaltenen Regelung erst bei der Veräußerung der eigenen Aktien verwirklichen lassen[573].

Schließlich lässt sich für ein Erwerbsrecht auf wiederveräußerte eigene Aktien die Funktion des Erwerbsrechts anführen. Diese besteht darin, den Vorstand in seiner Einflussnahmemöglichkeit auf die Beteiligungsstruktur der Gesellschaft dadurch einzuschränken, dass es ihm verwehrt wird, einzelne Kaufinteressenten gegenüber anderen als künftige Aktionäre vorzuziehen. Daher wäre es inkonsequent, wenn der Vorstand einerseits beim Rückerwerb eigener Aktien nicht willkürlich in die Beteiligungsstruktur der Gesellschaft eingreifen dürfte, andererseits ihm bei der Wiederveräußerung eigener Aktien eine solche Möglichkeit durch die Verneinung des Erwerbsrechts eröffnet wäre[574].

bb) Andere Art der Veräußerung

Die Gesellschaft muss gemäß § 71 Abs. 1 Nr. 8 S. 3 AktG die Aktionäre bei einer Wiederveräußerung eigener Aktien i. S. des § 53a AktG gleichmäßig behandeln. Dabei gebietet der Grundsatz der Gleichbehandlung nicht notwendig den Weg über die Börse. § 71 Abs. 1 Nr. 8 S. 4 AktG stellt lediglich klar, dass diese Veräußerungsmethode im Einklang mit dem Grundsatz der Gleichbehandlung steht. Darüber hinaus kann sich die Gesellschaft jeder zulässigen Veräußerungsform außerhalb der Börse bedienen, sofern sie sicherstellt, dass sich ihr Wiederveräußerungsangebot unter den gleichen Bedingungen an alle Aktionäre richtet[575]. So

571 Cahn in Spindler/Stilz, AktG, § 71, Rn. 132; Benckendorff, S. 281; Johannsen-Roth, S. 200.

572 Kiem, ZIP 2000, 209, 214; Reichert/Harbarth, ZIP 2001, 1441, 1442.

573 MüKoAktG-Oechsler, § 71, Rn. 209.

574 MüKoAktG-Oechsler, § 71, Rn. 209.

575 Bezzenberger, S. 127, Rn. 151; Benckendorff, S. 282 f.; Kindl, DStR 1999, 1276, 1279.

kann der Vorstand beispielsweise in Anlehnung an das Bezugsverfahren bei Kapitalerhöhungen (§ 186 Abs. 1, 2 und 5 AktG) die Aktien den Aktionären zum Erwerb anbieten[576].

Will hingegen die Gesellschaft die eigenen Aktien ungleichmäßig nur an einzelne Aktionäre begeben, so muss sie die in § 71 Abs. 1 Nr. 8 S. 5 Halbs. 2 AktG statuierten Voraussetzungen beachten. Dies bedeutet, dass die Hauptversammlung zunächst die Entscheidung über die Wiederausgabe eigener Aktien unter Abweichung vom Grundsatz der Gleichbehandlung selber treffen muss und diese folglich nicht mehr der Entscheidungskompetenz des Vorstands zuweisen kann (§ 71 Abs. 1 Nr. 8 S. 5 Halbs. 1 AktG). Ferner hat die Hauptversammlung bei ihrer Beschlussfassung die strengen Anforderungen an einen Bezugsrechtsausschluss bei Kapitalerhöhungen zu beachten (§ 71 Abs. 1 Nr. 8 S. 5 Halbs. 2 AktG mit Verweis auf § 186 Abs. 3 bis 4 AktG). Danach muss der Beschluss der Hauptversammlung mit einer Dreiviertelmehrheit des bei der Beschlussfassung vertretenen Kapitals gefasst (§ 186 Abs. 3 S. 2 AktG), besonders angekündigt (§ 186 Abs. 4 S. 1 AktG) und durch einen Vorstandsbericht über den Grund für eine dem Gleichbehandlungsgrundsatz zuwiderlaufende Veräußerung sowie über die Begründung des Ausgabepreises vorbereitet (§ 186 Abs. 4 S. 2 AktG) werden. Des Weiteren bedarf die Veräußerung eigener Aktien in anderer Weise als unter Wahrung des aktienrechtlichen Gleichbehandlungsgrundsatzes wie im Falle des Ausschlusses des Bezugsrechts bei der Kapitalerhöhung[577] grundsätzlich der sachlichen Rechtfertigung. Jedoch werden die Regeln über den vereinfachten Bezugrechtsausschluss nach § 186 Abs. 3 S. 4 AktG durch den Verweis auf die Bestimmungen über das Bezugsrecht in § 71 Abs. 1 Nr. 8 S. 5 Halbs. 2 AktG für entsprechend anwendbar erklärt. Danach kann die Gesellschaft die eigenen Aktien unter Abweichung vom Gleichbehandlungsgrundsatz gegen Barleistung veräußern, wenn der Veräußerungsbetrag den Börsenpreis nicht wesentlich unterschreitet und die Veräußerung 10% des Grundkapitals nicht übersteigt[578]. Schließlich ist darauf hinzuweisen, dass der Beschluss über eine andere Art der Veräußerung und der Beschluss über die Ermächtigung zum Erwerb eigener Aktien gemäß § 71 Abs. 1 Nr.8 S. 1 AktG zusammengefasst werden müssen. Die Aktionäre müssen erkennen, dass ihre faktische Andienungsmöglichkeit bei der Wiederveräußerung eigener Aktien für eine bestimmte Tranche nicht entsteht[579].

---

576 Bezzenberger, S. 127, Rn. 151.

577 BGH Z 71, 40, 46 („Kali und Salz"); BGH Z 83, 319, 321 („Philipp Holzmann"); BGH Z 125, 239, 244 („Deutsche Bank" – in dieser Entscheidung erfuhr die Rechtmäßigkeitskontrolle eine Lockerung).

578 Ausführlich zu den einzelnen Voraussetzungen s. Reichert/Harbarth, ZIP 2001, 1441, 1442; MüKoAktG-Oechsler, § 71, Rn. 218.

579 MüKoAktG-Ochsler, § 71, Rn. 218; Johannsen-Roth, S. 202.

d) Rückerwerb und Wiederveräußerung durch Einschaltung einer Bank

In der Praxis wird sich die Gesellschaft regelmäßig einer Bank zur Durchführung des Aktienrückkaufs bedienen, die die Aktien zunächst für Rechnung der Gesellschaft erwirbt, um diese sodann als Paket zu einem Festpreis an die Gesellschaft zu übertragen[580]. Auch im Rahmen der Wiederveräußerung eigener Aktien werden die durch die Gesellschaft bereits zuvor zurück erworbenen Aktien in der Regel von einem Bankenkonsortium im Ganzen übernommen und den Aktionären oder anderen Anlegern zum Bezug angeboten.

§ 71d S. 1 AktG bestimmt zwar, dass der Erwerb von Aktien der Gesellschaft durch einen Dritten, der im eigenen Namen und für Rechnung der Gesellschaft handelt, grundsätzlich zulässig ist. Jedoch unterwirft die Vorschrift einen solchen mittelbaren Erwerb aus Gründen des Umgehungsschutzes denselben Restriktionen wie den unmittelbaren Erwerb eigener Aktien durch die Gesellschaft selbst. Die Gesellschaft soll daran gehindert werden, die mit dem unmittelbaren Erwerb eigener Aktien aufgestellten gesetzlichen Wertungen durch inhaltlich verwandte Sachverhalte zu umgehen. Daher muss die Gesellschaft sicherstellen, dass weder der Rückerwerb noch die Veräußerung eigener Aktien durch Einschaltung eines Dritten zu einer Umgehung des Grundsatzes der Gleichbehandlung des § 53a AktG führt. Im Hinblick auf den Aktienrückkauf bedeutet dies, dass die Gesellschaft gewährleisten muss, dass sich die Bank bei der Eindeckung mit Aktien der Gesellschaft Erwerbsformen bedient, die auch bei einem unmittelbaren Erwerb eigener Aktien durch die Gesellschaft dem Gleichbehandlungsgrundsatz gerecht würden[581]. Bei einem seitens der Bank abgegebenen Wiederveräußerungsangebot muss die Gesellschaft sicherstellen, dass sich das Angebot – ebenso wie das Veräußerungsangebot durch die Gesellschaft selbst – an alle Aktionäre richtet, sofern nicht die Voraussetzungen eines Bezugrechtsausschlusses vorliegen[582].

e) Zwischenergebnis

1. Die Gesellschaft hat sowohl bei dem Verfahren des Rückerwerbs als auch bei dem Verfahren der Rückveräußerung das aktienrechtliche Gleichbehandlungsgebot des § 53a AktG zu beachten. Dies bedeutet, dass die Aktionäre grundsätzlich dieselben Chancen haben müssen, Aktien zu gleichen Bedingungen an die Gesellschaft zu veräußern und von der Gesellschaf zu erwerben.

---

580 Budde in FS für Klaus Offerhaus, S. 659, 670; Grobecker/Michael, DStR 2001, 1757, 1762.

581 Budde in FS für Klaus Offerhaus, S. 659; 671; Möller, S. 139, Rn. 275.

582 Budde in FS für Klaus Offerhaus, S. 569, 674; Möller, S. 142, Rn. 283.

2. Die börsennotierte Gesellschaft kann eigene Aktien an der Börse oder außerhalb des Börsengeschehens erwerben. Sie wird die Erwerbsform unter Berücksichtigung der Anzahl der zurück zu kaufenden Aktien, der Höhe der Prämienzahlung, der Dauer der Rückkaufaktion sowie dem Kreis der veräußernden Aktionäre wählen.
3. Der Rückerwerb über die Börse stellt in der Praxis die am weitesten verbreitete Methode dar, eigene Aktien zu reakquirieren. Der Erwerb außerhalb der Börse kann auf drei verschiedene Arten erfolgen: Neben dem öffentlichen Angebot kommen die Ausgabe von übertragbaren Verkaufsrechten und der individuell ausgehandelte Rückkauf in Betracht.
4. Das öffentliche Rückkaufangebot sowohl zum Festpreis als auch mittels Auktion sowie der Eigenerwerb im Wege der Ausgabe übertragbarer Verkaufsrechte stellen Rückkaufsmethoden dar, die grundsätzlich dem Grundsatz der gleichmäßigen Behandlung aller Aktionäre gemäß § 53a AktG Rechnung tragen.
5. Bei dem individuell mit einem Aktionär oder einer Aktionärsgruppe ausgehandelten Rückkauf handelt es sich um eine grundsätzlich zulässige Erwerbsform. Da allerdings nur ausgewählte Aktionäre oder Aktionärsgruppen ihre Aktien an die Gesellschaft verkaufen dürfen und damit nur sie in den Genuss einer Paketprämie kommen, beinhaltet jeder Paketerwerb eine formale Ungleichbehandlung der Aktionäre. Während bei nicht börsennotierten Gesellschaften der Erwerb eigener Aktien zwecks Einflussnahme auf die Anteilseignerstruktur eine sachliche Rechtfertigung für die Ungleichbehandlung der Aktionäre begründet, sind bei börsennotierten Gesellschaften lediglich vereinzelt Konstellationen denkbar, in denen ein sachlicher Grund für die ungleichmäßige Behandlung besteht. Dieser kann beispielsweise in der Aufnahme eines ansonsten unverkäuflichen Aktienpakets oder in dem Aspekt der Kostenersparnis liegen. Gleiches gilt, wenn die Aktionäre, die von dem Negotiated Repurchase ausgeschlossen sind, diesem Erwerb zustimmen. Entscheidend ist letztlich jeweils der Einzelfall, der auf das Vorliegen einer sachlichen Rechtfertigung hin überprüft werden muss.
6. Bei der Wiederveräußerung eigener Aktien steht den Aktionären grundsätzlich ein Erwerbsrecht ähnlich dem Bezugsrecht bei Kapitalerhöhungen auf wiederveräußerte eigene Aktien der Gesellschaft zu. Der Grundsatz der Gleichbehandlung ist gewahrt, wenn entweder die Gesellschaft die eigenen Aktien über die Börse veräußert oder der Vorstand die eigenen Aktien den Aktionären außerhalb der Börse gleichmäßig zum Erwerb anbietet. Eine vom Grundsatz gleichmäßiger Zuteilung der wiederveräußerten Aktien abweichende Veräußerung ist zulässig, wenn die strengen Anforderungen an einen Bezugsrechtsausschluss bei Kapitalerhöhungen beachtet werden (§ 71 Abs. 1 Nr. 8 S. 5 Halbs. 2 AktG

mit Verweis auf § 186 Abs. 3 und 4 AktG). Hierbei kommt auch die Möglichkeit eines vereinfachten Bezugsrechtsausschlusses nach § 186 Abs. 3 S. 4 AktG in Betracht.

7. Die Gesellschaft kann eigene Aktien unter Zwischenschaltung eines Intermediärs, in der Regel einer Bank, erwerben und wieder veräußern. Dabei muss die Gesellschaft sicherstellen, dass weder der Rückerwerb noch die Veräußerung durch den Dritten zu einer Umgehung des Gebots der gleichmäßigen Behandlung aller Aktionäre führt.

II. Schranken des zulässigen Erwerbs aufgrund eines Hauptversammlungsbeschlusses

Hat die Hauptversammlung die inhaltlichen Vorgaben des § 71 Abs. 1 Nr. 8 S. 1 AktG in ihrer Ermächtigung zum Erwerb eigener Aktien festgelegt, dient der Aktienrückerwerb nicht dem Handel in eigenen Aktien i.S.v. § 71 Abs. 1 Nr. 8 S. 2 AktG und entspricht das ausgewählte Verfahren des Rückerwerbs dem aktienrechtlichen Gleichbehandlungsgrundsatz des § 53a AktG (i.V.m. § 71 Abs. 1 Nr. 8 S. 3 AktG), so ist der Eigenerwerb wegen der Nichtausschöpfung der Deregulierungsmöglichkeiten der Kapitaländerungsrichtlinie bei der Umsetzung durch das ARUG weiterhin nur zulässig, wenn die aus § 71 Abs. 2 AktG folgenden Schranken beachtet werden.

1. Bestandsgrenze des § 71 Abs. 2 S. 1 AktG

Nach § 71 Abs. 2 S. 1 AktG dürfen die aufgrund der Ermächtigung erworbenen Aktien zusammen mit bereits erworbenen Aktien, die die Gesellschaft noch besitzt, 10% des Grundkapitals nicht übersteigen. Demnach statuiert die Vorschrift im Hinblick auf das Halten eigener Aktien eine absolute Obergrenze. Folglich wird nur der Besitz an eigenen Aktien der Höhe nach beschränkt, nicht aber der wiederholte Erwerb untersagt[583]. Für die Berechnung der 10%-Grenze kommt es einerseits auf die im Zeitpunkt des Aktienerwerbs in der Bilanz der Gesellschaft nach § 266 Abs. 3 A. I HGB ausgewiesene Grundkapitalziffer und andererseits auf den Gesamtbestand der eigenen Aktien der Gesellschaft an, unabhängig davon, zu welchem Zeitpunkt sie erworben wurden[584]. In die Ermittlung des Gesamtbestands miteinzubeziehen sind eigene und in Pfand genommene Aktien der Gesellschaft (§ 71e Abs. 1 AktG) und von ihr abhängiger oder in ihrem Mehrheitsbesitz stehen-

---

583 MüKoAktG-Oechsler, § 71, Rn. 264; KöKoAktG-Lutter, § 71, Rn. 53.

584 Zätzsch/Maul in Beck'sches Handbuch der AG, § 4, Rn. 147; MüKoAktG-Oechsler, § 71, Rn. 265, 266; KöKoAktG-Lutter, § 71, Rn. 54.

der Unternehmen (§ 71d S. 2 AktG) sowie von Dritten, sofern die Zurechnungsvoraussetzungen des § 71d AktG vorliegen[585]. Nach der Kapitaländerungsrichtlinie können die Mitgliedstaaten künftig Aktiengesellschaften an einen Höchstwert für den Besitz von eigenen Aktien binden, der nicht niedriger als 10% des gezeichneten Kapitals sein darf (Art. 19 Abs. 1 Unterabs. 2 lit. i Kap-RL n.F.)[586].

2. *Kapitalgrenze des § 71 Abs. 2 S. 2 AktG*

Der Erwerb ist nach § 71 Abs. 2 S. 2 AktG nur zulässig, wenn die Gesellschaft in der Lage ist, die nach § 272 Abs. 4 HGB vorgeschriebene Rücklage für eigene Aktien zu bilden, ohne das Grundkapital oder eine nach Gesetz oder Satzung zu bildende Rücklage zu mindern, die nicht zu Zahlungen an die Aktionäre verwandt werden darf. Der Begriff des Grundkapitals entspricht dem des gesetzlichen Kapitals in § 266 Abs. 3 A I HGB, während sich die genannten Rücklagen auf § 266 Abs. 3 A III HGB beziehen[587]. Zum einen bewirkt die in § 71 Abs. 2 S. 2 AktG statuierte sog. Kapitalgrenze, dass die beim Aufkauf von eigenen Aktien notwendige Rücklagenbildung nie zu Lasten des Grundkapitals und der gebundenen Rücklagen, zu denen vor allem die Kapitalrücklage und die gesetzliche Rücklage gehören (§ 150 AktG), erfolgen darf. Auf diese Weise wird sichergestellt, dass die Gesellschaft den Erwerb eigener Aktien nur aus Gewinnen oder aus verteilbaren, d.h. freien, (Gewinn-)Rücklagen finanziert[588]. Zum anderen wird durch die Pflicht zur Rücklagenbildung auf der Passivseite der Bilanz erreicht, dass der auf der Aktivseite der Bilanz eingestellte Betrag für die eigenen Aktien neutralisiert wird und damit für eine weitere Ausschüttung nicht zur Verfügung steht[589]. Somit entsteht in Höhe des Wertansatzes der Eigenaktien, d.h. in Höhe des Anschaffungswerts, eine besondere Ausschüttungssperre. Diese kann nicht zum Ausgleich von Verlusten aufgelöst werden[590]. Die bilanzielle Neutralisierung eigener Aktien nach § 272 Abs. 4 HGB bewirkt, dass die eigenen Aktien wirtschaftlich gesehen nicht wie echte Aktiva der Aktiengesellschaft behandelt werden, sondern den Wert des Vermögens der Gesellschaft gerade nicht erhöhen[591].

---

585 Zätzsch/Maul in Beck'sches Handbuch der AG, § 4, Rn. 147.

586 S. unter 2. Kap., § 2, II 2.

587 MüKoAktG-Oechsler, § 71, Rn. 275.

588 KöKoAktG-Lutter, § 71, Rn. 57; MüKoAktG-Oechsler, § 71, Rn. 21, 275; Claussen, DB 1998, 177, 179; Peltzer, WM 1998, 322, 328; Wastl, DB 1997, 461, 462; Bezzenberger, S. 7 ff., Rn. 9 ff. mit anschaulichem Beispiel auf S. 9.

589 MüKoAktG-Oechsler, § 71, Rn. 273; KöKoAktG-Lutter, § 71, Rn. 57; Geßler/Hefermehl-Hefermehl/Bungeroth, § 71, Rn. 32.

590 Förschle/Hoffmann in Beck'scher Bilanz-Kommentar, § 272, Rn. 118; Ganske, DB 1978, 2461, 246.

591 MüKoAktG-Oechsler, § 71, Rn. 19.

3. *Erfordernis der Volleinzahlung nach § 71 Abs. 2 S. 3 AktG*

Schließlich sieht § 71 Abs. 2 S. 3 AktG vor, dass es sich bei den Aktien, die erworben werden sollen, um solche handeln muss, auf die der Ausgabebetrag voll geleistet worden ist.

III. *Implikationen der Kapitaländerungsrichtlinie auf den Erwerb eigener Aktien nach Inkrafttreten des ARUG*

Die in Art. 19 Abs. 1 Unterabs. 1 Kap-RL n.F. festgelegte zwingende Vorgabe in Bezug auf die Geltungsdauer einer Ermächtigung zum Aktienrückerwerb hat der Gesetzgeber durch das ARUG ins deutsche Recht umgesetzt. Danach kann die Hauptversammlung den Vorstand der Aktiengesellschaft für längstens fünf Jahre zum Rückerwerb eigener Aktien ermächtigen. Hingegen hat der Gesetzgeber von den weiteren, fakultativen Deregulierungsmöglichkeiten, die infolge der Änderung der Kapitalschutzrichtlinie durch die Kapitaländerungsrichtlichlinie eröffnet worden sind, keinen Gebrauch gemacht.

Im Folgenden wird untersucht, wie sich die vom Gesetzgeber des ARUG nicht umgesetzten, fakultativen Vorschriften der Kapitaländerungsrichtlinie auf den Erwerb eigener Aktien aufgrund allgemeiner Ermächtigung auswirken und ob der deutsche Gesetzgeber künftig die sich ihm eröffneten Deregulierungsmöglichkeiten nutzen und sie ins deutsche Recht umsetzen sollte.

1. *Zentrale Neuerungen der Kapitaländerungsrichtlinie im Bereich des Aktienrückerwerbs*

Nach den Vorgaben der Kapitaländerungsrichtlinie steht es im Ermessen des deutschen Gesetzgebers, die Bestandsgrenze des § 71 Abs. 2 S. 1 AktG aufzuheben und damit den Erwerb eigener Aktien bis zur Grenze der ausschüttungsfähigen Mittel zuzulassen, auch wenn diese mehr als 10% des gezeichneten Kapitals ausmachen[592]. Der Gesetzgeber des ARUG hat von dieser Deregulierungsoption keinen Gebrauch gemacht.

Die Befürworter[593] der Bestandsgrenze führen immer wieder die Gefahr eines Doppelschadens als Argument für die Normierung eines Höchstwertes für den Besitz von eigenen Aktien an: Mit der eigenen Aktie als Gegenleistung erlangt die Gesellschaft einen Vermögenswert, der sich aufgrund seiner Abhängigkeit von der Bewertung des sonstigen Gesellschaftsvermögens im Falle eines wirt-

592 S. unter 2. Kap., § 2, II 2.
593 Huber in FS für Konrad Duden, S. 137, 139; Ziebe, S. 48.

schaftlichen Misserfolges der Gesellschaft als höchst unsicher erweist. Ein wirtschaftlicher Verlust wirkt sich nicht nur auf das Vermögen der Gesellschaft aus, sondern geht mit einem Wertverlust der im Vermögen der Gesellschaft gehaltenen eigenen Aktien einher. Damit sind die Gläubiger der Gesellschaft der Gefahr ausgesetzt, dass ihnen das Gesellschaftsvermögen als Haftungsmasse nicht mehr zur Verfügung steht[594]. Dem ist jedoch entgegenzuhalten, dass diese Gefahr erst über die Umsetzung der Kapitalschutzrichtlinie in §§ 71 Abs. 2 S. 2 AktG, 272 Abs. 4 HGB behoben worden ist. Die zurück erworbenen Aktien müssen als Vermögensgegenstände bilanziell neutralisiert werden, so dass sich Vermögensverluste nicht in doppelter Weise auf das Gesellschaftsvermögen auswirken können[595]. Des Weiteren ist von entscheidender Bedeutung, dass die Bestandsgrenze von 10% des Grundkapitals im Wege der Notverordnung vom 19. September 1931 in den damals gänzlich modifizierten § 226 HGB a.F. eingefügt wurde. Damit stammt die Beschränkung aus einer Zeit, als der Erwerb eigener Aktien auch zu Lasten des Einlagekapitals möglich war. Denn bis zur Umsetzung der Kapitalschutzrichtlinie ins deutsche Recht im Jahre 1978 und bis zur Einführung der Kapitalgrenze des § 71 Abs. 2 S. 2 AktG kannte das deutsche Aktienrecht keine finanzielle Beschränkung des Aktienrückerwerbs[596]. Im Laufe der Jahrzehnte hat sich die Kapitalgrenze des § 71 Abs. 2 S. 2 AktG jedoch als eine Regelung bewährt, die weitaus besser geeignet ist, einen effektiven Schutz der Gläubiger zu gewährleisten. Denn sie erlaubt die Finanzierung des Aktienrückerwerbs ausschließlich aus dem Nettoaktivvermögen der Aktiengesellschaft (Gewinnrücklagen)[597]. Mithin kommt der Bestandsgrenze des § 71 Abs. 2 S. 1 AktG keine eigenständige Funktion zu. Sie schränkt den Handlungsspielraum der Aktiengesellschaft unnötig ein und sollte daher vom deutschen Gesetzgeber gestrichen werden[598].

2. *Erwerbsgrenze des § 71 Abs. 1 Nr. 8 S. 1 AktG*

Im Gegensatz zum europäischen Gesetzgeber unterwirft der deutsche Gesetzgeber den Erwerb eigener Aktien nach geltender Regelung einer doppelten mengenmäßigen Begrenzung: Neben der bislang schon existierenden Bestandsgrenze des § 71 Abs. 2 S. 1 AktG sah der Gesetzgeber des KonTraG vor, dass die Hauptversammlung gemäß § 71 Abs. 1 Nr. 8 S. 1 AktG in ihrem Beschluss den Anteil am Grundkapital festschreibt, der 10% nicht überschreiten darf. Dabei bezieht sich

---

594 S. unter 2. Kap., § 2, III 2.

595 Oechsler, ZHR 170 (2006) 72, 75 f.; s. auch unter 2. Kap., § 2, III 2.

596 Ausführlich zur Historie Oechsler, ZHR 170 (2006) 72, 73 ff.; Peltzer, WM 1998, 322, 325; MüKoAktG-Oechsler, § 71, Rn. 30; s. auch unter 2. Kap., § 2, III 2.

597 S. unter 3. Kap., § 2, II 2.

598 Ebenso Oechsler, ZHR 170 (2006) 72, 73.

diese Volumenbegrenzung auf die Höchstmenge an Aktien, die die Gesellschaft aufgrund der Ermächtigung insgesamt erwerben darf.

Mit der Statuierung einer Erwerbsobergrenze in Höhe von 10% verfolgte der Gesetzgeber das Ziel, die Gefahr missbräuchlicher Kursbeeinflussung einzuschränken. Die Erwerbsschranke sollte Gesellschaften daran hindern, ihr Grundkapital während des Ermächtigungszeitraums mehrfach umzuschlagen, indem sie die erworbenen eigenen Aktien wieder veräußern und dann noch einmal eigene Aktien zurück kaufen. Hierdurch sollte es Gesellschaften unmöglich gemacht werden, auf die Kursbildung Einfluss zu nehmen. Die Begrenzung des zulässigen Erwerbsvolumens auf 10% der vorhandenen Aktien gemäß § 71 Abs. 1 Nr. 8 S. 1 AktG führt nämlich dazu, dass der Gesellschaft jeder weitere Erwerb eigener Aktien aufgrund der Ermächtigung der Hauptversammlung untersagt ist, wenn sie innerhalb des bis dato geltenden 18-monatigen Ermächtigungszeitraums das Erwerbsvolumen von 10% einmal ausgeschöpft hat. Dies gilt auch dann, wenn die Gesellschaft ihren Gesamtbestand durch zwischenzeitliche Veräußerungen wieder auf weniger als 10% ihres Grundkapitals reduziert. Jedoch ist nicht zu verkennen, dass die Erwerbsgrenze des § 71 Abs. 1 Nr. 8 S. 1 AktG und damit das mit ihr verfolgte Ziel des deutschen Gesetzgebers durch sukzessive Rückkäufe umgangen werden kann. Denn für die Hauptversammlungsermächtigung i. S. des § 71 Abs. 1 Nr. 8 S. 1 AktG besteht zwar eine Höchst- aber keine Mindestdauer, so dass sich der Vorstand mehrmals in kurzen Zeitabständen hintereinander zum Erwerb eigener Aktien ermächtigen lassen könnte. Insofern beschränkt nur das wiederholte Einholen der Hauptversammlungsermächtigung den Vorstand in seinem Handlungsspielraum.

Die mengenmäßige Beschränkung des § 71 Abs. 1 Nr. 8 S. 1 AktG zwecks Behebung der Gefahr missbräuchlicher Kursbeeinflussung erweist sich zudem wegen einer anderen Überlegung als nur begrenzt erfolgversprechend. Einerseits können bei entsprechender Marktenge schon prozentual geringfügige Mengen zurück erworbener eigener Aktien ausreichen, um bedeutende Marktbewegungen auszulösen. Andererseits können auf einem stabilen Markt auch voluminöse Rückkauftransaktionen keine nennenswerten Kursbewegungen hervorrufen[599].

Des Weiteren stellt sich die Begrenzung der insgesamt zu erwerbenden Aktien auf höchstens 10% des Grundkapitals im Hinblick auf die Verlängerung der Geltungsdauer der von der Hauptversammlung erteilten Ermächtigung zum Aktienrückkauf auf fünf Jahre als praxisuntauglich dar. Sollte der Vorstand aufgrund der fünfjährigen Ermächtigung das zulässige Aktienvolumen gleich im ersten Jahr erwerben, so wäre der Gesellschaft ein weiterer Aktienerwerb aufgrund derselben Ermächtigung gesetzlich nicht gestattet, und zwar unabhängig davon, wie viele eigene Aktien die Gesellschaft in ihrem Bestand halten würde. Wollte die

599 Johannsen-Roth, S. 303.

Gesellschaft dennoch einen weiteren Aktienrückkauf durchführen, so müsste sie eine außerordentliche Hauptversammlung einberufen oder den Erwerb eigener Aktien auf den Tagesordnungspunkt der nächsten ordentlichen Hauptversammlung setzen. Damit beschneidet die Erwerbsgrenze des § 71 Abs. 1 Nr. 8 S. 1 AktG die Intention des europäischen Gesetzgebers, den Erwerb eigener Aktien flexibler zu gestalten, insbesondere der Unternehmensleitung einer börsennotierten Aktiengesellschaft die Möglichkeit zu eröffnen, rasch und ihren wirtschaftlichen Verhältnissen entsprechend auf kapitalmarktrechtliche Entwicklungen reagieren zu können.

Schließlich spricht für die Aufhebung der Begrenzung des zulässigen Erwerbsvolumens auf 10% der vorhandenen Aktien i. S. des § 71 Abs. 1 Nr. 8 S. 1 AktG folgendes Argument: Art. 19 Abs. 1 Unterabs. 1 lit. a Kap-RL n.F. schreibt ebenso wie seine Vorgängervorschrift vor, dass die Ermächtigung „insbesondere die Höchstzahl der zu erwerbenden Aktien, ... festlegt“. Die Bestimmung legt aber selbst keine Erwerbsgrenze fest, sondern überlässt dies der Hauptversammlung. Art. 19 Abs. 1 Kap-RL enthält Mindestregelungen, die der nationale Gesetzgeber nach Belieben verschärften durfte. Hingegen statuiert Art. 19 Abs. 1 Kap-RL n.F. für den Erwerb eigener Aktien sowohl zwingende als auch fakultative Voraussetzungen, wobei letztere in dem abschließenden Katalog des Art. 19 Abs. 1 Unterabs. 2 Kap-RL n.F. aufgeführt sind. Die Festlegung eines erschöpfenden Katalogs lässt im Umkehrschluss folgern, dass der nationale Gesetzgeber die Zulässigkeit des Erwerbs eigener Aktien nicht von darüber hinausgehenden Voraussetzungen abhängig machen darf[600]. Folglich ist es nicht zulässig, das Erfordernis der Festlegung einer Höchstzahl der zu erwerbenden Aktien durch die Hauptversammlung zusätzlich durch eine mengenmäßige Erwerbsbeschränkung anzureichern. Da die in § 71 Abs. 1 Nr. 8 S. 1 AktG statuierte Erwerbshöchstgrenze auf 10% des Grundkapitals gegenüber den Vorgaben in der Kapitaländerungsrichtlinie eine inhaltliche Verschärfung darstellt, ist sie unzulässig und damit aufzuheben.

3. *Erweiterung des Handlungsspielraums des Vorstands*

Die Neuerungen der Kapitaländerungsrichtlinie im Bereich des Erwerbs eigener Aktien zielen darauf ab, den Gesellschaften größere Flexibilität bei der Unternehmensfinanzierung einzuräumen. Damit geht die Erweiterung der Dispositionsbefugnis des Vorstands einher. Der Wegfall der europarechtlichen Bestandsgrenze für eigene Aktien bewirkt, dass der Vorstand bis zur Grenze der ausschüttungsfähigen Mittel Aktien der Gesellschaft von den Aktionären erwerben kann. Das Ausmaß dieser Neuregelung wird dadurch verstärkt, dass nunmehr die Hauptversammlung den Vorstand für einen Zeitraum von längstens fünf Jahren anstelle von 18 Monaten

---

600 Cahn, der Konzern 2007, 385, 392.

zum Erwerb eigener Aktien ermächtigen kann. Damit unterliegt die Befugnis des Vorstands zum Aktienrückkauf nicht länger einer alljährlichen Kontrolle durch die ordentlich einberufene Hauptversammlung. Schließlich verstärkt die nach geltendem Recht bestehende Regelung, wonach anstelle einer betragsmäßigen Festsetzung des Erwerbspreises für eigene Aktien eine relative Anbindung an den künftigen Börsenpreis vorgenommen werden kann, die Möglichkeit des Vorstands, trotz zu beobachtender Kursschwankungen an den Aktienbörsen freihändig über Mittel zwecks Erwerbs eigener Aktien zu disponieren[601].

Mit den die Dispositionsbefugnis des Vorstands erweiternden Erleichterungen beim Erwerb eigener Aktien geht die Gefahr des verzerrten Börsenpreises einher. Eine solche für die Funktionsfähigkeit des Kapitalmarktes aber auch für die Anleger bestehende Gefahr droht umso stärker bei der hier befürworteten Aufhebung der Erwerbsgrenze des § 71 Abs. 1 Nr. 8 S. 1 AktG. Jedoch kann den für den Kapitalmarkt bestehenden Gefahren nicht mit Hilfe von aktienrechtlichen Vorschriften, denen herkömmlicher Weise die Aufgabe zukommt, die Interessen der Gläubiger und der Aktionäre zu schützen, begegnet werden. Folglich können Beeinträchtigungen des Kapitalmarktes und Schädigungen der Anleger einer Deregulierung des deutschen Aktienrechts nicht entgegenstehen. Es ist vielmehr erforderlich, dass kapitalmarktorientierte Schutzanliegen Gegenstand spezifisch kapitalmarktrechtlicher Bestimmungen sind. Ob das deutsche Kapitalmarktrecht diesen Schutzanliegen tatsächlich hinreichend Rechnung trägt, ist Gegenstand des vierten Kapitels der Arbeit.

IV. Zwischenergebnis

1. Der Erwerb eigener Aktien durch die Gesellschaft ist nach Inkrafttreten des ARUG weiterhin einer doppelten mengenmäßigen Begrenzung unterworfen: Zum einen ist nach § 71 Abs. 2 S. 1 AktG die Menge an Aktien, die die Gesellschaft halten darf, auf höchstens 10% des Grundkapitals beschränkt, zum anderen darf nach § 71 Abs. 1 Nr. 8 AktG die Menge an Aktien, die die Gesellschaft aufgrund der Ermächtigung insgesamt erwerben darf, nicht mehr als 10% des Grundkapitals betragen. Des Weiteren normiert § 71 Abs. 1 Nr. 8 S. 2 AktG für den Eigenerwerb eine negative Zweckvorgabe: Die Gesellschaft darf den Aktienrückerwerb nicht zum Zwecke des Handelns in eigenen Aktien betreiben.
2. Der Gesetzgeber des ARUG hat die Geltungsdauer der Ermächtigung durch die Hauptversammlung zum Erwerb eigener Aktien entsprechend der zwingenden Vorgabe des Art. 19 Abs. 1 Unterabs. 1 lit. a Kap-RL n.F. von bisher höchstens 18 Monaten auf höchstens fünf Jahre verlängert.

---

601 Drygala, AG 2001, 291, 296.

3. Nach der Kapitaländerungsrichtlinie steht es im Ermessen des deutschen Gesetzgebers, die Bestandsgrenze des § 71 Abs. 2 S. 1 AktG aufzuheben. In Umsetzung der Kapitaländerungsrichtlinie durch das ARUG hat der Gesetzgeber von seinem Ermessen insofern Gebrauch gemacht, als er diese Deregulierungsoption nicht genutzt hat. Da sich die Kapitalgrenze des § 71 Abs. 2 S. 2 AktG und das bilanzielle Neutralitätsgebot des § 272 Abs. 4 HGB als Regelungen bewährt haben, die weitaus besser geeignet sind, einen effektiven Schutz der Gläubiger zu gewährleisten, sollte die Bestandsgrenze des § 71 Abs. 2 S. 1 AktG künftig vom Gesetzgeber gestrichen werden.
4. Die Aufhebung der Erwerbsgrenze des § 71 Abs. 1 Nr. 8 S. 1 AktG wird ebenfalls befürwortet. Die Erwerbsobergrenze von 10% kann ihrem Sachanliegen, die Gefahr missbräuchlicher Kursbeeinflussung einzuschränken, nicht hinreichend Rechnung tragen. Ferner erscheint die Schranke im Hinblick auf die nunmehr geltende Höchstlaufzeit der Ermächtigung zum Aktienrückkauf von fünf Jahren als praxisuntauglich. Schließlich verbietet die Kapitaländerungsrichtlinie nach richtigem Verständnis dem nationalen Gesetzgeber, die in der Richtlinie festgelegten Vorgaben durch zusätzliche strengere Regelungen anzureichern.
5. Die befürworteten Erleichterungen für den Erwerb eigener Aktien aufgrund einer allgemeinen Ermächtigung der Hauptversammlung führen zu einer Erweiterung des Handlungsspielraums des Vorstands. Die hiermit verbundenen Risiken für die Funktionsfähigkeit des Kapitalmarktes stehen einer gesellschaftsrechtlichen Deregulierung nicht entgegen. Es ist nicht die Aufgabe von aktienrechtlichen, sondern von kapitalmarktrechtlichen Bestimmungen, den Gefahren für die Funktionsfähigkeit des Kapitalmarktes insgesamt und für die Anleger im Besonderen Rechnung zu tragen.
6. Das Handelsverbot des § 71 Abs. 1 Nr. 8 S. 2 AktG stellt eine weitere gesellschaftsrechtliche Beschränkung dar, die gemeinschaftsrechtlich nicht indiziert ist und damit zunächst den Anschein erweckt, dass deutsche Gesellschaften gegenüber ihren Mitstreitern benachteiligt werden. Ob dies tatsächlich der Fall ist, kann erst nach einer Analyse der kapitalmarktrechtlichen Rahmenbedingungen für den Erwerb eigener Aktien beantwortet werden.

4. Kapitel: Kapitalmarktrechtliche Rahmenbedingungen für den Erwerb eigener Aktien

§ 1 Einleitung

Setzt die Gesellschaft den Erwerb eigener Aktien als Instrument des Finanzmanagements ein, kann es zur Beeinträchtigung der Funktionsfähigkeit des Kapitalmarktes im Allgemeinen und zu Schädigungen der Anleger im Besonderen kommen. Die Gesellschaft tritt nämlich gleichermaßen als Nachfragerin und Anbieterin zu den regulären Marktteilnehmern hinzu und kann vor allem aufgrund ihres fast uneinholbaren Wissensvorsprungs gestaltend auf die Entwicklung ihres eigenen Aktienkurses Einfluss nehmen. Sie ist in der Lage, einerseits durch den Rückerwerb eigener Aktien einen falschen Eindruck über die Nachfrage nach ihren Aktien zu vermitteln und andererseits durch die Wiederveräußerung eigener Aktien das Angebot ihrer Aktien am Kapitalmarkt zu erweitern. Diese Einwirkung auf den Preisbildungsmechanismus des Kapitalmarkts kann zu Verzerrungen des Marktpreises führen mit der Folge, dass dieser die wirtschaftlichen Verhältnisse der Gesellschaft nicht mehr ordnungsgemäß widerspiegelt. Anleger treffen aufgrund der Täuschung über den wahren Wert des gehandelten Wertpapiers Fehlinvestitionen und verlieren ihr Vertrauen in die Ordnungsmäßigkeit der Preisbildung auf dem Markt[602].

Der Gesetzgeber des KonTraG war sich der Risiken, die Erwerb und Veräußerung eigener Aktien für den Kapitalmarkt darstellen, bewusst. Aus diesem Grunde war er bestrebt, aktienrechtliche Erwerbs- und Veräußerungsbeschränkungen in Form der Erwerbsgrenze des § 71 Abs. 1 Nr. 8 S. 1 AktG und des Handelsverbotes des § 71 Abs. 1 Nr. 8 S. 2 AktG zu schaffen, um kapitalmarktrechtliche Probleme zu lösen. Welche gravierenden Auswirkungen diese Vorgehensweise des Gesetzgebers auf die Auslegung aktienrechtlicher Vorgaben hat, zeigt in aller Deutlichkeit das in § 71 Abs. 1 Nr. 8 S. 2 AktG normierte Verbot des Handels in eigenen Aktien. Bis zum heutigen Tage herrscht darüber Streit, wann eine Gesellschaft „Handel in eigenen Aktien" betreibt[603]. Kapitalmarktorientierte Schutzanliegen waren erstmals Gegenstand der Marktmissbrauchsrichtlinie und vor allem der auf Grundlage von Art. 8, 17 Abs. 2 M-RL am 22. Dezember 2003 ergangenen Verordnung (EG)

602 S. hierzu unter 1. Kap., § 2.

603 S. hierzu unter 3. Kap., § 2, I 2.

Nr. 2273/2003 zur Durchführung der Richtlinie 2003/6/EG des Europäischen Parlaments und des Rates – Ausnahmeregelungen für Rückkaufprogramme und Kursstabilisierungsmaßnahmen[604] (im Folgenden auch: Ausnahmeverordnung).

Die Ausnahmeverordnung gilt gemäß ihrem Art. 12 seit dem 23. Dezember 2003, dem Tage ihrer Veröffentlichung, in jedem Mitgliedstaat der Europäischen Gemeinschaft unmittelbar (Art. 249 Abs. 2 EGV). Sie enthält technische Detailfragen zu Art. 8 M-RL betreffend den Handel mit eigenen Aktien im Rahmen von Rückkaufprogrammen und Kursstabilisierungsmaßnahmen für ein Finanzinstrument, die auf der zweiten Stufe des vierstufigen Rechtssetzungsverfahren[605] von dem Ausschuss der europäischen Wertpapierregulierungsbehörden („Committees of European Securities Regulators" – CESR)[606] erarbeitet worden sind. Gegenstand nachfolgender Analyse sind die spezifisch kapitalmarktrechtlichen Bestimmungen der Ausnahmeverordnung in Bezug auf Aktienrückkaufprogramme. Dabei ist das Verhältnis der Verordnung zu dem Verbot des Handels in eigenen Aktien gemäß § 71 Abs. 1 Nr. 8 S. 2 AktG von besonderem Interesse.

§ 2 Die Verordnung (EG) Nr. 2273/2003 über Ausnahmeregelungen für Rückkaufprogramme und Kursstabilisierungsmaßnahmen

I. Regelungsziel

Ziel der Ausnahmeverordnung ist es – in Anlehnung an die Marktmissbrauchsrichtlinie –, durch eine eindeutige Festlegung von Bedingungen für den Handel mit eigenen Aktien im Rahmen von Rückkaufprogrammen und Kurstabilisierungsmaßnahmen für ein Finanzinstrument eine grenzübergreifende Rechtssicherheit für Emittenten und Marktteilnehmer zu schaffen und somit einen Beitrag zur Förderung des freien Kapitalverkehrs und zur Integration der europäischen Kapitalmärkte zu leisten. Denn ohne das Bestehen von gemeinsamen Standards bestünde die Möglichkeit, dass Emittenten und Marktteilnehmer in einem Mitgliedstaat wegen Marktmissbrauchs belangt würden, in einem anderen hingegen nicht. Dadurch könnten der freie Kapitalverkehr und die Integration der europäischen Kapitalmärkte erheblich behindert werden. Auch wäre es ohne die Schaffung von Detailregelungen deutlich schwieriger, der Gefahr einer Marktverzerrung zu begegnen. Es ist nämlich nicht auszuschließen, dass einige Emittenten und Marktteilnehmer die wirtschaftlichen Vorteile des Handels mit eigenen Aktien im Rahmen von

604 Abl. L 336 v. 23.12.2003, S. 33.

605 S. unter 2. Kap., § 3, I.

606 Beschluss der Kommission v. 6.6.2001 zur Einsetzung des Ausschusses der europäischen Wertpapierregulierungsbehörden, Abl. EG Nr. L 191 v. 13.7.2001, S. 43.

Rückkaufprogrammen und Kursstabilisierungsmaßnahmen gegenüber den Risiken, die diese Transaktionen für integrierte europäische Kapitalmärkte mit sich bringen, nach eigenem Gutdünken abwägen würden[607].

Mithin sollen den Marktakteuren in Form der Verordnung (EG) Nr. 2273/2003 Leitlinien an die Hand gegeben werden, anhand derer sie erkennen können, unter welchen Voraussetzungen die von ihnen getätigten Aktivitäten keinen Verstoß gegen die Insider- und Manipulationsverbote der Marktmissbrauchsrichtlinie darstellen. Darüber hinaus sollen durch die in der Verordnung aufgestellten Voraussetzungen für den Handel mit eigenen Aktien im Rahmen von Rückkaufprogrammen und Kurstabilisierungsmaßnahmen für Finanzinstrumente die aus diesen Marktaktivitäten resultierenden Gefahren eingedämmt werden, so dass nur die mit diesen Aktivitäten verbundenen wirtschaftlichen Vorteile zum Tragen kommen und von den Marktteilnehmern genutzt werden können. Damit werden sich Marktteilnehmer – zumindest in den durch die Verordnung geregelten Fällen – nicht mehr veranlasst sehen, von sinnvollen Maßnahmen aus Gründen der Vorsicht Abstand zu nehmen.

Schließlich ist noch anzumerken, dass sich in der Wahl des Durchführungsaktes zu der Marktmissbrauchsrichtlinie, namentlich der Wahl einer Verordnung und nicht einer Richtlinie, ebenfalls die Zielsetzung der grenzübergreifenden Rechtssicherheit widerspiegelt[608]. Denn die Verordnung ist in allen ihren Teilen verbindlich (Art. 249 Abs. 2 EGV) und nicht wie die Richtlinie nur hinsichtlich der festgesetzten Ziele (Art. 249 Abs. 3 EGV). Folglich bedarf die Verordnung keines weiteren Umsetzungsaktes ins nationale Recht und führt so für den von ihr geregelten Bereich zu einer Vereinheitlichung des nationalen Rechts.

II. Die Regelung der Verordnung (EG) Nr. 2273/2003 im Allgemeinen

1. Regelungsgegenstand

Die Verordnung legt fest, welche Bedingungen Rückkaufprogramme und Maßnahmen zur Stabilisierung des Kurses von Finanzinstrumenten erfüllen müssen, damit sie in den Genuss der in Art. 8 M-RL vorgesehenen Ausnahmeregelung kommen können.

Die Ausnahmeverordnung enthält aber keine abschließende Regelung im Hinblick auf Rückkaufprogramme einerseits und Kurstabilisierung andererseits. Entsprechen demzufolge Aktienrückkaufprogramme und Kursstabilisierungs-

607 Allg. Bemerkungen des Verordnungsvorschlags der Kom, ArbDok. ESC 24/2003, S. 3; CESR/02.089d, S. 35, Rn. 107.

608 Allg. Bemerkungen des Verordnungsvorschlags der Kom, aaO, S. 3.

maßnahmen nicht den in der Ausnahmeverordnung festgelegten Bedingungen, so sind sie nicht per se als Marktmissbrauch zu werten[609]. Sie werden lediglich – wie alle anderen Transaktionen – nach Maßgabe der allgemeinen Bestimmungen der Marktmissbrauchsrichtlinie gewürdigt, also insbesondere gemäß Art. 1 Abs. 2 S. 1 lit. a M-RL[610]. Dies folgt bereits aus dem hinter der Vorschrift des Art. 8 M-RL stehenden Zweck, für die Marktteilnehmer einen Safe Harbour zu schaffen. Sie sollen sich sicher sein können, dass weder der Handel mit eigenen Aktien im Rahmen von Rückkaufprogrammen noch Kursstabilisierungsmaßnahmen für Finanzinstrumente bei Beachtung der von der Kommission aufgestellten Bedingungen eine Ahndung wegen eines Verstoßes gegen die Manipulations- oder Insiderhandelsverbote auslösen. Nehmen die Marktakteure derartige Transaktionen jedoch unter anderen als den in der Ausnahmeverordnung aufgestellten Bedingungen vor, kann dies nicht dazu führen, dass Art. 8 M-RL in sein Gegenteil gekehrt wird mit der Folge, dass diese Geschäfte automatisch den Tatbestand des Marktmissbrauchs erfüllen. Denn die Ausnahmevorschrift des Art. 8 M-RL stellt für Marktakteure insofern eine Privilegierung dar, als ihnen die Sicherheit gewährt wird, dass die unter Beachtung der Ausnahmeverordnung vorgenommenen Geschäfte von dem Gesetzgeber als wirtschaftlich sinnvoll angesehen werden. Ziel der Vorschrift ist es hingegen nicht, die Handelsaktivitäten der Marktteilnehmer derart einzuschränken, dass jede Abweichung von den in der Ausnahmeverordnung festgelegten Bedingungen missbräuchlich ist. In diesem Zusammenhang ist auch zu beachten, dass die Ausnahmeregelungen der Verordnung nur Verhaltensweisen erfassen, die unmittelbar mit dem Zweck der Rückkauf- und Kursstabilisierungsmaßnahmen verknüpft sind. Verhaltensweisen, die einen solchen unmittelbaren Bezug nicht aufweisen, müssen daher wie jede andere unter die Marktmissbrauchsrichtlinie fallende Maßnahme behandelt werden[611].

2. *Übersicht*

Die Ausnahmeverordnung gliedert sich in vier Kapitel. Das Erste Kapitel legt in Art. 1 den Regelungsgegenstand der Verordnung fest und definiert in Art. 2 die in der Verordnung angewandten Begriffe, wobei die in der Marktmissbrauchsrichtlinie getroffenen Definitionen auch im Rahmen der Ausnahmeverordnung Geltung haben („zusätzlich zu den Definitionen der Richtlinie 2003/6/EG"). Im Zweiten Kapitel werden in den Art. 3 bis 6 die Bedingungen für den Handel mit eigenen Aktien im Rahmen von Rückkaufprogrammen näher beschrieben, die

609 2. ErwGr. der Verordnung (EG) Nr. 2273/2003, Abl. L 336 v. 23.12.2003, S. 33.

610 3. ErwGr. der Verordnung (EG) Nr. 2273/2003, aaO, S. 33; Vogel, WM 2003, 2437, 2444.

611 3. ErwGr. der Verordnung (EG) Nr. 2273/2003, aaO, S. 33.

erfüllt sein müssen, damit der Aktienrückkauf kraft Art. 8 M-RL als Legalausnahme zum Verbot des Marktmissbrauchs gewertet werden kann. Die Art. 7 bis 11 des Dritten Kapitels enthalten für Maßnahmen zur Stabilisierung des Kurses eines Finanzinstruments entsprechende Regelungen. Im Vierten Kapitel regelt Art. 12 das Inkrafttreten der Verordnung. Im Folgenden werden nur die für die vorliegende Arbeit relevanten Art. 3 bis 6 der Ausnahmeverordnung (im Folgenden: EU-VO) über Rückkaufprogramme behandelt.

III. Die Regelung der Verordnung (EG) Nr. 2273/2003 im Besonderen – Rückkaufprogramme

1. Begriffsbestimmung

Art. 8 M-RL nimmt generell den Handel mit eigenen Aktien im Rahmen von Rückkaufprogrammen von der Anwendung der Verbotstatbestände der Insidergeschäfte und Marktmanipulation aus, sofern dieser im Einklang mit den erlassenen Durchführungsmaßnahmen erfolgt. Der Begriff des „Handels" ist auf europarechtlicher Ebene weder in der Marktmissbrauchsrichtlinie noch in der Ausnahmeverordnung definiert. Jedoch findet sich in Art. 2 Nr. 3 EU-VO eine Definition des Begriffs „Rückkaufprogramm", worunter „der Handel mit eigenen Aktien gemäß den Art. 19 bis 24 der Richtlinie 77/91/EWG" zu verstehen ist. Diese Vorschriften nennen nur die Voraussetzungen, unter denen der Erwerb eigener Aktien durch eine Aktiengesellschaft zulässig ist. Ferner folgt aus der in Art. 3 EU-VO statuierten Beschränkung auf bestimmte Zwecke des Rückkaufprogramms, dass die Verordnung unter einem Handel mit eigenen Aktien den Rückerwerb zwecks Einziehung sowie Bedienung von Verpflichtungen der Gesellschaft meint. Die Ausnahmeverordnung stellt des Weiteren in Kapitel 2 die Voraussetzungen für einen zulässigen Handel mit eigenen Aktien auf, während sie in ihrem Art. 6 Abs. 1 lit. a eine Regelung hinsichtlich des Verkaufs eigener Aktien trifft. Damit unterscheidet die Verordnung selber zwischen dem Handel mit eigenen Aktien und dem Verkauf eigener Aktien, so dass es nahe liegt, den Handel als Rückkauf auszulegen. Schließlich verwendet der Richtliniengeber in der Erläuterung zu Art. 7 und 8 des Vorschlags der Kommission für eine Marktmissbrauchsrichtlinie die Begriffe „Rückkaufgeschäfte", „Geschäfte mit eigenen Aktien" und „Handel mit eigenen Aktien" synonym[612]. Mithin ist davon auszugehen, dass europaweit unter

612 Erl. zu Art. 7 und 8 des Kommissionsvorschlags einer MaMi-RL, KOM (2001) 281 endg., S. 9.

einem Handel mit eigenen Aktien allgemein der Erwerb eigener Aktien im Rahmen von Rückkaufprogrammen zu verstehen ist[613].

2. *Verhältnis zu der Kapitalschutzrichtlinie*[614]

Im Hinblick auf den Handel mit eigenen Aktien im Rahmen von Rückkaufprogrammen stellt die Ausnahmeverordnung in ihrem vierten Erwägungsgrund ausdrücklich klar, dass die in der Verordnung enthaltenen Bestimmungen nicht die Anwendung der Richtlinie 77/91/EWG (Kapitalschutzrichtlinie) berühren[615]. Allerdings ist es erforderlich, diese Erläuterung im Zusammenhang mit der Definition des Rückkaufprogramms in Art. 2 Nr. 3 EU-VO sowie der Regelung in Art. 4 Abs. 1 EU-VO und dem dort enthaltenen Verweis auf Art. 19 Abs. 1 Kap-RL zu sehen, um das Verhältnis der Ausnahmeverordnung zu der Kapitalschutzrichtlinie abschließend klären zu können. Aus diesen Bestimmungen folgt, dass Verordnung und Richtlinie insoweit miteinander verzahnt sind, als die Bestimmungen der Ausnahmeverordnung im Hinblick auf Rückkaufprogramme an die in der Kapitalschutzrichtlinie in den Art. 19 bis 24 getroffenen Regelungen über den Erwerb eigener Aktien durch die Gesellschaft anknüpfen.

Demzufolge setzt die Annahme einer Legalausnahme zu den Verboten für Insidergeschäfte und Marktmanipulation i. S. des Art. 8 M-RL zweierlei voraus: Erstens muss jeder Aktienrückkauf durch die Gesellschaft die in der Kapitalschutzrichtlinie enthaltenen Bedingungen betreffend den Erwerb eigener Aktien durch die Gesellschaft einhalten[616]. Zweitens müssen die zusätzlichen, in den Art. 3 bis 6 EU-VO statuierten Bedingungen erfüllt werden[617]. Der Grund hierfür ist in den unterschiedlichen Zielsetzungen der Kapitalschutzrichtlinie und der Marktmissbrauchsrichtlinie zu sehen.

In dem Wissen, dass mit dem Erwerb eigener Aktien durch die Gesellschaft sowohl für die Gläubiger als auch für die Aktionäre Risiken verbunden sind, stellt der europäische Gesetzgeber in den Art. 19 bis 24 Kap-RL Mindestvorgaben auf, die dem Grundsatz des unantastbaren Grundkapitals und der Stellung der

---

613 Leppert/Stürwald, ZBB 2004, 302, 306; Geber/zur Megede, BB 2005, 1861 f.; Singhof/Weber, AG 2005, 549, 554; Schäfer in Marsch-Barner/Schäfer, § 47, Rn. 22.

614 Der Verweis auf die Kapitalschutzrichtlinie hat Gültigkeit bis zum 15. April 2008; danach betrifft der Verweis die Kapitalschutzrichtline in der Gestalt, die sie durch die Kapitaländerungsrichtlinie erfahren hat. Bedeutende Unterschiede der Kapitalschutzrichtlinie zur Änderungsrichtlinie werden an der betreffenden Stelle behandelt und sind dort als solche gekennzeichnet.

615 4. ErwGr. der Verordnung (EG) Nr. 2273/2003, Abl. L 336 v. 23.12.2003, S. 33.

616 CESR/02.089d, S. 36, Rn. 110.

617 CESR/02.089d, S. 36, Rn. 111.

Aktionäre in ihrer Rolle als Verbandsmitglieder Rechnung tragen sollen[618]. Die in der Kapitalschutzrichtlinie statuierten Bedingungen für den Erwerb eigener Aktien sind jedoch nicht darauf konzipiert, unter Berücksichtigung der mit dem Aktienrückerwerb verbundenen Gefahren für den Börsen- und Kapitalmarkt Mindestvorgaben festzulegen, unter deren Einhaltung die Gesellschaft dann Handel mit eigenen Aktien betreiben könnte. Zwar gestattet Art. 19 Abs. 1 Kap-RL der Gesetzgebung der Mitgliedstaaten, den Rückerwerb eigener Aktien zu beliebigen Zwecken zuzulassen, und steht damit dem Handel mit eigenen Aktien am Kapitalmarkt nicht im Wege, sofern die in Art. 19 Abs. 1 lit. a bis d Kap-RL enthaltenen Bedingungen eingehalten werden. Jedoch ist Zielsetzung der Kapitalschutzrichtlinie, im Bereich der aktienrechtlichen Kapitalerhaltungsvorschriften ein Mindestmaß an Gleichwertigkeit im Rahmen des Aktionärs- und Gläubigerschutzes sicherzustellen[619], nicht dagegen, das Vertrauen der Anleger in die europäischen Finanzmärkte zu stärken. Letzteres Ziel verfolgt die Marktmissbrauchsrichtlinie und die in Durchführung hierzu ergangene Ausnahmeverordnung. In Erfüllung dieser Zielvorgabe statuiert die Ausnahmeverordnung Tatbestände, die unter Einhaltung bestimmter Bedingungen eine Freistellung von den für Insidergeschäfte und Marktmanipulation geltenden Verboten der Marktmissbrauchsrichtlinie gewähren. So ist die Einhaltung der in der Kapitalschutzrichtlinie enthaltenen Bedingungen für den Erwerb eigener Aktien zwar notwendig, aber nicht ausreichend, um in den Genuss der in Art. 8 M-RL vorgesehenen Freistellung von den Verboten für Insidergeschäfte und Marktmanipulation zu kommen. Vielmehr müssen die zusätzlichen, in den Art. 3 bis 6 EU-VO statuierten Bedingungen erfüllt werden[620].

3. *Die Voraussetzungen für eine Freistellung nach Art. 8 der Marktmissbrauchsrichtlinie*

Art. 3 EU-VO nennt die Voraussetzungen, die ein Rückkaufprogramm erfüllen muss, um in den Genuss der in Art. 8 M-RL vorgesehenen Freistellung von den für Insidergeschäfte und Marktmanipulation geltenden Verboten der Marktmissbrauchsrichtlinie zu kommen. Danach muss ein Rückkaufprogramm erstens den Art. 4, 5 und 6 EU-VO entsprechen und zweitens „einzig und allein“ den in Art. 3 EU-VO geregelten Zwecken dienen.

---

618 Erl. zu Art. 18 des Kommissionsvorschlags einer zweiten Richtlinie, Abl. EG Nr. C 48/8 v. 24.4.1970, S. 12.

619 Erwägungsgründe der RL 77/91/EWG, Abl. EG Nr. L 26 v. 13.12.1977, S. 1.

620 CESR/02.089d, S. 36, Rn. 111.

a) *Zweckbestimmung*

Die Ausnahmeverordnung bestimmt in ihrem Art. 3, dass der Handel mit eigenen Aktien im Rahmen von Rückkaufprogrammen nur zu bestimmten Zwecken gestattet werden darf. Als zulässige Zwecke von Rückkaufprogrammen werden erstens die Herabsetzung des Kapitals (in Wert oder Zahl) eines Emittenten (Art. 3) und zweitens die Einhaltung von Verpflichtungen aus der Umwandlung von Schuldverschreibungen in Beteilungskapital (Art. 3 lit. a) sowie aus der Zuteilung von Belegschaftsaktien oder aus anderen Formen der Zuteilung von Aktien an Mitarbeiter des Emittenten oder einer Tochtergesellschaft (Art. 3 lit. b) genannt.

Zunächst wird der Aktienrückerwerb zur Durchführung einer Kapitalherabsetzung als zulässig qualifiziert. Stellt die Gesellschaft beispielsweise einen Produktionszweig ein, veräußert ein Zweiggeschäft oder verringert und spezialisiert ihr Angebot im Zuge der Anpassung an veränderte Marktverhältnisse, so würde sich ein zu hohes Grundkapital als sperriger Ballast erweisen. Daher ist die Gesellschaft in solchen Fällen veranlasst, ihr Kapital herabzusetzen, um einen nicht mehr benötigten Teil des vorhandenen Kapitals zu liquidieren. Wirtschaftlich stehen nicht benötigte Mittel den Aktionären zu[621]. Erwirbt nun die Gesellschaft die eigenen Aktien zum Zwecke der Kapitalherabsetzung, so erlöschen diese Aktien durch die anschließende Einziehung. Hierdurch wird zugleich das Grundkapital um den auf diese Aktien entfallenden Teilbetrag herabgesetzt[622].

Die unter lit. a und b des Art. 3 EU-VO aufgeführten Alternativen haben gemeinsam, dass sie jeweils einen Fall des Durchgangserwerbs für die Gesellschaft darstellen[623]. Erwirbt die Gesellschaft eigene Aktien, damit sie Verpflichtungen aus Schuldverschreibungen, Belegschaftsaktienprogrammen oder anderen Formen der Zuteilung von Aktien bedienen kann, so verbleiben die erworbenen Aktien nur für ein Zwischenstadium in ihrer Verfügungsgewalt. Art. 3 lit. a EU-VO beschreibt den Fall, dass die Gesellschaft Schuldverschreibungen emittiert hat, die dem Inhaber ein Umtauschrecht in Aktien gewähren (sog. Wandelschuldverschreibungen)[624]. Macht der Inhaber der Schuldverschreibung von seinem Wahlrecht Gebrauch, innerhalb vorgegebener Fristen die Schuldverschreibung in Aktien der emittierenden Gesellschaft umzuwandeln, so kann die Gesellschaft die zum Zweck der Umwandlung von Schuldverschreibungen in Beteiligungskapital erworbenen eigenen Aktien an den Gläubiger des Wertpapiers im Austausch gegen die Schuldverschreibung übertragen. Der Gläubiger wird dadurch zum Aktionär der Gesellschaft[625].

621 Hueck/Windbichler, Gesellschaftsrecht, § 30, Rn. 1.
622 Bezzenberger, S. 27, Rn. 36.
623 MüKoAktG-Oechsler, § 71, Rn. 122.
624 Claussen, Bank- und Börsenrecht, § 9, Rn. 157.
625 Claussen, Bank- und Börsenrecht, § 9, Rn. 158.

Des Weiteren darf ein Rückkaufprogramm gemäß Art. 3 lit. b EU-VO dem Zweck dienen, Belegschaftsaktienprogramme und andere Formen der Zuteilung von Aktien an Mitarbeiter des Emittenten oder einer Tochtergesellschaft zu begeben. Fraglich ist, ob der Begriff „Belegschaftsaktienprogramme“ neben Mitarbeitern auch Organmitglieder als Begünstigte erfasst. Dies ist weder aus der englischen Bezeichnung dieser Art der Verwendung („employee share option programmes“) eindeutig zu entnehmen noch geben die Materialen über den Anwendungsbereich dieser Bestimmung näheren Aufschluss. Das deutsche Aktienrecht bestimmt in § 71 Abs. 1 Nr. 2 AktG, dass der Erwerb eigener Aktien zulässig ist, wenn die Aktien Personen zum Erwerb angeboten werden, die im Arbeitsverhältnis zu der Gesellschaft oder zu einem mit ihr verbundenen Unternehmen stehen oder standen. Dabei hat der Gesetzgeber des KonTraG ausweislich der Regierungsbegründung auf eine Ausdehnung des Eigenerwerbs von Aktien auf Organmitglieder bewusst verzichtet[626]. Diese noch im Rahmen des Referentenentwurfs zum KonTraG[627] vorgesehene Öffnung ist auf vehemente Kritik des Schrifttums gestoßen und daher nicht Gesetz geworden. So wurde geltend gemacht, dass die Ausdehnung des Anwendungsbereichs des § 71 Abs. 1 Nr. 2 AktG auf Organmitglieder zu einer unkontrollierten Selbstentlohnung von Vorstand und Aufsichtsrat führen könne, da nach dieser Norm ein Hauptversammlungsbeschluss nicht erforderlich sei[628]. Daher ist nach geltendem Recht der Rückerwerb zur Bedienung von Aktienoptionsprogrammen für Geschäftsleitungsmitglieder und Führungskräfte des Unternehmens nur auf der Grundlage eines allgemeinen Hauptversammlungsbeschlusses nach § 71 Abs. 1 Nr. 8 AktG zulässig. Dabei will der Gesetzgeber durch das in § 71 Abs. 1 Nr. 8 S. 5 Halbs. 2 AktG aufgestellte Erfordernis einer analogen Anwendung des § 193 Abs. 2 Nr. 4 AktG das „Sicherheitsniveau“ an das der bedingten Kapitalerhöhung angleichen[629]. Die in Art. 3 EU-VO vorgesehene Begrenzung des Anwendungsbereichs des Erwerbs eigener Aktien auf die Ausgabe von Aktien im Rahmen von Belegschaftsaktienprogrammen ist im Zusammenhang mit der Regelung in Art. 4 Abs. 1 EU-VO zu sehen. Art. 4 Abs. 1 EU-VO bestimmt, dass Aktienrückkaufprogramme die in Art. 19 Abs. 1 Kap-RL festgelegten Bedingungen erfüllen müssen. Folglich setzt die Inanspruchnahme des Safe Harbour u. a. das Vorliegen einer Ermächtigung der Hauptversammlung zum Erwerb eigener Aktien durch die Gesellschaft voraus. Mithin können die im Hinblick auf die deutsche Vorschrift des § 71 Abs. 1 Nr. 2 AktG seitens der Literatur geäußerten Bedenken im Rahmen des Art. 3 lit. b EU-VO

---

626 RegBegr. zum KonTraG, BT-Drucks. 13/9712, S. 15.

627 Abgedruckt in ZIP 1996, 2129, 2130.

628 Hüffer, ZHR 161 (1997), 214, 242 f.; Lutter, AG/S 1997, 52, 56; Martens, AG/S 1997, 83, 84.

629 RegBegr. zum KonTraG, BT-Drucks. 13/9712, S. 14.

nicht zum Tragen kommen. Es ist daher dafür zu plädieren, dass der Anwendungsbereich des Art. 3 lit. b EU-VO auch Organmitglieder erfassen sollte, so dass die Gesellschaft erworbene eigene Aktien zur Bedienung von Aktienoptionen der Vorstände und Aufsichtsräte verwenden könnte[630]. Sollte hiergegen hervorgebracht werden, dass die Funktionsfähigkeit des Kapitalmarktes insofern beeinträchtigt werden könnte, als Aktienrückkäufe vom Management eingesetzt würden, um den Wert von Aktienoptionen kurzfristig nach oben zu treiben[631], so ist dem entgegen zu halten, dass diese Gefahr durch die Einhaltung der sonstigen Restriktionen des Safe Harbour bezüglich der Preise und Handelsvolumina gerade ausgeschlossen werden soll[632].

Andere als die in dieser Vorschrift genannten Zwecke kommen für die in Art. 8 M-RL vorgesehene Freistellung nicht in Betracht. Dies kommt in der Wahl des Wortlautes in Art. 3 EU-VO („...einzig und allein dem Zweck dienen...") in einer mehr als eindeutigen Weise zum Ausdruck. Folglich scheidet insbesondere der Aktienrückkauf zum Betreiben der Kurspflege durch Gesellschaften als zulässiger Hauptzweck aus[633].

Fraglich ist, worin die Gründe für die enge Begrenzung des Anwendungsbereichs des Safe Harbour auf die drei ausgewählten Erwerbszwecke des Art. 3 EU-VO liegen. Diese Frage ist insofern von Interesse, als das deutsche Aktienrecht in § 71 Abs. 1 AktG im Einklang mit den Vorgaben in der Kapitalschutzrichtlinie weitere zulässige Erwerbs- und Verwendungszwecke vorsieht. Zwar enthält die Marktmissbrauchsrichtlinie weder in ihrem Art. 8 noch in ihren Erwägungsgründen eine Beschränkung auf bestimmte Erwerbszwecke. Jedoch hat das CESR die Begrenzung auf die drei Erwerbszwecke in seiner an die Kommission gerichteten Stellungnahme in Bezug auf mögliche Durchführungsmaßnahmen zu der künftigen Marktmissbrauchsrichtlinie vorgenommen[634]. Diese Konkretisierung erfolgte als Reaktion auf das mit Marktteilnehmern, Verbrauchern und Endnutzern durchgeführte Konsultationsverfahren, in dem die Frage aufgeworfen wurde, welche konkreten Zwecke des Erwerbs eigener Aktien unter die Safe Harbour-Reglung fallen sollen[635]. Es ist daher davon auszugehen, dass das CESR die Interessen der Konsultanten durch die Begrenzung des Anwendungsbereichs der Ausnahmeverordnung auf die drei Erwerbszwecke des Art. 3 EU-VO insofern berücksichtigen wollte, als nur die vollkommen unproblematischen Fälle des Erwerbs eigener Aktien erfasst werden sollten[636].

630 Ebenso Singhof/Weber, AG 2005, 549, 555.
631 Bosse, NZG 2000, 923, 924; Feddersen, ZHR 161 (1997), 269, 289.
632 Singhof/Weber, AG 2005, 549, 555, Fn. 78.
633 Vogel, WM 2003, 2437, 2444.
634 CESR/02.089d, S. 37, Rn. 118.
635 CESR/02-287b, S. 29 f., Rn. 121.
636 Singhof/Weber, AG 2005, 549, 555.

Wollen also Gesellschaften die Freistellung von den Verboten der Insidergeschäfte und Marktmanipulationen nach Art. 8 M-RL für sich in Anspruch nehmen, müssen sie zunächst einen der in Art. 3 EU-VO normierten Zwecke erfüllen. Insofern ist das Recht des nationalen Gesetzgebers, die Ausgestaltung des Erwerbszwecks selbst zu bestimmen, im Gegensatz zu der Kapitalschutzrichtlinie beschränkt.

b) Weitere Voraussetzungen

Ferner muss ein Rückkaufprogramm kumulativ die in den Art. 4, 5 und 6 EU-VO enthaltenen Bedingungen erfüllen, um als Legalausnahme kraft Art. 8 M-RL zu gelten.

aa) Bedingungen für Rückkaufprogramme und deren Bekanntgabe

Art. 4 EU-VO legt sowohl allgemeine Bedingungen für Rückkaufprogramme als auch Bedingungen für deren Bekanntgabe fest.

(1) Allgemeine Bedingungen[637]

Art. 4 Abs. 1 EU-VO ordnet die allgemeinen Voraussetzungen für Rückkaufprogramme an. Demnach muss das Rückkaufprogramm die in Art. 19 Abs. 1 Kap-RL n.F. festgelegten Bedingungen erfüllen. Die Kapitaländerungsrichtlinie enthält in ihrem Art. 19 Abs. 1 Unterabs. 1 drei zwingende Voraussetzungen, die die Gesellschaft beachten muss, sofern es ihr die Rechtsvorschriften des Mitgliedstaates gestatten, eigene Aktien zurück zu erwerben: Der Rückerwerb muss erstens durch einen Hauptversammlungsbeschluss genehmigt werden, der insbesondere den Umfang des geplanten Erwerbs und bei entgeltlichem Erwerb den Mindest- und Höchstpreis festlegt und dessen Laufzeit von fünf Jahren nicht überschritten werden darf (lit. a). Als zweite Bedingung ist vorgesehen, dass das Nettoaktivvermögen das Grundkapital zuzüglich der nicht ausschüttbaren Rücklagen nicht überschreiten darf. Der Rückerwerb muss daher aus Mitteln finanziert werden, die auch als Dividende an die Aktionäre ausgeschüttet werden dürfen (lit. b). Dritte Voraussetzung ist schließlich, dass die Gesellschaft nur voll eingezahlte Aktien zurück erwerben darf (lit. c). Die in Art. 19 Abs. 1 lit. b in der Fassung der Kapitalschutzrichtlinie vorgesehene Voraussetzung, wonach der Aktienerwerb unter Einrechnung bereits vorhandener Bestände eigener Aktien 10% des Grundkapitals der Gesellschaft nicht überschreiten darf, ist durch die Kapitaländerungsricht-

637 Im Folgenden wird auf Art. 19 Abs. 1 der Kapitaländerungsrichtlinie eingegangen, da deren Umsetzung durch das ARUG erfolgt ist, s. unter 3. Kap., § 2 I.

linie in eine Kann-Bestimmung geändert worden (Art. 19 Abs. 1 Unterabs. 2 lit. i Kap-RL n.F.) und daher nicht mehr von den zwingend einzuhaltenden Vorgaben der Kapitaländerungsrichtlinie erfasst. Sofern Mitgliedstaaten den Erwerb eigener Aktien den fakultativen, in Art. 19 Abs. 1 Unterabs. 2 Kap-RL n.F. abschließend aufgezählten Bedingungen unterworfen haben, muss das Rückkaufprogramm diese zusätzlichen Vorschriften betreffend den Erwerb eigener Aktien ebenfalls erfüllen.

Im Hinblick auf die Höchstlaufzeit der Ermächtigung zum Aktienrückerwerb von nunmehr fünf Jahren ist die Frage aufzuwerfen, ob die Bekanntgabe eines 18-monatigen Zeitraums, für den das Rückkaufprogramm bislang genehmigt wurde, nicht einen größeren Beitrag zum Schutze der Marktintegrität leisten würde. Denn Marktteilnehmer können eingetretene Kurssteigerungen im Rahmen eines kürzeren Zeitraums mit größerer Sicherheit auf den Aktienrückkauf der Gesellschaft zurückführen. Dem ist jedoch entgegenzuhalten, dass die nachfolgend zu erörternden Regelungen über Bekanntgabe- und Meldepflichten spezifische Bestimmungen darstellen, um ein hinreichendes Maß an Transparenz sicherzustellen. Die Gesellschaft kann daher angesichts der verlängerten Geltungsdauer der Ermächtigung die Ausführung ihres Rückkaufprogramms flexibel gestalten, d.h. den Rückkauf entsprechend ihrer wirtschaftlichen Situation vornehmen.

Bedenken im Hinblick auf die Regelung des Art. 4 Abs. 1 EU-VO bestehen insoweit, als nur solche Aktienrückkaufprogramme unter die Safe Harbour-Regelung des Art. 8 M-RL fallen, welche die in Art. 19 Abs. 1 Kap-RL festgelegten Bedingungen erfüllen, während die nach Art. 19 Abs. 2 und 3 sowie Art. 20 Abs. 1 Kap-RL erlaubten Rückerwerbstatbestände nicht von der Privilegierung erfasst werden. Den Materialien lässt sich keine stichhaltige Begründung für diese Differenzierung entnehmen. Vielmehr ist festzustellen, dass die in Art. 4 Abs. 1 EU-VO statuierte Regelung mit der in Art. 2 Nr. 3 EU-VO enthaltenen Bestimmung in Widerspruch steht, wonach die Definition des Aktienrückkaufprogramms die Art. 19 bis 24 Kap-RL insgesamt in Bezug nimmt. Unklarheiten dürften sich daher in denjenigen Fällen ergeben, in denen der Aktienrückerwerb zwar einerseits einem der in Art. 3 EU-VO genannten Zwecke dient, andererseits jedoch nicht auf Grundlage der in Umsetzung des Art. 19 Abs. 1 Kap-RL erlassenen Norm, sondern auf Grundlage der in Umsetzung der Art. 19 Abs. 3 und 20 Abs. 1 lit. a Kap-RL erlassenen Vorschriften erfolgt[638]. So ist einer deutschen Aktiengesellschaft, die eigene Aktien zum Zwecke der Weitergabe an ihre Arbeitnehmer oder Arbeitnehmer ihrer Tochtergesellschaft (§ 71 Abs. 1 Nr. 2 AktG) oder zum Zwecke der Einziehung (§ 71 Abs. 1 Nr. 6 AktG) zu erwerben beabsichtigt, der Erwerb im Einklang mit den oben genannten Vorschriften der Kapitalschutzrichtlinie gerade ohne Ermächtigung durch die Hauptversammlung gestattet. Diese Fälle fallen

638 Singhof/Weber, AG 2005, 549, 555; s. hierzu ausführlich unter 4. Kap., § 2, IV 2.

aber gemäß Art. 4 Abs. 1 EU-VO aus dem Safe Harbour der Ausnahmeverordnung heraus, obwohl sie der europäische Gesetzgeber von 1976 als nicht so gefährlich eingestuft hatte, als dass sie eines Hauptversammlungsbeschlusses bedurft hätten.

(2) Bekanntgabepflichten

Art. 4 Abs. 2 bis 4 EU-VO trifft detaillierte Regelungen über Bekanntgabepflichten des Emittenten hinsichtlich des Rückkaufprogramms und der ausgeführten Transaktionen.

(a) Bekanntgabepflichten vor Beginn des Rückkaufprogramms

Art. 4 Abs. 2 EU-VO bestimmt zunächst die vorauseilenden Publizitätspflichten des Emittenten. Danach hat der Emittent vor Beginn des Handels in den Mitgliedstaaten, in denen ein Antrag auf Zulassung der Aktien zum Handel auf einem geregelten Markt vom Emittenten gestellt worden ist, alle Einzelheiten des nach Art. 19 Abs. 1 Kap-RL genehmigten Programms angemessen bekannt zu geben.

Die zu veröffentlichenden Informationen sind neben dem Zweck des Programms gemäß Art. 3 EU-VO der maximale Kaufpreis, die maximal zu erwerbende Aktienstückzahl und der Zeitraum, für den das Programm genehmigt wurde, also die in Art. 19 Abs. 1 lit. a Kap-RL festgelegten Bedingungen (Art. 4 Abs. 2 Unterabs. 2 EU-VO). Dabei ist fraglich, ob sich diese Angaben auf den Hauptversammlungsbeschluss gemäß § 71 Abs. 1 Nr. 8 AktG beziehen können oder ob der zeitlich nachfolgende Beschluss von Vorstand und Aufsichtsrat über die Ausnutzung dieser Ermächtigung als Bezugspunkt entscheidend ist. Die Regelung des Art. 4 EU-VO zielt darauf ab, Rückkaufprogramme transparenter zu gestalten, um eine Verunsicherung der Marktteilnehmer auf Wertpapiermärkten zu vermeiden[639]. Dazu gehört auch, missverständliche Veröffentlichungen zu verhindern. Daher empfiehlt es sich, grundsätzlich die jeweils konkretere Information bekannt zu geben. Folglich sollten im Hinblick auf die Aktienstückzahl und den Zeitraum, für den das Programm genehmigt wurde, die Festsetzungen des Vorstandsbeschlusses veröffentlicht werden. Hingegen ist im Hinblick auf den Kaufpreis eine Bezugnahme auf den Beschluss der Hauptversammlung betreffend den niedrigsten und höchsten Gegenwert für den Ankauf der eigenen Aktien ausreichend[640]. Folglich genügt es, wenn die Gesellschaft in der Bekanntmachung die relative Anbindung des Preisrahmens an den künftigen Börsenkurs innerhalb des im Beschlusszeitpunkt festgesetzten Beobachtungszeitraums wie-

639 Erl. zu Art. 4 des Verordnungsvorschlags der Kom, ArbDok. ESC 24/2003, S. 4.
640 Singhof/Weber, AG 2005, 549, 556; Geber/zur Megede, BB 2005, 1861, 1863.

derholt. Denn nur auf diese Weise ist es der Gesellschaft möglich, auf im Voraus nicht abschätzbare Schwankungen der Aktienkurse zu reagieren und damit das Aktienrückkaufprogramm zu marktnahen Konditionen durchzuführen[641]. Für den Fall, dass Unter- und Obergrenze des Gegenwertes im Beschluss des Vorstands über die Ausnutzung der Hauptversammlungsermächtigung betragsmäßig festgelegt wurden, kann der an die Börsenkursentwicklung relativ angebundene Preisrahmen in der Bekanntmachung konkretisiert werden[642].

Im Hinblick auf die Abwicklung des Kaufs eigener Aktien über derivative Finanzinstrumente enthalten die Transparenzvorschriften im Gegensatz zu Art. 5 Abs. 1 Unterabs. 3 EU-VO für die Handelsbedingungen beim Aktienrückerwerb keine gesonderte Regelung. Die Zielsetzung der Ausnahmeverordnung, einem Marktmissbrauch durch Transparenz und Publizität entgegenzuwirken, macht es jedoch erforderlich, die Bekanntgabepflichten auf den Einsatz von derivativen Finanzinstrumenten bei Rückkaufprogrammen entsprechend anzuwenden[643].

Die Einzelheiten des Rückkaufprogramms müssen angemessen bekannt gegeben werden. Der Begriff der „angemessene Bekanntgabe" ist in Art. 2 Nr. 5 EU-VO legaldefiniert als Bekanntgabe von Informationen gemäß Art. 102 Abs. 1 und Art. 103 der Richtlinie 2001/34/EG des Europäischen Parlaments und des Rates (sog. Kapitalmarktpublizitätsrichtlinie)[644]. Nach der die Kapitalmarktpublizitätsrichtlinie ändernden Transparenzrichtlinie[645] sind Informationen in einer Form bekannt zu geben, die in nicht diskriminierender Weise einen schnellen Zugang zu ihnen gewährleistet und die dem amtlich bestellten System für die zentrale Speicherung von Informationen zur Verfügung steht. Dabei muss die emittierende Gesellschaft auf Medien zurückgreifen, bei denen vernünftigerweise davon aus-

641 S. unter 3. Kap., § 2, I 1 c).

642 Singhof/Weber, AG 2005, 549, 556.

643 Singhof/Weber, AG 2005, 549, 556.

644 Richtlinie 2001/34/EG des Europäischen Parlaments und des Rates v. 28.5.2001 über die Zulassung von Wertpapieren zur amtlichen Börsennotierung und über die hinsichtlich dieser Wertpapiere zu veröffentlichenden Informationen, Abl. L Nr. 184 v. 6.7.2001 S. 1.

645 Richtlinie 2004/109/EG des Europäischen Parlaments und des Rates vom 15. Dezember 2004 zur Harmonisierung der Transparenzanforderungen in Bezug auf Informationen über Emittenten, deren Wertpapiere zum Handel auf einem geregelten Markt zugelassen sind, und zur Änderung der Richtlinie 2001/34/EG, Abl. L Nr. 390 v. 31.12.2004, S. 38. Die Art. 102, 103 der Richtlinie 2001/34/EG sind mit Umsetzung der Transparenzrichtlinie am 20.01.2007 aufgehoben worden. Die Verweise auf die aufgehobenen Bestimmungen werden als Verweise auf die Bestimmungen der RL 2004/109/EG abgefasst (Art. 32 der RL 2004/109/EG).

gegangen werden kann, dass sie die Informationen tatsächlich an die Öffentlichkeit in der gesamten Gemeinschaft weiterleiten (Art. 21 Abs. 1 und 2)[646].

In Deutschland wird die Bekanntgabe regelmäßig durch Veröffentlichungen in einem oder mehreren Börsenpflichtblättern geschaltet. Als ein von der zuständigen Stelle, namentlich der BaFin, anerkanntes, gleichwertiges Mittel zur Verbreitung von Informationen kommt gemäß § 5 Abs. 1 WpAIV[647] die Veröffentlichung über ein elektronisch betriebenes Informationsverbreitungssystem (Nr. 1) sowie im Internet auf der Website des Emittenten (Nr. 2) in Betracht. Im letzteren Fall hat die Veröffentlichung für die Dauer von mindestens einem Monat und unter einer Adresse zu erfolgen, die von der Hauptseite aus leicht auffindbar und unter einer aussagekräftigen, inhaltlich einschlägigen Rubrik eingeordnet ist.

Schließlich ist Voraussetzung, dass die Bekanntgabe in allen Mitgliedstaaten erfolgt, in denen der Emittent einen Antrag auf Zulassung seiner Aktien zum Handel auf einem geregelten Markt gestellt hat. Die Definition des „geregelten Marktes“ findet sich in der Marktmissbrauchsrichtlinie (Art. 1 Nr. 4 M-RL i.V.m. Art. 4 Abs. 1 Nr. 14 der RL 2004/39/EG)[648], deren Definitionen auch im Rahmen der Ausnahmeverordnung Anwendung finden (Art. 2 EU-VO).

Nach Art. 4 Abs. 2 Unterabs. 3 EU-VO sind nachträgliche Änderungen des Rückkaufprogramms in den Mitgliedstaaten ebenfalls angemessen bekannt zu geben. Demnach ist eine angemessene Bekanntgabe erforderlich, wenn die zu erwerbende Aktienstückzahl erhöht, der Zeitraum, in dem das Rückkaufprogramm durchgeführt werden soll, verlängert oder der Zweck des Aktienrückkaufprogramms geändert wird. Jedoch muss die Gesellschaft im Falle der Änderung des Erwerbszwecks berücksichtigen, dass nur die in Art. 3 EU-VO genannten Zwecke unter die Safe Harbour-Regelung fallen. Sollte der neue Zweck nicht von der Privilegierung erfasst sein, so muss die Gesellschaft in einer ex post-Betrachtung prüfen, ob die bisher durchgeführten Maßnahmen unter der neuen Zwecksetzung nach allgemeinen Grundsätzen zulässig waren[649].

---

646 S. unter 4. Kapitel, § 5, III.

647 Verordnung zur Konkretisierung von Anzeige-, Mitteilungs- und Veröffentlichungspflichten sowie der Pflicht zur Führung von Insiderverzeichnissen nach dem Gesetz über den Wertpapierhandel (Wertpapierhandelsanzeige- und Insiderverzeichnisverordnung – WpAIV) vom 13.12.2004 (BGBl. I (2004), S. 3376), geändert durch Art. 2 des Gesetzes vom 5.01.2001, BGBl. I (2001), S. 10.

648 Die Bezugnahme auf Art. 1 Nr. 13 der RL 93/22/EG gilt als Bezugnahme auf den entsprechenden Artikel der RL 2004/39/EG (Art. 69 der RL 2004/39/EG); s. unter 2. Kap., § 3, III 3.

649 Singhof/Weber, AG 2005, 549, 557.

(b) *Bekanntgabepflichten nach Beginn des Rückkaufprogramms*

Art. 4 Abs. 4 EU-VO ergänzt die Bekanntgabe des Rückkaufprogramms vor seiner Durchführung durch eine nachträgliche Publizitätspflicht: Der Emittent hat spätestens am Ende des siebten Handelstags nach Ausführung aller im Rahmen des Rückkaufprogramms getätigten Transaktionen die in Art. 4 Abs. 3 EU-VO genannten Informationen bekannt zu machen. Im Gegensatz zu der in Art. 4 Abs. 2 EU-VO enthaltenen Regelung wird der Terminus „angemessene Bekanntgabe“ nicht verwendet. Daher ist fraglich, ob es sich hierbei um ein Redaktionsversehen[650] handelt mit der Folge, dass die in Art. 21 Abs. 1 und 2 der RL 2004/109/EG verwendet werden müssen.

Für die Beantwortung dieser Frage ist es zunächst notwendig zu klären, was die Verordnung unter dem nicht definierten Begriff des „Handelstags“ versteht. Grundsätzlich ist unter Handelstag jeder Tag zu subsumieren, an dem ein börsenmäßiger Handel stattfindet, wobei dieser von 0.00 bis 24.00 Uhr dauert[651]. Hingegen stellt die in englischer Sprache verfasste Originalfassung der Ausnahmeverordnung in Art. 4 Abs. 4 auf „the end of the seventh daily market session“ ab. Hierdurch wird deutlich, dass der Begriff Handelstag dahingehend zu verstehen ist, dass nur die relevanten Handelszeiten, d.h. von 9.00 bis 19.00 Uhr (Präsenzbörse) bzw. 20.00 Uhr (Xetra) erfasst werden können. Damit kann immer nur auf einen Zeitpunkt vor Handelsende abgestellt werden. Folglich ist taggleich nur die Veröffentlichung auf der Homepage des Emittenten möglich. Hingegen wäre eine Bekanntmachung am folgenden Tag in einem überregionalen Börsenpflichtblatt wegen der technischen Gegebenheiten (Redaktionsschluss, Andruck) fristgerecht gar nicht zu realisieren. Aus dem richtigen Verständnis des Begriffs Handelstag folgt somit, dass die Informationen gerade nicht in angemessener Form bekannt gemacht werden müssen. Ferner sprechen zwei weitere Argumente gegen ein Redaktionsversehen: Zum einen hat der Verordnungsgeber den Begriff der „angemessenen Bekanntgabe“ ausdrücklich in Art. 2 Nr. 5 EU-VO definiert, so dass die „Bekanntgabe“ nicht ohne Weiteres mit der „angemessenen Bekanntgabe“ gleichgesetzt werden kann. Zum anderen differenziert sowohl die englische Version (Art. 4 Abs. 2 EU-VO: „... must be adequately disclosed to the public ...“ und Art. 4 Abs. 4 EU-VO: „... must publicly disclose ...“) als auch die französische Version der Ausnahmeverordnung (Art. 4 Abs. 2 EU-VO: „... est divulgué d'une manière adéquate au public ...“ und Art. 4 Abs. 4 EU-VO : „... rend public ...“) zwischen einer „angemessenen Bekanntgabe“ und einer „Bekanntgabe“.

650 So Leppert/Stürwald, ZBB 2004, 302, 307 und Singhof/Weber, AG 2005, 549, 558.
651 Geber/zur Megede, BB 2005, 1861, 1863.

Mithin ist festzuhalten, dass der Begriff „Bekanntgabe" in Art. 4 Abs. 4 EU-VO von dem Verordnungsgeber bewusst gewählt worden ist, so dass es sich hierbei nicht um ein Redaktionsversehen handelt.

(c) Meldepflichten

Die vorgängigen und nachträglichen Bekanntgabepflichten des Art. 4 Abs. 2 und 4 EU-VO erfahren schließlich durch die in Art. 4 Abs. 3 EU-VO enthaltene Regelung eine weitere Ergänzung: Diese Vorschrift setzt voraus, dass der Emittent über Mechanismen verfügt, die gewährleisten, dass er seinen Meldepflichten gegenüber der für den geregelten Markt, auf dem seine Aktien zum Handel zugelassenen wurden, zuständigen Behörde nachkommt. Der Begriff der „zuständigen Behörde" bezeichnet die gemäß Art. 11 M-RL in jedem Mitgliedstaat zu benennende zuständige Stelle (Art. 1 Nr. 7 M-RL). Dabei können die Mitgliedstaaten offiziell Mechanismen für die Bekanntgabe der nach dieser Verordnung offen zu legenden Informationen bestimmen, um dem Transparenzgebot Rechnung zu tragen[652]. Festzuhalten ist, dass Art. 4 Abs. 3 EU-VO einerseits lediglich auf anderweitig geregelte Meldepflichten Bezug nimmt, ohne selbst Meldepflichten zu normieren, andererseits jedoch nicht angibt, welche Meldepflichten von der Regelung betroffen sein sollen. In Deutschland besteht gemäß § 71 Abs. 3 S. 3 AktG die Pflicht, die BaFin unverzüglich von der Ermächtigung zum Erwerb eigener Aktien nach § 71 Abs. 1 Nr. 8 AktG zu unterrichten sowie gemäß § 26 Abs. 1 S. 2, Abs. 2 WpHG die Pflicht der börsennotierten Gesellschaft, der BaFin unverzüglich einen Beleg über die Veröffentlichung der Veränderung des Stimmrechtsanteils nach § 21 Abs. 1 WpHG zu übersenden. Über die in diesen Vorschriften normierten Pflichten bestehen keine hinausgehenden Meldepflichten.

Jedoch sieht Art. 4 Abs. 3 S. 2 EU-VO vor, dass die vom Emittenten vorzuhaltenden Mechanismen auch die Erfassung aller mit dem Rückkauf zusammenhängenden Transaktionen einschließlich der in Art. 25 Abs. 4 der RL 2004/39/EG[653] genannten Informationen gewährleisten müssen. Der Verweis auf diese Norm erscheint insoweit unverständlich, als es sich bei den dort statuierten Meldepflichten um solche von Wertpapierfirmen handelt, also vor allem von juristischen Personen, die im Rahmen ihrer üblichen beruflichen oder gewerblichen Tätigkeit gewerbsmäßig Wertpapierdienstleistungen für Dritte erbringen (Art. 4 Abs. 1 Nr. 1 der RL/39/EG)[654]. In der

652 6. ErwGr. der Verordnung (EG) Nr. 2273/2003, Abl. L 336 v. 23.12.2003, S. 33.

653 Die Bezugnahme auf Art. 20 Abs. 1 der RL 93/22/EG gilt als Bezugnahme auf den entsprechenden Artikel der RL 2004/39/EG (Art. 69 der RL 2004/39/EG); s. unter 2. Kap., § 3, III 3.

654 Die Bezugnahmen auf Art. 1 Nr. 2 der RL 93/22/EG gilt als Bezugnahme auf den entsprechenden Artikel der RL 2004/39/EG (Art. 69 der RL 2004/39/EG); s. unter 2. Kap., § 3, III 3.

Praxis wird der Emittent regelmäßig ein Kreditinstitut oder ein anderes Wertpapierdienstleistungsunternehmen mit der Durchführung des Aktienrückkaufs beauftragen. Es kann jedoch nicht Aufgabe des Emittenten sein, für die Erfüllung aufsichtsrechtlicher Meldepflichten des von ihm beauftragten Instituts Sorge zu tragen. Daher ist davon auszugehen, dass sich der Verweis in Art. 4 Abs. 3 S. 2 EU-VO nicht auf die Meldepflicht selbst, sondern auf den Inhalt der Meldung bezieht[655]. Insoweit wird es dem Emittenten ermöglicht, sich bei der Erfassung der Daten an den in Art. 25 Abs. 4 der RL 2004/39/EG aufgestellten Angaben zu orientieren[656]. Folglich muss die Meldung des Emittenten die Bezeichnung, die Zahl der erworbenen bzw. veräußerten Instrumente, Datum und Uhrzeit des Abschlusses sowie den Kurs, zu dem das Geschäft abgeschlossen wurde, und die Möglichkeit zur Feststellung der handelnden Gesellschaft beinhalten. Darüber hinaus ist dem Emittenten dennoch zu raten, darauf zu achten, dass das Wertpapierdienstleistungsunternehmen die genannten Daten zeitnah, d.h. nach Ende eines jeden Handelstages, zur Verfügung stellt[657].

Mithin ist festzuhalten, dass sowohl die Regelung über die Bedingungen für Rückkaufprogramme in Art. 4 Abs. 1 EU-VO als auch die Vorschriften über die Bekanntgabe solcher Programme in Art. 4 Abs. 2 bis 4 EU-VO darauf abzielen, Aktienrückkäufe durch die Gesellschaft transparenter zu gestalten und so den Marktteilnehmern eine größtmögliche Rechtssicherheit auf Wertpapiermärkten zu vermitteln[658].

bb) Handelsbedingungen

Art. 5 EU-VO enthält Bedingungen sowohl hinsichtlich des zulässigen Höchstkurses als auch des maximalen Umfangs eines Aktienrückkaufs.

(1) Rückkaufkurs

Art. 5 Abs. 1 EU-VO regelt die Bedingungen für den zulässigen Höchstkurs oder -preis, unter denen ein Handel mit eigenen Aktien im Rahmen von Rückkaufprogrammen erfolgen kann.

Die Vorschrift trifft eine Unterscheidung danach, ob der Handelsplatz, auf dem der Emittent Geschäfte im Rahmen eines Rückkaufprogramms tätigt, ein geregelter Markt ist oder nicht. Ist der Handelsplatz ein geregelter Markt, so darf der Emittent Aktien nicht zu einem Kurs erwerben, der über dem des letzten unabhängig getätigten Abschlusses oder – sollte dieser Kurs höher sein – über dem des

655 Singhof/Weber, AG 2005, 549, 557.
656 CESR/02-287b, S. 30, Rn. 125.
657 Singhof/Weber, AG 2005, 549, 557.
658 Erl. zu Art. 4 des Verordnungsvorschlags der Kom, ArbDok. ESC 24/2003, S. 4.

derzeit höchsten unabhängigen Angebots liegt. Mit anderen Worten dürfen die Rückkäufe nicht zu einem Preis erfolgen, der höher ist als der Preis des zuletzt getätigten unabhängigen Börsengeschäfts („the price of the last independent trade“) oder des höchsten gegenwärtigen Angebots („the highest current independet bid on the trading“), je nachdem, welcher höher ist. Mithin setzt die Regelung in Art. 5 Abs. 1 EU-VO der Gesellschaft im Hinblick auf die Höhe des Kaufpreises für die erworbenen eigenen Aktien klare Grenzen. Hierdurch soll der Gesellschaft die Möglichkeit genommen werden, den Börsenkurs ihrer Aktien dadurch in die Höhe zu treiben, dass sie für den Rückkauf der eigenen Aktien einen über dem allgemeinen Trend liegenden Preis zahlt[659]. Aus dieser Zwecksetzung folgt, dass die Angebote der potentiellen Marktkonkurrenten den Vergleichsmaßstab für die von der Gesellschaft gezahlten Börsenpreise für die erworbenen eigenen Aktien bilden. Denn die Gesellschaft wird nur durch andere unabhängige Kauforders – nicht aber durch unabhängige Verkauforders – in der Preisgestaltung begrenzt. Das Abstellen auf unabhängige Verkaufsorders würde die Gesellschaft nicht daran hindern, ein unrealistisch hohes Verkaufsangebot anzunehmen und auf diesem Wege den Börsenpreis ihrer Aktien gegen den Markttrend nach oben zu beeinflussen[660].

Ist der Handelsplatz kein geregelter Markt, so ist der im Rahmen des letzten unabhängigen Abschlusses erzielte Kurs oder das derzeit höchste unabhängige Angebot auf dem geregelten Markt des Mitgliedstaates, in dem der Kauf stattfindet, als Referenzkurs zu berücksichtigen. Referenzkurs meint einen Bezugskurs bzw. -preis, d.h. einen am Finanzmarkt zustande kommenden Wert, auf den vertraglich andere Preise in Finanzkontrakten bezogen werden[661].

Hingegen trifft Art. 5 Abs. 1 EU-VO für den Fall, dass es in einem Mitgliedstaat – wie beispielsweise in Deutschland – mehrere geregelte Märkte gibt, keine Regelung. In einem solchen Fall sind alle entsprechenden Märkte sowohl hinsichtlich der Abschlüsse der Börsengeschäfte als auch der Kaufangebote zu vergleichen[662]. Der Vergleich des Wertpapierhandels an den deutschen Börsen dürfte keine Schwierigkeiten bereiten, da mehr als 90% des gesamten Aktienhandels über das vollelektronische Handelssystem XETRA durchgeführt werden und damit die laufenden Wertpapiergeschäfte nahezu vollständig erfasst werden[663]. Es ist dann auf den Preis des insgesamt zeitlich letzten unabhängigen Abschlusses

---

659 Singhof/Weber, AG 2005, 549, 558; Geber/zur Megede, BB 2005, 1861, 1863.
660 Singhof/Weber, AG 2005, 549, 558.
661 Büschgen, Das kleine Börsenlexikon, unter „Referenzpreis“, S. 1244.
662 Singhof/Weber, AG 2005, 549, 559; Leppert/Stürwald, ZBB 2004, 302, 307.
663 Singhof/Weber, AG 2005, 549, 559.

auf einem dieser Märkte oder des im Vergleich all dieser Märkte derzeit höchsten unabhängigen Angebots abzustellen, abhängig davon, welcher Preis höher ist[664].

Im Hinblick auf die Abwicklung des Kaufs eigener Aktien über derivative Finanzinstrumente enthält die Vorschrift des Art. 5 EU-VO in Abs. 1 Unterabs. 3 eine gesonderte Regelung. Danach soll der Basispreis der derivativen Finanzinstrumente nicht über dem Kurs des letzten unabhängigen Abschlusses oder – sollte dieser höher sein – über dem Kurs des derzeit höchsten unabhängigen Angebots liegen. Entscheidend sind also die Höchstkurse für den Basispreis der derivaten Finanzinstrumente, was bereits aus der Natur der Derivate folgt. Da es sich bei Derivaten um Kapitalmarktinstrumente handelt, die von Primärprodukten (Basiswerten) abgeleitet werden, haben sie selbst keinen Primärkurs, auf den der Markt des Derivats zurückfallen könnte[665]. In den Anwendungsbereich dieser Regelung fallen Call- und Put-Optionen sowie die Kombination beider Instrumente. Als Zeitpunkt ist der Börsenhandelstag, an dem das Optionsgeschäft abgeschlossen wird, entscheidend, und als Basispreis kommt der bei der Ausübung der Option zu zahlende Kaufpreis in Betracht, wobei der aktuelle Wert des Optionsrechts selbst nicht hierunter fällt[666].

(2) Rückkaufvolumen

Art. 5 Abs. 2 EU-VO enthält eine Begrenzung im Hinblick auf die Menge der Aktien, die der Emittent im Rahmen eines Rückkaufprogramms erwerben darf. Grundsätzlich darf der Emittent an einem Börsentag maximal bis zu 25% des durchschnittlichen täglichen Aktienumsatzes auf dem geregelten Markt, auf dem der Kauf erfolgt, erwerben (Art. 5 Abs. 2 S. 1 EU-VO). Dieser Aktienumsatz leitet sich aus dem durchschnittlichen täglichen Handelsvolumen im Monat vor der Veröffentlichung des Rückkaufprogramms ab, wenn ihn der Emittent für die genehmigte Dauer des Programms im Rückkaufprogramm festgelegt hat (Art. 5 Abs. 2 S. 2 EU-VO). Sofern im Rückkaufprogramm auf diesen Wert nicht Bezug genommen wird, ist der durchschnittliche tägliche Aktienumsatz vom durchschnittlichen täglichen Handelsvolumen der 20 Börsentage vor dem Kauftermin abzuleiten (Art. 5 Abs. 2 S. 3 EU-VO).

Nach Art. 5 Abs. 2 S. 2 EU-VO ist für die Berechnung des durchschnittlichen täglichen Aktienumsatzes das durchschnittliche tägliche Handelsvolumen „im Monat vor Veröffentlichung des Programms" entscheidend. Fraglich ist zunächst, auf welchen Zeitpunkt die Formulierung „Veröffentlichung des Programms" abstellt. Nach der Systematik der Ausnahmeverordnung ist hierunter die Veröffentli-

---

664 Leppert/Stürwald, ZBB 2004, 302, 307.

665 Claussen, Bank- und Börsenrecht, § 9, Rn. 195, 196.

666 Singhof/Weber, AG 2005, 549, 559.

chung der einzelnen Parameter nach Art. 4 Abs. 2 EU-VO zu verstehen. Auf diesen Zeitpunkt sollte auch dann abgestellt werden, wenn vorher die Durchführung des Rückkaufprogramms ohne die Angabe weiterer Details in einer Ad-hoc-Mitteilung bekannt gegeben worden ist[667]. Des Weiteren stellt sich die Frage, wie sich die Monatsfrist des Art. 5 Abs. 2 S. 2 EU-VO berechnet. Das Rückkaufprogramm ist beispielsweise am 15. August 2005 veröffentlicht worden. Der durchschnittliche tägliche Aktienumsatz ist laut der Ausnahmeverordnung aus dem durchschnittlichen täglichen Handelsvolumen „im Monat“ vor der Veröffentlichung des Programms, also vorliegend „im Monat“ vor dem 15. August 2005, abzuleiten. Fraglich ist nun, ob für die Berechnung des durchschnittlichen täglichen Handelsvolumens auf den Monat Juli 2005 oder auf den Zeitpunkt vom 15.7. bis zum 14.8.2005 abzustellen ist. Der Wortlaut der deutschen Fassung der Ausnahmeverordnung gibt hierzu keinerlei Antwort. Zieht man jedoch die englische Fassung der Verordnung zur Hilfe, so folgt aus der Formulierung „... the average daily volume traded *in the month preceding the month* of public disclosure of that programme...“, dass auf den Monat an sich und nicht auf den entsprechenden Zeitrahmen abzustellen ist. Demzufolge ist vorliegend der durchschnittliche tägliche Aktienumsatz aus dem durchschnittlichen täglichen Handelsvolumen des Monats Juli 2005 abzuleiten.

Legt der Emittent den durchschnittlichen täglichen Aktienumsatz für die Laufzeit des Programms nicht fest, so ist gemäß Art. 5 Abs. 2 S. 3 EU-VO der durchschnittliche Tagesumsatz aus dem durchschnittlichen täglichen Handelsvolumen der letzten 20 Börsentage vor dem jeweiligen Kauftermin herzuleiten. Da im Laufe des Programms die bereits getätigten Käufe der Gesellschaft in das Volumen einfließen, ist davon auszugehen, dass diese Berechnungsmethode flexibler ist und daher vorzugsweise von den Unternehmen genutzt wird[668]. Allerdings setzt auch diese Regelung den Gesellschaften einen engen Rahmen und versetzt sie nicht in die Lage, mit volumenmäßig stark erhöhten Rückkäufen über die Börse die Handelsaktivitäten an einem Tag zu dominieren und dadurch die Preisentwicklung am Markt zu beeinflussen, namentlich einen negativen Kursverfall zu verhindern[669].

Im US-amerikanischen Recht sind bei der Berechnung der ebenfalls in Höhe von 25% bestehenden Grenze für den Rückerwerb Paketkäufe als nicht über die Börse abgewickelte Käufe ausdrücklich nicht zu berücksichtigen[670]. Trotz der Tatsache, dass Paketkäufe in den Ermächtigungen zum Erwerb eigener Aktien börsennotierter deutscher Gesellschaften regelmäßig nicht vorgesehen sind, sollte diese Ausnahme auch für die Auslegung der Ausnahmeverordnung herangezogen werden[671].

---

667 Singhof/Weber, AG 2005, 549, 559.

668 Geber/zur Megede, BB 2005, 1861, 1864; Singhof/Weber, AG 2005, 549, 559.

669 Singhof/Weber, AG 2005, 549, 558, 559; Martens, AG 1996, 337, 340.

670 Rule 10b-18(b)(4) Securities Exchange Act of 1934; dazu Benckendorff, S. 171.

671 Singhof/Weber, AG 2005, 549, 559.

Art. 5 Abs. 3 EU-VO normiert für den Fall der außerordentlich niedrigen Liquidität auf dem relevanten Markt eine Ausnahmeregelung zu dem in Art. 5 Abs. 2 EU-VO festgesetzten Rückkaufvolumen von 25%. Danach darf der Emittent bis zu 50% des durchschnittlichen Tagesumsatzes erwerben, sofern er der für den relevanten Markt zuständigen Behörde vorab seine Absicht, den Schwellenwert von 25% zu überschreiten, mitteilt und diese Möglichkeit in angemessener Weise bekannt gibt.

Durch die Ausnahmeregelung des Art. 5 Abs. 3 EU-VO wird der Tatsache, dass sich Marktbedingungen verändern können, Rechnung getragen und vor allem dem Emittenten in einer solchen Situation ein gewisses Maß an Flexibilität eingeräumt, damit er auf die gegebenen Marktbedingungen reagieren kann[672].

Allerdings definiert der Verordnungstext nicht, unter welchen Umständen von einer „außerordentlich niedrigen Liquidität" auszugehen ist. Auch lässt sich in den Materialen zu der Ausnahmeverordnung kein entsprechender Hinweis entnehmen. Marktliquidität beschreibt die Eigenschaft des Marktes, dass an ihm Börsenwerte schnell umgeschlagen werden können, ohne zu übermäßigen Kursveränderungen zu führen[673]. Dies hängt vor allem von der Marktbreite und Markttiefe des betreffenden Marktes ab. Von Marktbreite spricht man, wenn eine beachtliche Zahl weiterer Aufträge nah an dem Preis auszuführen ist, zu dem Angebot und Nachfrage ausgeglichen werden können. Die erwünschte Markttiefe ist gegeben, wenn große Aufträge zum marktgerechten Preis ausgeführt werden können. Ein weiteres Liquiditätsmerkmal ist eine schnelle Auftragsausführung, ohne dass es zu großen Preisschwankungen kommt[674]. Sind nun diese Voraussetzungen insofern nicht gegeben, als aufgrund nicht nur temporärer Ungleichgewichte zwischen Angebot und Nachfrage zügige und reibungslos abzuwickelnde Wertpapiertransaktionen auf Börsenmärkten nicht gewährleistet werden können, so ist von einer niedrigen Liquidität auszugehen, bei der ein Vorgehen nach Art. 5 Abs. 3 EU-VO in Betracht kommt. Entscheidend wird jeweils der Einzelfall unter Berücksichtigung der im Umlauf befindlichen Aktien, der Handelsumsätze und der Anzahl von Transaktionen über einen bestimmten Referenzzeitraum sein[675].

Fraglich ist, ob im Falle eines Rückkaufs über derivative Finanzinstrumente der Zeitpunkt des Geschäftsabschlusses oder der Zeitpunkt der Optionsausübung für die Bestimmung des zulässigen Rückkaufvolumens entscheidend ist. Zwar ist der schuldrechtliche Abschluss des Optionsgeschäfts insoweit von Bedeutung, als er potentiell einen negativen Markteinfluss haben kann. Denn die Gegenparteien nehmen aus Sicherheitsgründen regelmäßig Hedging-Geschäfte vor, so dass hier-

---

672 9. ErwGr. der Verordnung (EG) Nr. 2273/2003, Abl. L 336 v. 23.12.2003, S. 33.

673 Büschgen, Das kleine Börsenlexikon, unter „Liquidität (6)", S. 961.

674 Kümpel, Kapitalmarktrecht, S. 32, Rn. 36.

675 Singhof/Weber, AG 2005, 549, 560.

durch größere Handelsumsätze in der Aktie gemacht werden als dies nach der Ausnahmeverordnung erlaubt ist. Jedoch ist nicht zu verkennen, dass zum Zeitpunkt des Geschäftsabschlusses noch nicht feststeht, ob die Gesellschaft aus den Optionsgeschäften tatsächlich Aktien erwirbt oder erwerben muss. Daher ist vorzugsweise auf den Zeitpunkt der Optionsausübung abzustellen. Folglich ist sowohl der aus einer Call-Option als auch aus einer Put-Option stammende Aktienerwerb in das Rückkaufvolumen einzubeziehen. Dabei ist Folgendes zu beachten: Übt der Emittent Call-Optionen aus und kauft gleichzeitig über die Börse Aktien, so kann er das Gesamtvolumen des Aktienrückkaufs steuern, so dass er problemlos die mengenmäßige Begrenzung des Art. 5 Abs. 2 EU-VO einhalten kann. Anders sieht dies jedoch aus, wenn ausstehende Put-Optionen in Geld sind. Falls der Inhaber der Put-Option die Aktien andient, muss die Gesellschaft kaufen. Dabei kann es bei gleichzeitigen Aktienkäufen der Gesellschaft über die Börse zu Überschreitungen des Gesamtvolumens kommen, da nicht feststeht, ob der Optionsinhaber an den einzelnen Handelstagen auch von seinem Optionsrecht Gebrauch machen wird[676].

(3) Verhältnis zum Verbot der kontinuierlichen Kurspflege i.S.v. § 71 Abs. 1 Nr. 8 S. 2 AktG

Das Verbot des Handels in eigenen Aktien gemäß § 71 Abs. 1 Nr. 8 S. 2 AktG beinhaltet neben dem Tatbestand der Spekulation den Tatbestand der kontinuierlichen Kurspflege. Letzterer ist dann zu bejahen, wenn der Vorstand über eine länger andauernde Zeit in den Preisbildungsmechanismus des Marktes durch den Erwerb und die Wiederveräußerung eigener Aktien derart eingreift, dass sich der Aktienkurs nicht mehr als das Ergebnis der Marktentscheidungen der anderen Anbieter und Nachfrager darstellt. Somit ist die kurzfristige, durch den Kapitalmarkt indizierte Kurspflege durchaus zulässig[677]. Hingegen ist den Handelsbedingungen des Art. 5 EU-VO zu entnehmen, dass selbst der einmalige Erwerb eigener Aktien einen manipulativen Eingriff in die Preisbildung darstellen kann, so beispielsweise, wenn die Gesellschaft für den Aktienrückkauf einen über dem allgemeinen Trend liegenden Preis zahlt oder innerhalb kurzer Zeit ein erhebliches Volumen an Aktien zurück kauft und dadurch den Börsenkurs ihrer Aktien in die Höhe treibt. Hingegen werden Maßnahmen der kontinuierlichen Kurspflege, die gegenüber den anderen Marktteilnehmern hinreichend offen gelegt sind, diese nicht täuschen, sondern vielmehr in jeweils kleinerem Umfang den Markt beleben. Demnach ist fraglich, nach welchen Vorschriften zu beurteilen ist, ob die Gesellschaft durch Erwerb und Veräußerung eigener Aktien unzulässige Kurspflege betreibt.

---

676 Singhof/Weber, AG 2005, 549, 560.
677 S. unter 3. Kap., § 2, I 2 b) cc) (2) (b).

Der Verbotstatbestand der kontinuierlichen Kurspflege dient dem Schutz der Funktionsfähigkeit des Kapitalmarktes. Jedoch haben die Marktmissbrauchsrichtlinie und die hierzu ergangene Verordnung (EG) Nr. 2273/2003 in Erfüllung dieser Zielvorgabe spezifisch kapitalmarktrechtliche Bestimmungen geschaffen, die die kapitalmarktrechtliche Problematik des Marktmissbrauchs umfassend regeln. Die Beschränkung der Kurspflege über die aktienrechtliche Vorschrift des § 71 Abs. 1 Nr. 8 S. 2 AktG ist damit angesichts der Ausdifferenzierung kapitalmarktrechtlicher Regeln für den Erwerb eigener Aktien obsolet geworden. Mithin ist für die Annahme eines unzulässigen Handels in eigenen Aktien nicht mehr ausschlagend, ob diese Transaktion als eine kontinuierliche Kurspflege i. S. des § 71 Abs. 1 Nr. 8 S. 2 AktG zu begreifen ist, sondern deren Beurteilung richtet sich allein nach den differenzierten Bestimmungen der Ausnahmeverordnung bzw. nach den der Umsetzung der Marktmissbrauchsrichtlinie dienenden Verbotsvorschriften der Marktmanipulation (§ 20a Abs. 1 WpHG)[678] und der Insidergeschäfte (§ 14 Abs. 1 WpHG)[679]. Folglich hat das aktienrechtliche Handelsverbot des § 71 Abs. 1 Nr. 8 S. 2 AktG nur in Form des Spekulationsverbotes weiterhin Bestand. Denn das Spekulationsverbot dient der Kapitalerhaltung und damit dem Gläubigerschutz.

cc) Einschränkungen

(1) Grundsatz

Nach Art. 6 Abs. 1 EU-VO darf der Emittent während der Durchführung des Rückkaufprogramms bestimmte Marktpraktiken, die die Marktintegrität in besonderem Maße gefährden könnten, nicht vornehmen[680].

(a) Kein Verkauf von Aktien während der Laufzeit des Programms

Dem Emittenten ist es verboten, während der Laufzeit des Programms eigene Aktien zu verkaufen (Art. 6 Abs. 1 lit. a EU-VO). Die besondere Gefahr für die Funktionsfähigkeit des Kapitalmarktes liegt darin, dass es sich bei dem Rückerwerb und der Wiederveräußerung eigener Aktien um Instrumente handelt, die der Gesellschaft die Möglichkeit eröffnen, auf den Preisbildungsmechanismus des Marktes einzuwirken. Die Gesellschaft kann durch den Rückerwerb eigener Aktien eine erhöhte, dem tatsächlichen Nachfrageverhalten des Marktes nicht entsprechende Aktiennachfrage erzeugen und damit den Börsenkurs ihrer Aktien zum Steigen bringen. Veräußert die Gesellschaft im Anschluss ihre Aktien, so

678 Nachfolgend unter 4. Kap., § 3.
679 Nachfolgend unter 4. Kap., § 4.
680 Erl. zu Art. 6 des Verordnungsvorschlags der Kom, ArbDok. ESC 24/2003, S. 4.

profitiert sie von den Gewinnmitnahmen. Die Wiederveräußerung eigener Aktien versetzt die Gesellschaft allgemein in die Lage, das Angebot ihrer eigenen Aktien am Markt zu erweitern und damit eine künstliche Kursstabilität zu erzeugen. Es ist jedoch zu beachten, dass die Erzeugung einer Kursstabilität oder -steigerung, die nicht auf dem unabhängigen Zusammenspiel von Angebot und Nachfrage beruht, fast ausschließlich bei Erwerb und Veräußerung eigener Aktien über die Börse erfolgt. Werden zuvor erworbene eigene Aktien entsprechend ihrer Zwecksetzung an Mitarbeiter oder Inhaber von Wandel- oder Optionsschuldverschreibungen ausgegeben, ist die Gefahr eines manipulativen Eingriffs in den Aktienkurs nicht gegeben. Daher sollte das Verbot des Verkaufs von Aktien während der Laufzeit des Programms nicht die Ausgabe von Aktien an Mitarbeiter oder Inhaber von Schuldverschreibungen erfassen. Ein in diesem Sinne verstandenes Verbot des Art. 6 Abs. 1 lit. a EU-VO stellt lediglich eine Klarstellung der in Art. 3 EU-VO statuierten Bestimmung dar, zumal der Verkauf eigener Aktien gemäß Art. 3 EU-VO ohnehin nicht als ein unter den Safe Harbour fallender Zweck vorgesehen ist[681].

Im deutschen Aktienrecht ist der dauerhafte An- und Verkauf eigener Aktien während eines laufenden Aktienrückkaufprogramms über die Börse nach § 71 Abs. 1 Nr. 8 S. 2 AktG verboten. Mithin stellt sich die Frage, ob das aktienrechtliche Handelsverbot in Form des Spekulationstatbestands nicht durch das Verkaufsverbot des Art. 6 Abs. 1 lit. a EU-VO obsolet geworden ist. Dazu müsste die Schutzrichtung des Verbotstatbestands der Spekulation mit der Schutzrichtung des Art. 6 Abs. 1 lit. a EU-VO übereinstimmen. Das Handelsverbot in Form der Spekulation erfasst Fälle, in denen der Erwerb von vornherein auf die Gewinnerzielung durch Erwerb und Veräußerung eigener Aktien angelegt ist. Damit besteht das Sachanliegen dieses Verbotstatbestands darin, missbräuchliche Spekulationen des Vorstands durch dauerhafte An- und Verkäufe eigener Aktien mit dem Zweck der Gewinnerzielung zu verhindern, da diese bei fallenden Kursen zu sich vervielfachenden Verlusten im Vermögen der Gesellschaft führen können und damit die Gläubiger gefährden[682]. Hingegen bezweckt das Verkaufsverbot des Art. 6 Abs. 1 lit. a EU-VO, das reibungslose Funktionieren der Kapitalmärkte zu gewährleisten, indem die Möglichkeit der Gesellschaft, durch das Instrument des Erwerbs sowie der Wiederveräußerung eigener Aktien auf den Preisbildungsmechanismus des Marktes Einfluss zu nehmen, beschränkt wird. Das aktienrechtliche Spekulationsverbot weist damit eine andere Schutzrichtung als das Verkaufsverbot des Art. 6 Abs. 1 lit. a EU-VO auf. Mithin hat das Verbot des Handels in eigenen Aktien in Form des Spekulationsverbotes gemäß § 71 Abs. 1 Nr. 8 S. 2 AktG neben dem Verkaufsverbot des § 6 Abs. 1 lit. a EU-VO weiterhin Bestand.

681 Singhof/Weber, AG 2005, 549, 560 f.
682 S. 3. Kap., § 2, I 2 b) cc) (2) (a).

(b) Kein Erwerb in sog. geschlossenen Zeiträumen

Des Weiteren ist es dem Emittenten nach Art. 6 Abs. 1 lit. b EU-VO verboten, sämtliche Transaktionen zu Zeiten vorzunehmen, die nach dem Recht des Mitgliedstaates, in dem die Geschäfte stattfinden, als sog. geschlossene Zeiträume („closed periods") gekennzeichnet sind.

Der Gesetzgeber des KonTraG hat zur Vermeidung von Insidergeschäften lediglich die Empfehlung abgegeben, eigene Aktien nur zu einem Zeitpunkt anzukaufen oder zu veräußern, zu dem auch die übrigen Marktteilnehmer über die aktuellen Unternehmensdaten verfügen. Als ein in Betracht kommender Zeitpunkt ist beispielsweise der Zeitraum von drei Wochen nach der Vorlage eines Geschäfts- oder Zwischenberichts oder einer Bilanzpressekonferenz zu nennen[683]. Darüber hinaus hat der Gesetzgeber keinen Bedarf gesehen, bestimmte Zeiträume gesetzlich vorzuschreiben, in denen die Durchführung von Aktienrückkaufprogrammen verboten ist. Demnach bestehen in Deutschland keine entsprechenden „closed periods", so dass der Verbotstatbestand des Art. 6 Abs. 1 lit. b EU-VO in Deutschland keine Anwendung findet.

(c) Kein Erwerb bei Aufschiebung der Bekanntgabe von Insiderinformationen

Art. 6 Abs. 1 lit. c EU-VO bestimmt, dass der Emittent während seiner Teilnahme an dem Rückkaufprogramm gänzlich vom Handel absehen muss, wenn er von der Möglichkeit nach Art. 6 Abs. 2 M-RL Gebrauch gemacht und die Bekanntgabe von Insider-Informationen auf eigene Verantwortung aufgeschoben hat.

Art. 6 Abs. 2 M-RL wurde mit der Vorschrift des § 15 Abs. 3 WpHG ins deutsche Recht umgesetzt. Danach darf der Emittent die Bekanntgabe von Insiderinformationen auf eigene Verantwortung solange aufschieben, wie diese Bekanntgabe seinen berechtigten Interessen schaden könnte, keine Irreführung der Öffentlichkeit zu befürchten ist und der Emittent in der Lage ist, die Vertraulichkeit der Information zu gewährleisten. Ob das Verbot der Vornahme von Geschäften in eigenen Aktien in jedem Fall des § 15 Abs. 3 WpHG geboten erscheint, ist zweifelhaft. So ist kein überzeugender Grund dafür ersichtlich, dass die Gesellschaft eigene Aktien für Zwecke eines Mitarbeiterbeteiligungsprogramms nicht weiterhin erwerben darf, wenn sie die Bekanntgabe einer Akquisition unter den Voraussetzungen des § 15 Abs. 3 WpHG aufgeschoben hat[684].

---

683 RegBegr. zum KonTraG, BT-Drucks. 13/9712, S. 14.

684 Singhof/Weber, AG 2005, 549, 561.

(2) Ausnahmen von den Einschränkungen

Art. 6 EU-VO statuiert in seinen Absätzen 2 und 3 in bestimmten Fallkonstellationen Ausnahmen von den grundsätzlichen Einschränkungen des Abs. 1.

(a) Aktienrückkaufprogramme von Wertpapierhäusern und Kreditinstituten

Nach Art. 6 Abs. 2 EU-VO gelten die Einschränkungen des Art. 6 Abs. 1 EU-VO nicht für Wertpapierhäuser und Kreditinstitute, die für den Handel mit eigenen Aktien im eigenen Namen (lit. a) bzw. im Namen von Kunden (lit. b und c) wirksame, der Aufsicht der zuständigen Behörde unterliegende Informationssperren („Chinese Walls") eingerichtet haben. Diese Informationsbarrieren müssen bestehen zwischen Personen, die für die Behandlung von direkt oder indirekt den Emittenten betreffenden Insider-Informationen zuständig sind und solchen, die befugt sind, Entscheidungen über den Handel mit eigenen Aktien (gegebenenfalls auch im Namen von Kunden) zu treffen.

Der Begriff „Wertpapierhaus" ist in Art. 2 Nr. 1 EU-VO und der Begriff „Kreditinstitut" in Art. 2 Nr. 2 EU-VO legaldefiniert, wobei die Verwendung des ersteren problematisch erscheint. Die Ausnahmeverordnung bezeichnet als „Wertpapierhaus" jede juristische Person i. S. des Art. 4 Abs. 1 Nr. 1 der RL 2004/39/EG[685]. Diese Norm definiert jedoch den Begriff „Wertpapierfirma" und nicht den Begriff „Wertpapierhaus", worunter sowohl juristische Personen als auch Unternehmen fallen, die gerade keine juristischen Personen sind. Die unterschiedliche Terminologie lässt mithin darauf schließen, dass der Begriff „Wertpapierhaus" enger als der Begriff „Wertpapierfirma" ist. Dass dieses Ergebnis nicht auf einem Redaktionsversehen beruht, wird dadurch bestätigt, dass im Rahmen der Überarbeitung der Wertpapierdienstleistungsrichtlinie der Vorschlag, in der deutschen Fassung den Begriff „Wertpapierfirma" durch „Wertpapierhaus" zu ersetzen und hierunter nur noch juristische Personen fallen zu lassen, keinen Anklang gefunden hat[686]. Somit ergibt sich für deutsche Wertpapierfirmen, die in der Rechtsform der OHG oder KG organisiert sind, die missliche Situation, dass sie weiterhin in den persönlichen Anwendungsbereich der RL 2004/39/EG fallen,

685 Die Bezugnahmen auf Art. 1 Nr. 2 der RL 93/22/EG gilt als Bezugnahme auf den entsprechenden Artikel der RL 2004/39/EG (Art. 69 der RL 2004/39/EG); s. unter 2. Kap., § 3, III 3.

686 Vgl. Art. 3 Abs. 1 Nr. 1 des von der Kommission am 19.11.2002 unterbreiteten Vorschlags für eine Richtlinie des Europäischen Parlaments und des Rates über Wertpapierdienstleistungen und geregelte Märkte und zur Änderung der Richtlinien 85/611/EWG und 93/6/EWG des Rates und der Richtlinie 2000/12/EG des Europäischen Parlaments und des Rates, KOM (2002) 625 endg. – 2002/0269(COD), Abl. C 71 E/62; Leppert/Stürwald, ZBB 2004, 302, 308.

aber die Ausnahmen des Art. 6 Abs. 2 EU-VO aufgrund der mangelnden Abstimmung der Ausnahmeverordnung und der RL 2004/39/EG für sie nicht gelten.

Durch die Schaffung von Vertraulichkeitsbereichen innerhalb der Unternehmensorganisation soll verhindert werden, dass kursrelevante Insider-Informationen aus einem Geschäftsbereich Mitarbeitern aus anderen Geschäftsbereichen mitgeteilt oder zugänglich gemacht werden. Es soll also eine selektive Weitergabe von Informationen unterbunden werden. Demnach tragen Wertpapierhäuser und Kreditinstitute durch die Schaffung von „Chinese Walls" als professionelle Marktteilnehmer zur Gewährleistung von Marktintegrität bei, so dass die in Art. 6 Abs. 1 EU-VO festgelegten Einschränkungen in dieser Fallkonstellation nicht notwendig erscheinen, zumal die eingerichteten Informationsbarrieren auch durch die zuständige Behörde kontrolliert werden[687]. Damit können Wertpapierhäuser und Kreditinstitute, die in der Rechtsform der AG, SE oder KGaA organisiert sind, während der Laufzeit des Programms eigene Aktien wieder verkaufen oder eigene Aktien unabhängig von Insiderinformationen, deren Bekanntgabe gemäß § 15 Abs. 3 WpHG aufgeschoben ist, erwerben. Folglich erlaubt die Ausnahmeregelung des Art. 6 Abs. 2 EU-VO dem Emittenten, sich innerhalb des strikten Anwendungsbereichs des Safe Harbour eine gewisse Flexibilität zu bewahren[688].

Im deutschen Recht ist der nach Art. 6 Abs. 2 EU-VO zulässige kurzfristige An- und Verkauf eigener Aktien durch Wertpapierhäuser oder Kreditinstitute gemäß § 71 Abs. 1 Nr. 7 AktG gestattet, wonach Kreditinstituten, Finanzdienstleistungsunternehmen und Finanzunternehmen zum Wertpapierhandel in eigenen Aktien aufgrund eines Hauptversammlungsbeschlusses ermächtigt sind.

(b) Programmiertes Aktienrückkaufprogramm bzw. Einschaltung eines Intermediärs

Art. 6 Abs. 3 EU-VO enthält zwei weitere Ausnahmen von den in Art. 6 Abs. 1 EU-VO genannten Einschränkungen. Einerseits unterliegt die Durchführung eines programmierten Rückkaufprogramms keinerlei Einschränkungen (lit. a). Andererseits werden Rückkaufprogramme, die von einem Wertpapierhaus oder Kreditinstitut unabhängig und unbeeinflusst von der Person des Emittenten durchgeführt werden, von den Einschränkungen des Art. 6 Abs. 1 EU-VO ausgenommen (lit. b).

Ein programmiertes Rückkaufprogramm ist gemäß Art. 2 Nr. 4 EU-VO ein Rückkaufprogramm, bei dessen Bekanntgabe Termine und Menge der Wertpapiere, die während der Laufzeit des Programms gehandelt werden sollen, bereits festgelegt werden. Demnach muss der Emittent über die üblichen Angaben hinaus von

---

687 24. ErwGr. der RL 2003/6/EG, Abl. EG Nr. L 96 v. 12.4.2003, S. 18.
688 CESR/02-287b, S. 29, Rn. 130.

Beginn an die Anzahl an Aktien festlegen, die er für die Dauer des Programms täglich oder an bestimmten Terminen zurück zu erwerben beabsichtigt, um von den Handelsbeschränkungen des Art. 6 Abs. 1 lit. a bis c EU-VO befreit zu werden. So muss der Emittent beispielsweise angeben, dass er 1000 Aktien jeden dritten Freitag im Monat innerhalb einer bestimmten Periode während der Laufzeit des Programms zu kaufen beabsichtigt[689]. Es kommt mithin darauf an, dass nach einmaliger Festsetzung keine individuellen Entscheidungen über den Umfang und Zeitpunkt des Aktienrückkaufprogramms mehr getroffen werden. Aus dieser Zwecksetzung der Vorschrift kann dann allerdings gefolgert werden, dass es für die Mengenfestlegung genügt, wenn der Emittent ein konstantes Volumen in Euro bzw. ein gleich bleibendes prozentuales Volumen vom Gesamtumsatz der Aktien angibt oder Faktoren benennt, die die festgelegte Menge automatisch bei bestimmten Marktentwicklungen reduzieren[690].

In der Praxis wird der Emittent in der Regel ein Wertpapierdienstleistungsunternehmen mit der Durchführung eines Aktienrückkaufprogramms beauftragen. Ist dieses in der Lage, seine Entscheidungen über den Zeitpunkt des Erwerbs von Aktien des Emittenten unabhängig und unbeeinflusst von diesem zu treffen, so ist der Emittent gemäß Art. 6 Abs. 3 lit. b EU-VO von den in Abs. 1 festgelegten Handelsbeschränkungen befreit. Entscheidend ist, dass das Wertpapierdienstleistungsunternehmen den Rückkauf in eigener Regie durchführt und selbständig über Zeitpunkt und Höhe der Ordererteilung bestimmen kann[691].

Das Wertpapierdienstleistungsunternehmen – in der Regel ein Kreditinstitut – erwirbt die Aktien grundsätzlich im eigenen Namen, aber für Rechnung der Gesellschaft, also im Wege einer Einkaufskommission. Die Gesellschaft übernimmt sodann die Aktien sukzessiv oder als Paket. Zwar wird zwischen dem Emittenten und dem Kreditinstitut eine Rahmenvereinbarung getroffen, in der die gesetzlich geforderten Parameter des Rückkaufs festgelegt werden, jedoch nimmt das Institut die Durchführung des Aktienrückkaufs in Abhängigkeit von Marktlage und Liquidität ohne Einflussnahme des Emittenten vor[692]. Mithin kann der Emittent eigene Aktien sowohl während der Laufzeit des Rückkaufprogramms verkaufen als auch bei Vorliegen veröffentlichungspflichtiger Insiderinformation erwerben, sofern er sich dazu entschließt, die Durchführung seines Aktienrückkaufprogramm unter Einschaltung eines Intermediärs vorzunehmen. Zu beachten ist jedoch, dass der Emittent als Kommissionär alle Vor- und Nachteile des Geschäfts zu tragen hat, d.h. also Gewinne aus dem Rückkauf zu seinen Gunsten und Verluste zu seinen Lasten gehen. Tätigt demnach das Kreditinstitut durch den fortlaufenden

689 CESR/02-287b, S. 29, Rn. 130.
690 Singhof/Weber, AG 2005, 549, 562.
691 Emittentenleitfaden der BaFin, S. 39 f. (III.2.2.1.5.2).
692 Singhof/Weber, AG 2005, 549, 562; Geber/zur Megede, BB 2005, 1861, 1864.

Kauf und Verkauf von Aktien der Gesellschaft Verlustgeschäfte, so stellt sich die Frage, ob die Befreiung des Emittenten von dem Verbot des Verkaufs eigener Aktien während der Laufzeit des Programms gemäß Art. 6 Abs. 1 lit. a EU-VO dazu führt, dass sich die Verluste im Vermögen der Gesellschaft niederschlagen und damit die Gläubiger der Gesellschaft gefährden. Die Schutzrichtung des Art. 6 Abs. 1 lit. a EU-VO besteht darin, die Funktionsfähigkeit des Marktes dadurch sicherzustellen, dass die Gesellschaft weder durch Erwerb noch durch Wiederveräußerung eigener Aktien die Kräfte von Angebot und Nachfrage beeinflussen kann. Indes liegt der Sinn und Zweck der Vorschrift nicht darin, das Kapital der Gesellschaft zu erhalten und damit den Gläubigerschutz zu gewährleisten. Folglich kann die Befreiung des Emittenten von dem Verkaufsverbot des Art. 6 Abs. 1 lit. a EU-VO gemäß Art. 6 Abs. 3 lit. b EU-VO auch nicht dazu führen, dass die Gläubiger der Gesellschaft schutzlos gestellt werden. In diesem Zusammenhang ist darauf hinzuweisen, dass der entsprechende Gläubigerschutz über die Vorschrift des § 71 Abs. 1 Nr. 8 S. 2 AktG in Form des Spekulationsverbotes sichergestellt wird, da diese der Kapitalerhaltung dient. Mithin liefert die Ausnahmevorschrift des Art. 6 Abs. 3 lit. b EU-VO ein gewichtiges Argument dafür, dass das aktienrechtliche Handelsverbot in Form des Spekulationstatbestands aufgrund seiner Schutzrichtung neben der Ausnahmeverordnung und den Vorschriften der §§ 20a und 14 WpHG weiterhin Gültigkeit genießt.

Es ist festzuhalten, dass der Grund für die Befreiung gemäß Art. 6 Abs. 3 EU-VO von den Einschränkungen der Safe Harbour-Regelung in Art. 6 Abs. 1 EU-VO darin zu sehen ist, dass die Durchführung eines programmierten Rückkaufprogramms sowie die Durchführung eines Rückkaufprogramms unter Führung eines Wertpapierhauses oder Kreditinstituts dazu geeignet sind, das Vertrauen der Anleger in die Integrität der Finanzmärkte aufrechtzuerhalten. Es ist jedoch nicht zu verkennen, dass die Regelung des Art. 6 Abs. 3 lit. a EU-VO über die Durchführung eines programmierten Rückkaufprogramms vergleichsweise ein geringes Maß an Flexibilität für den Emittenten begründet, da sie einem günstigen Erwerb eigener Aktien und einer Minimierung des Kursrisikos beim Rückkauf entgegen stehen kann. Daher wird der Emittent regelmäßig ein Kreditinstitut mit der Durchführung seines Aktienrückkaufprogramms beauftragen, um in den Genuss größtmöglicher Flexibilität zu kommen[693].

693 Singhof/Weber, AG 2005, 549, 562; CESR/02-287b, S. 29, Rn. 130.

IV. Zwischenergebnis

1. Mit der Verordnung (EG) Nr. 2273/2003 über Ausnahmeregelungen zu Rückkaufprogrammen und Kursstabilisierungsmaßnahmen ist erstmals ein spezifischer Safe Harbour für den Rückkauf eigener Aktien etabliert worden. Diese Regelungstechnik schafft für Marktteilnehmer insoweit Rechtssicherheit, als Maßnahmen, die im Einklang mit den technischen Einzelbestimmungen der Verordnung stehen, von den kapitalmarktrechtlichen Verboten der Marktmanipulation und der Insidergeschäfte freigestellt sind.
2. Art. 8 M-RL nimmt generell den Handel mit eigenen Aktien im Rahmen von Rückkaufprogrammen von der Anwendung der Verbotstatbestände des Marktmissbrauchs aus, sofern dieser im Einklang mit der Ausnahmeverordnung erfolgt. Nach der Verordnung ist allgemein der Erwerb eigener Aktien über den geregelten Markt als Handel mit eigenen Aktien zu verstehen. Im deutschen Recht verbietet § 71 Abs. 1 Nr. 8 S. 2 AktG den Erwerb zum Zwecke des Handels in eigenen Aktien. Dieser Regelung liegt jedoch ein unterschiedliches Verständnis des Begriffs „Handel" zu Grunde. Während das aktienrechtliche Handelsverbot die Kriterien des fortlaufenden An- und Verkaufs eigener Aktien mit Gewinnerzielungsabsicht sowie der kontinuierlichen Kurspflege zur Bestimmung des Begriffs Handel heranzieht, erfasst die Verordnung unter Handel jede Transaktion im geregelten Markt.
3. Die Verordnung regelt nur drei Fallkonstellationen, in denen der Emittent in den Genuss einer Freistellung von den Verboten der Marktmanipulation und der Insidergeschäfte kommt. Dies ist der Fall, wenn er eigene Aktien zum Zweck der Kapitalherabsetzung, der Bedienung von Wandel- oder Optionsschuldverschreibungen oder der Durchführung eines Belegschaftsaktienprogramms, wobei hiervon auch Organmitglieder als Begünstigte erfasst sein sollten, zurück erwirbt (Art. 3 EU-VO). Alle übrigen Verwendungen des Aktienrückerwerbs sind nach Maßgabe der allgemeinen Bestimmungen der Marktmissbrauchsrichtlinie und der der Umsetzung dienenden deutschen Vorschriften zu würdigen.
4. Der Anwendungsbereich des Safe Harbour erfährt durch die in Art. 4 Abs. 1 EU-VO vorgesehene Regelung eine weitere Einschränkung. Danach müssen Aktienrückkaufprogramme die in Art. 19 Abs. 1 Kap-RL festgelegten Bedingungen erfüllen. Unklarheiten ergeben sich in denjenigen Fällen, in denen der Aktienrückerwerb zwar einerseits einem der in Art. 3 EU-VO genannten Zwecke dient, andererseits jedoch nicht auf Grundlage der in Umsetzung des Art. 19 Abs. 1 Kap-RL erlassenen Norm, sondern auf Grundlage der in Umsetzung der Art. 19 Abs. 3 und 20 Abs. 1 lit. a Kap-RL erlassenen Vorschriften erfolgt[694].

694 S. hierzu unter 4. Kap., § 2, IV 2.

5. Die in Art. 4 Abs. 2 bis 4 EU-VO geregelten Bekanntgabe- und Meldepflichten zielen darauf ab, Transparenz bei laufenden Rückkaufprogrammen zu gewährleisten und so den Marktteilnehmern eine größtmögliche Rechtssicherheit bei Vornahme von Transaktionen zu vermitteln. Die Unterscheidung zwischen angemessener Bekanntgabe in Art. 4 Abs. 2 EU-VO und Bekanntgabe in Art. 4 Abs. 4 EU-VO ist insbesondere wegen der Aktualität der Informationen bewusst gewählt.
6. Art. 5 EU-VO enthält Bedingungen sowohl hinsichtlich des zulässigen Höchstkurses als auch maximalen Umfangs eines Aktienrückkaufs. Im Hinblick auf die Bedingungen für den zulässigen Höchstkurs trifft Art. 5 Abs. 1 EU-VO folgende Unterscheidung: Ist der Handelsplatz ein geregelter Markt, so dürfen die Rückkäufe nicht zu einem Preis erfolgen, der höher ist als der Preis des zuletzt getätigten unabhängigen Börsengeschäfts oder des höchsten gegenwärtigen Angebots, je nachdem, welcher höher ist (Satz 1). Ist der Handelsplatz kein geregelter Markt, so ist als Referenzkurs der letzte unabhängige Abschluss bzw. das derzeit höchste unabhängige Angebot auf dem geregelten Markt des Mitgliedstaates zu berücksichtigen, in dem der Kauf stattfindet (Satz 2).
7. Im Hinblick auf die Bedingungen für das zulässige Rückkaufvolumen hat der Emittent grundsätzlich eine prozentuale Mengenbeschränkung des Rückkaufvolumens in Höhe von 25% des durchschnittlichen täglichen Handelsvolumens zu beachten (Art. 5 Abs. 2 EU-VO). Die nach Art. 5 Abs. 3 EU-VO im Fall außerordentlich niedriger Liquidität auf dem relevanten Markt vorgesehene Möglichkeit der Ausweitung der 25%-Grenze auf maximal 50% des durchschnittlichen Tagesvolumens ist insoweit problematisch, als der Begriff der außerordentlich niedrigen Liquidität nicht definiert ist. Hier wird man eine Einzelfallbetrachtung unter Berücksichtigung der im Umlauf befindlichen Aktien, der Handelsumsätze und der Anzahl von Transaktionen über einen bestimmten Referenzzeitraum vornehmen müssen.
8. Die Handelsbedingungen des Art. 5 EU-VO schützen den Preisbildungsmechanismus am Markt, indem sie der Gesellschaft hinsichtlich des Börsenpreises und des Rückkaufvolumens klare Grenzen setzen. Zum einen nimmt die Regelung über den maßgeblichen Börsenpreis der Gesellschaft die Möglichkeit, den Börsenkurs ihrer Aktien dadurch in die Höhe zu treiben, dass sie für den Rückkauf der eigenen Aktien einen über dem allgemeinen Trend liegenden Preis zahlt. Zum anderen verhindert die Regelung über das zulässige Rückkaufvolumen, dass die Gesellschaft mit volumenmäßig stark erhöhten Rückkäufen über die Börse die Handelsaktivitäten an einem Tag dominiert und dadurch die Preisentwicklung am Markt beeinflusst.
9. Art. 6 Abs. 1 EU-VO enthält weitere Einschränkungen für Handelsaktivitäten des Emittenten. So ist es dem Emittenten verboten, während der Laufzeit des

Programms eigene Aktien zu verkaufen (lit. a) oder zu sog. geschlossenen Zeiträumen sämtliche Transaktionen vorzunehmen (lit. b). Hat der Emittent von der Möglichkeit nach Art. 6 Abs. 2 M-RL Gebrauch gemacht und die Bekanntgabe von Insider-Informationen auf eigene Verantwortung aufgeschoben, muss er während seiner Teilnahme an dem Rückkaufprogramm gänzlich vom Handel absehen (lit. c).

10. Die Einschränkungen nach Art. 6 Abs. 1 EU-VO finden keine Anwendung, wenn der Emittent ein Wertpapierhaus oder Kreditinstitut ist, das für den Handel mit eigenen Aktien im eigenen oder im Namen von Kunden wirksame, der Aufsicht der zuständigen Behörden unterliegenden Informationssperren (Chinese Walls) eingerichtet hat (Art. 6 Abs. 2 EU-VO). Ferner gelten sie dann nicht, wenn der Emittent ein programmiertes Rückkaufprogramm durchführt (Art. 6 Abs. 3 lit. a EU-VO). Bei einem solchen sind Termine und Menge der Wertpapiere, die während der Laufzeit gehandelt werden sollen, bereits bei dessen Bekanntgabe festgelegt. Da die Durchführung eines programmierten Rückkaufprogramms für den Emittenten vergleichsweise ein geringes Maß an Flexibilität begründet, regelt Art. 6 Abs. 3 lit. b EU-VO die für die Praxis wichtigste Ausnahme. Danach ist der Emittent von den weiteren Handelsbedingungen des Art. 6 Abs. 1 EU-VO befreit, wenn sein Rückkaufprogramm von einem Wertpapierdienstleistungsunternehmens durchgeführt wird, welches unabhängig und unbeeinflusst von dem Emittenten die Entscheidungen über den Zeitpunkt des Erwerbs von Aktien trifft.

11. Das aktienrechtliche Handelsverbot des § 71 Abs. 1 Nr. 8 S. 2 AktG in Form des Spekulationstatbestands ist durch den Verbotstatbestand des Art. 6 Abs. 1 lit. a EU-VO nicht obsolet geworden. Denn das von der Vorschrift erfasste Spekulationsverbot hat eine andere Schutzrichtung als die kapitalmarktrechtliche Bestimmung. Es dient dem Schutz des Gesellschaftsvermögens und damit dem Gläubigerschutz. Dieses Ergebnis wird von dem Regelungsanliegen der Ausnahmevorschrift des Art. 6 Abs. 3 lit. b EU-VO bestätigt.

12. Etwas anderes gilt im Hinblick auf den ebenfalls von dem aktienrechtlichen Handelsverbot erfassten Verbotstatbestand der kontinuierlichen Kurspflege. Dessen Sachanliegen gleicht dem der Marktmissbrauchsrichtlinie und dem der hierzu erlassenen Ausnahmeverordnung. Es besteht darin, das reibungslose Funktionieren der Kapitalmärkte zu gewährleisten. Insoweit hat der europäische Gesetzgeber mit der Verordnung (EG) Nr. 2273/2003, die in jedem Mitgliedstaat der Europäischen Gemeinschaft unmittelbar gilt, und mit der Marktmissbrauchsrichtlinie, die ins deutsche Recht bereits umgesetzt worden ist, umfassende kapitalmarktrechtliche Regulierungen geschaffen, die kapitalmarktorientierte Schutzanliegen zum Gegenstand haben. Damit erübrigt sich eine Beschränkung der Kurspflege über die aktienrechtliche Vorschrift des § 71 Abs. 1 Nr. 8 S. 2 AktG.

§ 3 Das Verbot der Marktmanipulation gemäß § 20a WpHG

Die Safe Harbour-Regelung der VO (EG) Nr. 2273/2003 weist keinen abschließenden Charakter auf[695]. Sofern Aktienrückkaufprogramme nicht in Übereinstimmung mit den Regeln der Ausnahmeverordnung ausgestaltet sind, namentlich die Gesellschaft eigene Aktien zu anderen als den in Art. 3 EU-VO vorgesehenen Zwecken erwirbt oder das Rückkaufprogramm die in Art. 4 und 5 EU-VO genannten Bedingungen nicht erfüllt, sind sie nicht per se als Marktmissbrauch zu werten. Die Rechtsfolge besteht darin, dass keine Freistellung von den in der Marktmissbrauchsrichtlinie aufgestellten Verboten der Marktmanipulation und der Insidergeschäfte in Betracht kommt. Bei solchen Transaktionen ist eine Einzelfallprüfung vorzunehmen, bei der festzustellen ist, ob ein Verbotsverstoß vorliegt. Dabei ist zu beachten, dass Art. 8 M-RL eine Freistellung von den in der Richtlinie „ausgesprochenen Verbote[n]" enthält. Für den deutschen Rechtsanwender bedeutet dies, dass er für jeden einzelnen Fall prüfen muss, ob – entsprechend der Marktmissbrauchsrichtlinie – der Verbotstatbestand der Marktmanipulation gemäß § 20a Abs. 1 WpHG und der Verbotstatbestand der Insidergeschäfte gemäß § 14 Abs. 2 WpHG – und zwar unter Berücksichtigung *aller* Tatbestandhandlungen der beiden Verbote – in concreto erfüllt ist. Mithin müssen solche außerhalb des Safe Harbour durchgeführten Aktienrückkaufprogramme nicht zwangsläufig ein i. S. der §§ 14 Abs. 1, 20a Abs. 1, 2 WpHG tatbestandsmäßiges Verhalten darstellen. Sie können vielmehr gleichfalls zulässig sein, ohne die Voraussetzung der Ausnahmeverordnung zu erfüllen. Aufgrund der Dichte und Komplexität der kapitalmarktrechtlichen Regelung in § 20a WpHG, die durch das Anlegerschutzverbesserungsgesetz (im Folgenden: AnSVG)[696] inhaltlich umgestaltet worden ist, wird im Folgenden zunächst das Regelungskonzept der Verbotsvorschrift des § 20a WpHG erörtert. Anschließend erfolgt die rechtliche Beurteilung des Erwerbs eigener Aktien anhand des Verbots der Marktmanipulation in § 20a WpHG.

I. Entstehungsgeschichte

Manipulationen, die durch die Einflussnahme auf die Preisbildungsprozesse an den Börsen erfolgen, gehören zu den ältesten anlegerschädigenden Praktiken im Börsenhandel[697]. Bereits im Jahre 1884 schuf der deutsche Gesetzgeber mit

695 2. ErwGr. der Verordnung (EG) Nr. 2273/2003, Abl. L 336 v. 23.12.2003, S. 33.

696 Gesetz zur Verbesserung des Anlegerschutzes (Anlegerschutzverbesserungsgesetz – AnSVG) v. 28 Oktober 2004, BGBl. I (2004), S. 2630.

697 Hopt, Kapitalanlegerschutz, S. 491; Lenzen, S. 1; dies., WM 2000, 1131; dies., ZBB 2002, 279 f.

Art. 249d ADHGB eine Strafnorm, die sich gegen die betrügerische Beeinflussung von Börsenkursen richtete[698]. Diese Vorschrift wurde später verallgemeinert und als § 75 Abs. 1 in das Börsengesetz von 1896 aufgenommen[699] und galt – durch verschiedene Reformen modifiziert[700] – als § 88 BörsG (im Folgenden: § 88 BörsG a.F.) fort[701]. Jedoch erlangte § 88 BörsG a.F., der neben Manipulationen durch falsche Informationen auch die Anwendung auf Täuschung berechneter Mittel zur Kursbeeinflussung unter Strafe stellte[702], in der Praxis keine nennenswerte Bedeutung[703]. In Anbetracht der zunehmenden Internationalisierung des Wertpapiergeschäfts und der Wertpapiermärkte[704] hielt es der Gesetzgeber für angezeigt, das Verbot des Kursbetrugs gemäß § 88 BörsG a.F. neu zu formulieren und damit zu einer in der Praxis wirkungsvollen Vorschrift zu machen. Im Zuge des am 1.7.2002 in Kraft getretenen Vierten Finanzmarktförderungsgesetzes (im Folgenden: 4. FiMaFöG)[705] wurde der Straftatbestand des Kursbetruges gemäß § 88 BörsG a.F. aufgehoben und durch die Verbotsnorm des § 20a WpHG (im Folgenden: § 20a WpHG a.F.) ersetzt[706]. Daneben wurde zur effektiveren Durchsetzung des Manipulationsverbotes die Zuständigkeit für die Überwachung der Einhaltung der Verbotsvorschrift des § 20a WpHG a.F. gemäß § 20b S. 4 WpHG a.F.[707] auf die BaFin übertragen[708].

Zwar hat der deutsche Gesetzgeber die Regelungen des 4. FiMaFöG im Bereich des Wertpapierhandelsrechts im Vorgriff auf die entsprechenden Regelungen der geplanten Marktmissbrauchsrichtlinie getroffen[709]. Jedoch verblieb nach Er-

---

698 Art. 249d ADHGB ist abgedruckt bei Merkt in Hopt/Rudolph/Baum, Börsenreform, S. 17, 67, Fn. 213; Lenzen, ZBB 2002, 279, 280, Fn. 3.

699 Nußbaum, BörsG, § 88 Anm. I 1; Stenglein, Kommentar, § 88 BörsG Anm. 1 a.

700 Zuletzt durch das Zweite Gesetz zur Bekämpfung der Wirtschaftskriminalität, BGBl. I (1986), S. 721.

701 Vogel in Assmann/Schneider, WpHG, Vor § 20a, Rn. 1; Lenzen, ZBB 2002, 279, 280.

702 § 88 BörsG ist beispielsweise abgedruckt bei Groß, Kapitalmarktrecht, § 88 BörsG, VI, S. 235 und Vogel in Assmann/Schneider, WpHG, Vor § 20a , Rn. 1.

703 Altenhain, BB 2002, 1874, 1875; Möller, WM 2002, 309; Tripmaker, wistra 2002, 288, 288 ff.; zusammenfassend zum Ganzen, Lenzen, S. 157 ff.

704 Begr. des Entwurfs eines Gesetzes zur weiteren Fortentwicklung des Finanzplatzes Deutschland (Viertes Finanzmarktförderungsgesetz) v. 18.01.2002, BT-Drucks. 14/8017, S. 64.

705 Gesetz zur weiteren Fortentwicklung des Finanzplatzes Deutschland (Viertes Finanzmarktförderungsgesetz) vom 21.6.2002, BGBl. I (2002), S. 2010.

706 Schwark in FS für Siegfried Kümpel, S. 485, 487f.; Vogel in Assmann/Schneider, WpHG, Vor § 20a, Rn. 3.

707 Nunmehr folgt die Zuständigkeit der BaFin aus § 4 WpHG.

708 RegBegr. zum 4.FiMaFöG, BT-Drucks. 14/8017, S. 64; Möller, WM 2002, 309, 310.

709 Vgl. die RegBegr. zum 4.FiMaFöG, BT-Drucks. 14/8017, S. 89: „entsprechend der geplanten Richtlinie über den Marktmissbrauch“; Weber, NJW 2003, 18, 20, Fn. 18,

lass der Richtlinie am 28.1.2003 sowie den hierzu ergangenen Durchführungsmaßnahmen der Kommission insbesondere auch im Themenkomplex der Marktmanipulation ein nicht unerheblicher Umsetzungsbedarf, dem gerecht zu werden ein wichtiges Anliegen des am 30.10.2004 in Kraft getretenen AnSVG war[710]. Darüber hinaus bestand in Übereinstimmung mit dem 4. FiMaFöG das Ziel des AnSVG darin, den Kapitalmarkt und die internationale Wettbewerbsfähigkeit des Finanzplatzes Deutschland weiter zu stärken. Diese Zielsetzung sollte nicht nur durch die Schaffung von praxisorientierten Rahmenbedingungen, sondern vor allem durch die Verbesserung des Schutzes der Anleger erreicht werden. Denn das Vertrauen der Anleger in die Unternehmensintegrität und damit zugleich in den Kapitalmarkt wurde in der Vergangenheit durch Unternehmenskrisen und -zusammenbrüche, oft bedingt durch Missmanagement der Unternehmensführung, nachhaltig erschüttert[711]. Daher wurden durch das AnSVG wesentliche Teile des Wertpapierhandelsgesetzes modernisiert und auf europäischer Ebene vereinheitlicht[712]. Im Zuge dieser Neuregulierung wurde die Verbotsvorschrift des § 20a WpHG durch Art. 1 Nr. 7 und 8 des AnSVG sowohl formal – § 20a WpHG wurde umbenannt – als auch inhaltlich – das Manipulationsverbot wurde tendenziell ausgeweitet und verschärft – umgestaltet[713].

II. Gestaltung des Verbotes der Marktmanipulation durch das AnSVG

1. Regelungsziel

Der Verbotsvorschrift des § 20 a WpHG wird als Nachfolgevorschrift des § 88 BörsG a.F. von einem bedeutenden Teil der Literatur ein überindividueller Schutzzweckcharakter beigemessen[714]. Der Schutzzweck des § 88 BörsG a.F.

---

beruft sich auf den Entwurf einer Richtlinie über Insidergeschäfte und Marktmanipulation in der vom Europäischen Parlament gebilligten Fassung vom 14.3.2002 – Moosmayer, wistra 2002, 161, hingegen auf den Vorschlag der Europäischen Kommission für eine entsprechende Richtlinie vom 30.5.2001.

710 RegBegr. zum AnSVG, BT- Drucks. 15/3174, S. 26; Vogel in Assmann/Schneider, WpHG, Vor 20a WpHG, Rn. 11.

711 RegBegr. zum AnSVG, BT- Drucks. 15/3174, S. 26, li. Sp. oben.

712 RegBegr. zum AnSVG, BT- Drucks. 15/3174, S. 1; daneben wurde eine Prospektpflicht für nicht in Wertpapieren verbriefte Anlageformen des sog. „Grauen Kapitalmarkts" eingeführt, Art. 2 des AnSVG.

713 Vogel in Assmann/Schneider, WpHG, Vor § 20a, Rn. 5; Diekmann/Sustmann, NZG 2004, 929, 937; Holzborn/Israel, WM 2004, 1948, 1953f.; Bürgers, BKR 2004, 424, 428f.

714 Kümpel, Bank- und Kapitalmarktrecht, Rn. 16.367; Schwark, Kapitalmarktrecht, § 20a WpHG, Rn. 5; Schwark in FS für Siegfried Kümpel, S. 485, 499; Fleischer,

bestand nach ganz herrschender Meinung darin, die Zuverlässigkeit und Wahrheit der Preisbildung an Börsen und Märkten zu gewährleisten und damit deren ordnungsgemäße Funktionsfähigkeit gegen manipulative Eingriffe zu sichern[715]. Damit war der Schutz der individuellen Vermögensinteressen der Kapitalanleger nur als eine mittelbare Folge des Funktionenschutzes, als Rechtsreflex, anzusehen[716].

Das Rechtsgut der Zuverlässigkeit und Wahrheit der Börsen- und Marktpreisbildung schützt auch die Erwartung der Marktteilnehmer, dass der Preis an der Börse aufgrund des freien Zusammenspiels von Angebot und Nachfrage zustande kommt. Mit dieser berechtigten Erwartung geht notwendigerweise das Vertrauen der Anleger einher, dass nicht andere Marktteilnehmer in unlauterer Weise versuchen, diesen Preisbildungsprozess zu ihren Gunsten zu beeinflussen und damit die Kursentwicklung zu steuern[717]. Mithin will § 20a WpHG vor Verhaltensweisen an Kapitalmärkten schützen, die einen Preis herbeiführen, der nicht demjenigen entspricht, der sich bei einem unbeeinflussten Zusammenspiel der Marktkräfte gebildet hätte[718].

2. *Neuregelung des § 20a WpHG*

a) *Sachlicher Anwendungsbereich*

Will die Gesellschaft ein Aktienrückkaufprogramm durchführen, so ist der sachliche Anwendungsbereich des § 20a Abs. 1 S. 2 WpHG eröffnet: Bei den Aktien handelt es sich um Wertpapiere i.S.d. § 2 Abs. 1 Nr. 1 WpHG und damit um Finanzinstrumente i.S.d. § 2 Abs. 2b S. 1 WpHG, die in aller Regel entweder an einer inländischen Börse zum Handel zugelassen oder in den geregelten Markt oder in den Freiverkehr einbezogen sind (§ 20a Abs. 1 S. 2 Nr. 1 WpHG) oder in einem anderen Mitgliedstaat der Europäischen Union oder einem anderen Vertragsstaat

---

NJW 2002, 2977, Möller, WM 2002, 309, 313; a.A. Altenhain, BB 2002, 1874, 1875; Tripmaker, wistra 2002, 288, 290, 291; Lenzen, ZBB 2002, 279, 284; Ziouvas, ZGR 2003, 113, 143f., die das Vermögen der Anleger nur oder zumindest auch als geschütztes Rechtsgut ansehen; differenzierend Vogel in Assmann/Schneider, WpHG, § 20a, Rn. 21 f.; da dieser Streit insbesondere für die hier nicht relevante Frage, ob § 20a WpHG als Schutzgesetz i.S.v. § 823 Abs. 2 BGB gilt, von Bedeutung ist, braucht er vorliegend nicht entschieden zu werden.

715 Groß, Kapitalmarktrecht, § 88 BörsG, Rn.1; Schwark, BörsG, § 88, Rn. 1.

716 Schwark, Kapitalmarktrecht, § 20a WpHG, Rn. 5; Vogel in Assmann/Schneider, WpHG, § 20a, Rn. 17; Tripmaker, wistra 2002, 288, 290; Altenhain, BB 2002, 1874, 1875.

717 Möller, WM 2002, 309, 313; Kümpel, Bank- und Kapitalmarktrecht, Rn. 16.367; Kümpel/Veil, WpHG, S. 126, Rn. 5; Hopt, Kapitalanlegerschutz, S. 494.

718 Kümpel, Bank- und Kapitalmarktrecht, Rn. 16.367; Lenzen, WM 2000, 1131.

des Abkommens über den Europäischen Wirtschaftsraum zum Handel an einem organisierten Markt zugelassen sind (§ 20a Abs. 1 S. 2 Nr. 2 WpHG). Entscheidend ist, dass die Finanzinstrumente börsenüberwacht sind, da der Gesetzgeber nur solche Werte vor Kursbeeinflussungen schützen will, die an staatlich regulierten Märkten gehandelt werden[719]. Nicht erforderlich ist hingegen, dass die Manipulation als solche börslich getätigt wird.

Das Aktienrückkaufprogramm muss nach Maßgabe aller Tatbestandshandlungen des Verbotes der Marktmanipulation in § 20a Abs. 1 S. 1 WpHG beurteilt werden. Da die Tathandlungen der Nrn. 1 bis 3 des § 20a Abs. 1 S. 1 WpHG eine Vielzahl an unbestimmten Rechtsbegriffen aufweisen, ist es zunächst von Vorteil, die Tathandlungen in handelsgestützte und informationsgestützte Marktmanipulationen zu systematisieren[720].

b) Verbot der unzulässigen Marktmanipulation in § 20a Abs. 1 S. 1 WpHG

aa) Verbotene Tathandlungen

In § 20a Abs. 1 S. 1 WpHG sind seit der Neufassung durch das AnSVG drei verschiedene Tatbestände normiert. Der Tatbestand der unzulässigen Marktmanipulation in § 20a Abs. 1 Nr. 1 WpHG beinhaltet sowohl unrichtige als auch irreführende Angaben über Umstände, die für die Bewertung eines Finanzinstruments erheblich und darüber hinaus geeignet sind, den Kurs des Finanzinstruments zu beeinflussen (Alt. 1). Darüber hinaus kann die Tathandlung der Marktmanipulation auch in dem Verschweigen bewertungserheblicher Umstände liegen, soweit eine Rechtspflicht zur Offenbarung („entgegen bestehender Rechtsvorschriften") besteht (Alt. 2). Mithin richtet sich die Verbotsvorschrift des § 20a Abs. 1 Nr. 1 WpHG gegen Verhaltensweisen, die den Kurs- oder Marktpreis durch das Verbreiten oder Verschweigen unrichtiger oder irreführender Nachrichten beeinflussen und umfasst damit die sog. informationsgestützten Manipulationen[721].

Der Tatbestand des § 20a Abs. 1 Nr. 2 WpHG erfasst Transaktionen, die geeignet sind, dem Markt falsche oder irreführende Signale zu geben (Alt. 1) oder ein künstliches Preisniveau herbeizuführen (Alt. 2). Damit sind die Handelsaktivitäten selbst das Mittel der Kurs- oder Marktpreismanipulation, so dass die Verbotsnorm die sog. handelsgestützten Marktmanipulationen betrifft[722]. Dabei

---

719 RegBegr. zum 4.FiMaFöG, BT-Drucks. 14/8017, S. 89; Schwark, Kapitalmarktrecht, § 20a WpHG, Rn. 9; Kümpel/Veil, WpHG, S. 127, Rn. 6; Vogel in Assmann/Schneider, WpHG, § 20a, Rn. 26.

720 S. unter 2. Kap., § 3, V 2.

721 Vogel in Assmann/Schneider, WpHG, Vor § 20a, Rn. 23.

722 Vogel in Assmann/Schneider, WpHG, Vor § 20a, Rn. 23 und §20a, Rn. 113.

fallen unter den Tatbestand des § 20a Abs. 1 Nr. 2 WpHG zunächst klassische Manipulationstechniken (sog. fiktive Geschäfte)[723] wie beispielsweise sog. „Wash Sales"-Wertpapiergeschäfte, bei denen Verkäufer und Käufer zumindest wirtschaftlich identisch sind[724] – oder sog. „Matched Orders"-Transaktionen, bei denen Kauf- und anschließende Verkaufsaufträge zwischen den Parteien abgestimmt sind[725]. Neben diesen fiktiven Geschäften werden jedoch auch effektive Geschäfte[726] erfasst, worunter auch die hier im Fokus stehenden Aktienrückkaufprogramme fallen können. Effektive Geschäfte sind dadurch gekennzeichnet, dass sie rechtlich verbindlich sind und wirtschaftlich zu einer Wertpapiertransaktion führen[727]. Dennoch können effektive Transaktionen als solche Täuschungswert haben. Die getätigten Geschäfte sind nämlich dazu geeignet, eine Preisänderung herbeizuführen mit der Folge, dass ein Preis entsteht, der sich ohne diese Handelspraktik nicht gebildet hätte. Für die Marktteilnehmer ist aber nicht erkennbar, dass der aus der betreffenden Transaktion resultierende Preis verzerrt ist. Genau hierin besteht die einem effektiven Geschäft zugrunde liegende Täuschung[728]. Markmanipulationen in diesem Bereich liegen beispielsweise vor bei Verkäufen von Vermögenswerten, ohne dieselben zu besitzen oder zu deren Veräußerung ermächtigt zu sein (sog. Leerverkäufe)[729], bei der Beeinflussung von Schlusskursen durch Order von großem Volumen (sog. „Marking the Close")[730] oder der Kursbeeinflussung durch mehrere Kauforder zu sukzessiv höheren Preisen (sog. „Pump and Dump")[731]. Während nach altem Recht effektive Handelsaktivitäten nur in Ausnahmefällen als „sonstige Täuschungshandlung" i.S.v. § 20a Abs. 1 Nr. 2 WpHG a.F. verboten waren, sollen nach jetziger Rechtslage Marktmanipulationen durch effektive Geschäfte im stärkeren Ausmaß erfasst werden. Dies kommt dadurch zum Ausdruck, dass bestimmte effektive Manipulationstechniken – so auch die oben genannten – nunmehr in den

723 Ausführlich zu den handelsgestützten Manipulationen in Form von fiktiven Transaktionen, Lenzen, S. 9 ff.

724 Lenzen, S. 10 f.; Ziouvas, ZGR 2003, 113, 132.

725 Lenzen, S. 11; Ziouvas, ZGR 2003, 113, 133.

726 Ausführlich zu den handelsgestützten Manipulationen in Form von effektiven Transaktionen, Lenzen, S. 12 ff.

727 Lenzen, S. 12; dies., WM 2000, 1131, 1133; Vogel in Assmann/Schneider, Vor § 20a, Rn. 27.

728 Möller, WM 2002, 309, 313; Vogel in Assmann/Schneider, WpHG, § 20a, Rn. 175; a.A. Lenzen, S. 10 f.; dies., WM 2000, 1131, 1137; zust. Altenhain, BB 2002, 1874, 1877 f.

729 Lenzen, S. 18 f.; Ziouvas, ZGR 2003, 113, 135 f.

730 Ziouvas, S. 135; Vogel in Assmann/Schneider, WpHG, Vor § 20a, Rn. 27.

731 Vogel in Assmann/Schneider, WpHG, Vor § 20a, Rn. 27.

Regelungsbereich des neuen § 20a Abs. 1 Nr. 2 WpHG und des ihn konkretisierenden § 3 MaKonV[732] einbezogen worden sind[733].

Tatbestandsmäßig erfasst sind schließlich auch sonstige Täuschungshandlungen, soweit sie zur Preiseinwirkung geeignet sind (§ 20a Abs. 1 Nr. 3 WpHG). Die Verbotsvorschrift betrifft handelsgestützte sowie informationsgestützte Kurs- und Marktpreismanipulationen, sofern die Marktmanipulation nicht schon unter den speziellen Verbotstatbestand der Nr. 1 oder Nr. 2 fällt. Damit ist die Nr. 3 des § 20a Abs. 1 S. 1 WpHG im Verhältnis zu dessen Nrn. 2 und 3 als Auffangtatbestand und lex generalis zu verstehen[734].

Die bedeutendste Änderung gegenüber der alten Rechtslage besteht darin, dass das bisherige Absichtsmerkmal des § 20a Abs. 1 Nr. 2 WpHG a.F. („ um ... einzuwirken") entallen. An seine Stelle ist das objektive Tatbestandsmerkmal der Eignung getreten, auf den Börsen- und Marktpreis einzuwirken. Demnach genügt zur Erfüllung des Tatbestands nunmehr einfacher Vorsatz bezüglich der Eignung der Täuschungshandlung.

bb) Abstraktheit der Tathandlungen

Das gesetzliche Verbot der Marktmanipulation des § 20a Abs. 1 S. 1 WpHG weist einen hohen Abstraktionsgrad auf, der in einer Vielzahl unbestimmter Rechtsbegriffe zum Ausdruck kommt.

Durch das hohe Abstraktionsniveau der drei Tatbestände des § 20a Abs. 1 S. 1 WpHG hat der Gesetzgeber einerseits die Möglichkeit geschaffen, alle denkbaren Manipulationstechniken zu erfassen. Die Marktentwicklungen und der technische Fortschritt auf den Kapitalmärkten führen dazu, dass sich Manipulationstechniken ständig wandeln oder durch neu hinzukommende ergänzt werden[735]. Im Gegensatz zu unbestimmten Rechtsbegriffen sind präzise Formulierungen nicht dazu geeignet, alle gleichermaßen sanktionswürdigen Fallkonstellationen zu erfassen[736]. Will der Gesetzgeber also dem Wandel der Verhältnisse noch gerecht werden, darf er keine allzu starren und kasuistischen Gesetze schaffen, sondern muss allgemeine Begriffe verwenden[737]. Andererseits ist zu bedenken, dass ein Tatbestand, der durch eine Vielzahl unbestimmter Rechtsbegriffe geprägt ist, Bedenken im Hin-

---

732 Verordnung zur Konkretisierung des Verbots der Marktmanipulation (Marktmanipulations- Konkretisierungsverordnung – MaKonV) vom 1.3.2005, BGBl. I (2005), S. 515); s. unter 4. Kap., § 3 II 2c).

733 Vogel in Assmann/Schneider, WpHG, § 20a, Rn. 113.

734 Vogel in Assmann/Schneider, WpHG, § 20a, Rn. 164.

735 Lenzen, ZBB 2002, 279, 286; Meißner, S. 68.

736 Altenhain, BB 2002, 1874, 1876.

737 BVerfG E 14, 245, 251.

blick auf seine hinreichende Bestimmtheit (Art. 103 Abs. 2 GG) aufwirft. Es ist jedoch zu beachten, dass § 20a Abs. 1, 2 WpHG nicht unbestimmter als zahlreiche andere wirtschaftsstrafrechtliche Tatbestände – beispielsweise §§ 264, 264a oder 265b StGB – ist, deren Verfassungsmäßigkeit im Ergebnis nicht in Zweifel gezogen wird[738]. Auch hat der Gesetzgeber auf diese Bedenken bereits durch das 4. FiMaFöG reagiert, indem er den Verordnungsgeber i.S.v. Art. 80 GG in § 20a Abs. 2 WpHG a.F. ermächtigt hatte, nähere Bestimmungen über bestimmte Tatbestandsmerkmale des Verbotes der Marktmanipulation zu erlassen[739]. Eine derartige Regelungstechnik findet sich nunmehr in § 20a Abs. 5 WpHG.

cc) Abgrenzung legitimer Transaktionen von illegitimen Manipulationen

Jeder in größerem Ausmaß vorgenommene Kauf oder Verkauf eines Vermögenswertes, und damit auch der Kauf und Verkauf eigener Aktien durch die Gesellschaft, kann sich auf den Börsenkurs eines Wertpapiers auswirken. Dies bedeutet jedoch nicht, dass jede Transaktion, die zu einer Kursbeeinflussung führt, als manipulativ zu qualifizieren ist. Vielmehr stellt sich die preis- oder kursbeeinflussende Wirkung einer Transaktion als die natürliche Folge eines freien und offenen Marktes dar[740]. Effektive Geschäfte, die zu den handelsgestützten Manipulationstechniken zählen, sind dadurch gekennzeichnet, dass tatsächlich Transaktionen zwischen wirtschaftlich verschiedenen Marktteilnehmern stattfinden. Damit unterscheiden sich effektive Täuschungsgeschäfte rein äußerlich in keiner Weise von legitimen Transaktionen.

Fraglich ist daher, anhand welcher Kriterien die Abgrenzung zwischen legitimem Handel und illegitimen, unerwünschten Manipulationen bei effektiven Geschäften vorzunehmen ist. Nach einer Ansicht liegt der Unrechtsgehalt auf der subjektiven Seite des Handelnden. Entscheidendes Kriterium zur Abgrenzung zwischen legitimen Transaktionen und unerwünschten Manipulationen sei daher die Absicht, mit der jemand eine Transaktion vornehme. Eine manipulative Transaktion sei demnach nur dann anzunehmen, wenn mit ihr das Ziel verfolgt werde, auf den Börsenkurs oder die Kursbildung eines Wertpapiers Einfluss zu

738 Vogel in Assmann/Schneider, WpHG, Vor § 20a, Rn. 21; die Rspr. hat ebenfalls keine Bedenken gegen die Bestimmtheit von § 39 Abs. 1 Nr. 1 i.V.m. § 20a Abs. 1 Nr. 1 WpHG geäußert, BGH NJW 2005, 445, 449 f.; a.A. Streinz/Ohler zu § 20a Abs. 1 Nr. 2 WpHG a.F., WM 2004, 1309, 1315; ebenfalls kritisch Sorgenfrei, wistra 2002, 321, 325.

739 Gegen diese Regelungstechnik wurden ebenfalls verfassungsrechtliche Bedenken erhoben; hierzu nachfolgend unter 4. Kap., § 3, II 2 c).

740 Lenzen, S. 12; dies., WM 2000, 1131, 1133; dies., FB 2001, 603, 609; dies., ZBB 2002, 279, 284; Möller, WM 2002, 309, 313.

nehmen[741]. Diese insbesondere vom Finanzausschuss[742] im Gesetzgebungsverfahren des 4. FiMaFöG geltend gemachte Rechtsauffassung führte dazu, dass die endgültige Fassung des § 20a Abs. 1 Nr. 2 WpHG a.F. entgegen dem Regierungsentwurf zum 4. FiMaFöG, der die Eignung zur Einwirkung auf den Börsen- oder Marktpreis auch bei sonstigen Täuschungshandlungen genügen ließ[743], eine Kurs- bzw. Preiseinwirkungsabsicht voraussetzte. Damit hielt der Gesetzgeber des 4. FiMaFöG für Tathandlungen gemäß § 20a Abs. 1 Nr. 2 WpHG a.F. an dem aus § 88 BörsG a.F. bekannten Absichtserfordernis fest.

In Übereinstimmung mit den europarechtlichen Vorgaben des Art. 1 Nr. 2 M-RL setzt § 20a Abs. 1 Nr. 3 WpHG heute keine Kurs- bzw. Preiseinwirkungsabsicht mehr voraus. Der Gesetzgeber des AnSVG hat das Absichtsmerkmal des § 20a Abs. 1 Nr. 2 WpHG a.F. („um ... einzuwirken") durch das Tatbestandsmerkmal der objektiven Einwirkungseignung ersetzt. Daher muss die Abgrenzung zwischen legitimen Handel und illegitimer, unerwünschter Manipulation nicht anhand eines subjektiven Kriteriums, sondern anhand eines normativen Urteils erfolgen: Die fragliche Handlung muss gemessen am gesamten Kapitalmarktrecht billigenswert sein[744]. Nach dem gesetzlichen Regelungskonzept soll der Erlass einer Rechtsverordnung zur Konkretisierung des Tatbestands der Marktmanipulation (§ 20a Abs. 5 WpHG) dazu beitragen, tatsächliche Handelsaktivitäten von manipulativen Handlungen abzugrenzen und damit zu überprüfen, ob eine Handlung als billigenswert anzusehen ist.

Der Verzicht auf das Erfordernis der Absicht zur Kursbeeinflussung bringt in der Praxis Vorteile mit sich. So werden ausweislich der Regierungsbegründung zum AnSVG die bisher in der Praxis aufgetretenen, mit dem Absichtserfordernis einhergehenden Schwierigkeiten in der Beweisführung künftig vermieden[745].

741 Lenzen, S. 12; dies., WM 2000, 1131, 1133; dies., ZBB 2002, 279, 284 m.w.N. in Fn. 44; Möller, WM 2002, 309, 313; Schwark, Kapitalmarktrecht, § 20a WpHG, Rn. 28; Kümpel, Bank- und Kapitalmarktrecht, Rn. 16.373.

742 Beschlussempfehlung des Finanzausschusses (7. Ausschuss) zum RegE eines 4. FiMaFöG, BT-Drucks. 14/8600 v. 20.3.2002, S. 59 sowie Bericht des Finanzausschusses (7. Ausschuss) zum RegE eines 4. FiMaFöG, BT-Drucks. 14/8601, S. 19.

743 RegBegr. zum 4.FiMaFöG, BT-Drucks. 14/8017, S. 27; hingegen ist auf S. 89 in Bezug auf die Rechtsverordnungsermächtigung des § 20a Abs. 2 WpHG a.F. zu lesen, dass es „notwendig sein [wird], Täuschungshandlungen zu beschreiben, bei deren Vorliegen von einer manipulativen Absicht auszugehen ist". Demnach scheinen der Entwurf des Gesetzestextes und seine Begründung in Widerspruch zu sehen; hierzu Lenzen, FB 2001, 603, 608 f.; dies., ZBB 2002, 279, 285.

744 Vogel in Assmann/Schneider, WpHG, Vor § 20a, Rn. 28; § 20a, Rn. 170, 193; Ziouvas, ZGR 2003, 113, 136 f.; Schwark in FS für Siegfried Kümpel, S. 485, 488; Ziouvas/Walter, WM 2002, 1483, 1487; Moosmayer, wistra 2002, 161, 164.

745 RegBegr. zum AnSVG, BT- Drucks. 15/3174, S. 37, li. Sp. oben.

Ferner war für die Preiseinwirkungsabsicht i. S. des § 20a Abs. 1 Nr. 2 WpHG a.F. – ebenso wie für dessen Vorgängervorschrift des § 88 Nr. 2 BörsG a.F. – eine Absicht im technischen Sinne (sog. dolus directus ersten Grades) erforderlich[746]. Danach musste der Wille des Manipulators darauf gerichtet sein, durch sein tatbestandsmäßiges Verhalten – wenigstens mittelbar – auf den Preis einzuwirken[747]. Hieraus ergab sich eine erheblich nachteilige Konsequenz, welcher der Gesetzgeber des AnSVG mit dem Ersatz des Absichtserfordernisses durch die objektive Preiseinwirkungseignung abgeholfen hat: Aus dem Anwendungsbereich des § 20a Abs. 1 Nr. 2 WpHG a.F. fielen alle Handlungen heraus, bei denen es dem Manipulator nicht auf die Kursmanipulation ankam, das Verhalten aber gleichwohl geeignet war, den Börsenkurs zu beeinflussen[748]. Schließlich ist es dem Gesetzgeber gelungen, durch die Neuregelung die nicht zu rechtfertigende Diskrepanz bei der Behandlung von falschen Tatsachen und falschen Gerüchten zu beseitigen. Während das Verbreiten falscher Tatsachen unter § 20a Abs. 1 Nr. 1 WpHG a.F. fiel und damit ohne besondere Absichtserfordernisse erfasst war, wurde das Ausstreuen falscher Gerüchte mangels Vorliegens eines Tatsachenkerns gemäß § 20a Abs. 1 Nr. 2 WpHG a.F. beurteilt und erforderte demgegenüber eine Preisbeeinflussungsabsicht[749]. Da nunmehr keine unterschiedlichen Verfolgungsvoraussetzungen auf der subjektiven Tatbestandsseite hinsichtlich falscher Tatsachen einerseits und falscher Gerüchte andererseits bestehen, hat der Gesetzgeber für größere Rechtssicherheit gesorgt.

c) Konkretisierung durch die MaKonV

Das Bundesministerium der Finanzen hat im Zuge der Änderung des § 20a WpHG durch das AnSVG von der Verordnungsermächtigung des § 20a Abs. 5 S. 1 WpHG Gebrauch gemacht und die Verordnung zur Konkretisierung des Verbotes der Marktmanipulation (Marktmanipulations-Konkretisierungsverordnung – MaKonV)[750] am 1. März 2005 erlassen. Die MaKonV hat mit Wirkung vom 11. März 2005 die auf der entsprechenden Grundlage des § 20a Abs. 2 WpHG a.F. am 18. November 2003 erlassene Verordnung zur Konkretisierung des Verbotes der Kurs- und Marktpreismanipulation (KuMaKV)[751] ersetzt. Sie orientiert sich konsequent an den europäischen Vorgaben und setzt insbesondere die Beispiels-

746 Vogel in Assmann/Schneider, WpHG, 3. Aufl., § 20a, Rn. 98; Groß, Kapitalmarktrecht, § 88 BörsG, Rn. 10.
747 Lenzen, S. 158; Ziouvas, ZGR 2003, 113, 137.
748 Lenzen, S. 158; dies., FB 2001, 603, 605.
749 Möller, 2002, 309, 316; Lenzen, ZBB 2002, 279, 286.
750 BGBl. I (2005), S. 515.
751 BGBl. I (2003), S. 2300.

fälle für Marktmanipulation in Art. 1 Nr. 2 lit. c 1. bis 3. Spiegelstrich M-RL, Art. 4 und 5 der Durchführungsrichtlinie 2003/124/EG und Art. 2 und 3 Durchführungsrichtlinie 2004/72/EG um[752].

Die MaKonV konkretisiert zum einen die unbestimmten Rechtsbegriffe des § 20a Abs. 1 Nr. 1 bis 3 WpHG, indem sie in den §§ 2 bis 4 MaKonV bestimmte Handlungsweisen beschreibt, bei deren Vorliegen von „bewertungserheblichen Umständen" gemäß § 20a Abs. 1 Nr. 1 WpHG, „falschen oder irreführenden Signalen bzw. einem künstlichen Preisniveau" gemäß § 20a Abs. 1 Nr. 2 WpHG oder „sonstigen Täuschungshandlungen" gemäß § 20a Abs. 1 Nr. 3 WpHG auszugehen ist. Die Konkretisierung erfolgt durch Legaldefinitionen, (zwingende) Beispiele, Regelbeispiele und Anzeichen. Zum anderen enthält die MaKonV nähere Bestimmungen über Handlungen, die in keinem Fall einen Verstoß gegen das Verbot des § 20a Abs. 1 S. 1 WpHG darstellen (§§ 5 und 6 MaKonV) sowie über Handlungen, die als zulässige Marktpraxis gelten und das Verfahren zur Anerkennung einer zulässigen Marktpraxis (§§ 7 bis 10 MaKonV).

Teilweise werden gegen die MaKonV Bedenken im Hinblick auf die Beachtung des strafrechtlichen Gesetzesvorbehalts nach Art. 103 Abs. 2, 104 Abs. 1 S. 1 GG i.V.m. Art. 80 Abs. 1 S. 2 GG erhoben. Diese stützen sich darauf, dass die in §§ 38 Abs. 2, 39 Abs. 1 Nr. 1, 2, Abs. 2 Nr. 11 WpHG enthaltenen Straf- und Bußgeldbestimmungen ihrerseits auf den Tatbestand des § 20a WpHG verweisen, dieser aber seinerseits zum Erlass einer Verordnung ermächtigt, welche festlegt, welche Handlungen jedenfalls oder keinesfalls einen Verstoß gegen das Manipulationsverbot darstellen[753].

Diese Bedenken sind von geringem Gewicht. Denn soweit die MaKonV in § 5 MaKonV die europarechtlichen Vorgaben für Rückkaufprogramme und Kursstabilisierungsmaßnahmen übernimmt, wird der Tatbestand der unzulässigen Marktmanipulation nicht erweitert, sondern eingeengt. Rückkaufprogramme und Kursstabilisierungsmaßnahmen werden nämlich als marktkonform definiert und sind so dem Anwendungsbereich des Manipulationsverbotes entzogen (sog. „Safe Harbour"). Ebenso verhält es sich mit der näheren Bestimmung von zulässigen Marktpraktiken in den §§ 7 bis 10 MaKonV. Das Verbot des § 20a Abs. 1 Nr. 2 WpHG erfährt unter dem Gesichtspunkt der zulässigen Marktpraxis eine spezifische Einschränkung. Entscheidend ist, dass der Rechtsanwender mit Hilfe der MaKonV erkennen kann, welche Verhaltensweisen in keinem Fall einen Verstoß gegen §20a WpHG darstellen und welche Verhaltensweisen als eine Tathandlung der

752 Begr. der MaKonV, BR-Drucks. 18/05 v. 7.1.2005, S. 11.

753 Moosmayer, wistra 2002, 161, 167 ff.; Streinz/Ohler, WM 2004, 1309, 1315 f.; Tripmaker, wistra 2002, 288, 291 f. jeweils zu § 20a Abs. 2 WpHG a. F.; die Verfassungsmäßigkeit zweifeln an: Altenhain, BB 2002, 1874, 1876; Sorgenfrei, wistra 2002, 321, 325; Pfüller/Anders, WM 2003, 2445, 2447 f.

Marktmanipulation zu begreifen sind. Damit erhöht der Erlass der MaKonV für den Rechtsanwender sowohl die Bestimmtheit als auch die Voraussehbarkeit einer manipulativen Handlung und somit die Rechtssicherheit. Die Verordnungsermächtigung des § 20a Abs. 5 WpHG wird mithin rechtsstaatlichen Grundsätzen gerecht.

d) Ausnahmevorschrift des § 20a Abs. 2 WpHG

Bei der handelsgestützten Marktmanipulation in Form von effektiven Geschäften fällt die Grenzziehung zwischen legitimen Handel und illegalem, manipulativem Verhalten besonders schwer[754]. Deshalb statuiert § 20a Abs. 2 S. 1 WpHG in Übereinstimmung mit Art. 1 Nr. 2a M-RL eine Ausnahme von dem Verbot des § 20a Abs. 1 Nr. 2 WpHG, wenn die Handlung mit der zulässigen Marktpraxis auf dem betreffenden organisierten Markt oder in dem betreffenden Freiverkehr vereinbar ist und der Handelnde hierfür legitime Gründe hat. Als zulässige Marktpraxis gelten nach § 20a Abs. 2 S. 2 WpHG nur solche Gepflogenheiten, die auf dem jeweiligen Markt nach vernünftigem Ermessen erwartet werden können und von der BaFin als zulässige Marktpraxis anerkannt werden[755]. Dabei stellt § 20a Abs. 2 S. 3 WpHG klar, dass eine Marktpraxis nicht allein deshalb unzulässig ist, weil sie zuvor nicht ausdrücklich anerkannt wurde.

Fraglich ist, ob es sich bei der Ausnahmevorschrift des § 20a Abs. 2 WpHG um einen Rechtfertigungsgrund oder um eine Tatbestandseinschränkung („negatives Tatbestandsmerkmal“) handelt. Würde es sich bei dem Institut der „zulässigen Marktpraxis“ (engl.: „Accepted Market Practices“ – AMP) um eine Safe Harbour-Regelung handeln, fiele die dogmatische Einordnung nicht schwer: Nach herrschender Ansicht sind Safe Harbour Tatbestandsausschlussgründe und nicht Rechtfertigungs- oder gar Straf- oder Bußgeldaufhebungsgründe[756]. Jedoch handelt es sich bei den AMP richtiger Ansicht nach nicht um Safe Harbour[757]. Die Anerkennung als zulässige Marktpraxis stellt vielmehr eine Entscheidung dar, die im Ermessen der nationalen Aufsichtsbehörden liegt. Den nationalen Aufsichtsbehörden soll die Möglichkeit eingeräumt werden, durch die Anerkennung einer zulässigen Marktpraxis den Besonderheiten der jeweiligen organisierten Märkte – unter Berücksichtigung der Erkenntnisse zuständiger Stellen anderer EU-Mitgliedstaaten – Rechnung tragen zu können[758]. Insoweit ist zwar die Durchführung aufwendiger

754 S. hierzu unter 4. Kap., § 3, II 2 b) cc).

755 Diese Definition entspricht der in Art. 1 Nr. 4 M-RL enthaltenen Legaldefinition der zulässigen Marktpraxis.

756 Vogel in Assmann/Schneider, WpHG, § 20a, Rn. 195.

757 Unzutreffend daher Kümpel/Veil, WpHG, S. 137 f., Rn. 28; Diekmann/Sustmann, NZG 2004, 929, 937; Kuthe, ZIP 2004, 883, 887.

758 „Accepted Market Practices – Frequently Asked Questions“, June 2005, Ref. CESR/05-365, S. 1 (abrufbar unter www.cesr-eu.org).

Konsultationsverfahren gemäß den §§ 8 Abs. 2, 9 Abs. 1 MaKonV vorgesehen. Jedoch ändert dies nichts an der Tatsache, dass es sich bei der Anerkennungsentscheidung um eine nationale Entscheidung der zuständigen Aufsichtsbehörde des jeweiligen Mitgliedstaates der EU handelt. Daher kann es durchaus vorkommen, dass die Anerkennung einer Gepflogenheit als zulässige Marktpraxis in den einzelnen EU-Mitgliedstaaten unterschiedlich ausfällt[759]. Die Abgrenzung des Instituts der „zulässigen Marktpraxis" gegenüber dem des Safe Harbour beantwortet allerdings noch nicht die Frage nach dessen dogmatischer Einordnung. Gegen die Qualifizierung der AMP als Rechtfertigungsgrund spricht vor allem folgende Überlegung: Ausweislich des Wortlauts des § 20a Abs. 2 WpHG („das Verbot des Abs. 1 Satz 1 Nr. 2 ...") kann die spezifische Einschränkung unter dem Gesichtspunkt der zulässigen Marktpraxis erst dann greifen, wenn der Verbotstatbestand des § 20a Abs. 1 S. 1 Nr. 2 WpHG erfüllt ist, d.h. eine unzulässige Marktmanipulation vorliegt. Würde man nun die Anerkennung als zulässige Marktpraxis als Rechtfertigungsgrund begreifen, so wäre zwar eine Verfolgung als Straf- und Bußgeldbestimmung gemäß §§ 38 Abs. 2, 39 Abs. 1 Nr. 1, 2, Abs. 2 Nr. 11 WpHG ausgeschlossen. Da es sich bei dem Verbot der unzulässigen Marktmanipulation gemäß § 20a Abs. 1 WpHG jedoch um eine verwaltungsrechtliche Vorschrift handelt, deren Tathandlung i. S. der Nr. 2 erfüllt ist, wäre die BaFin beispielsweise nach § 4 WpHG ermächtigt, Maßnahmen zu ergreifen, um diesen Verstoß zu beseitigen. Es kann jedoch nicht sein, dass die Behörde nur deshalb gegen die Regelwidrigkeit nicht einschreitet, weil sie vorher selber die Gepflogenheit, falsche oder irreführende Signale zu geben oder ein künstliches Preisniveau herbeizuführen (§ 7 Abs. 1 S. 1 MaKonV), gesetzt hat. Ordnet man hingegen die AMP als negatives Tatbestandsmerkmal ein, so ist bereits der Tatbestand der unzulässigen Marktmanipulation gemäß § 20a Abs. 1 WpHG nicht gegeben, so dass auch keine Aufgaben und Befugnisse der BaFin begründet werden. Mithin sprechen die besseren Argumente für die dogmatische Einordnung der Anerkennung einer zulässigen Marktpraxis als Tatbestandsausschlussgrund[760].

e) Safe Harbour

Der deutsche Gesetzgeber hat in § 20a Abs. 5 S. 1 Nr. 4 WpHG das Bundesministerium der Finanzen dazu ermächtigt, nähere Bestimmungen über Handlungen und Unterlassungen zu erlassen, die auf keinen Fall einen Verstoß gegen § 20a Abs. 1 S. 1 WpHG darstellen. Von dieser Ermächtigung hat der Verordnungsgeber mit Teil 3, §§ 5 und 6 MaKonV Gebrauch gemacht. § 5 MaKonV verweist

---

759 Ref. CESR/05-365, S. 1.

760 Ebenso Vogel in Assmann/Schneider, WpHG, § 20a, Rn. 138; Handelsrechtsausschuss des DAV, NZG 2004, 703, 705.

auf § 20a Abs. 3 WpHG, der in seinem Satz 1 eine statische Verweisung auf die Verordnung (EG) Nr. 2273/2003 enthält. Zu beachten ist jedoch, dass die Ausnahmeverordnung unabhängig von der gesetzlichen Anordnung in § 20a Abs. 3 S. 1 WpHG seit ihrem Inkrafttreten am 23. Dezember 2003 (Art. 12 EU-VO) in Deutschland gilt[761]. Denn die Verordnung ist nach Art. 249 Abs. 2 S. 2 EGV in allen ihren Teilen verbindlich und gilt in jedem Mitgliedstaat der Europäischen Gemeinschaft unmittelbar. Das Tatbestandsmerkmal der „unmittelbaren Geltung" besagt, dass eine europäische Verordnung mit ihrem Inkrafttreten in den Mitgliedstaaten gilt, ohne dass die Legislativorgane des Staates diese Geltung gesondert anordnen müssen[762]. Insoweit ist auch in der Begründung zur MaKonV vermerkt, dass „der Verweis auf den in § 20a Abs. 3 WpHG in Verbindung mit der EU-Verordnung geregelten „Safe Harbour" ... aus Gründen der Klarstellung in diese Rechtsverordnung aufgenommen [wird]"[763].

Die Konsequenz, dass die Verordnung (EG) Nr. 2273/2003 Ausnahmeregelungen für Rückkaufprogramme und Kursstabilisierungsmaßnahmen enthält, ist, dass dieser Regelungsbereich dem deutschen Gesetz- und Verordnungsgeber entzogen ist[764]. Aus diesem Grunde wurden die aufgrund der Ermächtigung des § 20a Abs. 2 S. 1 Nr. 3 WpHG a.F. erlassenen Bestimmungen über Handlungen, die in keinem Fall einen Verstoß gegen das Verbot der Kurs- und Marktpreismanipulation nach § 20a Abs. 1 S. 1 WpHG a.F. darstellen (§§ 4 bis 13 KuMaKV), durch die Regelung in § 20a Abs. 5 S. 1 Nr. 4 WpHG i.V.m. §§ 5 und 6 MaKonV i.V.m. der Ausnahmeverordnung ersetzt. Zwar sind die Bestimmungen des § 20a WpHG a.F. im Vorgriff auf die Marktmissbrauchsrichtlinie ergangen. Jedoch hat der deutsche Verordnungsgeber bei Erlass der KuMaKV am 18. November 2003 die Arbeitsdokumente der Kommission zur Durchführung des Art. 8 M-RL nicht berücksichtigt[765], so dass die den Themenkomplex Erwerb eigener Aktien betreffende Regelung mit den Vorgaben des Kapitels II, Art. 3 bis 6 der Verordnung (EG) Nr. 2273/2993 nicht in Einklang stand. Hingegen war sie unter dem Gesichtspunkt der Einheit der Rechtsordnung durchaus sinnvoll. So bestimmte § 13 KuMaKV lediglich, dass „der Erwerb eigener Aktien ... keinen Verstoß gegen das Verbot der Kurs- und Marktpreismanipulation im Sinne des § 20a Abs. 1 Satz 1 des Wertpapierhandelsgesetzes dar[stellt], soweit er im Einklang mit § 71 des Aktiengesetzes erfolgt". Nach dem Willen des Verordnungsgebers sollte ebenfalls kein Verstoß gegen das Manipulationsverbot vorliegen, wenn der Erwerb eigener Aktien zur

761 S. hierzu unter 4. Kap., § 1.
762 Streinz, Europarecht, § 5 II 2, Rn. 380, S. 157.
763 Begr. der MaKonV, BR-Drucks. 18/05, S. 18.
764 Begr. der MaKonV, BR-Drucks. 18/05, S.10.
765 ArbDok. ESC 14/2003 von März 2002 (informeller Vorentwurf) und ArbDok. ESC 24/2003 von Juli 2003 (formeller Vorschlag für die Durchführungsverordnung).

Abwehr einer Übernahme erfolgt und dabei die Vorgaben des § 33 WpÜG, insbesondere bezüglich der Ermächtigung der Hauptversammlung und der konkreten Festlegung des Erwerbszwecks, eingehalten werden[766]. Die jetzige Regelung hinsichtlich des Erwerbs eigener Aktien in § 20a Abs. 3, 5 S. 1 Nr. 4 WpHG stellt einen Gleichlauf der europäischen und deutschen Safe Harbour sicher[767].

Gemäß § 20a Abs. 3 S. 2 WpHG gelten die Vorschriften der Verordnung (EG) Nr. 2273/2003 für Finanzinstrumente, die in den Freiverkehr oder in den geregelten Markt einbezogen sind, entsprechend. Diese Regelung erweitert den Anwendungsbereich des deutschen Safe Harbour über die Vorgaben der europäischen Verordnung hinaus. Da der Gesetzgeber mit § 20a Abs. 3 S. 2 WpHG aber einen sinnvollen Gleichlauf zu § 20a Abs. 1 S. 2, 3 WpHG hergestellt hat, ist davon auszugehen, dass er sich noch im Rahmen des ihm aufgrund der europäischen Regelung verbleibenden engen Gestaltungsspielraums hält[768].

III. Beurteilung des Erwerbs eigener Aktien gemäß § 20a Abs. 1 S. 1, Abs. 2 WpHG

Im Folgenden wird untersucht, welche der Tathandlungen des § 20a Abs. 1 S. 1 WpHG einschlägig ist, wenn die Gesellschaft ein Aktienrückkaufprogramm durchführt und dieses nicht unter den spezifischen Safe Harbour der Verordnung (EG) Nr. 2273/2003 fällt. Dabei ist auch die Ausnahmevorschrift des § 20a Abs. 2 WpHG zu begutachten, die unter dem Gesichtspunkt der zulässigen Marktpraxis eine spezifische Einschränkung regelt.

1. Verbot der Marktmanipulation gemäß § 20a Abs. 1 S. 1 Nr. 1 WpHG

Nach § 20a Abs. 1 S. 1 Nr. 1 WpHG ist es verboten, unrichtige oder irreführende Angaben über Umstände zu machen, die für die Bewertung eines Finanzinstruments erheblich sind, oder solche Umstände entgegen bestehender Rechtsvorschriften zu verschweigen, wenn die Angaben oder das Verschweigen geeignet sind, auf den Börsen- oder Marktpreis einzuwirken.

Unabhängig davon, ob das Manipulationsverhalten in einem positiven Tun (Alt. 1) oder einem Unterlassen (Alt. 2) liegt, müssen Umstände, die für die Bewertung eines Finanzinstruments erheblich sind, Gegenstand der gemachten unrichtigen oder irreführenden bzw. verschwiegenen Angaben sein. Der Begriff der bewertungserheblichen Umstände wird in § 2 Abs. 1 MaKonV legaldefiniert. Zum einen fallen hierunter Tatsachen und Werturteile, die ein verständiger An-

---

766 Begr. der KuMaKV, BR-Drucks. 639/03, S. 18.

767 Vogel in Assmann/Schneider, WpHG, § 20a, Rn. 194.

768 Vogel in Assmann/Schneider, WpHG, § 20a, Rn. 198.

leger bei seiner Anlageentscheidung berücksichtigen würde (S. 1). Zum anderen können – ebenso wie im Insiderrecht[769] – auch künftige Gegebenheiten bewertungserhebliche Umstände sein, wenn mit hinreichender Wahrscheinlichkeit davon ausgegangen werden kann, dass sie in Zukunft eintreten werden (S. 2). Die Definition ermöglicht dem Rechtsanwender eine erste Orientierung. In § 2 Abs. 2 MaKonV ist sodann geregelt, dass es sich bei Insiderinformationen, die nach § 15 Abs. 1 S. 1 WpHG zu publizieren sind, sowie bei Entscheidungen und Kontrollerwerben, die nach § 10 oder § 35 WpÜG zu publizieren sind, „regelmäßig“ um bewertungserhebliche Umstände handelt. Neben diesen Regelbeispielen – Ausnahmefälle bleiben möglich[770] –, enthält § 2 Abs. 3 MaKonV einen Katalog von Gegebenheiten, der einen weiteren Schritt in Richtung eines erhöhten Maßes an Rechtssicherheit liefern soll. Bei den dort aufgelisteten Gegebenheiten handelt es sich um Beispiele[771], die einerseits nicht abschließend („insbesondere“), andererseits aber zwingend sind, da sie immer als bewertungserheblich anzusehen sind[772]. Schließlich zählt § 2 Abs. 4 MaKonV Beispiele für Gegebenheiten auf, die bewertungserhebliche Umstände darstellen können, aber nicht immer müssen. Hierbei handelt es sich weder um zwingende Beispiele wie in § 2 Abs. 3 MaKonV noch um Regelbeispiele[773] wie in § 2 Abs. 2 MaKonV, sondern um Anhaltspunkte oder Hinweise auf weitere Anwendungsfälle, bei denen der Verordnungsgeber eine „Ermessensebene“ bzw. eine „Bewertung im Einzelfall“ vorgesehen hat[774].

Der geplante Aktienrückkauf durch die Gesellschaft, genauer gesagt die Beschlussfassung des Vorstands, von der Ermächtigung der Hauptversammlung zur Durchführung eines Rückkaufprogramms Gebrauch zu machen, stellt eine adhoc-publizitätspflichtige Insiderinformation dar[775] und ist damit in der Regel als bewertungserheblicher Umstand i.S.v. § 2 Abs. 2 MaKonV anzusehen.

Die Gesellschaft kann zunächst eine nach § 20a Abs. 1 S. 1 Nr. 1 Alt. 1 WpHG verbotene Tathandlung begehen, wenn sie in Bezug auf das geplante bzw. sich im Stadium der Durchführung befindende Aktienrückkaufprogramm unrichtige oder irreführende Angaben macht. Hierfür genügt es, dass die Erklärung nach außen dringt und von zumindest einer weiteren Person zur Kenntnis genom-

---

769 § 13 Abs. 1 S. 3 WpHG.

770 Vogel in Assmann/Schneider, WpHG, § 20a, Rn. 65.

771 Insoweit unzutreffend Begr. der MaKonV, BR-Drucks. 18/05, S. 13, die von „Regelbeispielen“ ausgeht, obwohl der Verordnungsgeber keine Regelwirkung („regelmäßig“) angeordnet hat.

772 Begr. der MaKonV, BR-Drucks. 18/05, S. 13; BaFin, S. 109 (VI.3.2.3); Vogel in Assmann/Schneider, WpHG, § 20a, Rn. 70.

773 Insoweit unzutreffend Begr. der MaKonV, BR-Drucks. 18/05, S. 13.

774 Begr. der MaKonV, BR-Drucks. 18/05, S. 13; Vogel in Assmann/Schneider, WpHG, § 20a, Rn. 73.

775 BaFin, S. 57 (IV.2.2.4).

men werden kann. Dabei ist die Art und Weise, wie die Gesellschaft die Erklärung abgibt, irrelevant[776]. Der Begriff der Angaben betrifft stets nachprüfbare Gegebenheiten und umfasst damit Tatsachen, Werturteile sowie Prognosen, soweit sich diese aus einem Tatsachenkern plausibel ableiten lassen[777]. Im Hinblick auf die Beantwortung der Frage, wann eine Angabe als unrichtig zu beurteilen ist, ist zwischen Tatsachen einerseits und Werturteilen sowie Prognosen andererseits zu differenzieren. Während Angaben über Tatsachen unrichtig sind, wenn sie objektiv unwahr sind, können Werturteile oder Prognosen an sich weder falsch noch richtig sein. Daher sind Werturteile und Prognosen als unrichtig i.S.v. § 20a Abs. 1 S. 1 Nr. 1 WpHG zu qualifizieren, wenn sie sich auf eine falsche Tatsachenbasis gründen oder die aus den – auch richtigen – Tatsachen gezogenen Schlussfolgerungen schlechterdings nicht vertretbar sind[778]. Darüber hinaus können auch unvollständige Angaben unrichtig i. S. der ersten Alternative des § 20a Abs. 1 S. 1 Nr. 1 WpHG sein, wenn die Gesellschaft positive Angaben macht, bezüglich welcher sie allerdings wichtige Teilaspekte auslässt, so dass ein falsches Gesamtbild entsteht[779]. Ferner können die von der Gesellschaft gemachten Angaben auch irreführend sein. Dies ist dann der Fall, wenn die Angaben zwar inhaltlich richtig sind, jedoch aufgrund ihrer Darstellung beim Empfänger der Information eine falsche Vorstellung über den geschilderten Sachverhalt nahe legen[780]. Dabei genügt es, wenn eine unwahre Tatsache nach der Verkehrsanschauung durch ein sonstiges Verhalten schlüssig miterklärt wird[781].

Zweitens kann die verbotene Tathandlung der Gesellschaft gemäß § 20a Abs. 1 S. 1 Nr. 1 Alt. 2 WpHG auch in dem Verschweigen von Angaben hinsichtlich des geplanten bzw. sich im Stadium der Durchführung befindenden Aktienrückkaufs entgegen bestehender Rechtsvorschriften liegen. Eine Rechtspflicht zur Offenbarung kann sich entweder aus Gesetz oder Verordnung ergeben, so beispielsweise aus Rechtsvorschriften über kapitalmarktrechtliche (§§ 15, 15a WpHG, §§ 10, 35 WpÜG), gesellschaftsrechtliche (§§ 299 Abs. 1, 400 Abs. 2 AktG) oder bilanzrechtliche (§§ 325 ff. i.V.m. §§ 264 ff. HGB) Publizitätspflichten[782]. Die Gesellschaft kann die Unterlassungsalternative des Verschweigens in viererlei Weise begehen: Das Aktienrückkaufprogramm wird erstens überhaupt nicht, d.h. gegen-

776 BaFin, S. 107 (VI.3.2.1.1); Vogel in Assmann/Schneider, WpHG, § 20a, Rn. 42, 48.
777 BaFin, S. 108 (VI.3.2.1.2); Vogel in Assmann/Schneider, WpHG, § 20a, Rn. 52 f.
778 BaFin, S. 108 (VI.3.2.1.3); Vogel in Assmann/Schneider, WpHG, § 20a, Rn. 43; Kümpel/Veil, WpHG, S. 131, Rn. 14.
779 BaFin, S. 108 (VI.3.2.1.3); Vogel in Assmann/Schneider, WpHG, § 20a, Rn. 44.
780 RegBegr. zum AnSVG, BT-Drucks. 15/3174, S. 37, li. Sp. unten.
781 Vgl. hierzu das im Emittentenleitfaden der BaFin aufgeführte Beispiel, BaFin, S. 108 f. (VI.3.2.1.4).
782 BaFin, S. 110 f. (VI.3.2.4.3); Vogel in Assmann/Schneider, WpHG, § 20a, Rn. 82, 87; Kümpel/Veil, WpHG, S. 132, Rn. 16.

über keiner Person, oder zweitens nicht gegenüber allen Personen, denen gegenüber eine Offenbarungspflicht besteht, offen gelegt, drittens erfolgt die Offenbarung zu einem zu späten Zeitpunkt und viertens nutzt die Gesellschaft den Befreiungstatbestand des § 15 Abs. 3 WpHG, obwohl dessen Voraussetzungen nicht vorliegen[783].

Schließlich verlangt das Verbot des § 20a Abs. 1 S. 1 Nr. 1 WpHG, dass die Angaben oder das Verschweigen geeignet sind, um auf den Börsen- oder Marktpreis eines Finanzinstruments einzuwirken. Die Schwelle „Eignung zur Einwirkung auf den Börsen- oder Marktpreis", die im Gegensatz zu der Schwelle „Eignung zur *erheblichen* Beeinflussung des Börsen- oder Marktpreises" bei der Insiderinformation in § 13 WpHG niedriger anzusetzen ist, beurteilt die BaFin in der Praxis im Wege einer objektiv nachträglichen Prognose. Danach ist aus der Sicht eines verständigen Anlegers (objektivierte Betrachtung) festzustellen, ob nach kapitalmarktbezogenen Erfahrungssätzen vor dem Hintergrund der zum Zeitpunkt der Handlung vorherrschenden Marktverhältnisse die ernstzunehmende Möglichkeit bestand, dass durch die konkrete Handlung auf die Preisbildung eingewirkt wird[784]. Macht oder verschweigt die Gesellschaft in Bezug auf das von ihr geplante bzw. sich im Stadium der Durchführung befindende Aktienrückkaufprogramm Angaben, so sind sowohl die Angaben als auch das Verschweigen geeignet, (positive) Aktienkursbewegungen am Markt hervorzurufen. In der Regel kann eine Aktienkurssteigerung in Abhängigkeit von dem Volumen der zurück zu kaufenden Aktien festgestellt werden. Damit ist die Eignung zur Preiseinwirkung im Rahmen von Aktienrückkäufen grundsätzlich zu bejahen.

2. *Verbot der Marktmanipulation gemäß § 20a Abs. 1 S. 1 Nr. 2, Abs. 2 WpHG*

Das Verbot der Marktmanipulation gemäß § 20a Abs. 1 S. 1 Nr. 2, Abs. 2 WpHG stellt die Kernvorschrift dar, nach welcher der Erwerb eigener Aktien durch die Gesellschaft unzulässig sein kann.

a) *Tathandlungen gemäß § 20a Abs. 1 S. 1 Nr. 2 WpHG i.V.m. § 3 MaKonV*

Der handelsbezogene Tatbestand des § 20a Abs. 1 S. 1 Nr. 2 WpHG verbietet es, Geschäfte vorzunehmen oder Kauf- oder Verkaufsaufträge zu erteilen, die geeignet sind, falsche oder irreführende Signale für das Angebot, die Nachfrage oder den Börsenpreis von Finanzinstrumenten zu geben oder ein künstliches Preisniveau herbeizuführen.

---

783 BaFin, S. 110 (VI.3.2.4.1); Vogel in Assmann/Schneider, WpHG, § 20a, Rn. 78 f.
784 BaFin, S. 111 f. (VI.3.2.5).

Erwirbt die Aktiengesellschaft bzw. das von ihr beauftragte Kreditinstitut für die Gesellschaft eigene Aktien, so liegt eine Vornahme von Geschäften vor. Wird hingegen der Auftrag, eigene Aktien zu erwerben, nicht ausgeführt, so ist eine Erteilung von Kaufaufträgen („Order") gegeben.

Die erste Variante der unzulässigen Marktmanipulation gemäß § 20a Abs. 1 S. 1 Nr. 2 WpHG verlangt, dass das Geschäft oder der Auftrag geeignet sind, entweder falsche oder irreführende Signale für das Angebot, die Nachfrage oder den Preis von Finanzinstrumenten zu geben (Irreführungseignung). Die Bejahung des Tatbestandsmerkmals „Signal" setzt voraus, dass das Geschäft bzw. der Auftrag geeignet sind, das Angebots- bzw. Nachfrageverhalten auf dem Markt bzw. den Preis zu beeinflussen. Dabei kann die Beeinflussung in vielerlei Weise erfolgen: Das Angebot bzw. die Nachfrage können verstärkt oder abgeschwächt werden oder aber konstant bleiben und der Preis kann sich nach oben oder nach unten oder nur zur Seite bewegen[785]. Entspricht das Signal nicht den wahren wirtschaftlichen Verhältnissen auf dem jeweiligen Markt – namentlich dem Angebot, der Nachfrage, dem Preis oder der Marktliquidität – in Bezug auf das jeweilige Finanzinstrument, so ist es falsch. Hingegen ist es irreführend, wenn es geeignet ist, einen verständigen Anleger hierüber zu täuschen[786].

Der Erwerb eigener Aktien durch die Gesellschaft bzw. die entsprechende Ordererteilung sind dazu geeignet, ein Signal für die Nachfrage nach den Aktien der Gesellschaft zu geben. Denn durch diese Verhaltensweisen wird das Nachfrageverhalten auf dem Markt insofern beeinflusst, als die Nachfrage nach den Aktien der Gesellschaft steigt. Die Gesellschaft ist in der Lage, durch den Rückerwerb eigener Aktien bzw. die entsprechenden Kaufaufträge eine Aktiennachfrage zu erzeugen, die dem tatsächlichen Nachfrageverhalten des autonomen Kapitalmarktes nicht entspricht. Hierdurch kann sie also einen falschen Eindruck über die Nachfrage nach ihren Aktien vermitteln und somit ein Absinken des Kurses ihrer Aktien verhindern. Mithin setzt die Gesellschaft in Bezug auf den Erwerb eigener Aktien ein falsches Signal. Da Anleger über den wahren Marktwert des gehandelten Wertpapiers getäuscht und dadurch zu Investitionen veranlasst werden, die sie in dieser Form nicht getätigt hätten, ist das von der zurück erwerbenden Gesellschaft gesetzte Signal darüber hinaus irreführend.

Die zweite Variante der unzulässigen Marktmanipulation gemäß § 20a Abs. 1 S. 1 Nr. 2 WpHG verbietet die Vornahme von Geschäften oder die Erteilung von Aufträgen, die dazu geeignet sind, ein künstliches Preisniveau herbeizuführen (Preismanipulationseignung). Sowohl der europäische als auch der deutsche Gesetzgeber lassen den Rechtsanwender darüber im Unklaren, wann ein Preisniveau „künstlich"

785 Vogel in Assmann/Schneider, WpHG, § 20a, Rn. 119.
786 Vogel in Assmann/Schneider, WpHG, § 20a, Rn. 119.

ist. Der CESR hat in seinen Vorarbeiten eine Reihe von nicht abschließenden Indikatoren für ein künstliches Kursniveau herausgearbeitet. Hierzu zählen Preise, Volumina und Preisschwankungen, die von einer vernünftigen statischen Erwartung abweichen. Auch indiziert eine über Tage oder Wochen andauernde Handelskonzentration auf eine beschränkte Zahl von Marktteilnehmern – namentlich auf Investmentfirmen, die ein geschäftliches Interesse an dem Emittenten haben, oder auf einen oder mehrere institutionelle Anleger, die mit einem Emittenten verbunden sind –, dass die Transaktionen dazu dienen, den Aktienkurs auf einem künstlichen Niveau zu halten[787]. Ob diese Kriterien tatsächlich bei der Bestimmung des „künstlichen Preisniveaus" Hilfestellung leisten, erscheint fraglich. Jedoch ist dies insoweit von geringer Bedeutung, als bei einem vorgenommenen bzw. beabsichtigten Aktienrückkauf regelmäßig die erste Variante der unzulässigen Marktmanipulation gemäß § 20a Abs. 1 S. 1 Nr. 2 WpHG vorliegen wird.

Den Tathandlungen gemäß § 20a Abs. 1 S. 1 Nr. 2 WpHG ist gemeinsam, dass die manipulativen Verhaltensweisen ohne Rückgriff auf die Motivation des Handelnden zu bestimmen sind. Dies kommt im Wortlaut der Vorschrift dadurch zum Ausdruck, dass das kapitalmarktrechtliche Unwerturteil an besondere Eignungsmerkmale, sprich die Irreführungs- bzw. Preismanipulationseignung, anknüpft. In diesem Zusammenhang ist auch auf das erklärte Ziel der Kommission hinzuweisen, bei der Gestaltung des Manipulationsverbotes auf subjektive Merkmale verzichten zu wollen[788]. Bei der Auslegung der Tatbestandsmerkmale der „falschen oder irreführenden Signale" sowie des „künstlichen Preisniveaus" leisten die diese Begriffe konkretisierenden Regelungen in § 3 MaKonV eine gewisse Hilfestellung. Die in § 3 Abs. 1 Nr. 1 MaKonV aufgeführten Anzeichen stellen auf erhebliche Preisänderungen infolge von Geschäften oder Aufträgen ab. Damit engt der Verordnungsgeber die Verbotsmaterie deutlich ein. Denn eine strafbare Marktmanipulation liegt bereits dann vor, wenn auf den Börsen- oder Marktpreis einwirkt wurde, ohne dass es auf die Erheblichkeit der Preiseinwirkung angekommen wäre (§ 38 Abs. 2 i.V.m. § 20a Abs. 1 S. 1 Nr. 2 WpHG). Jedoch hindert dies den Verordnungsgeber nicht daran, einer erheblichen Preisänderung eine Indizwirkung für eine Marktmanipulation beizumessen[789].

Im Rahmen des Erwerbs eigener Aktien durch die Gesellschaft ist insbesondere das in § 3 Abs. 1 Nr. 1 lit. a MaKonV enthaltene Anzeichen für die Bestimmung der falschen oder irreführenden Signale von Bedeutung. Liegt das Anzeichen vor, so besteht ein Indiz für die Eignung zur Kursmanipulation. Dies bedeutet also, dass bei Vorliegen des Anzeichens nicht ohne Weiteres darauf geschlossen

---

787 CESR/02.089b, S. 22, Rn. 63.

788 Erl. zu Art. 1 („Marktmanipulation") des Kommissionsvorschlags einer MaMi-RL, KOM (2001) 281, S. 6.

789 Begr. der MaKonV, BR-Drucks. 18/05, S.14.

werden kann, dass der Tatbestand der Marktmanipulation erfüllt ist[790]. Daher ist eine manipulative Verhaltensweise umso eher anzunehmen, je mehr Anzeichen kumulativ vorliegen. Dennoch ist zu beachten, dass die in § 3 Abs. 1 MaKonV aufgelisteten Anzeichen für die Bejahung der Marktmanipulation gemäß § 20a Abs. 1 S. 1 Nr. 2 WpHG nicht kumulativ auftreten müssen[791].

Nach § 3 Abs. 1 Nr. 1 lit. a MaKonV kommt eine Marktmanipulation bei auf Finanzinstrumente bezogenen Geschäften oder Kauf- oder Verkaufsaufträgen in Betracht, die an einem Markt einen bedeutenden Anteil am Tagesgeschäftsvolumen dieser Finanzinstrumente ausmachen, insbesondere wenn sie eine erhebliche Preisänderung bewirken. Unter Markt ist jeder börsliche und außerbörsliche Markt zu verstehen, an dem Angebot und Nachfrage im Hinblick auf die Finanzinstrumente zusammengeführt und Preise gebildet werden[792]. Ein Anteil ist bedeutend, wenn er gemessen am Gesamtvolumen aller Transaktionen mit dem betreffenden Finanzinstrument an einem Markt so groß ist, dass er ein ausreichendes Preiseinwirkungspotential hat[793]. Jedoch ist nicht jeder Transaktion, die einen bedeutenden Anteil am Tagesgeschäftsvolumen des Finanzinstruments ausmacht, ein manipulativer Charakter beizumessen. Denn das Volumen begründet für sich genommen keine Manipulation. Daher muss im Einzelfall unter Heranziehung weiterer Umstände geprüft werden, ob die in Frage stehenden Geschäfte oder Aufträge als manipulativ zu qualifizieren sind[794]. Insofern ist einer erheblichen Preisänderung, die im Rahmen von großvolumigen Geschäften oder Aufträgen zu verzeichnen ist, eine Indizwirkung zuzusprechen[795]. Andernfalls wäre nämlich nahezu jeder Aufbau eines größeren Aktienbesitzes über die Börse dem Vorwurf der Marktmanipulation ausgesetzt. Dabei kann eine Preisänderung in einer Steigerung, einer Senkung oder einer künstlichen Beibehaltung des Preises bestehen[796]. Erheblich ist die Preisänderung, wenn sie jedenfalls die übliche Volatilität deutlich überschreitet, was bei Aktien bei einer kurzfristigen Preisänderung von mindestens 5% in der Regel der Fall sein dürfte[797]. Die emittierende Gesellschaft darf an einem Tag nicht mehr als 25% des durchschnittlichen täglichen Aktienumsatzes auf dem geregelten Markt, auf dem der Erwerb stattfindet, erwerben (§ 5 Abs. 2 EU-VO). Den Schwellenwert

790 Kümpel/Veil, WpHG, S. 140, Rn. 34; Vogel in Assmann/Schneider, WpHG, § 20a, Rn. 122 („Prüfraster").

791 Singhof/Weber, AG 2005, 549, 553.

792 Begr. der MaKonV, BR-Drucks. 18/05, S.14.

793 Begr. der MaKonV, BR-Drucks. 18/05, S.14.

794 Begr. der MaKonV, BR-Drucks. 18/05, S.14.

795 Begr. der MaKonV, BR-Drucks. 18/05, S.14; a.A. Vogel in Assmann/Schneider, WpHG, § 20a, Rn. 125, der in einer erheblichen Preisänderung durch ein großvolumiges Geschäft einen neutralen Vorgang erblickt.

796 Begr. der MaKonV, BR-Drucks. 18/05, S.14.

797 Assmann in Assmann/Schneider, WpHG, § 13, Rn. 63.

von 25% darf die Gesellschaft ausnahmsweise überschreiten und bis zu maximal 50% des durchschnittlichen Tagesumsatzes erwerben, wenn die Liquidität auf dem relevanten Markt außerordentlich niedrig ist (Art. 5 Abs. 3 EU-VO). Hierdurch wird der Gesellschaft untersagt, das aufgrund von größeren Transaktionen und erhöhtem Free Float tendenziell niedrigere Kursniveau zu nutzen und größere Mengen an eigenen Aktien zu erwerben bzw. mit volumenmäßig stark erhöhten Rückkäufen über die Börse negativen Kursausfällen entgegen zu wirken. Überschreitet daher die ihre eigenen Aktien zurück erwerbende Gesellschaft die in der Ausnahmeverordnung festgesetzten Grenzen bezüglich des Rückkaufvolumens, so ist davon auszugehen, dass dieser Transaktion ein ausreichendes Preisbeeinflussungspotential zugrunde liegt. Folglich ist nach § 3 Abs. 1 Nr. 1 lit. a MaKonV ein Anzeichen für eine Marktmanipulation anzunehmen.

Im Unterschied zu den in § 3 Abs. 1 MaKonV aufgeführten Anzeichen sind in § 3 Abs. 2 MaKonV Beispiele aufgeführt, bei deren Vorliegen zwingend („insbesondere") auf irreführende Signale i.S.v. § 20a Abs. 1 S. 1 Nr. 2 WpHG und damit auf eine manipulative Handlung zu schließen ist. Im Rahmen des Erwerbs eigener Aktien durch die Gesellschaft kann die Regelung des § 3 Abs. 2 Nr. 3 MaKonV von Bedeutung sein, wonach Geschäfte oder einzelne Kauf- oder Verkaufsaufträge über Finanzinstrumente erfasst werden, die den unzutreffenden Eindruck wirtschaftlich begründeter Umsätze erwecken. Das Beispiel entspricht dem früheren § 3 Abs. 2 Nr. 3 KuMaKV[798]. Folglich erfasst § 3 Abs. 2 Nr. 3 MaKonV neben fiktiven auch effektive Geschäfte, sofern durch letztere der unzutreffende Eindruck erweckt wird, die Kursbewebung eines Vermögenswertes sei aufgrund von legitimen, wirtschaftlich motivierten Umsätzen zustande gekommen. Dies sei dann der Fall, wenn nicht eine Investmentidee umgesetzt werde, sondern das Marktverhalten anderer Marktteilnehmer beeinflusst werden solle[799]. Da die manipulativen Verhaltensweisen gemäß § 20a Abs. 1 S. 1 Nr. 2 WpHG nunmehr ohne Rückgriff auf die Motivation des Handelnden zu bestimmen sind, ist im Rahmen der Täuschung nicht darauf abzustellen, dass es für die Marktteilnehmer nicht erkennbar war, dass der Aktienrückkauf mit der Absicht, den Preis zu beeinflussen, vorgenommen wurde[800]. Entscheidend ist vielmehr, dass die handelnde Gesellschaft keine Anlagestrategie in Bezug auf den Erwerb eigener Aktien gegenüber dem Markt vorweisen, mit anderen Worten ihr Handeln nicht plausibel erklären kann.

798 Begr. der MaKonV, BR-Drucks. 18/05, S. 15.
799 Begr. der KuMaKV, BR-Drucks. 639/03, S. 12.
800 So die Begr. der KuMaKV, BR-Drucks. 639/03, S. 18, zu § 3 Abs. 2 Nr. 3 KuMaKV.

b) Zulässige Marktpraxis gemäß § 20a Abs. 2 WpHG i.V.m. §§ 7 ff. MaKonV

Auch wenn der Erwerb eigener Aktien durch die Gesellschaft an sich unter das Verbot des § 20a Abs.1 S. 1 Nr. 2 WpHG fallen würde, kann er unter dem Gesichtspunkt der zulässigen Markpraxis nach § 20a Abs. 2 WpHG i.V.m. §§ 7 ff. MaKonV zulässig sein. Aus dem Wortlaut des § 20a Abs. 1 S. 1 Nr. 2 WpHG ergibt sich, dass der Gesetzgeber – in Übereinstimmung mit den Vorgaben der Marktmissbrauchsrichtlinie – ein möglichst weites Marktmanipulationsverbot geschaffen hat. Im Hinblick auf die erste Variante ist weder eine Beeinflussung von Angebot, Nachfrage oder Preis noch die tatsächliche Abgabe eines falschen oder irreführenden Signals für Angebot, Nachfrage oder Preis erforderlich. Vielmehr genügt die bloße Eignung des Geschäfts oder Auftrags, ein solches Signal zu geben. Auch hinsichtlich der zweiten Variante ist nicht erforderlich, dass tatsächlich ein künstliches Preisniveau herbeigeführt worden ist. Zwar wird der Tatbestand des § 20a Abs. 1 S. 1 Nr. 2 WpHG durch § 3 MaKonV insofern konkretisiert, als die verordnungsrechtliche Vorschrift einerseits Indizien (Abs. 1) und andererseits zwingende Beispiele (Abs. 2) für das Vorliegen einer Marktmanipulation auflistet. Jedoch ändert dies nichts an der Tatsache, dass eine Vielzahl von Transaktionen in den Anwendungsbereich des handelsbezogenen Tatbestands fällt.

Die notwendige Begrenzung des Verbotes des § 20a Abs. 1 S. 1 Nr. 2 WpHG soll daher durch die Ausnahmevorschrift des § 20a Abs. 2 WpHG geschaffen werden. Danach kann der Handelnde dem Manipulationsvorwurf enteilen, wenn er Geschäfte oder Aufträge vornimmt, die geeignet sind, falsche oder irreführende Signale für das Angebot, die Nachfrage oder den Börsen- oder Marktpreis zu geben oder ein künstliches Preisniveau herbeizuführen (§ 7 Abs. 1 S. 1 MaKonV), seine Handlung jedoch mit der zulässigen Marktpraxis vereinbar ist und er legitime Gründe für sein Tun hatte. An dieser Stelle ist nochmals darauf hinzuweisen, dass zwischen dem Institut der „zulässigen Marktpraxis" in § 20a Abs. 2 WpHG und der Safe Harbour-Regelung in § 20a Abs. 3 WpHG ein bedeutender Unterschied besteht: Während die Verordnung (EG) Nr. 2273/2003 für den Handel mit eigenen Aktien im Rahmen von Rückkaufprogrammen und Kursstabilisierungsmaßnahmen eine Freistellung sowohl von dem Insiderhandelsverbot des § 14 WpHG als auch dem Marktmanipulationsverbot des § 20a WpHG statuiert, sieht § 20a Abs. 2 WpHG unter dem Gesichtspunkt der zulässigen Marktpraxis eine spezifische Einschränkung lediglich für den handelsbezogenen Tatbestand des § 20a Abs. 1 S. 1 Nr. 2 WpHG vor.

In der Sache setzt § 20a Abs. 2 S. 1 WpHG zunächst voraus, dass das Geschäft oder der Auftrag mit der zulässigen Marktpraxis auf dem betreffenden organisierten Markt oder Freiverkehr vereinbar ist. Die zulässige Marktpraxis wird in § 20a Abs. 2 S. 2 WpHG als Gepflogenheit legaldefiniert, die auf dem jeweiligen Markt nach vernünftigem Ermessen erwartet werden kann und von der BaFin als zulässige Marktpraxis anerkannt wird[801]. Unter einer Gepflogenheit ist eine Übung zu verstehen, die für üblich und angemessen gehalten wird[802]. Nach vernünftigem Ermessen erwarten werden kann eine Gepflogenheit, wenn sie sich entweder an bestehende Gepflogenheiten anlehnt oder diese unter Beachtung anerkannter Prinzipien, Strukturen, Mechanismen, Funktionsbedingungen sowie der Integrität der jeweiligen Märkte fortentwickelt[803]. Des Weiteren setzt § 20a Abs. 2 S. 1 WpHG voraus, dass der im Einklang mit einer zulässigen Marktpraxis Handelnde hierfür legitime Gründe hat. Dieses Erfordernis bereitet Schwierigkeiten. Ausweislich der Regierungsbegründung zum AnSVG handelt es sich bei den legitimen Gründen um ein subjektives Element, das lediglich dann zu verneinen sei, wenn festgestellt werden könne, dass der Handelnde in betrügerischer oder manipulativer Absicht gehandelt habe[804]. Sollte der Gesetzgeber eine solche Einschränkung ernst meinen, gehört diese allerdings nicht in die Begründung, sondern in den Gesetzestext selbst[805]. Denn ob von Transaktionen ein falsches oder irreführendes Signal für das Angebot, die Nachfrage oder den Preis ausgeht, ist gemäß § 20a Abs. 1 S. 1 Nr. 2 WpHG allein anhand äußerer Umstände zu beurteilen. Der Gesetzestext steht zudem im Einklang mit dem erklärten Ziel des europäischen Gesetzgebers, die Fälle transaktionsbasierter Manipulation ohne einen Rückgriff auf subjektive Tatbestandsmerkmale zu erfassen. Eine Auslegung der legitimen Gründe im Sinne der Regierungsbegründung würde also letztlich dazu führen, dass das fallen gelassene Erfordernis der Preisbeeinflussungsabsicht und die damit einhergehenden Schwierigkeit bei der Beweisführung „durch die Hintertür" wieder Einzug in das geltende Recht finden würden[806]. Daher lässt sich aus Wortlaut und Zweck des § 20a Abs. 2 WpHG folgern, dass das Erfordernis der legitimen Gründe nicht umstandslos mit den subjektiven Beweggründen, Motiven, Absichten, Zwecken oder Zielen des Handelnden gleichzusetzen ist[807]. Vielmehr muss der Auslegung des Tatbestandsmerkmals „legitime Gründe" ein normatives Urteil zugrunde gelegt werden: Entscheidend ist, ob die von dem Marktteilnehmer vorgebrachte Begründung für sein Verhalten gemessen am gesamten Kapitalmarkt billigenswert ist. Dies ist dann der Fall, wenn die gemeinten Gründe mit

801 Vgl. zum Verfahren der Anerkennung einer zulässigen Marktpraxis §§ 7-10 MaKonV.
802 Vogel in Assmann/Schneider, WpHG, § 20a, Rn. 141.
803 Vogel in Assmann/Schneider, WpHG, § 20a, Rn. 141.
804 RegBegr. zum AnSVG, BT- Drucks. 15/3174, S. 37, re. Sp. mitte.
805 Handelsrechtsausschuss des DAV, NZG 2004, 703, 705; Spindler, NJW 2004, 3449, 3453.
806 Vogel in Assmann/Schneider, WpHG, § 20a, Rn. 143.
807 Vogel in Assmann/Schneider, WpHG, § 20a, Rn. 143.

den anerkannten Prinzipien, Strukturen, Mechanismen, Funktionsbedingungen und der Integrität der jeweiligen Märkte vereinbar sind. Mit anderen Worten sind Gründe i.S.v. § 20a Abs. 2 S. 1 WpHG dann legitim, wenn sie kapitalmarktrechtlich anzuerkennen sind. Folglich werden Geschäfte, deren Zweck in der Preisbeeinflussung besteht, vom Verbot der Marktmanipulation gemäß § 20a Abs. 1 S. 1 Nr. 2 WpHG erfasst, sofern sie durch keine legitimen Gründe gerechtfertigt sind. Hingegen braucht eine Preisbeeinflussungsabsicht nicht vorzuliegen[808].

Die BaFin hat bislang keine Gepflogenheit als zulässige Marktpraxis gemäß § 20a Abs. 2 WpHG i.V.m. §§ 7-10 MaKonV anerkannt. Demgegenüber hat die französische Autorité des Marchés Financiers (AMF) in zwei Fällen, die sich jeweils auf Rückkaufprogramme beziehen, von der Möglichkeit, weitere Marktpraktiken für zulässig zu erklären, Gebrauch gemacht: Zum einen wurden Aktienrückkäufe zur Finanzierung von Unternehmensakquisitionen[809] und zum anderen sog. „Liquidity Contracts“[810], bei denen es sich um besondere französische Handlungsinstrumente auf der grenzüberschreitenden Börse Euronext handelt, als zulässige Marktpraxis anerkannt[811]. Im ersteren Fall kann der Emittent die eigenen Aktien ohne zeitliche Begrenzung halten. Erweist sich der Besitz als nicht mehr notwendig, kann die Gesellschaft die eigenen Aktien im Sinne der in Art. 3 EU-VO genannten Zwecke oder im Sinne einer anderen, als zulässig anerkannten Marktpraxis verwenden oder sie veräußern. Soll der Rückkauf zwecks Akquisitionsgewährung unter dem Gesichtspunkt der zulässigen Marktpraxis erlaubt sein, muss die Gesellschaft den weiteren Anforderungen aus den Art. 4, 5 und 6 EU-VO genügen[812].

Festzuhalten bleibt, dass sich ein durch die Gesellschaft vorgenommener Aktienrückkauf in erster Linie an dem Verbot der unzulässigen Marktmanipulation gemäß § 20a Abs. 1 S. 1 Nr. 2 WpHG messen lassen muss, sofern er nicht unter die

---

808 Vogel in Assmann/Schneider, WpHG, § 20a, Rn. 143; Meißner, S. 122.

809 Acceptance by the Autorité des Marchés Financiers on 22 March 2005 of a market practice related to share buy back programms: „Buy and hold for futures use as means of payment for acquiring another company on Euronext (France)“; abrufbar unter www.cesr-eu.org.

810 Acceptance by the Autorité des Marchés Financiers on 22 March 2005 of a market practice related to share buy back programms: „Liquidity contracts on Euronext (France)“; ebenfalls abrufbar unter www.cesr-eu.org.

811 Darüber hinaus bestehen noch weitere zwei Fälle einer anerkannten Marktpraxis: „Market aberrations on the London Metal Exchange (UK)“ sowie „Acceptance by the Financial Market Authority (FMA) on 4 January 2005: Valuation transaction on the bond market on the Vienna Stock Exchange“; ebenfalls abrufbar unter www.cesr-eu.org.

812 Acceptance by the AMF, „Buy and hold for futures use as means of payment for acquiring another company on Euronext (France)“, aaO.

Safe Harbour-Regelung der Verordnung (EG) Nr. 2273/2003 fällt. Anhand des handelsbezogenen Tatbestands wird die Art und Weise des Erwerbs eigener Aktien durch die Gesellschaft überprüft. Er greift insbesondere dann ein, wenn die Gesellschaft den maßgeblichen Börsenpreis für die zurück zu erwerbenden Aktien (§ 5 Abs. 1 EU-VO) oder die Schwellenwerte von 25% respektive 50% bezüglich des Rückkaufvolumens überschritten hat (§ 5 Abs. 2, 3 EU-VO).

3. Verbot der Marktmanipulation gemäß § 20a Abs. 1 S. 1 Nr. 3 WpHG

Schließlich verbietet der Auffangtatbestand der unzulässigen Marktmanipulation gemäß § 20a Abs. 1 S. 1 Nr. 3 WpHG, sonstige Täuschungshandlungen vorzunehmen, die geeignet sind, auf den Börsen- oder Marktpreis einzuwirken. Auch diese Vorschrift kann zur Unzulässigkeit des Aktienrückkaufprogramms führen.

Der Tatbestand erfordert nunmehr nur noch eine Eignung der Täuschungshandlung zur Marktpreiseinwirkung – das bisher erforderliche Absichtsmerkmal bei der Täuschungshandlung entfällt[813].

Der Begriff der „sonstigen Täuschungshandlung" ist in § 4 Abs. 1 MaKonV abschließend legaldefiniert. Danach handelt es sich um Handlungen oder Unterlassungen, die geeignet sind, einen verständigen Anleger über die wahren wirtschaftlichen Verhältnisse, insbesondere Angebot und Nachfrage in Bezug auf ein Finanzinstrument, an einer Börse oder einem Markt in die Irre zu führen und den Börsen- oder Marktpreis eines Finanzinstruments im Inland oder an einem organisierten Markt im EU- oder EWiR-Raum hoch- oder herunter zu treiben oder beizubehalten. Aus der Definition ergibt sich, dass der Tatbestand des § 20a Abs. 1 S. 1 Nr. 3 WpHG keinen Irrtum des Getäuschten, also keinen Täuschungserfolg, voraussetzt. Vielmehr muss die Handlung oder das Unterlassen objektiv geeignet sein, bei einem verständigen Anleger eine Fehlvorstellung über die wahren wirtschaftlichen Verhältnisse an einer Börse oder einem Markt hervorzurufen[814]. Hieraus folgt wiederum, dass eine Täuschungshandlung nicht allein deshalb vorliegt, weil der Handelnde subjektiv mit Täuschungsvorsatz handelt[815].

In der Sache betrifft das Verbot des § 20a Abs. 1 S. 1 Nr. 3 sowohl informationsgestützte als auch handelsgestützte Marktmanipulationen, wobei im Hinblick auf die letztgenannte Form der Manipulation neben den fiktiven auch die effektiven, also tatsächlichen Handelsaktivitäten erfasst werden[816].

---

813 S. hierzu unter 4. Kap., § 3, II, 2 b) aa) und cc).

814 Begr. der MaKonV, BR-Drucks. 18/05, S. 16.

815 Vogel in Assmann/Schneider, WpHG, § 20a, Rn. 166.

816 RegBegr. zum 4.FiMaFöG, BT-Drucks. 14/8017, S. 89; Begr. der MaKonV, BR-Drucks. 18/05, S. 16.

Die Definition der sonstigen Täuschungshandlung in § 4 Abs. 1 MaKonV nimmt durch die in § 4 Abs. 2 und 3 MaKonV getroffenen Regelungen weitere Gestalt an. Während § 4 Abs. 2 MaKonV Anzeichen für sonstige Täuschungshandlungen bestimmt, denen wie den in § 3 Abs. 1 MaKonV genannten Anzeichen nur eine Indizwirkung zukommt, enthält § 4 Abs. 3 MaKonV ähnlich wie § 3 Abs. 3 MaKonV zwingende, aber nicht abschließende („insbesondere auch") Beispiele für sonstige Täuschungshandlungen. Insbesondere auch im Hinblick auf den Erwerb eigener Aktien durch die Gesellschaft ist zu beachten, dass es sich bei § 20a Abs. 1 S. 1 Nr. 3 WpHG i.V.m. § 4 MaKonV nur um einen Auffangtatbestand handelt, der dann eingreift, wenn nicht bereits einer der ersten zwei Tatbestände der Verbotsvorschrift vorliegt. Im Rahmen des Aktienrückkaufs kann zunächst die in § 4 Abs. 2 Nr. 1 MaKonV genannte Konstellation von Bedeutung sein. Danach sind Anzeichen für sonstige Täuschungshandlungen gegeben, wenn vor, während oder nach einem Geschäft oder Kauf- oder Verkaufsauftrag unrichtige oder irreführende Informationen von einer Person weitergegeben werden, die entweder Geschäftspartner oder Auftraggeber ist oder mit diesen in enger Beziehung steht. Da jedoch die Informationen, die im Hinblick auf einen Aktienrückkauf in unrichtiger oder irreführender Weise weitergegeben werden, bewertungserhebliche Umstände betreffen, liegt bereits ein Fall des § 20a Abs. 1 S. 1 Nr. 1 WpHG vor. Nicht anders verhält es sich mit dem in § 4 Abs. 3 Nr. 1 MaKonV genannten Beispiel für sonstige Täuschungshandlungen. Danach ist die Sicherung einer marktbeherrschenden Stellung über das Angebot von oder die Nachfrage nach Finanzinstrumenten eine sonstige Täuschungshandlung, wenn sie die Folge hat, dass unmittelbar oder mittelbar Ankaufs- oder Verkaufspreise dieser Finanzinstrumente bestimmt oder nicht marktgerechte Handelsbedingungen geschaffen werden. Die Gesellschaft, die in Überschreitung der ihr in Art. 5 Abs. 2 EU-VO vorgegebenen Positionslimite eigene Aktien erwirbt, wird den Tagesmarkt in Bezug auf die Nachfrage nach ihren eigenen Aktien in einer Weise beherrschen, die es ihr ermöglicht, die Preisbildung auf dem Markt zu bestimmen. Damit fällt ein solcher Aktienrückkauf zwar in den Anwendungsbereich des § 4 Abs. 3 Nr. 1 MaKonV. Jedoch wird regelmäßig bereits § 20a Abs. 1 S. 1 Nr. 2 WpHG als lex specialis einschlägig sein.

IV. Besondere Fallgruppen

Seit der Liberalisierung des Aktienrechts durch das KonTraG im Jahre 1998 haben sich die meisten deutschen Publikumsgesellschaften von ihren Hauptversammlungen eine Ermächtigung zum Erwerb eigener Aktien gemäß § 71 Abs. 1 Nr. 8 S. 1 AktG geben lassen. Dabei nutzen die Gesellschaften den Einsatz von Rückkaufprogrammen am häufigsten zur Umsetzung ihrer finanzpolitischen Ziele, beispielsweise als Gegenleistung zur Finanzierung von Unternehmensakquisitionen oder als Aktiennotierung an einer ausländischen Börse. Hierbei handelt es sich um Erwerbs- bzw. Verwendungszwecke, die einerseits von dem Ermächtigungsbeschluss der Hauptversammlung gedeckt und damit aktienrechtlich zulässig sind, andererseits aber nicht in den Kreis der zulässigen Zwecke nach Art. 3 EU-VO fallen und damit nicht in den Genuss einer Freistellung von den für Insidergeschäfte und Marktmanipulationen geltenden Verbote der §§ 14, 20a WpHG kommen. Daneben kann die Gesellschaft eigene Aktien aufgrund gesetzlicher Ermächtigung in den Fällen der Nrn. 1 bis 6 des § 71 Abs. 1 S. 1 AktG sowie der branchenbezogenen Vorschrift des § 71 Abs. 1 S. 1 Nr. 7 AktG erwerben. Diesen Aktienrückkäufen ist gemeinsam, dass die Erwerbs- bzw. Verwendungszwecke in dem Katalog des § 71 Abs. 1 S. 1 AktG aufgelistet und damit aktienrechtlich zulässig sind, mitunter sogar unter einen der in Art. 3 EU-VO genannten Zwecke fallen. Jedoch sind diese Aktienrückkäufe, nicht wie von Art. 4 Abs. 1 EU-VO gefordert, auf Grundlage der in Umsetzung des Art. 19 Abs. 1 Kap-RL erlassenen Norm, sondern auf Grundlage der in Umsetzung der Art. 19 Abs. 3 und 20 Abs. 1 lit. a Kap-RL erlassenen Vorschrift ergangen. Schließlich kann ein Konfliktfall zwischen dem Manipulationsverbot und dem Rückerwerb eigener Aktien entstehen, wenn der Rückerwerb als Abwehrmaßnahme gegen ein feindliches Übernahmeangebot eingesetzt werden soll. Solange ein solcher Eigenerwerb nach Maßgabe der §§ 71 ff. AktG, 33 WpÜG ergeht, ist er nämlich unter gesellschaftsrechtlichen Gesichtspunkten erlaubt.

Mithin ist zu prüfen, ob bei Aktienrückkäufen, die zwar in Übereinstimmung mit dem AktG sowie dem WpÜG ergehen, jedoch nicht von dem Safe Harbour der Ausnahmeverordnung erfasst werden, eine restriktive Auslegung des Manipulationsverbotes des § 20a Abs. 1 WpHG angezeigt ist. Dies stellt in Bezug auf die vom Safe Harbour nicht erfassten Fallgruppen des Eigenerwerbs die einzige Möglichkeit dar, um diese Fallgruppen der umfangreichen kapitalmarktrechtlichen Überprüfung zu entziehen[817], jedenfalls solange der europäische Verordnungsgeber nicht tätig wird und andere als die bislang geregelten Fallgruppen des Erwerbs eigener Aktien als Safe Harbour im technischen Sinne anerkennt.

1. Zweckvorgaben der Hauptversammlung

Aktiengesellschaften können neben den in Art. 3 EU-VO ausdrücklich genannten weitere Erwerbs- bzw. Verwendungszwecke in den Ermächtigungsbeschluss nach § 71 Abs. 1 Nr. 8 S. 1 AktG aufnehmen. Denn aus der Nr. 8 ergeben sich – abgesehen von dem Fall des Aktienoptionsprogramms gemäß § 71 Abs. 1 S. 5 Halbs. 2 AktG

817 Vogel in Assmann/Schneider, WpHG, § 20a, Rn. 227.

und dem Verbot des Handels in eigenen Aktien gemäß § 71 Abs. 1 S. 2 AktG – keine inhaltlichen Einschränkungen des Rückerwerbszwecks.

Gesellschaften nutzen den Erwerb eigener Aktien aufgrund eines Ermächtigungbeschlusses der Hauptversammlung häufig als Gegenleistung bei Unternehmensakquisitionen. Da der Eigenerwerb zum Zwecke der Akquisitionsgewährung nicht in den Kreis der zulässigen Zwecke nach Art. 3 EU-VO fällt und damit eine Freigabe von den Verboten der §§ 14, 20a WpHG nicht in Betracht kommt, ist normativ zu bestimmten, ob der Aktienrückkauf die Verbotsnorm des § 20a Abs. 1 S. 1 Nr. 2 WpHG verletzt. Dabei ist zu beachten, dass § 20a Abs. 2 WpHG eine Ausnahme von dem Verbot der unzulässigen Marktmanipulation in § 20a Abs. 1 S. 1 Nr. 2 WpHG enthält. Da die BaFin im Gegensatz zu der französischen AMF den Einsatz des Erwerbs eigener Aktien als Finanzierungsinstrument bei Unternehmensakquisitionen (bislang) nicht als „zulässige Marktpraxis“ gemäß § 20a Abs. 2 WpHG anerkannt hat, ist die Frage aufzuwerfen, ob hierfür ein Bedürfnis besteht. Gegen die Anerkennung dieser bestimmten Form des Aktienrückkaufs als zulässige Marktpraxis spricht jedoch ein sich aus der Regelsystematik des Gesetzes ergebendes Argument: Die BaFin müsste den Rückkauf eigener Aktien zur Finanzierung von Unternehmensakquisitionen zunächst als einen Fall einer unzulässigen Marktmanipulation gemäß § 20a Abs. 1 S. 1 Nr. 2 WpHG beurteilen, um diese Gepflogenheit letztendlich als eine zulässige Marktpraxis i.S.v. § 20a Abs. 2 WpHG anerkennen zu können (§ 7 Abs. 1 S. 1 MaKonV). Der Zweck, eigene Aktien als Gegenleistung bei Unternehmensakquisitionen zu verwenden, ist jedoch im Vergleich zu den in Art. 3 EU-VO aufgeführten Beweggründen nicht im höheren Maße geeignet, ein „künstliches Preisniveau“ i.S.v. § 20a Abs. 1 S. 1 Nr. 2 WpHG herbeizuführen. Daher werden in der Praxis Aktienrückkäufe, die den Zweck haben, als Akquisitionsgewährung zu fungieren, als regelmäßig unverboten i.S.v. § 20a Abs. 1 S. 1 Nr. 2 WpHG angesehen, wenn das Rückkaufprogramm im Übrigen den Anforderungen aus den Art. 4 bis 6 EU-VO genügt.

Auch im Hinblick auf die weiteren Einsatzmöglichkeiten des Erwerbs eigener Aktien aufgrund eines Hauptversammlungsbeschlusses ist die Frage aufzuwerfen, ob die Abweichung von den in Art. 3 EU-VO genannten Zwecken ein gleich starkes Indiz für das Vorliegen einer marktmissbräuchlichen Handlung begründet wie die Abweichung von den Transparenzvorschriften des Art. 4 EU-VO und den Handelsbedingungen des Art. 5 EU-VO. Diese Frage kann unter Berücksichtigung des Verhältnisses zwischen der Ausnahmeverordnung und der Kapitalschutzrichtlinie beantwortet werden. Die Vorschriften der §§ 71 ff. AktG sind in Übereinstimmung mit den Art. 19-24a Kap-RL ergangen, welche in ihrer Anwendung nicht von den Bestimmungen der Ausnahmeverordnung berührt werden sollen. Insoweit besteht kein uneingeschränkter Vorrang des Kapitalmarktrechts vor dem Aktienrecht. In diesem Zusammenhang ist auf Art. 19 Abs. 1 Kap-RL hinzuweisen, der den Erwerb eigener Aktien *ohne* ausdrückliche Zweckvorgabe erlaubt. Nimmt nun die Aktiengesellschaft einen Erwerbs- bzw. Verwendungszweck in den Ermächtigungsbeschluss nach § 71 Abs. 1 Nr. 8 S. 1 AktG auf, der zwar nicht ausdrücklich in dem Safe Harbour aufgeführt ist, jedoch aktienrechtlich unstreitig zulässig ist, so sollte die im Hauptversammlungsbeschluss vorgenommene Zweckbindung genügen, um aufzuzeigen, dass der Rückkauf nicht der Kursmanipulation dient[818]. Beachtet die Gesellschaft zudem die Transparenzvorschriften des Art. 4 EU-VO sowie die Handelsbedingungen des Art. 5 EU-VO, dürfte der Vorwurf der unzulässigen Marktmanipulation nach § 20a Abs. 1 S. 1 Nr. 1, 2 oder 3 WpHG nicht anzunehmen sein. Anders verhält es sich erst dann, wenn der Nebeneffekt der Kursbeeinflussung zum Hauptmotiv wird und die angegebenen Zwecke offensichtlich nicht ernsthaft verfolgt werden[819].

Hiervon zu unterscheiden ist der Fall, dass die Hauptversammlung dem Vorstand eine „Blankettermächtigung“ ohne jede Zweckbegrenzung erteilt. Da der Vorstand aufgrund einer solchen Ermächtigung in die Lage versetzt wird, eigene Aktien zum Zwecke der „Kapitalherabsetzung auf Zeit“ zu erwerben und zu einem späteren Zeitpunkt gewinnbringend wieder zu veräußern[820], birgt dieser Fall ein erhöhtes Missbrauchsrisiko in sich. Daher ist Gesellschaften zu empfehlen, eine Ermächtigung ohne jegliche Zweckbindung mit einer Einziehung und damit einer dauerhaften Kapitalherabsetzung zu verbinden[821].

2. *Gesetzlich vorgesehene Verwendungszwecke*

Die Gesellschaft erwirbt in den Fällen des § 71 Abs. 1 S. 1 Nr. 1 bis 6 AktG eigene Aktien aufgrund gesetzlicher Ermächtigung. Der Erwerb zur Ausgabe von Belegschaftsaktien nach Nr. 2 sowie der Erwerb zur Einziehung nach Nr. 6 können zwar unter die in Art. 3 EU-VO genannten zulässigen Zwecke subsumiert werden. Jedoch verlangt Art. 4 Abs. 1 EU-VO, dass der Rückkauf eigener Aktien aufgrund einer Ermächtigung der Hauptversammlung nach Art. 19 Abs. 1 Kap-RL erfolgt. Da der Tatbestand des § 71 Abs. 1 S. 1 Nr. 2 AktG auf Art. 19 Abs. 3 Kap-RL und der Tatbestand des § 71 Abs. 1 S. 1 Nr. 6 AktG auf Art. 20 Abs. 1 lit. a Kap-RL zurückgehen, fallen beide Normen aus dem Anwendungsbereich des Safe Harbour heraus.

Fraglich ist, ob eine solche Einschränkung kapitalmarktrechtlich angezeigt ist. Der Erwerb eigener Aktien auf der Grundlage eines Hauptversammlungsbeschlusses nach Art. 19 Abs. 1 Kap-RL stellt den Regelfall dar. Die in Abs. 1 der

---

818 Singhof/Weber, AG 2005, 549, 564.
819 Singhof/Weber, AG 2005, 549, 564.
820 Huber in FS für Bruno Kroff, S. 101, 109; Hüffer, AktG, § 71, Rn. 19 g.
821 Singhof/Weber, AG 2005, 549, 564.

Norm enthaltenen Vorgaben betreffen zum einen die interne Kompetenzverteilung zwischen Hauptversammlung und Vorstand. Zum anderen dienen sie sowohl dem Kapitalschutz als auch dem Schutz der Aktionäre in ihrer Stellung als Verbandsmitglieder. Von der Grundnorm des Art. 19 Abs. 1 Kap-RL stellen Art. 19 Abs. 2 und 3 Kap-RL sowie Art. 20 Abs. 1 Kap-RL Ausnahmefälle auf, die es einerseits ermöglichen, von dem Erfordernis eines Hauptversammlungsbeschlusses abzusehen, und die andererseits Konstellationen aufführen, die eine Anwendung des Art. 19 Kap-RL gänzlich ausschließen. Soweit jedoch das Aktienrecht mit Art. 19 Abs. 2 und 3 Kap-RL sowie Art. 20 Abs. 1 Kap-RL selbst Ausnahmen von dem Regelfall des Art. 19 Abs. 1 Kap-RL statuiert, kann es für die kapitalmarktrechtliche Beurteilung keinen Unterschied machen, ob die Gesellschaft eigene Aktien aufgrund eines Ermächtigungsbeschlusses der Hauptversammlung oder aufgrund gesetzlicher Ermächtigung erwirbt. Der systematische Unterschied zwischen einem Erwerb eigener Aktien nach § 71 Abs. 1 Nr. 8 S. 1 AktG und § 71 Abs. 1 Nr. 6 AktG wird noch dadurch gemindert, dass der Erwerb im letzteren Fall nur dann gestattet ist, wenn er der Durchführung eines zuvor durch die Hauptversammlung gefassten Kapitalherabsetzungsbeschlusses nach Maßgabe des § 237 Abs. 1 S. 1 Alt. 2 AktG dient. Mithin ist festzuhalten, dass Aktienrückkäufe gemäß § 71 Abs. 1 S. 1 Nr. 2 und 6 AktG ohne Weiteres vom Verbot des § 20a WpHG freizustellen sind, wenn sie im Übrigen den weiteren Anforderungen aus den Art. 4 bis 6 EU-VO genügen[822].

Der Erwerb eigener Aktien zur Abfindung außen stehender Aktionäre bei konzernrechtlichen und umwandlungsrechtlichen Sachverhalten nach § 71 Abs. 1 S. 1 Nr. 3 AktG fällt zwar nicht in den Kreis der zulässigen Erwerbszwecke i.S.v. Art. 3 EU-VO. Jedoch beruht diese Norm auf der Ausnahmevorschrift des Art. 20 Abs. 1 lit. f Kap-RL. Daher ist auch bei einem Rückkauf nach § 71 Abs. 1 S. 1 Nr. 3 AktG aus den oben genannten Gründen anzunehmen, dass er keine marktmissbräuchliche Handlung nach Maßgabe eines der in § 20a Abs. 1 WpHG genannten Tatbestände darstellt.

Fraglich ist, ob Gleiches für den Erwerb eigener Aktien zur Abwehr eines schweren, unmittelbar bevorstehenden Schadens von der Gesellschaft nach § 71 Abs. 1 S. 1 Nr. 1 AktG gilt. Diese Vorschrift findet zwar in Art. 19 Abs. 2 Kap-RL ihre gemeinschaftsrechtliche Vorgabe. Jedoch stellte schon bislang der Erwerb eigener Aktien zum Zwecke der Kurspflege keinen Anwendungsfall dieser Fallgruppe dar und war damit unzulässig[823]. Ausnahmsweise sollte dann etwas anderes gelten, wenn der Gesellschaft infolge erheblicher Kursschwankungen schwere Schäden drohten. Dies wurde dann angenommen, wenn durch einen gezielten

822 Singhof/Weber, AG 2005, 549, 565.

823 Hüffer, AktG, § 71, Rn. 10; MüKoAktG-Oechsler, § 71, Rn. 114; Johannsen-Roth, S. 152 m.w.N.

Baisseangriff oder eine bewusste Fehlinformation des Marktes durch Dritte die Kreditwürdigkeit der Gesellschaft zerstört werden sollte[824]. Diese Fallvarianten spielen aber nach Einfügung des Verbotes der unzulässigen Marktmanipulation in § 20a WpHG keine Rolle mehr, da die Abwendung eines solchen Schadens nicht mehr in der Hand der Gesellschaft liegt, sondern von der BaFin zu verfolgen ist[825]. Daher ist bei einem Erwerb eigener Aktien nach § 71 Abs. 1 S. 1 Nr. 1 AktG im Einzelfall zu untersuchen, ob ein Verstoß gegen die kapitalmarktrechtliche Regelung des § 20a WpHG vorliegt.

Nach § 71 Abs. 1 S. 1 Nr. 4 AktG ist der Erwerb eigener Aktien zulässig, wenn er durch ein Kreditinstitut in Ausführung einer Einkaufskommission erfolgt. Diese Fallgruppe ermöglicht es im Wertpapierhandel tätigen Kreditinstituten (sog. Aktienbanken), eigene Aktien zu erwerben, um Kauf- oder Verkaufsaufträge ihrer Kunden auszuführen, die den Erwerb von Aktien der Aktienbanken zum Gegenstand haben[826]. Die Aktienbanken treten gemäß § 383 Abs. 1 HGB im eigenen Namen, aber für Rechnung eines anderen auf, so dass die Auftragsausführung bei ihnen zwangsläufig zu einem Durchgangserwerb führt. Aus diesem Grunde bestehen aus kapitalmarktrechtlicher Sicht keine Bedenken gegen die Einkaufskommission von Aktienbanken, vorausgesetzt, der Kommissionsauftrag wurde ordnungsgemäß erteilt[827].

Darüber hinaus sind nach § 71 Abs. 1 S. 1 Nr. 7 AktG Kreditinstitute, Finanzdienstleistungsinstitute oder Finanzunternehmen berechtigt, aufgrund eines Beschlusses der Hauptversammlung eigene Aktien zum Zwecke des Wertpapierhandels zu erwerben. Hierdurch sollte es Kreditinstituten ermöglicht werden, ihren Funktionen als „Market Maker“ im börslichen wie außerbörslichen Geschäft sowie an den Terminbörsen nachzukommen. So müssen die „Market Maker“ fortlaufend Kurse stellen, zu denen sie bereit sind, Aktien zu erwerben oder zu veräußern, um so die Liquidität der gehandelten Aktien zu gewährleisten und einen funktionierenden Handel sicherzustellen[828]. Dabei erwartet der Markt von den Kreditinstituten auch den Erwerb und die Veräußerung eigener Aktien, also den Rückerwerb ohne das Vorliegen konkreter Kundenaufträge[829]. Darüber hinaus können Kreditinstitute die an verschiedenen Börsenplätzen entstandenen Kursunterschiede mit Hilfe des Erwerbs eigener Aktien dadurch ausgleichen, dass sie

---

824 Hüffer, AktG, § 71, Rn. 9; KöKo-AktG-Lutter, § 71, Rn. 23; Geßler/Hefermehl-Hefermehl/Bungeroth, § 71, Rn. 52; Johannsen-Roth, S. 152; Benckendorff, S. 216.

825 Schäfer in Marsch-Barner/Schäfer, § 47, Rn. 11.

826 Aha, AG 1992, 218, 220; Benckendorff, S. 68 f.

827 Singhof/Weber, AG 2005, 549, 566.

828 Benckendorff, S. 69; Johannsen-Roth, S. 159; Schäfer in Marsch-Barner/Schäfer, § 47, Rn. 31; MüKoAktG-Oechsler, § 71, Rn. 160.

829 Butzke, WM 1995, 1389, 1390; Benckendorff, S. 69; Johannsen-Roth, S. 159.

eigene Aktien an Börsen kaufen, an denen diese zu niedrigsten Kursen gehandelt werden, und die Aktien anschließend zu einem höheren Kurs an einem anderen Börsenplatz veräußern (sog. Arbitragegeschäfte)[830]. Schließlich können Aktienbanken den Rückkauf eigener Aktien nutzen, um Risiken aus Derivategeschäften abzusichern (sog. Hedging)[831]. Die unter den Anwendungsbereich des § 71 Abs. 1 S. 1 Nr. 7 AktG fallenden Geschäfte zeichnen sich dadurch aus, dass die Kreditinstitute nicht als „untypische Marktteilnehmer" in eigener Sache tätig werden, sondern in gleicher Weise wie in Bezug auf die Aktien anderer Emittenten[832]. Daher bestehen unter kapitalmarktrechtlichen Gesichtspunkten gegen den Erwerb eigener Aktien nach § 71 Abs. 1 S. 1 Nr. 7 AktG keine Bedenken. Dass Erwerb und Veräußerung im Geschäftsbetrieb der Kreditinstitute im Allgemeinen kapitalmarktrechtlich unproblematisch sind, bringt auch die Ausnahmeverordnung mittelbar zum Ausdruck. Nach Art. 6 Abs. 2 EU-VO werden nämlich Einschränkungen des Aktienrückkaufs für Kreditinstitute gelockert, wenn die Institute für den Handel mit eigenen Aktien im eigenen Namen bzw. im Namen von Kunden wirksame, der Aufsicht der zuständigen Behörde unterliegende Informationssperren („Chinese Walls") eingerichtet haben. Des Weiteren ist zu beachten, dass die Kreditinstitute sowohl den strengen Organisationspflichten aus § 33 WpHG als auch den weit reichenden Meldepflichten aus § 9 WpHG unterliegen, so dass die BaFin ihrer Wertpapieraufsicht in ausreichendem Maße nachkommen kann.

3. *Rückerwerb eigener Aktien als Abwehrmaßnahme*

Ausweislich der Begründung zu § 13 KuMaKV verstieß der Erwerb eigener Aktien zur Abwehr einer Übernahme nicht gegen das Manipulationsverbot, wenn die Vorgaben des § 33 WpÜG, insbesondere bezüglich der Ermächtigung der Hauptversammlung und der konkreten Festlegung des Erwerbszwecks, eingehalten wurden. Dabei war der entsprechende Beschlussantrag gemäß § 124 Abs. 1 S. 1 AktG in der Einladung zur Hauptversammlung zu veröffentlichen, um die Unterrichtung des Marktes zu gewährleisten[833]. Demnach hatte der deutsche Verordnungsgeber eine Wertung dahingehend vorgenommen, als der Erwerb eigener Aktien zur Abwehr von feindlichen Übernahmen, der durchaus dazu geeignet ist, die Kursentwicklung zu beeinflussen, nicht dem Verbot des § 20a WpHG unterfallen sollte, sofern der Eigenerwerb gesellschaftsrechtlich erlaubt war, d.h. entsprechend den Vorschriften der §§ 71 ff. AktG, 33 Abs. 2 WpÜG erging.

---

830 Aha, AG 1992, 218, 222.
831 Benckendorff, S. 70 f.; Schäfer in Marsch-Barner/Schäfer, § 47, Rn. 31.
832 Singhof/Weber, AG 2005, 549, 567.
833 Begr. der KuMaKV, BR-Drucks. 639/03, S.18.

Die Ausnahmeverordnung enthält für den Fall, dass der Rückerwerb eigener Aktien als gezielte Abwehrmaßname eingesetzt wird, um den Erfolg eines feindlichen Übernahmeangebots zu vereiteln, keine Sonderregelung. Fraglich ist daher, ob bei solchen Rückkäufen eine restriktive Auslegung des Manipulationsverbotes des § 20a Abs. 1 WpHG angezeigt ist.

Da Deutschland die Vorgaben der Übernahmerichtlinie bezüglich der Neutralitätspflicht (Art. 9 Abs. 2 und 3 Ü-RL) und der Durchbruchsregel (Art. 11 Ü-RL) nicht als verpflichtend umgesetzt hat (Opt-out Deutschlands), ist es deutschen Gesellschaften weiterhin möglich, sowohl die in § 33 Abs. 1 S. 2 und Abs. 2 WpÜG aufgeführten Abwehrmaßnahmen gegen Unternehmensübernahmen anzuwenden als auch den Erwerb eigener Aktien auf der Grundlage einer ohne nähere Zweckangabe ergangenen Ermächtigung nach § 71 Abs. 1 Nr. 8 AktG als Verteidigungsmaßnahme im Übernahmekampf einzusetzen, sofern die Voraussetzungen des § 33 Abs. 1 S. 2 WpÜG vorliegen[834]. Übernahmen stellen eine besondere Situation dar, in der aufgrund der zu Beginn der Transaktion bestehenden intransparenten Informationslage und der starken Steigerung der Börsenkurse eine Gefahr für die Funktionsfähigkeit des Kapitalmarktes begründet wird. In diesem Zusammenhang ist auch der Erwerb eigener Aktien zu sehen, der in Übernahmesituationen als gezieltes Abwehrinstrument eingesetzt werden kann und insbesondere den Börsenkurs der Aktien der Zielgesellschaft zum Steigen bringt, sofern er in einem nicht unwesentlichen Umfang erfolgt. Hat aber der Gesetzgeber des WpÜG die Gefahr, die mit Übernahmesituation verbunden ist, erkannt und in § 3 Abs. 5 WpÜG das Verbot von Marktverzerrungen statuiert, kann es nicht Aufgabe des § 20a WpHG sein, den Erwerb eigener Aktien als gezieltes Abwehrinstrument von vornherein als eine marktmissbräuchliche Handlung zu qualifizieren. Vielmehr sollte das Marktmanipulationsverbot des § 20a WpHG die besondere Situation einer Übernahme berücksichtigen und entsprechende Rahmenbedingung schaffen, die es Investoren erleichtern, eine informierte Entscheidung zu treffen. Hierzu leistet das Gebot der Transparenz einen wesentlichen Beitrag[835]. Bis dahin ist davon auszugehen, dass nach dem Übernahmerecht erlaubte Abwehrmaßnahmen kein Indiz für eine marktmissbräuchliche Handlung i. S. des § 20a Abs. 1 S. 1 WpHG darstellen, sofern die Gesellschaft die bestehenden aktienrechtlichen und kapitalmarktrechtlichen Publizitätsvorschriften beachtet. Diese erlauben den Marktteilnehmern, sich über das Verhalten der Gesellschaft zu informieren und es in ihre Investitionsentscheidungen miteinzubeziehen.

---

834 S. unter 1. Kap., § 3, II 3.

835 Singhof/Weber, AG 2005, 549, 566.

V. Zwischenergebnis

1. Der deutsche Gesetzgeber hat in § 20a Abs. 5 S. 1 Nr. 4 WpHG das Bundesministerium der Finanzen dazu ermächtigt, nähere Bestimmungen über Handlungen und Unterlassungen zu erlassen, die auf keinen Fall einen Verstoß gegen § 20a Abs. 1 S. 1 WpHG darstellen. Von dieser Ermächtigung hat der Verordnungsgeber mit Teil 3, §§ 5 und 6 MaKonV Gebrauch gemacht. § 5 MaKonV verweist auf § 20a Abs. 3 WpHG i.V.m. der Verordnung (EG) Nr. 2273/2003 über Ausnahmeregelungen für Rückkaufprogramme und Kursstabilisierungsmaßnahmen. Jedoch gilt die Verordnung schon kraft Art. 249 Abs. 2 S. 2 EGV seit ihrem Inkrafttreten am 23. Dezember 2003 (Art. 12 EU-VO) unmittelbar in Deutschland.
2. Erwirbt die Gesellschaft eigene Aktien zu anderen als den in Art. 3 EU-VO vorgesehenen Zwecken oder erfüllt das Rückkaufprogramm nicht die in Art. 4 und 5 EU-VO genannten Bedingungen, hat dies lediglich zur Folge, dass weder eine Freistellung vom Verbot von Insidergeschäften gemäß § 14 Abs. 2 WpHG noch vom Verbot der Marktmanipulation gemäß § 20a Abs. 3 WpHG in Betracht kommt. Ein solcher außerhalb des Safe Harbour durchgeführter Aktienrückkauf ist daraufhin zu überprüfen, ob er ein i. S. der §§ 14 Abs. 1, 20a Abs. 1, 2 WpHG tatbestandsmäßiges Verhalten darstellt. Dabei ist zu beachten, dass sich die Prüfung auf alle Tatbestandhandlungen der beiden Verbote bezieht.
3. Die manipulativen Verhaltensweisen in den Nrn. 1 bis 3 des § 20a Abs. 1 S. 1 WpHG haben gemeinsam, dass sie ohne Rückgriff auf die Motivation des Handelnden zu bestimmen sind. Die Tatbestände werden durch die aufgrund der Ermächtigung des § 20a Abs. 5 S. 1 Nr. 1 bis 3 WpHG ergangenen Bestimmungen in Teil 2 der MaKonV konkretisiert. Die §§ 2 bis 4 MaKonV bestimmen die Tatbestandsmerkmale der bewertungserheblichen Umstände (§ 20a Abs. 1 S. 1 Nr.1 WpHG), der falschen oder irreführenden Signale bzw. des künstlichen Preisniveaus (§ 20a Abs. 1 S. 1 Nr. 2 WpHG) und der sonstigen Täuschungshandlungen (§ 20a Abs. 1 S. 1 Nr. 3 WpHG) anhand von Legaldefinitionen, (zwingenden) Beispielen, Regelbeispielen und Anzeichen.
4. Der von der Gesellschaft vorgenommene Aktienrückkauf wird sich in der Regel an dem Verbot der unzulässigen Marktmanipulation gemäß § 20a Abs. 1 S. 1 Nr. 2 WpHG i.V.m. § 3 MaKonV messen lassen müssen. Dabei wird anhand des handelsbezogenen Tatbestands die Art und Weise des Erwerbs eigener Aktien durch die Gesellschaft überprüft. Hat die Gesellschaft den maßgeblichen Börsenpreis für die zurück zu erwerbenden Aktien (§ 5 Abs. 1 EU-VO) oder die Schwellenwerte von 25% respektive 50% bezüglich des Rückkaufvolumens (§ 5 Abs. 2, 3 EU-VO) überschritten, so ist ein manipulatives Verhalten i.S.v. § 20a Abs. 1 S. 1 Nr. 2 WpHG anzunehmen.

5. Die Besonderheit des Marktmanipulationsverbotes nach § 20a Abs. 1 S. 1 Nr. 2 WpHG besteht darin, dass der Gesetzgeber entsprechend den europäischen Vorgaben in § 20a Abs. 2 WpHG unter dem Gesichtspunkt der zulässigen Marktpraxis eine spezifische Einschränkung des weit gefassten Tatbestands geschaffen hat. Danach kann der Handelnde dem Manipulationsvorwurf enteilen, wenn seine Handlung mit der zulässigen Marktpraxis auf dem jeweiligen Markt vereinbar ist und er legitime Gründe für sein Tun hatte. Im Hinblick auf das Tatbestandsmerkmal „legitime Gründe" ist darauf abzustellen, ob die Begründung des Handelnden für sein Verhalten gemessen am gesamten Kapitalmarktrecht billigenswert ist. Im Gegensatz zu der französischen AMF hat die BaFin allerdings bislang keine Gepflogenheit als zulässige Marktpraxis gemäß § 20a Abs. 2 WpHG i.V.m. §§ 7 bis 10 MaKonV anerkannt.
6. Nach richtiger Ansicht ist die Ausnahmevorschrift des § 20a Abs. 2 WpHG als eine Tatbestandseinschränkung („negatives Tatbestandsmerkmal") einzuordnen. Der bedeutende Unterschied zu der Safe Harbour-Regelung in §§ 14 Abs. 2 und 20a Abs. 3 WpHG besteht darin, dass § 20a Abs. 2 WpHG unter dem Gesichtspunkt der zulässigen Marktpraxis eine spezifische Einschränkung lediglich für den handelsbezogenen Tatbestand des § 20a Abs. 1 S. 1 Nr. 2 WpHG vorsieht, während die Ausnahmeverordnung eine Freistellung sowohl von dem Insiderhandelsverbot des § 14 WpHG als auch dem Manipulationsverbot des § 20a WpHG anordnet.
7. Unklarheiten ergeben sich in denjenigen Fällen, in denen der Aktienrückerwerb zwar einerseits den Bestimmungen des AktG (i.V.m. denen des WpÜG) entspricht, andererseits jedoch nicht die Bedingungen der Ausnahmeverordnung erfüllt und damit nicht in den Genuss der Safe Harbour-Regelung kommt. Da kein uneingeschränkter Vorrang des Kapitalmarktrechts vor dem Aktienrecht besteht, ist ein Aktienrückkauf, der aktienrechtlich zulässig ist, auch unter kapitalmarktrechtlichen Gesichtspunkten als zulässig zu bewerten, sofern das Rückkaufprogramm im Übrigen den Anforderungen aus den Art. 4 bis 6 EU-VO genügt. Etwas anderes gilt grundsätzlich erst dann, wenn der Nebeneffekt der Kursbeeinflussung zum Hauptmotiv wird und der angegebene Zweck offensichtlich nicht ernsthaft verfolgt wird.

§ 4 Das Verbot von Insidergeschäften gemäß § 14 WpHG

Insidergeschäfte sind – neben den bereits geprüften Verboten der Marktmanipulation gemäß § 20a WpHG – die zweite Variante des Marktmissbrauchs, die einen Aktienrückkauf als eine manipulative und damit unzulässige Verhaltensweise qualifizieren können.

I. Entstehungsgeschichte

In Deutschland war seit Ende der sechziger Jahre ein Regelungsbedürfnis für ein unzulässiges Ausnutzen von Insiderwissen zwar weitgehend anerkannt[836]. Jedoch suchte man dem Problem lange Zeit auf freiwilliger Basis zu begegnen. So verabschiedete die Börsensachverständigenkommission beim Bundesfinanzministerium am 13. November 1970 „Empfehlungen zur Lösung der Insider-Probleme". Sie enthielten Insiderhandels-Richtlinien sowie Händler- und Beraterregeln, die 1971 durch Erläuterungen und eine Verfahrensordnung für die bei den Börsen zu bildenden Prüfungskommissionen ergänzt wurden[837]. Obwohl die Insiderregeln in den Jahren 1976 und 1988 überarbeit und verschärft wurden[838], blieb ihnen ein nennenswerter Erfolg versagt. Dies lag vor allem daran, dass die Insiderregeln ihrer Rechtsnatur nach weder Rechtsnormen noch Handelsbräuche waren und damit nur durch eine vertraglich begründete Anerkennung Geltung erlangen konnten[839].

Erst nachdem der europäische Gesetzgeber im Jahre 1989 die Insiderrichtlinie erließ, wurde in Deutschland ein gesetzliches, strafbewehrtes Verbot des Insiderhandels durch das am 1. August 1994 in Kraft getretenen WpHG eingeführt[840]. Das WpHG war Bestandteil des 2. Finanzmarktförderungsgesetzes[841] und enthielt in seinem dritten Abschnitt über „Insiderüberwachung" neben dem Verbot von Insidergeschäften (§ 14 WpHG) Vorschriften über Insiderpapiere und Insider (§§ 12, 13 WpHG).

Die in der Folgezeit vorgenommenen Änderungen des WpHG betrafen nicht den materiellrechtlichen Regelungsgehalt des Insiderrechts, sondern dienten stets der Verbesserung des aufsichtsrechtlichen Instrumentariums[842]. Erst das AnSVG vom 28. Oktober 2004, mit dem die Marktmissbrauchsrichtlinie und die hierzu ergangenen Durchführungsrichtlinien umgesetzt wurden, führte zu einer wesentlichen Änderung im Bereich des Insiderrechts.

---

836 Zur Megede in Assmann/Schütze, § 14, Rn. 5; Assmann, AG 1994, 196, 197.

837 Zur Megede in Assmann/Schütze, § 14, Rn. 5; Assmann, AG 1994, 196, 197; Assmann in Assmann/Schneider, WpHG, Vor § 12, Rn. 5; Kümpel/Veil, WpHG, S. 45, Rn. 2.

838 Kümpel, Bank- und Kapitalmarktrecht, Rn. 16.51; Assmann in Assmann/Schneider, WpHG, Vor § 12, Rn. 6 m.w.N.

839 Kümpel, Bank- und Kapitalmarktrecht, Rn. 16. 52; Assmann in Assmann/Schneider, WpHG, Vor § 12; Rn. 6.

840 Die Umsetzungsfrist lief bereits am 1.6.1992 ab, Art. 14 Insider-RL.

841 Zum Gesetzgebungsverfahren s. Assmann in Assmann/Schneider, WpHG, Einl., Rn. 16 ff.

842 Assmann in Assmann/Schneider, WpHG, Vor § 12, Rn. 13.

II. Gestaltung des Verbotes von Insidergeschäften durch das AnSVG

1. Regelungsziel

Die Vorschriften über die Insiderüberwachung sind dem Ziel verpflichtet, das Vertrauen der Anleger in eine ordnungsgemäße Abwicklung der Wertpapiergeschäfte zu sichern[843]. Das schutzwürdige Vertrauen der Anleger beruht auf der Zusicherung, dass alle Anleger gleichbehandelt werden und deshalb beim Handel auf organisierten Wertpapiermärkten nicht damit rechnen müssen, dass ein anderer Marktteilnehmer unrechtmäßig Informationen verwendet[844]. Die Gleichbehandlung der Anleger kann jedoch nicht darin bestehen, sämtliche Informationsdisparitäten auszugleichen. Vielmehr muss es genügen, eine Übervorteilung der Anleger aufgrund kursrelevanter Informationen auszuschließen[845]. Ist nun eine solche Chancengleichheit nicht gewährleistet, so werden sich die Anleger von dem betreffenden Markt abwenden und auf andere Märkte ausweichen[846]. Somit ist das Vertrauen des Anlegerpublikums, welches durch das Gebot der Chancengleichheit sowie durch die Transparenz der Märkte sichergestellt werden soll[847], für ein reibungsloses Funktionieren sowohl der deutschen als auch der europäischen Kapitalmärkte von entscheidender Bedeutung[848]. Der Schutz der Funktionsfähigkeit der organisierten Kapitalmärkte stellt den vorrangigen Schutzzweck des Insiderrechts dar[849], während der Individualschutz der Anleger nach herrschender Ansicht kein Schutzgut im Sinne der Insidernormen ist[850].

843 Beschlussempfehlung u. Bericht des Finanzausschusses des Deutsch. Bundestages, BT-Drucks. 12/7918, S. 95.

844 5. ErwGr. der Richtlinie 89/592/EWG, Abl. Nr. L 334 v. 18.11.1989, S. 30.

845 Kümpel/Veil, WpHG, S. 49, Rn. 7; Kümpel, Bank- und Kapitalmarktrecht, Rn. 16.62.

846 Kümpel/Veil, WpHG, S. 49, Rn. 7; Caspari, ZGR 1994, 530, 533.

847 15. ErwGr. der RL 2003/6/EG, Abl. EG Nr. L 96 v. 12.4.2003, S. 17; Assmann in Assmann/Schneider, WpHG, Vor § 12, Rn. 49; Kümpel, Bank- und Kapitalmarktrecht, Rn. 16.64.

848 4. ErwGr. der Richtlinie 89/592/EWG, Abl. Nr. L 334 v. 18.11.1989, S. 30.

849 Beschlussempfehlung u. Bericht des Finanzausschusses des Deutschen Bundestages, BT-Drucks. 12/7918, S. 95; 6. ErwGr. der Richtlinie 89/592/EWG, Abl. Nr. L 334 v. 18.11.1989, S. 30; Assmann in Assmann/Schneider, WpHG, Vor § 12, Rn. 49; Kümpel, Bank- und Kapitalmarktrecht, Rn. 16.66; Caspari, ZGR 1994, 530, 532.

850 Caspari, ZGR 1994, 530, 532; Kümpel, Bank- und Kapitalmarktrecht, Rn. 16.67 ff.; Assmann in Assmann/Schneider, WpHG, § 14, Rn. 7; zur Megede in Assmann/Schütze, § 14, Rn. 15, 59; a.A. Assmann, AG 1994, 196, 204; Claussen, Bank- und Börsenrecht, § 9, Rn. 89; Claussen, AG 1997, 306, 307.

2. *Überblick über die Regelung der Insiderüberwachung*

Der Gesetzgeber formuliert zunächst in den §§ 12, 13 WpHG die Definitionen der Insiderpapiere und der Insiderinformationen, um dann – aufbauend auf diesen Begriffen – das Verbot von Insidergeschäften in § 14 WpHG zu normieren. Die bei einem Verstoß gegen das Insiderverbot vorgesehenen straf- und ordnungsrechtlichen Sanktionen finden sich in dem Abschnitt über Straf- und Bußgeldvorschriften (§§ 38, 39 WpHG). Schließlich sind die für die Insiderüberwachung relevanten institutionellen Vorkehrungen sowohl in den §§ 15 bis 16b WpHG als auch in den §§ 4 ff. WpHG niedergelegt.

a) *Insiderpapiere*

Das WpHG bezeichnet mit dem Begriff der Insiderpapiere nicht nur diejenigen Papiere, die Gegenstand des Insiderhandelsverbotes gemäß § 14 WpHG sein können, sondern legt zugleich den sachlichen Anwendungsbereich des Verbotes von Insidergeschäften fest. So knüpfte das Gesetz zur Eingrenzung der erfassten Papiere und Märkte, auf denen diese gehandelt werden, an den Begriff der Wertpapiere an, der nunmehr durch den zentralen Begriff der Finanzinstrumente (§ 2 Abs. 2b WpHG) ersetzt wird. Mit dieser terminologischen Änderung geht gleichzeitig nach Maßgabe von Art. 1 Abs. 1 Nr. 3, 2 Abs. 1 und 9 Abs. 1 und 2 M-RL eine Ausweitung des Anwendungsbereichs der Insiderpapiere und damit auch des Insiderhandelsverbotes einher[851].

Finanzinstrumente, worunter vor allem Aktien als Wertpapiere i.S.d. § 2 Abs. 1 Nr. 1 WpHG i.V.m. § 2 Abs. 2 Nr. 2b S. 1 WpHG fallen, müssen wie bisher an einer inländischen Börse zum Handel zugelassen oder in den geregelten Markt oder in den Freiverkehr einbezogen sein (§ 12 S. 1 Nr. 1 WpHG) oder in einem Mitgliedsstaat der EU oder einem Vertragsstaat des EWR zum Handel an einem organisierten Markt zugelassen sein (§ 12 S. 1 Nr. 2 WpHG) oder – und insoweit erfolgt eine erneute Erweiterung – in ihrem Preis unmittelbar oder mittelbar von einem der vorgenannten Finanzinstrumente abhängen (§ 12 S. 1 Nr. 3 WpHG).

b) *Insiderinformationen*

Neben der formalen Umbenennung der „Insidertatsache“ in „Insiderinformation“ entsprechend Art. 1 Abs. 1 M-RL hat § 13 WpHG durch das AnSVG einige wesentliche Änderungen erfahren. Der Begriff des Insiders, auf den die Insiderhandelsverbote betreffend Primärinsider nach § 14 Abs. 1 Nr. 1-3 WpHG a.F. anwend-

851 RegBegr. zum AnSVG, BT- Drucks. 15/3174, S. 33; Assmann in Assmann/Schneider, WpHG, Vor § 12, Rn. 22 und § 12, Rn. 2, 3; Kümpel/Veil, WpHG, S. 51, Rn. 13.

bar waren, wird künftig nicht mehr in § 13 WpHG definiert. Der Grund hierfür liegt darin, dass die bisherige Unterscheidung zwischen Primär- und Sekundärinsidern auf der Tatbestandsebene entfällt, so dass die in § 14 Abs. 1 Nr. 1-3 WpHG enthaltenen Insiderhandelsverbote nunmehr für beide Insidergruppen einheitlich gelten. Allerdings bleibt auf der Rechtsfolgenseite die Differenzierung zwischen den Primär- und Sekundärinsidern bestehen[852]. Festzuhalten bleibt, dass künftig – zumindest was die Tatbestandsseite anbelangt – nicht mehr auf die Person des Insiders abzustellen ist, sondern nur noch auf die Frage, ob der relevante Sachverhalt als Insiderinformation zu qualifizieren ist[853].

Die Insiderinformation ist in § 13 Abs. 1 S. 1 WpHG definiert als konkrete Information über nicht öffentlich bekannte Umstände, die sich auf einen oder mehrere Emittenten von Insiderpapieren oder auf die Insiderpapiere selbst beziehen und die geeignet sind, im Falle ihres öffentlichen Bekanntwerdens den Börsen- oder Marktpreis der Insiderpapiere erheblich zu beeinflussen. Der Begriff der Umstände geht, entsprechend der europarechtlichen Definition als „präzise Information"[854], über Tatsachen hinaus und erfasst auch überprüfbare Werturteile, Empfehlungen und Prognosen[855]. Wurde nach altem Recht die Behandlung von Informationen über zukünftige Ereignisse unterschiedlich beurteilt[856], so stellt § 13 Abs. 1 S. 3 WpHG nunmehr klar, dass auch zukünftige Umstände den Tatbestand der Insiderinformation erfüllen, wenn ihr Eintreten hinreichend wahrscheinlich ist. Gerüchte allein sind nach wie vor nicht ausreichend[857]. Die Eignung zur erheblichen Kursbeeinflussung beurteilt sich jetzt gemäß § 13 Abs. 1 S. 2 WpHG aus der Perspektive des verständigen Anlegers, ob dieser die Insiderinformation bei seiner Anlageentscheidung berücksichtigen würde. Durch diesen gemeinschaftsrechtlich vorgegebenen[858] subjektiven Ansatz wird wegen der Unvorhersehbarkeit von Marktvolatilitäten auf die Fixierung bestimmter Schwellenwerte zur Festlegung der Kurserheblichkeit verzichtet[859].

---

852 Assmann in Assmann/Schneider, WpHG, § 13, Rn. 1; Bürgers, BKR 2004, 424, 425; Spindler, NJW 2004, 3449, 3451.
853 Bürgers, BKR 2004, 424; Holzborn/Israel, WM 2004, 1948, 1951.
854 Art. 1 Abs. 1 der Durchführungsrichtlinie 2003/124/EG.
855 RegBegr. zum AnSVG, BT- Drucks. 15/3174, S. 33; BaFin, S. 30 (III.2.1.1).
856 Assmann in Assmann/Schneider, 3. Aufl. 2003, WpHG, § 13, Rn. 33b.
857 RegBegr. zum AnSVG, BT- Drucks. 15/3174, S. 34; hingegen können Gerüchte mit Tatsachenkern Insiderinformationen sein, vgl. BaFin, S. 31 (III.2.1.1.2); hierzu kritisch Assmann in Assmann/Schneider, WpHG, § 13, Rn. 18.
858 Art. 1 Abs. 2 der Durchführungsrichtlinie 2003/124/EG.
859 RegBegr. zum AnSVG, BT- Drucks. 15/3174, S. 34.

c) *Insiderhandel*

Das Verbot von Insidergeschäften in § 14 WpHG bildet das Kernstück des deutschen Insiderrechts[860]. Nach der Reform des Insiderrechts durch das AnSVG sieht § 14 Abs. 1 WpHG ein umfassendes Verbot von Insidergeschäften vor. Während nach alter Rechtslage Primärinsidern, d.h. Insidern nach § 13 Abs. 1 WpHG a.F., der Handel in Insiderpapieren, die Weitergabe von Insiderpapieren sowie die Empfehlung betreffend den Erwerb oder die Veräußerung von Insiderpapieren verboten war (§ 14 Abs. 1 Nr. 1-3 WpHG a.F.), war Sekundärinsidern, d.h. allen Personen, die Kenntnis von Insidertatsachen hatten, ohne Insider i.S.v. § 13 Abs. 1 WpHG a.F. zu sein, lediglich der Handel in Insiderpapieren untersagt (§ 14 Abs. 2 WpHG a.F.). Nunmehr betrifft das in § 14 Abs. 1 Nr. 1 bis 3 WpHG enthaltene Insiderhandelsverbot alle Personen, die über eine Insiderinformation verfügen, d.h. sowohl Primär- als auch Sekundärinsider.

§ 14 Abs. 1 WpHG enthält drei Tathandlungen. So ist es erstens verboten, unter Verwendung einer Insiderinformation Insiderpapiere für eigene oder fremde Rechnung oder für einen anderen zu erwerben oder zu veräußern (Erwerbs- oder Veräußerungsverbot – Nr. 1), zweitens einem anderen eine Insiderinformation unbefugt mitzuteilen oder zugänglich zu machen (Weitergabeverbot – Nr. 2), sowie drittens einem anderen auf der Grundlage einer Insiderinformation den Erwerb oder die Veräußerung von Insiderpapieren zu empfehlen oder einen anderen auf sonstige Weise dazu zu verleiten (Empfehlungs- oder Verleitungsverbot – Nr. 3). Demzufolge besteht eine wichtige Neuerung zum einen darin, dass § 14 Abs. 1 Nr. 1 WpHG in Abkehr von dem bisherigen subjektiven Begriff der „Ausnutzung“ nunmehr auf das objektive Merkmal der „Verwendung“ einer Insiderinformation abstellt. Zum anderen wird der Verbotstatbestand des § 14 Abs. 1 Nr. 3 WpHG um die Handlungsalternative des „Verleitens“ ergänzt[861].

Als Parallele zu der in § 20a Abs. 3 S. 1 WpHG enthaltenen Regelung sieht § 14 Abs. 2 S. 1 WpHG eine gleichlautende Ausnahme von dem Insiderhandelsverbot nach § 14 Abs. 1 WpHG vor: Der Handel mit eigenen Aktien im Rahmen von Rückkaufprogrammen und Maßnahmen zur Stabilisierung des Preises von Finanzinstrumenten stellen keinen Verstoß gegen das Verbot von Insidergeschäften dar, wenn sie den Anforderungen der Verordnung (EG) Nr. 2273/2003 entsprechen. Die Anwendung der Freistellungen dieser Verordnung auf Finanzinstrumente, die in den Freiverkehr oder den geregelten Markt einbezogen sind, wird in Satz 2 in entsprechender Weise angeordnet.

---

860 Assmann in Assmann/Schneider, WpHG, Vor § 12, Rn. 17 und § 14, Rn. 1.

861 Zu beiden Tatbestandsmerkmalen s. unter 4. Kap., § 4, III 1 c) und 2.

d) *Sanktionen*

Verstöße gegen das Verbot des § 14 Abs. 1 WpHG können nach Maßgabe von §§ 38, 39 WpHG als Straftat oder Ordnungswidrigkeit geahndet werden. Welche Sanktion in Betracht kommt, hängt in erster Linie davon ab, ob es sich bei dem Täter um einen Primär- oder Sekundärinsider handelt. Als Primärinsider gilt – weitgehend dem § 13 Abs. 1 WpHG a.F. entsprechend – jede Person, die Insiderinformationen unter den in § 38 Abs. 1 Nr. 2 lit. a bis d WpHG umschriebenen Umständen erlangt. In Umsetzung der Marktmissbrauchsrichtlinie wird die Gruppe der Primärinsider um diejenige Person erweitert, die im Zuge der Begehung oder Vorbereitung einer Straftat eine Insiderinformation erlangt[862]. Als Sekundärinsider ist anzusehen, wer – ohne Primärinsider zu sein – über Insiderinformation verfügt.

III. *Beurteilung des Erwerbs eigener Aktien im Hinblick auf das Insiderhandelsverbot*

Ein Aktienrückkaufprogramm, das die Voraussetzungen des Safe Harbour der Verordnung (EG) Nr. 2273/2003 nicht oder nicht vollständig erfüllt, ist im Einzelfall daraufhin zu untersuchen, ob neben einem Verstoß gegen das Marktmanipulationsverbot des § 20a WpHG auch ein Verstoß gegen das Insiderhandelsverbot des § 14 Abs. 1 WpHG in Betracht kommt. Dabei gebietet es die Einzelfallprüfung, alle Tathandlungen des § 14 Abs. 1 WpHG in Erwägung zu ziehen.

1. *Verbot von Insidergeschäften gemäß § 14 Abs. 1 Nr. 1 WpHG*

Nach § 14 Abs. 1 Nr. 1 WpHG ist es verboten, unter Verwendung einer Insiderinformation Insiderpapiere für eigene oder fremde Rechnung oder für einen anderen zu erwerben oder zu veräußern.

a) *Insiderinformation*

Die Beurteilung des Rückkaufs eigener Aktien als Insiderinformation i. S. des § 13 Abs. 1 S. 1 WpHG gebietet es, auf die Begriffselemente der konkreten Information und der Eignung zur erheblichen Kursbeeinflussung näher einzugehen.

aa) *Konkrete Information*

Zur Auslegung des Begriffs der konkreten Information ist es von Vorteil, auf die detaillierte Definition des Begriffs der präzisen Information in Art. 1 Nr. 1 der

---

862 Art. 2 Abs. 1 lit. d M-RL.

Durchführungsrichtlinie 2003/124/EG zur Marktmissbrauchsrichtlinie zurückzugreifen, da der Begriff der konkreten Information als Transformation des Begriffs der präzisen Information ins deutsche Recht zu begreifen ist; mit anderen Worten die Begriffe werden synonym verwendet[863]. Eine Information ist präzise, „wenn damit eine Reihe von Umständen gemeint ist, die bereits existieren oder bei denen man mit hinreichender Wahrscheinlichkeit davon ausgehen kann, dass sie in Zukunft existieren werden, oder ein Ereignis, das bereits eingetreten ist oder mit hinreichender Wahrscheinlichkeit in Zukunft eintreten wird, und diese Information darüber hinaus spezifisch genug ist, dass sie einen Schluss auf mögliche Auswirkungen dieser Reihe von Umständen oder dieses Ereignisses auf die Kurse von Finanzinstrumenten oder damit verbundenen derivativen Finanzinstrumenten zulässt.“ Die Definition der präzisen Information enthält bei genauer Betrachtung zwei Prüfungsstufen. Auf der ersten Stufe werden auch zukunftsbezogene Informationen als Insiderinformationen qualifiziert. Dieser Teil der Definition entspricht der Definition in § 13 Abs. 1 S. 3 WpHG. Sodann ist auf der zweiten Stufe zu prüfen, ob die Information spezifisch genug ist, um eine Aussage über ihre Kursrelevanz für ein Insiderpapier zu erlauben. Die BaFin nimmt eine entsprechende Begrenzung im Hinblick auf die Fülle von Informationen vor, indem sie eine Information nur dann als konkret ansieht, wenn diese so bestimmt ist, dass sie eine hinreichende Grundlage für eine Einschätzung über den zukünftigen Verlauf des Börsen- oder Marktpreises eines Insiderpapiers bilden kann[864].

Im Mittelpunkt der Kategorie der zukünftigen Umstände stehen die mehrstufigen Entscheidungsprozesse. Dabei handelt es sich um Geschehensabläufe, an deren Anfang beispielsweise eine Idee steht, an deren weiterer Planung, Umsetzung und Durchführung verschiedene Gremien innerhalb eines Unternehmens sowie externe Berater beteiligt sind[865]. Auch der Erwerb eigener Aktien ist ein zeitlich gestreckter Vorgang, der aus einem mehrstufigen, gesellschaftsinternen Entscheidungsprozess und aus der Durchführung des Erwerbsgeschäfts besteht. Die gesellschaftsinterne Willensbildung beginnt zumeist mit der Entschließung des Vorstands (und des Aufsichtsrats), der Hauptversammlung vorzuschlagen, eine Ermächtigung gemäß § 71 Abs. 1 Nr. 8 S. 1 AktG zu erteilen. Anschließend erfolgt die – im Regelfall antragsgemäße – Erteilung der Ermächtigung zum Erwerb eigener Aktien durch die Hauptversammlung. Abgeschlossen ist der Entscheidungsvorgang mit dem Beschluss des Vorstands (sowie gegebenenfalls der Zustimmung des Aufsichtsrats), von der Ermächtigung in einem bestimmten Umfang zu einem bestimmten Zeitpunkt Gebrauch zu machen. Folglich kommt es erst dann zur Durchführung

863 Assmann in Assmann/Schneider, WpHG, § 13, Rn. 6 f.
864 BaFin, S. 30 (III.2.1.1).
865 Leuering, DStR 2008, 1287.

des Aktienrückkaufs, wenn jede dieser Entscheidungsstufen erfolgreich durchlaufen ist. Die Schwierigkeit der insiderrechtlichen Beurteilung der Transaktion besteht also darin, dass der Rückkauf bis zur Vornahme der letzten Stufe noch scheitern kann. Mithin stellt sich die Frage, zu welchem Zeitpunkt innerhalb des mehrstufigen Entscheidungsprozesses die i. S. des § 13 Abs. 1 S. 1, 3 WpHG erforderliche Konkretisierung der Information gegeben ist.

Mit Einführung des im Vergleich zum Begriff der Insidertatsache erweiterten Begriffs der Insiderinformation und der Vorschrift des § 13 Abs. 1 S. 3 WpHG ist bei mehrstufigen Entscheidungsprozessen nunmehr auf jeder einzelnen (Zwischen-) Stufe zu prüfen, ob es sich um eine konkrete Information handelt[866]. Hieraus folgt, dass das Wissen um die Realisierung einer jeden Stufe zur Herbeiführung des angestrebten Erfolgs als konkrete Information zu betrachten ist, wenn auf der Grundlage dieses Wissens mit hinreichender Wahrscheinlichkeit davon ausgegangen werden kann, dass der angestrebte Erfolg in Zukunft eintreten wird[867]. Zur näheren Bestimmung des Begriffs der hinreichenden Wahrscheinlichkeit formuliert die BaFin, dass „konkrete Anhaltspunkte vorliegen [müssen], die den Eintritt des Umstandes als voraussehbar erscheinen lassen", wobei eine „mit an Sicherheit grenzende Wahrscheinlichkeit... allerdings nicht erforderlich [ist]."[868] Bedauerlicherweise hat sich der BGH in seinem – nicht zuletzt wegen der Prominenz der beteiligten Personen – mit Spannung erwartetem „Daimler/Schrempp"-Beschluss[869] mit den Überlegungen der BaFin zur hinreichenden Wahrscheinlichkeit nicht auseinandergesetzt. Es erfolgte nur der Hinweis des Gerichts, dass es sich bei dem Emittentenleitfaden der BaFin lediglich um eine norminterpretierende Verwaltungsvorschrift handelt[870]. Jedoch erscheint es aus Gründen der hohen faktischen Bindungswirkung des Emittentenleitfadens sinnvoll, dass sich die Rechtsprechung auf diesen bezieht, sobald sie mit den Überlegungen der Verwaltung übereinstimmt[871]. Der Emittentenleidfaden fasst die Verwaltungspraxis der BaFin zusammen, die sich anhand eines umfangreichen Fallmaterials und nach Konsultation der Rechtsanwender herausgebildet hat, und ist damit „gelebtes

866 BaFin, S. 31 (III.2.1.1.1).

867 Assmann in Assmann/Schneider, WpHG, § 13, Rn. 28.

868 BaFin, S. 32 (III.2.1.1.2).

869 BGH NJW-RR 2008, 865; BGH AG 2008, 380; in dem ersten Musterverfahren nach dem KapMuG ging es darum ob die Musterbeklagte (damals noch firmierend unter „Daimler Chrysler AG") wegen vermeintlich verspäteter Ad-hoc-Mitteilung über das Ausseiden ihres Vorstandsvorsitzenden Schrempp dem Anlegerpublikum aus § 37b WpHG aus Schadensersatz haftet.

870 BGH NJW-RR 2008, 865, 867; BGH AG 2008, 380, 382; zustimmend in der Literatur: Bedkowski, BB 2009, 394, 399 f.; Merkner/Sustmann, NZG 2005, 729, 730.

871 Möllers, NZG 2008, 330, 331.

Wertpapieraufsichtsrecht"[872]. Zu beachten ist auch, dass die BaFin als zuständige Aufsichtsbehörde für die Kapitalmarktteilnehmer bei der Vielzahl von unbestimmten Rechtsbegriffen der primäre Ansprechpartner ist. Der BGH hat sich in seinem Beschluss mit der Frage befasst, wann gestreckte Sachverhalte mit noch ungewissem Ausgang zur ad-hoc-publizitätspflichtigen Insidserinformation werden, weil ihr Eintritt i.S.v. § 13 Abs. 1 S. 3 WpHG a.F. „hinreichend wahrscheinlich" ist[873]. Das Gericht hat in seinen Entscheidungsgründen offen gelassen, ob ein zustimmender Aufsichtsratsbeschluss in hohem Maße wahrscheinlich sein muss oder ob eine überwiegende Wahrscheinlichkeit genügt, um aus einem zustimmungsbedürftigen Vorhaben eine Insiderinformation zu machen[874]. Umso mehr verwundert der zweite Leitsatz des Beschlusses, in dem es heißt, dass das Tatbestandsmerkmal der hinreichenden Wahrscheinlichkeit jedenfalls dann erfüllt sei, „wenn eine ‚überwiegende' Wahrscheinlichkeit – d.h. eine Eintrittswahrscheinlichkeit von über 50%" bestehe[875]. Nicht nur, dass der Leitsatz mit der Entscheidungsbegründung nicht übereinstimmt und damit überschießend ausgefallen ist[876], der „Daimler/Schrempp"-Beschluss des BGH hat in der Literatur eine neue Diskussion über die Auslegung des Tatbestandsmerkmals der hinreichenden Wahrscheinlichkeit entfacht. So wird aus dem zweiten Leitsatz zum Teil gefolgert, dass zukünftige Ereignisse bereits ab einer überwiegenden Eintrittswahrscheinlichkeit von über 50% zur Insiderinformation werden[877], während andere Stimmen in der Literatur das Tatbestandsmerkmal der hinreichenden Wahrscheinlichkeit im Sinne einer wenn auch nicht sicheren, so doch hohen Wahrscheinlichkeiten begreifen[878]. Es ist zu wünschen, dass der BGH alsbald Gelegenheit hat, die sich aus Leitsatz und Begründung ergebenden Widersprüche auszuräumen. Zu begrüßen ist, dass die BaFin auf die Ausführungen in dem „Daimler/Schrempp"-Beschluss des BGH reagiert hat. Sie beantwortet die Frage, wann zukünftige Ereignisse „hinreichend wahrscheinlich" und damit zur Insiderinformation werden, mit dem Stichwort „50% + x"[879].

---

872 Widder, BB 2009, 967, 970; Bedkowski, BB 2009, 394, 400.

873 BGH NJW-RR 2008, 865, 867; BGH AG 2008, 380, 382.

874 BGH NJW-RR 2008, 865, 867; BGH AG 2008, 380, 382.

875 BGH NJW-RR 2008, 865; BGH AG 2008, 380.

876 Assmann, ZHR 172 (2008), 635, 649.

877 Bachmann, ZHR 172 (2008) 597, 606; i.E. Leuering, DStR 2008, 1287, 1289, unter Berücksichtigung der Entscheidungsgründe des BGH (BGH NJW-RR 2008, 865, 867f., Tz. 25).

878 Widder, BB 2008, 855, 857, 858; Assmann, ZHR 172 (2008), 635, 649.

879 BaFin, Überarbeitung des Leitfadens in den Bereichen Ad-hoc-Publizität und Directors' Dealings Meldungen, Informationsveranstaltung der BaFin am 4.6.2009, S. 11.

Die Überprüfung des Wahrscheinlichkeitspotentials erfolgt ex-ante, d.h. maßgeblich sind die Verhältnisse, wie sie in dem Zeitpunkt gegeben sind, in dem der potentielle Insider die in Frage stehende Information erlangt[880]. Zu beachten ist, dass von der Prognose zur Beurteilung einer Information als konkrete Information i. S. des § 13 Abs. 1 S. 1 WpHG die Prognose zur Beurteilung der Kurserheblichkeit i. S. des § 13 Abs. 1 S. 1 und 2 WpHG zu unterscheiden ist. Bei letzterer geht es um die Frage, ob der Entscheidungsprozess bereits soweit vorangeschritten ist, dass dem Umstand die Eignung zur erheblichen Kursbeeinflussung zukommt[881]. Dass bei zukunftsbezogenen Informationen und damit auch im Rahmen von mehrstufigen Entscheidungsprozessen zwischen dem Wahrscheinlichkeitsurteil über die Eintrittswahrscheinlichkeit eines Umstandes einerseits und dem über die Auswirkungen einer solchen Information auf den Kurs eines Insiderpapiers andererseits zu differenzieren ist und es sich damit um zwei nicht zu vermengende Prüfungsebenen handelt, kommt durch die Regelung in § 13 Abs. 1 S. 3 WpHG zum Ausdruck. Die Vorschrift bezieht sich auf „Umstände im Sinne des Satzes 1" und verweist eben nicht auf Satz 2 des § 13 Abs. 1 WpHG[882].

Der Beschluss des Vorstands und des Aufsichtsrats, der Hauptversammlung die Ermächtigung des Vorstands zur Ausführung eines Rückkaufprogramms vorzuschlagen, stellt keine konkrete Information i. S. des § 13 Abs. 1 S. 1 WpHG dar. Denn zu diesem Zeitpunkt ist noch völlig unklar, ob die Hauptversammlung dem Vorschlag zustimmen wird und ob der Vorstand von einer etwaigen Ermächtigung tatsächlich Gebrauch machen wird. Als ebenfalls nur der Vorbereitung des Rückkaufs eigener Aktien dienend kommt auch der Ermächtigungsbeschluss der Hauptversammlung als Insiderinformation nicht in Betracht. Mit der Ermächtigung durch die Hauptversammlung werden gemäß § 71 Abs. 1 Nr. 8 S. 1 AktG die Rechtmäßigkeitsvoraussetzungen für den Erwerb eigener Aktien geschaffen. Jedoch ist zu diesem Zeitpunkt nicht voraussehbar, ob überhaupt bzw. in welcher Art und Weise die Gesellschaft das Aktienrückkaufprogramm durchführen wird. Anders verhält es sich endlich mit dem Beschluss des Vorstands, von der Ermächtigung zum Erwerb eigener Aktien Gebrauch zu machen. Mit dem Beschluss kündigt der Vorstand den Rückkauf eigener Aktien zu einem bestimmten Zeitpunkt an und gibt die Modalitäten im Hinblick auf das zurück zu kaufende Volumen, den Kaufpreis und die Laufzeit des Rückkaufprogramms an. Der Vorstandsbeschluss beinhaltet also konkrete Anhaltspunkte, die den Eintritt des Rückkaufs eigener Aktien als voraussehbar erscheinen lassen. Damit ist eine hinreichende Eintritts-

880 Assmann in Assmann/Schneider, WpHG, § 13, Rn. 26.
881 BaFin, S. 31 (III.2.1.1.1).
882 Assmann in Assmann/Schneider, WpHG, § 13, Rn. 24; Cahn, Der Konzern, 2005, 5, 6.

wahrscheinlichkeit im Hinblick auf den Zeitpunkt und die Art und Weise der Durchführung des Rückkaufprogramms gegeben. Dass der Vorstand rechtlich nicht verpflichtet ist, seine Rückkaufankündigung zu realisieren, ist hingegen unbeachtlich. Denn zum einen wird der Vorstand es tunlichst zu vermeiden wissen, von der Durchführung des Rückkaufprogramms abzusehen, um das Vertrauen der Anleger in die Berechenbarkeit seines Handelns nicht zu enttäuschen und dadurch dem Ansehen der Gesellschaft zu schaden. Zum anderen ist eine mit an Sicherheit grenzende Eintrittwahrscheinlichkeit bezüglich des Aktienrückkaufs gerade nicht erforderlich. Mithin stellt der Beschluss des Vorstands, von der durch die Hauptversammlung erteilten Rückkaufermächtigung Gebrauch zu machen, eine konkrete Information i. S. des § 13 Abs. 1 S. 1 WpHG dar.

bb) Eignung zur erheblichen Kursbeeinflussung

Soll der geplante Rückkauf eine Insiderinformation darstellen, muss er ferner geeignet sein, im Falle seines öffentlichen Bekanntwerdens den Börsen- oder Marktpreis der Insiderpapiere erheblich zu beeinflussen. Die Eignung des Rückkaufs zur erheblichen Kursbeeinflussung ist im Wege einer objektiv-nachträglichen, auf den Zeitpunkt des Insiderhandels bezogenen (ex-ante Sichtweise) und die Umstände des Einzelfalls berücksichtigenden Prognose zu ermitteln[883]. Dabei ist auf den objektiven Beurteilungsmaßstab des „verständigen Anlegers“ abzustellen, d.h. eines mit den Marktgegebenheiten vertrauten, also börsenkundigen[884], und mit der Kenntnis aller verfügbaren Informationen ausgestatteten[885] Anlegers. Folglich ist erforderlich, aber auch ausreichend, wenn es aus Sicht des verständigen Anlegers, der zum Zeitpunkt seines Handelns alle verfügbaren Informationen kennt, wahrscheinlich erscheint, dass es zu einer erheblichen Preisbeeinflussung kommen kann[886].

Bei der Prognose der Kurserheblichkeit sind in jedem Einzelfall alle relevanten Aspekte zu berücksichtigen. So sind die Informationen über das betreffende Unternehmen selbst sowie alle im ex-ante Prognosezeitpunkt bekannten Marktverhältnisse, sprich der Zustand und die Entwicklung sowohl des Gesamtmarktes als auch der Branche, in der das Unternehmen agiert, in die Abwägungsentscheidung miteinzubeziehen[887]. Hieraus folgt, dass es sich im Rahmen eines geplanten

---

883 Assmann in Assmann/Schneider, WpHG, § 13, Rn. 54.
884 Kümpel/Veil, WpHG, S. 61, Rn. 31; Schwark, Kapitalmarktrecht, § 13 WpHG, Rn. 46; Assmann in Assmann/Schneider, § 13, Rn. 58.
885 BaFin, S. 33 (III.2.1.4).
886 BaFin, S. 33 (III.2.1.4).
887 BaFin, S. 33 (III.2.1.4); Assmann in Assmann/Schneider, WpHG, § 13, Rn. 59; Kümpel/Veil, WpHG, S. 61, Rn. 32.

Rückkaufs eigener Aktien im Einzelfall bei dem Volumen, der Marktenge oder der Konzentration auf einen bestimmten Zeitpunkt um Umstände handelt, die bei der Prognose der Kurserheblichkeit zu berücksichtigen sind und denen auch Kursrelevanz zukommt. Hingegen wird es an dem Preisbeeinflussungspotenzial fehlen, wenn der Rückerwerbsplan zeitlich und hinsichtlich seines Umfangs unbestimmt ist und dem Vorstand einen weit reichenden Handlungsspielraum einräumt[888].

Das Merkmal der Erheblichkeit der Kursbeeinflussung soll gewährleisten, dass nicht jeder Umstand, der zu einer geringfügigen Preisbewegung führt, als Insiderinformation zu bewerten ist[889]. Beurteilungsmaßstab ist auch hier die Sichtweise eines verständigen Anlegers, ob dieser die Information bei seiner Anlageentscheidung berücksichtigen würde (§ 13 Abs. 1 S. 2 WpHG). Da das Rückkaufprogramm bei den die Aktien der Gesellschaft haltenden Anlegern einen entsprechenden Verkaufsanreiz auslöst und diese sich hiervon einen wirtschaftlichen Vorteil versprechen, ist von der Erheblichkeit der Kursbeeinflussung bei einem geplanten Rückkauf eigener Aktien auszugehen.

cc) Weitere Voraussetzungen

Solange nicht ein breites Anlegerpublikum und damit eine unbestimmte Zahl von Personen (Bereichsöffentlichkeit) von dem geplanten Rückkauf über Presse, Funk oder Fernsehen Kenntnis nehmen kann[890], handelt es sich um eine „nicht öffentlich bekannte“ Information. Der darüber hinaus erforderliche Emittenten- bzw. Insiderpapierbezug[891] ist bei einem Erwerb eigener Aktien durch die Gesellschaft zweifellos gegeben.

Infolgedessen handelt es sich bei dem Beschluss des Vorstands, von der Rückkaufermächtigung Gebrauch zu machen, um eine Insiderinformation i. S. des § 13 Abs. 1 S. 1, 3 WpHG.

b) Erwerb oder Veräußerung als Eigen- oder Fremdgeschäft

Weiterhin setzt § 14 Abs. 1 Nr. 1 WpHG einen Erwerbs- bzw. Veräußerungsvorgang voraus. Dieser ist beim Aktienrückkauf bereits mit der Ausführung einer Kauf- oder Verkauforder gegeben, da mit ihr ein möglicher Gewinn vertraglich abgesichert ist[892].

---

888 Assmann in Assmann/Schneider, WpHG, § 14, Rn. 38; Möller, S. 186; Johannsen-Roth, S. 276.
889 BaFin, S. 33 (III.2.1.4); Assmann in Assmann/Schneider, WpHG, § 13, Rn. 66.
890 BaFin, S. 32 (III.2.1.2); Assmann in Assmann/Schneider, WpHG, § 13, Rn. 31 ff.
891 BaFin, S. 32 f. (III.2.1.3); Assmann in Assmann/Schneider, WpHG, § 13, 42 ff.
892 BaFin, S. 36 (III.2.2.1.1).

Als Insider kommen beim Erwerb eigener Aktien sowohl die emittierende Gesellschaft selbst als auch der Vorstand in Betracht. Die Gesellschaft verfügt über alle Informationen, die das Unternehmen betreffen und ist damit die geborene Insiderin. Nicht anders verhält es sich mit dem Vorstand als dem Geschäftsführungsorgan der Gesellschaft. Nehmen daher die emittierende Gesellschaft und deren Vorstände als Erwerber eigener Aktien am Kapitalmarkt teil, sind sie nicht anders zu behandeln als gewöhnliche Marktteilnehmer[893]. Dabei spielt es gemäß § 14 Abs. 1 Nr. 1 WpHG keine Rolle, ob der Vorstand die Insiderpapiere für eigene oder fremde Rechnung der Aktiengesellschaft erwirbt.

c) Verwendung

Während nach bisherigem Recht der Erwerb oder die Veräußerung von Insiderpapieren nur „unter Ausnutzung" der Kenntnis von Insidertatsachen verboten war (§ 14 Abs. 1 Nr. 1 WpHG a.F.), ist nunmehr der Erwerb oder die Veräußerung bereits „unter Verwendung" – in der Diktion des Art. 2 Abs. 1 S. 1 M-RL „unter Nutzung" – der Insiderinformation verboten (§ 14 Abs. 1 Nr. 1 WpHG). Die Ersetzung des subjektiven Tatbestandsmerkmals des Ausnutzens durch das objektive Tatbestandsmerkmal des Verwendens einer Insiderinformation begründet der deutsche Gesetzgeber zum einen damit, dass der Begriff des Ausnutzens in der Vergangenheit zu erheblichen Schwierigkeiten in der Beweisführung geführt habe, weil er als zweckgerichtetes Handeln zu verstehen gewesen sei. Zum anderen sei der Begriff des Ausnutzens als ein Alleinstellungsmerkmal interpretiert worden und habe bei Hinzutreten weiterer, oft kaum zu widerlegender Motive des Täters zur Straflosigkeit geführt. Demgegenüber mache der Begriff der Verwendung deutlich, dass ein solches subjektiv ausgerichtetes Handeln nicht mehr verlangt werde. Der Zweck des Handelns, zum Beispiel die Erlangung eines wirtschaftlichen Vorteils, finde damit nicht mehr im Tatbestand, sondern nur noch bei der Straf- bzw. Bußgeldzumessung Berücksichtigung[894]. Der europäische Gesetzgeber verband mit dem Wechsel vom Ausnutzen zum Verwenden die Erwartung, die bloße Verwendung von Insiderinformationen auch im Verwaltungsverfahren ahnden zu können und somit nicht auf das aufwändige Strafverfahren angewiesen zu sein[895].

Das Tatbestandsmerkmal „unter Verwendung" setzt voraus, dass der Insider in Kenntnis der Information handelt und dabei die Information in sein Handeln

893 Bezzenberger, S. 134, Rn. 160; Assmann in Assmann/Schneider, WpHG, § 14, Rn. 40; Möller, S. 185; i.E. auch von Rosen/Helm, AG 1996, 434, 440; Casper, WM 1999, 363, 367.

894 RegBegr. zum AnSVG, BT- Drucks. 15/3174, S. 34.

895 Ziemons, NZG 2004, 537, 539.

mit einfließen lässt[896]. Mittlerweile wird übereinstimmend angenommen, dass ein Ursachenzusammenhang zwischen der Kenntnis der Insiderinformation und dem Handeln des Insiders erforderlich ist[897]. Mit anderen Worten die Kenntnis der Insiderinformation ist für das Handeln des Insiders dann ursächlich geworden, wenn der Insider das Geschäft ohne die Kenntnis von der Insiderinformation nicht vorgenommen hätte[898]. Demnach ist im Vergleich zur bisherigen Fassung des § 14 Abs. 1 Nr. 1 WpHG a.F. mit der Neufassung dieser Vorschrift nur das Erfordernis der Gewinnerzielungsabsicht, nicht jedoch das des Ursachenzusammenhangs entfallen[899]. Das Merkmal „unter Ausnutzung" i. S. des § 14 Abs. 1 Nr. 1 WpHG a.F. wurde nämlich ganz überwiegend in einem doppelten Sinne verstanden: Neben dem Kausalzusammenhang zwischen Information und Handel war die Absicht des Insiders erforderlich, mit der Verwendung einer Insiderinformation einen wirtschaftlichen Sondervorteil (für sich oder andere) erstrebt zu haben, den er, wäre die Tatsache öffentlich bekannt, so nicht erzielt hätte[900]. Dass die Neufassung des § 14 Abs. 1 Nr. 1 WpHG weiterhin auf das Erfordernis der Ursächlichkeit abstellt, kommt in der Regierungsbegründung zum AnSVG nicht hinreichend deutlich zum Ausdruck. Dort heißt es, dass der Täter die Information verwendet, wenn er sie „in sein Handeln mit einfließen" lasse. Hierfür reiche, entsprechend Art. 2 Abs. 3 M-RL, die „reine Erfüllung einer Verbindlichkeit, welche in gleicher Weise auch ohne Kenntnis der Insiderinformation erfolgt wäre", nicht aus[901]. Diese Formulierung wurde teilweise dahingehend interpretiert, dass nur im Falle der Erfüllung einer Verbindlichkeit ein Ursachenzusammenhang entfalle, nicht jedoch in anderen Fallkonstellationen[902]. Folglich wurde vertreten, dass unter den Begriff des Verwendens jeder Erwerb oder jede Veräußerung von Insiderpapieren in Kenntnis einer Insiderinformation falle, unabhängig davon, ob das Handeln durch die Information motiviert sei[903]. Dem ist jedoch in erster Linie entgegen zu

---

896 BaFin, S. 36 (2.2.1.2); RegBegr. zum AnSVG, BT- Drucks. 15/3174, S. 34; Kümpel/Veil, WpHG, S. 67, Rn. 41.

897 Assmann in Assmann/Schneider, WpHG, §14, Rn. 25; Handelsrechtsausschuss des DAV, NZG 2004, 703, 704; Cahn, Der Konzern 2005, 5, 8; Bürgers, BKR 2004, 424, 425; Diekmann/Sustmann, NZG 2004, 929, 931.

898 Cahn, Der Konzern 2005, 5, 9; Handelsrechtsausschuss des DAV, NZG 2004, 703, 704.

899 Handelsrechtsausschuss des DAV, NZG 2004, 703, 704; Cahn, Der Konzern 2005, 5, 8; Assmann in Assmann/Schneider, WpHG, § 14, Rn. 26.

900 Ausführlich zum Merkmal „Ausnutzen", Assmann/Cramer in Assmann/Schneider, WpHG, 3. Aufl. 2003, § 14, Rn. 24 ff.

901 RegBegr. zum AnSVG, BT- Drucks. 15/3174, S. 34.

902 Handelsausschuss des DAV, NZG 2004, 703, 704.

903 Cahn, Der Konzern 2005, 5, 8 f.; Assmann in Assmann/Schneider, WpHG, § 14, Rn. 25.

halten, dass ein solch weites Verständnis der Tathandlung des § 14 Abs. 1 Nr. 1 WpHG den Markt für Beteiligungen weitgehend zum Erliegen bringen würde[904]. Ferner setzt Art. 2 Abs. 1 S. 1 M-RL neben dem Erfordernis der „Nutzung" der Insiderinformation voraus, dass der Täter über die Information „verfügen", d.h. von ihr Kenntnis haben muss. Soll dem Tatbestandsmerkmal der Nutzung eigenständige Bedeutung zukommen, muss seine Bedeutung über ein Handeln in Kenntnis der Information hinausgehen. Denn dem Richtliniengeber wäre es ein Leichtes gewesen, zu formulieren, dass demjenigen, der über eine Insiderinformation verfügt, der Erwerb oder die Veräußerung der von dieser Information betroffenen Finanzinstrumente untersagt sei[905]. Auch bringen die Begriffe der „Verwendung" in § 14 Abs. 1 Nr. 1 WpHG und der „Nutzung" in Art. 2 Abs. 1 S. 1 M-RL zum Ausdruck, dass der Verstoß gegen das Insiderhandelsverbot mehr fordert, als ein „passives" Handeln in Kenntnis der Information, nämlich ein Handeln unter einem „aktiven" Gebrauchmachen von einer Information[906]. Schließlich ist es zwar richtig, dass die Formulierungen in der Regierungsbegründung zum AnSVG hinsichtlich des Verwendens der Insiderinformation nicht hinreichend deutlich sind. Jedoch finden sich weder in den Materialien zum AnSVG noch in denen zur Marktmissbrauchsrichtlinie – anders als zum Erfordernis der Gewinnerzielungsabsicht – Anhaltspunkte für einen Verzicht auf das Erfordernis eines Kausalzusammenhangs zwischen der Information und der Transaktion[907].

Die Ursächlichkeit einer Insiderinformation für den Erwerb oder die Veräußerung von Insiderpapieren ist nur dann gegeben, wenn der Insider im Zeitpunkt seines Handelns, sprich bei der Ordererteilung, Kenntnis von der Insiderinformation hatte. Demzufolge fehlt es an der Verwendung einer Insiderinformation, wenn der Marktteilnehmer ohne über eine Insiderinformation zu verfügen eine verbindliche Order abgibt und vor Ausführung der Order Kenntnis von der Insiderinformation erlangt[908].

Führt die Aktiengesellschaft ein Rückkaufprogramm durch, so erwirbt die Gesellschaft ihre Aktien nicht deswegen, weil sie die Kenntnis von ihrem eigenen Erwerbsentschluss nutzen will. Vielmehr setzt die Gesellschaft ihre eigenen unternehmerischen Pläne und Entschlüsse um. Mithin erfolgt der Erwerb eigener Aktien in Ausführung und nicht unter Verwendung des eigenen Entschlusses[909]. Dies

904 Cahn, Der Konzern 2005, 5, 9.
905 Cahn, Der Konzern 2005, 5, 9.
906 Assmann in Assmann/Schneider, WpHG, § 14, Rn. 25.
907 Cahn, Der Konzern 2005, 5, 9.
908 BaFin, S. 36 (III.2.2.1.3); Assmann in Assmann/Schneider, WpHG, § 14, Rn. 29.
909 BaFin, S. 40 (III.2.2.1.5.2); Cahn, Der Konzern 2005, 5, 9; Handelsausschuss des DAV, NZG 2004, 703, 704; Assmann in Assmann/Schneider, WpHG, § 14, Rn. 31 und 39.

kommt auch in Erwägungsgrund 30 der Marktmissbrauchsrichtlinie zum Ausdruck, der wie folgt formuliert: „Da dem Erwerb oder der Veräußerung von Finanzinstrumenten notwendigerweise eine entsprechende Entscheidung der Person vorausgehen muss, die erwirbt bzw. veräußert, sollte die Tatsache dieses Erwerbs oder dieser Veräußerung als solche nicht als Verwendung von Insider-Informationen gelten." Hingegen stellt sich die Tatsache des Kaufs eigener Aktien für die Gesellschaft als Verwenden von Insiderinformationen dar, wenn der grundsätzliche Beschluss, Aktien zurück zu kaufen, zwar bereits gefallen ist, die Gesellschaft aber im Zeitpunkt der konkreten Ordererteilung über anderweitige Insiderinformationen verfügt, die geeignet sind, den Kurs erheblich positiv zu beeinflussen[910]. Denn in diesem Fall hat die Gesellschaft in dem für den Kausalzusammenhang zwischen Insiderinformation und Transaktion entscheidenden Zeitpunkt der Ordererteilung Kenntnis von Insiderinformationen, so dass sie sich nicht darauf berufen kann, lediglich in Ausführung ihrer unternehmerischen Entscheidungen oder entsprechenden Pläne gehandelt zu haben[911].

Ferner kommt ein Verstoß gegen § 14 Abs. 1 Nr. 1 WpHG nicht in Betracht, wenn die Gesellschaft die Durchführung eines Rückkaufprogramms unterlässt oder stoppt, auch wenn der Verzicht auf den Rückkauf aufgrund von Insiderwissen erfolgte. Der Grund hierfür liegt darin, dass mangels Erwerbs oder Veräußerung von Insiderpapieren kein rechtsgeschäftlicher Vorgang und damit keine Insidertat vorliegt. Zu beachten ist allerdings, dass bei einer erneuten Aufnahme des Rückkaufprogramms kein Insiderwissen in die Entscheidung zur Bestimmung des neuen Durchführungszeitpunkts mit einfließen darf[912].

Festzuhalten ist, dass der Zeitpunkt des Erwerbs nicht vom Wissen um positive Insiderinformationen bestimmt sein darf, sofern die Gesellschaft keinen Insiderverstoß gemäß § 14 Abs. 1 Nr. 1 WpHG begehen will. Da sich jedoch im Rahmen des Erwerbs eigener Aktien im Hinblick auf die Einhaltung dieses Erfordernisses Schwierigkeiten ergeben, hat bereits die Gesetzesbegründung zum KonTraG empfohlen, den Rückerwerb zu einem Zeitpunkt durchzuführen, in dem der Informationsvorsprung des Vorstands gegenüber dem Börsenpublikum am geringsten ist. Dies ist beispielsweise der Fall bei einem Erwerb oder einer Veräußerung innerhalb von drei Wochen nach der Vorlage eines Geschäfts- oder Zwischenberichts oder einer Bilanzpressekonferenz. Hierbei handelt es sich nämlich um Zeitpunkte, in denen auch die Marktteilnehmer über aktuelle Unternehmenszahlen verfügen. Dabei kann die Hauptversammlung in ihrem Ermächtigungsbeschluss nach § 71 Abs. 1 Nr. 8 S. 1 AktG solche – gesetzlich nicht geforderte – Zeitfenster

910 BaFin, S. 40 (III.2.2.1.5.2).

911 BaFin, S. 40 (III.2.2.1.5.2); Assmann in Assmann/Schneider, WpHG, § 14, Rn. 39.

912 BaFin, S. 40 f. (III.2.2.1.5.2); Assmann in Assmann/Schneider, WpHG, § 14, 39.

vorsehen[913]. Ferner ist es zur Vermeidung jeglicher insiderrechtlicher Komplikationen für die emittierende Gesellschaft empfehlenswert, einen unabhängigen Dritten – in der Regel ein Kreditinstitut – mit der Durchführung des Aktienrückkaufprogramms zu beauftragen und diesem im Hinblick auf die Menge der zurück zu erwerbenden Aktien und der Dauer des Rückkaufprogramms rechtlich bindende Weisungen zu erteilen. Übernimmt das beauftragte Kreditinstitut den Rückkauf in eigener Regie und ist es in der Lage, über den Zeitpunkt der Ordererteilung selbständig zu bestimmen, so ist es unschädlich, wenn die Gesellschaft nachträglich, beispielsweise vor Ausführung der dritten oder vierten Order, Kenntnis von Insiderinformationen erlangt. Denn die rechtliche Verpflichtung zum Erwerb der Aktien erfolgte vor Erlangung der Kenntnis von der Insiderinformation. Jedoch setzt das Nichtvorliegen des Insiderverstoßes freilich voraus, dass weder die für die Ausführung der einzelnen Order verantwortlich zeichnende Person selbst über relevante Insiderinformationen hinsichtlich der zu erwerbenden Aktien verfügt noch die Verpflichtung des Unternehmens zu einem Zeitpunkt ausgesprochen wurde, zu dem das Unternehmen über Insiderinformationen verfügte[914].

Es ist daher festzuhalten, dass sowohl die emittierende Gesellschaft als auch ihre Organe dem Insiderhandelsverbot gemäß § 14 Abs. 1 Nr. 1 WpHG unterliegen können.

2. *Verbot von Insidergeschäften gemäß § 14 Abs. 1 Nr. 2 und 3 WpHG*

Ist der Entschluss zum Erwerb eigener Aktien nach den Umständen des Einzelfalls als Insiderinformation zu qualifizieren, unterliegen der Vorstand und andere Personen, die von der Durchführung des Rückkaufprogramms wissen, den Vorfeldtatbeständen gemäß § 14 Abs. 1 Nr. 2 und 3 WpHG.

Eine Insiderinformation wird i. S. des § 14 Abs. 1 Nr. 2 WpHG „mitgeteilt“, wenn der Insider einem Dritten unmittelbar Kenntnis von ihr verschafft, und „zugänglich gemacht“, wenn der Insider lediglich die Voraussetzungen schafft, die dem Dritten die Kenntnisnahme der Insiderinformation ermöglichen[915]. Unbefugt erfolgt eine Weitergabe von Insiderinformationen, wenn sie nicht im normalen Rahmen bei Ausübung der Arbeit oder des Berufs oder in Erfüllung von Aufgaben des Insiders für den Emittenten geschieht. Dies gilt auch dann, wenn die Insiderinformation innerhalb des Unternehmens oder an externe Personen weitergegeben wird[916].

---

913 RegBegr. zum KonTraG, BT-Drucks. 13/9712, S. 14.

914 BaFin, S. 40 (III.2.2.1.5.2).

915 Kümpel/Veil, WpHG, S. 70, Rn. 45; BaFin, S. 41 (III.2.2.2.1); Assmann in Assmann/Schneider, WpHG, § 14, Rn. 65 f.

916 BaFin, S. 41 (III.2.2.2.1); Kümpel/Veil, WpHG, S. 71 f., Rn. 46.

Unter den Empfehlungsbegriff des § 14 Abs. 1 Nr. 3 WpHG fällt jede einseitige, rechtlich unverbindliche Erklärung, durch die jemand in der Absicht, den Willen des Adressaten zu beeinflussen, ein Verhalten als für den Adressaten vorteilhaft bezeichnet und die Verwirklichung dieses Verhaltens anrät[917]. Das Tatbestandsmerkmal „Verleiten" bezeichnet jede Verhaltensweise, deren Zweck darin besteht, den Willen eines anderen im Hinblick auf den Erwerb oder die Veräußerung von Insiderpapieren durch beliebige Mittel zu beeinflussen. Da ein Verleiten auch durch eine Empfehlung erfolgen kann, ist letztere ein „spezieller Unterfall des Verleitens als Mittel der Willensbeeinflussung"[918].

IV. Zwischenergebnis

1. Es ist nahezu ausgeschlossen, dass eine Aktiengesellschaft in dem Zeitpunkt, in dem sie eigene Aktien zurück kauft, nicht über Insiderinformationen verfügt. Aus diesem Grunde stellt gemäß § 14 Abs. 2 S. 1 WpHG der Handel mit eigenen Aktien im Rahmen von Rückkaufprogrammen keinen Verstoß gegen das Verbot von Insidergeschäften nach § 14 Abs. 1 Nr. 1-3 WpHG dar, soweit die betreffende Transaktion den Anforderungen der Verordnung (EG) Nr. 2273/2003 entspricht. Die Regelung des § 14 Abs. 2 WpHG entfaltet wegen der unmittelbaren Geltung der Verordnung in den Mitgliedstaaten lediglich deklaratorischen Charakter.
2. § 14 Abs. 2 S. 2 WpHG ordnet die Freistellung der Ausnahmeverordnung auf Finanzinstrumente, die in den Freiverkehr oder den geregelten Markt einbezogen sind, in entsprechender Weise an.
3. Da die Ausnahmeverordnung als Safe Harbour-Regelung ausgestaltet ist, kann der Handel mit eigenen Aktien im Rahmen von Rückkaufprogrammen auch dann zulässig sein, wenn die Voraussetzungen der Verordnung nicht vorliegen. Bei solchen Transaktionen ist im Einzelfall zu prüfen, ob sie verbotene Tathandlungen i.S.v. § 14 Abs. 1 Nr. 1-3 WpHG darstellen.
4. Die Verbotstatbestände des § 14 Abs. 1 WpHG gelten künftig einheitlich sowohl für Primär- als auch für Sekundärinsider, da die frühere Unterscheidung zwischen den Insidergruppen auf Tatbestandsebene entfallen ist. Das Insiderhandelsverbot knüpft nunmehr allein an die Innehabung von Insiderinformationen an.
5. Im Hinblick auf die Beurteilung der strafrechtlichen Qualität findet weiterhin eine Differenzierung statt, da im Rahmen des Weitergabe- und Empfehlungsverbotes die Sekundärinsider nur mit einem Bußgeld gemäß § 39 Abs. 2

917 Assmann in Assmann/Schneider, WpHG, § 14, Rn. 119.
918 RegBegr. zum AnSVG, BT- Drucks. 15/3174, S. 34; BaFin, S. 41 (III.2.2.2.2).

Nr. 3 und 4 WpHG belegt werden, während die Primärinsider nach § 38 Abs. 1 Nr. 2 WpHG bestraft werden.

6. Der Erwerb eigener Aktien ist ein zeitlich gestreckter Vorgang, der aus einem mehrstufigen Entscheidungsprozess besteht. Auf jeder einzelnen Entscheidungsstufe ist zu prüfen, ob mit hinreichender Wahrscheinlichkeit davon ausgegangen werden kann, dass der angestrebte Erfolg in Zukunft eintreten wird und damit eine konkrete Information i.S. des § 13 Abs. 1 S. 1 und 3 WpHG vorliegt. Laut BaFin sind zukünftige Ereignisse ab einer Eintrittswahrscheinlichkeit von „50% + x" als hinreichend wahrscheinlich zu qualifizieren.
7. Eine wichtige Neuerung betrifft den Ersatz des bisherigen subjektiven Merkmals der „Ausnutzung" durch den objektiven Begriff der „Verwendung" einer Insiderinformation in § 14 Abs. 1 Nr. 1 WpHG. Damit führen Motivbündelungen nicht mehr zur Straflosigkeit, und die Absicht der Erlangung wirtschaftlicher Sondervorteile wird nur noch auf der Strafzumessungsebene herangezogen. Gefordert wird allerdings weiterhin ein Kausalzusammenhang zwischen Information und Handeln.
8. Die Durchführung eines Aktienrückkaufprogramms erfolgt in Ausführung einer unternehmerischen Entscheidung, so dass sich der Rückerwerb für die emittierende Gesellschaft nicht als Verwenden von Insiderinformationen darstellt.
9. Probleme können sich ergeben, wenn der Zeitpunkt des Erwerbs eigener Aktien vom Wissen des Vorstands um eine den Emittenten betreffende Insiderinformation bestimmt wird. Als Vorsichtsmaßnahme ist der Gesellschaft daher zu raten, ein Kreditinstitut mit der Durchführung des Rückkaufprogramms zu beauftragen, das den Rückkauf in eigener Regie vornimmt und über den Zeitpunkt der Ordererteilung selbständig bestimmen kann.
10. Im Hinblick auf die Freistellung von den Marktmissbrauchsverboten des WpHG ist eine Inkongruenz zwischen der Regelung über das Insiderhandelsverbot in § 14 WpHG und der Regelung über das Marktmanipulationsverbot in § 20a WpHG zu verzeichnen. Während der Täter gemäß § 20a Abs. 2 WpHG unter dem Gesichtspunkt der zulässigen Marktpraxis die Möglichkeit hat, dem Tatvorwurf der Manipulation zu entgehen, findet sich im Bereich des Insiderrechts keine entsprechende Regelung. Folglich kann im Einzelfall zwar eine Marktmanipulation entfallen, nicht aber ein verbotener Insiderhandel.
11. Es würde sich daher anbieten, beim Insiderhandelsverbot ebenfalls die Möglichkeit zu schaffen, bestimmte Formen des Aktienrückkaufs als zulässige Marktpraxis anzuerkennen. Damit wäre ein Gleichlauf der beiden Regelungen hergestellt[919].

919 Dreyling, Der Konzern 2005, 1, 4; Spindler, NJW 2004, 3449, 3451.

§ 5 Kapitalmarktrechtliche Publizitätspflichten

I. Einleitung

Das durch das am 20. Januar 2007 in Kraft getretene sog. „Transparenzrichtlinie-Umsetzungsgesetz“ (im Folgenden TUG)[920] hat zahlreiche Neuregelungen zur anlassbezogenen Publizität eingeführt, die dazu beitragen sollen, die mit der Transparenzrichtlinie angestrebte Herstellung eines einheitlichen Informationsniveaus in Europa zu erreichen. Die Harmonisierung der Publizitätspflichten der Emittenten und die Einführung eines neuen Veröffentlichungsregimes führen zu einer umfassenden und europaweiten Information über wesentliche Ergebnisse, was wiederum die Allokationseffizienz auf den Kapitalmärkten steigert. Emittenten erhalten das Kapital, das sie für ihre Investitionen benötigen, und Anleger können unabhängig von ihrem Wohnsitz die jeweils aus ihrer Sicht optimale Anlageentscheidung treffen. Insbesondere ermöglicht die Schaffung des im Internet zugänglichen Unternehmensregisters, dass sämtliche offenlegungspflichtige Daten von Unternehmen für jedermann zugänglich sind. Vor diesem Hintergrund ist auch der Handel mit eigenen Aktien zu sehen. Beschließt der Vorstand, von der Ermächtigung der Hauptversammlung zur Durchführung eines Rückkaufprogramms Gebrauch zu machen, oder berührt die Aktiengesellschaft in Bezug auf eigene Aktien die Schwellenwerte von 3%, 5% oder 10% durch Erwerb, Veräußerung oder auf sonstige Weise, so handelt es sich hierbei um Informationen, die für den Kapitalmarkt im Allgemeinen und für Investitionsentscheidungen von Anlegern im Besonderen von wesentlicher Bedeutung sind. Im Folgenden erfolgt zunächst ein Überblick über die wesentlichen Neuerungen des TUG, danach wird eine Analyse der Ad-hoc-Publizität gemäß § 15 WpHG und der Veröffentlichungspflicht gemäß § 26 WpHG im Hinblick auf den Erwerb eigener Aktien durch die Gesellschaft vorgenommen.

---

920 Gesetz zur Umsetzung der Richtlinie 2004/109/EG des Europäischen Parlaments und des Rates vom 15. Dezember 2004 zur Harmonisierung der Transparenzanforderungen in Bezug auf Informationen über Emittenten, deren Wertpapiere zum Handel auf einem geregelten Markt zugelassen sind, und zur Änderung der Richtlinie 2001/34/EG (Transparenzrichtlinie-Umsetzungsgesetz – TUG) v. 5.1.2007, BGBl. I (2007), S. 10.

II. Das Transparenzrichtlinie-Umsetzungsgesetz

1. Zielvorgabe

Ziel der mit dem TUG in deutsches Recht transformierten Transparenzrichtlinie[921] ist es sicherzustellen, dass wichtige Unternehmensinformationen europaweit bekannt gegeben und in Datenbanken verfügbar gehalten werden, um Anlegern eine hinreichende Grundlage für ihre Investitionsentscheidungen zu geben und dadurch eine bessere Kapitalallokation in Europa zu gewährleisten[922]. Anleger sollen unabhängig von ihrem Wohnsitz einen gleichen Zugang zu den Informationen haben[923]. Damit dient die Richtlinie sowohl der Verbesserung des Anlegerschutzes als auch der Erhöhung der Markteffizienz[924]. Die Schaffung eines einheitlichen Informationsmarktes soll letzten Endes zur Entwicklung eines effizienten, transparenten und integrierten Wertpapiermarktes beitragen und damit das Entstehen eines einheitlichen europäischen Kapitalmarktes als wesentlichem Bestandteil eines echten Binnenmarktes fördern[925].

2. Regelungsgegenstand

Das TUG ist ein Artikelgesetz, durch das in erster Linie das WpHG und die WpAIV geändert werden. Zu den wesentlichen Neuerungen zählen in materieller Hinsicht die Harmonisierung der Pflichten von Wertpapieremittenten hinsichtlich der laufenden Information der Anleger (anlassabhängige Publizität); hervorzuheben ist insbesondere die Erhöhung der Beteiligungstransparenz durch Einführung neuer Meldeschwellen und die Einführung des Herkunftsstaatsprinzips

---

921 Richtlinie 2004/109/EG des Europäischen Parlaments und des Rates vom 15. Dezember 2004 zur Harmonisierung der Transparenzanforderungen in Bezug auf Informationen über Emittenten, deren Wertpapiere zum Handel auf einem geregelten Markt zugelassen sind, und zur Änderung der Richtlinie 2001/34/EG, Abl. EG Nr. L 390 v. 31.12.2004, S. 38.

922 RegBegr. zum TUG, BT-Drucks. 16/2498, S. 26; 1. und 25. ErwGr. der Richtlinie 2004/109/EG, Abl. EG Nr. L 390 v. 31.12.2004, S. 38 und 40.

923 25. ErwGr. der Richtlinie 2004/109/EG, Abl. EG Nr. L 390 v. 31.12.2004, S. 40; 17. ErwGr. der Richtlinie 2007/14/EG der Kommission vom 8. März 2007 mit Durchführungsbestimmungen zu bestimmten Vorschriften der Richtlinie 2004/109/EG zur Harmonisierung der Transparenzanforderungen in Bezug auf Informationen über Emittenten, deren Wertpapiere zum Handel an einem geregelten Markt zugelassen sind, Abl. Nr. L 69 v. 9.3.2007, S. 29.

924 1. ErwGr. der Richtlinie 2004/109/EG, Abl. EG Nr. L 390 v. 31.12.2004, S. 38; RegBegr. zum TUG, BT-Drucks. 16/2498, S. 26.

925 1. ErwGr. der Richtlinie 2004/109/EG, Abl. EG Nr. L 390 v. 31.12.2004, S. 38; RegBegr. zum TUG, BT-Drucks. 16/2498, S. 26; Pirner/Lebherz, AG 2007, 19, 20.

samt des neuen Begriffs des Inlandsemittenten[926], sowie die Änderungen der Pflichten von Wertpapieremittenten hinsichtlich der periodischen Finanzberichterstattung (Regelpublizität) wie beispielsweise die Verankerung unterjähriger Berichtspflichten im WpHG bei gleichzeitiger Ausweitung des Enforcement-Regimes auf Halbjahresfinanzberichte und die Einführung eines sog. Bilanzeids[927]. Zudem wird durch das TUG ein formelles Regime zur Publizität von Kapitalmarktinformationen eingeführt, das von großer Praxisrelevanz ist.

Nach dem neuen Regime ruht die Publikation der Kapitalmarktinformationen auf zwei Säulen: Emittenten müssen die Informationen zunächst in Form einer aktiven Verbreitung in der gesamten EU und im übrigen EWR über Medien bekannt geben und danach unverzüglich an ein amtlich bestelltes elektronisches System zur zentralen Speicherung übermitteln, das künftig mit Speicherungsmedien anderer Mitgliedstaaten und Vertragsstaaten des EWR zu einem europäischen Datennetzwerk ausgebaut werden soll[928]. Dieses amtlich bestellte System ist als zentral geführtes, elektronisches Unternehmensregister nicht durch das TUG, sondern durch das am 1. Januar 2007 in Kraft getretene EHUG[929] in § 8b Abs. 1 und 2 HGB eingeführt worden. Das Unternehmensregister beseitigt die bisherige Zersplitterung der nach dem Handels-, Gesellschafts-, Bilanz- und Kapitalmarktrecht publizitätspflichtigen Unternehmensinformationen in verschiedenen Datenbanken und Registern[930]. Nach Abschluss des Veröffentlichungsprozesses muss der Emittent schließlich der BaFin einen Nachweis über den Inhalt und den Zeitpunkt der Veröffentlichung sowie die hierzu genutzten Medien zukommen lassen (§ 3c WpAIV). Daneben bleibt der Emittent gemäß § 10 WpPG weiterhin verpflichtet, weitgehend dieselben Kapitalmarktinformationen einmal jährlich im Rahmen des sog. jährlichen Dokuments zu veröffentlichen und bei der BaFin zu hinterlegen.

Im Hinblick auf die Veröffentlichungspflicht von Insiderinformationen ist zu beachten, dass die Transparenzrichtlinie über die Veröffentlichungspflichten hinaus keine pflichtenbegründenden und -ausgestaltenden Regelungen trifft, da die materiellen Vorschriften zu Insiderinformationen bereits durch die Marktmissbrauchsrichtlinie und die hierzu ergangenen Durchführungsbestimmungen abgedeckt sind[931].

---

926 Zu den Änderungen der anlassabhängigen Publizität: Hutter/Kaulamo, NJW 2007, 471 ff.; Bosse, DB 2007, 39 ff.

927 Zu den Änderungen der Regelpublizität: Hutter/Kaulamo, NJW 2007, 550 ff.; Bosse, DB 2007, 43 ff.

928 RegBegr. zum TUG, BT-Drucks. 16/2498, S. 26.

929 Gesetz über elektronische Handelsregister und Genossenschaftsregister sowie das Unternehmensregister (EHUG) v. 10.11.2006, BGBl. I (2006), S. 2553.

930 Hutter/Kaulamo, NJW 2007, 550, 556.

931 RegBegr. zum TUG, BT-Drucks. 16/2498, S. 27.

Der Erwerb eigener Aktien muss, um die Rechtsqualität einer Insiderinformation zu verlieren, die Vorschriften des kapitalmarktrechtlichen Publizitätssystems wahren. Die Pflicht zur Mitteilung, Veröffentlichung und Übermittlung von Insiderinformationen im Wege der Ad-hoc-Publizität gemäß § 15 WpHG gehört zu den anlassbezogenen Publizitätspflichten des Emittenten und ist Bestandteil des kapitalmarktrechtlichen Publizitätssystems[932].

1. Regelungsziel

Mit der Regelung in § 15 WpHG werden zwei Zwecke verfolgt: Die Ad-hoc-Publizitätspflicht ist zum einen als kapitalmarktrechtliche Informationspflicht und zum anderen als insiderrechtliche Präventivmaßnahme zu begreifen[933]. Als kapitalmarktrechtliche Informationspflicht soll die Ad-hoc-Publizität zunächst dafür Sorge tragen, dass die Marktteilnehmer so früh wie möglich über alle kursrelevanten Informationen verfügen. Damit soll gewährleistet werden, dass im Wirkungsfeld der Marktkräfte von Angebot und Nachfrage angemessene Börsen- und Marktpreise zustande kommen und die Anleger sachgerechte Anlageentscheidungen treffen können[934]. Die Ad-hoc-Publizität begegnet somit Informationsasymmetrien, die aufgrund fehlerhafter oder unvollständiger Unterrichtung des Marktes entstehen und im schlimmsten Fall zu einem Marktversagen wegen adverser Selektion führen können[935]. Insoweit dient sie der Markttransparenz und Preiswahrheit und sichert damit die Funktionsfähigkeit des Kapitalmarktes. Das Anlegerpublikum wird daher nur in der Gesamtheit der potentiellen Anleger geschützt[936]. Gleichzeitig dient die Pflicht zur Ad-hoc-Publizität dem insiderrechtlichen Präventivschutz. Die unverzügliche Veröffentlichung von publizitätspflichtigen Insiderinformationen entzieht dem Insiderhandel den Boden. Denn mit der Publizierung werden die kursrelevanten Sachverhalte öffentlich bekannt und verlieren dadurch ihre Rechtsqualität als Insiderinformation[937]. Auf diese Weise kann der Kreis von Insidern, die mit den publizitätspflichtigen Sachverhalten vertraut sind und aus ihrem Informationsvorsprung missbräuchliche Vorteile

---

932 Assmann in Assmann/Schneider, WpHG, § 15; Rn. 1; Kümpel/Veil, WpHG, S. 85, Rn. 2.

933 Assmann in Assmann/Schneider, WpHG, § 15, Rn. 33.

934 RegBegr. zum AnSVG, BT- Drucks. 15/3174, S. 34; BaFin, S. 47 (IV.1); Kümpel/Veil, WpHG, S. 87 f., Rn. 5; Simon, Der Konzern 2005, 13.

935 S. hierzu unter 1. Kap., § 4, III 2.

936 BaFin, S. 47 (IV.1); Assmann in Assmann/Schneider, WpHG, § 15, Rn. 27, 29.

937 Assmann in Assmann/Schneider, WpHG, § 15, Rn. 7.

ziehen wollen, möglichst klein gehalten und der Zeitraum für das missbräuchliche Ausnutzen von Insiderwissen weitest möglich verkürzt werden[938].

2. *Pflicht zur Ad-hoc-Publizität gemäß § 15 Abs. 1 S. 1 WpHG*

a) *Neue Definition des Inlandsemittenten*

Die Pflicht zur Ad-hoc-Publizität gemäß § 15 WpHG trifft eine Gesellschaft, die Aktien zurückkauft, nur dann, wenn sie als Inlandsemittent im Sinne des § 2 Abs. 7 WpHG anzusehen ist. Nach dieser Vorschrift sind Inlandsemittenten im Wesentlichen Emittenten, deren Herkunftsstaat die Bundesrepublik Deutschland ist. Die Vorschrift des § 2 Abs. 7 WpHG setzt das Herkunftsstaatsprinzip des Art. 2 lit. i i.V.m. Art. 21 Abs. 1 der Transparenzrichtlinie sowie die Sonderregelung des Art. 21 Abs. 3 der Transparenzrichtlinie um[939]. Im Gegensatz zur bisherigen Rechtslage kommt es also für die Anwendung der Ad-hoc-Veröffentlichungspflicht nicht mehr auf die Zulassung des Emittenten an einer inländischen Börse an.

Die Einführung des Herkunftsstaatsprinzips der Transparenzrichtlinie für die Adressaten von Transparenzpflichten in das WpHG soll verhindern, dass grenzüberschreitend agierende Emittenten die gleichen Transparenzpflichten in mehreren Mitgliedstaaten erfüllen müssen[940].

b) *Neue Definition der ad-hoc-publizitätspflichtigen Information*

Das Recht zur Ad-hoc-Publizität hat durch das AnSVG grundlegende Änderungen erfahren. Bislang waren Tatsachen ad-hoc-mitteilungspflichtig, die im Tätigkeitsbereich des Emittenten eingetreten, nicht öffentlich bekannt und wegen der Auswirkungen auf die Vermögens- oder Finanzlage oder auf den allgemeinen Geschäftsverlauf des Emittenten geeignet waren, den Börsenpreis der Wertpapiere erheblich zu beeinflussen. Diese in § 15 Abs. 1 S. 1 WpHG a.F. enthaltene eigenständige Definition der ad-hoc-publizitätspflichtigen Tatsache war deutlich enger gefasst als diejenige der Insidertatsache in § 13 Abs. 1 WpHG a.F., was zur Folge hatte, dass nicht jede emittenten- und wertpapierbezogene Insidertatsache auch von der Ad-hoc-Publizität erfasst wurde[941]. In Umsetzung von Art. 6 Abs. 1 M-RL steht nach dem neuen § 15 Abs. 1 S. 1 WpHG die Verpflichtung des Emittenten zur Ad-hoc-Publizität lediglich unter der Voraussetzung, dass ihn die in Rede

938 RegBegr. zum AnSVG, BT- Drucks. 15/3174, S. 35; Kümpel/Veil, WpHG, S. 88, Rn. 5; Assmann in Assmann/Schneider, WpHG, § 15, Rn. 29, 33; Simon, Der Konzern 2005, 13.

939 RegBegr. zum TUG, BT-Drucks. 16/2498, S. 32.

940 RegBegr. zum TUG, BT-Drucks. 16/2498, S. 27.

941 Kümpel/Assmann in Assmann/Schneider, WpHG, 3. Aufl. 2003, § 15, Rn. 36.

stehenden Insiderinformationen unmittelbar betreffen. Dabei knüpft § 15 Abs. 1 S. 2 WpHG im Sinne einer Regelwirkung an das alte Recht an und bestimmt, dass eine Insiderinformation den Emittenten „insbesondere“ dann unmittelbar betrifft, wenn sie sich auf Umstände bezieht, die in seinem Tätigkeitsbereich eingetreten sind.

Die wesentliche Änderung der bisherigen Rechtslage besteht darin, dass die Neufassung des § 15 Abs. 1 S. 1 WpHG die bislang geltende Unterscheidung zwischen ad-hoc-publizitätspflichtigen Tatsachen i.S.v. § 15 Abs. 1 S. 1 WpHG a.F. einerseits und Insidertatsachen i.S.v. § 13 Abs. 1 WpHG a.F. andererseits aufgibt. Nunmehr ist die Insiderinformation gemeinsamer Ausgangspunkt sowohl für die insiderrechtlichen Verbotsnormen des § 14 Abs. 1 Nr. 1-3 WpHG als auch für die Ad-hoc-Publizität des § 15 Abs. 1 S. 1 WpHG. Aus der Anlehnung der mitteilungspflichtigen Information im Rahmen der Ad-hoc-Publizität an den Begriff der Insiderinformation folgt, dass die Ad-hoc-Publizität nunmehr viel früher eingreifen kann als dies nach altem Recht der Fall war[942]. Hierdurch kann vermieden werden, dass es überhaupt zu Verstößen gegen das Insiderrecht kommt. Insoweit stellt die Veröffentlichungspflicht des § 15 WpHG das Spiegelbild des Insiderhandelsverbotes des § 14 WpHG dar[943]. Auf diese Weise kommt der Gesetzgeber des AnSVG seinem erklärten Ziel, eine bestmögliche Markttransparenz herzustellen und einen verbotenen Insiderhandel weitestgehend einzuschränken[944], einen großen Schritt näher.

Zwar ist zu beachten, dass nach der Neufassung nicht jede Insiderinformation, über die der Emittent verfügt, zugleich auch eine von ihm ad hoc zu veröffentlichende Information ist. Vielmehr wird die Ad-hoc-Publizität gegenüber dem Insiderhandelsverbot des § 14 Abs. 1 WpHG durch das in § 15 Abs. 1 S. 1 WpHG enthaltene Unmittelbarkeitskriterium eingeengt[945]. Dennoch hat die Einführung dieses Erfordernisses zu einer erheblichen Ausweitung des Anwendungsbereichs der Ad-hoc-Publizität geführt. Denn nunmehr sind alle den Emittenten unmittelbar betreffenden Informationen unverzüglich zu veröffentlichen und nicht nur solche, die in seinem Tätigkeitsbereich eingetreten und nicht öffentlich bekannt sind sowie deren Kursrelevanz sich gerade daraus ergibt, dass sie Auswirkungen auf die Vermögens- oder Finanzlage oder auf den allgemeinen Geschäftsverlauf des Emittenten haben[946].

---

942 Simon, Der Konzern 2005, 13, 14.

943 Kuthe, ZIP 2004, 883, 885; Koch, DB 2005, 267, 271.

944 RegBegr. zum AnSVG, BT- Drucks. 15/3174, S. 34.

945 RegBegr. zum AnSVG, BT- Drucks. 15/3174, S. 35; Merkner/Sustmann, NZG 2005, 729, 734.

946 Assmann in Assmann/Schneider, WpHG, § 15, Rn. 52; Simon, Der Konzern 2005, 13, 14; Kuthe, ZIP 2004, 883, 885; Tollkühn, ZIP 2004, 2215, 2216.

c) *Insiderinformationen, die den Emittenten unmittelbar betreffen*

Die Verpflichtung zur Ad-hoc-Publizität gemäß § 15 Abs. 1 S. 1 WpHG bezieht sich auf Insiderinformationen, die den Emittenten unmittelbar betreffen.

Da sowohl die Neuregelung der Ad-hoc-Publizitätspflicht als auch das Insiderrecht einheitlich an den Begriff der Insiderinformation i.S.v. § 13 Abs. 1 WpHG anknüpfen, kann diesbezüglich auf die im Rahmen des Verbotes von Insidergeschäften gemäß § 14 Abs. 1 Nr. 1 WpHG gefundenen Ergebnisse verwiesen werden[947]. Danach handelt es sich bei dem Beschluss des Vorstands, von der Rückkaufermächtigung Gebrauch zu machen, um eine Insiderinformation i. S. des § 13 Abs. 1 S. 1, 3 WpHG.

Das Vorliegen der Insiderinformation löst jedoch nur dann die Pflicht des Emittenten zur unverzüglichen Veröffentlichung nach § 15 Abs. 1 S. 1 WpHG aus, wenn es sich um eine Insiderinformation mit einem unmittelbaren Emittentenbezug handelt. Das die Veröffentlichungspflicht des Emittenten eingrenzende Kriterium der Unmittelbarkeit wird in § 15 Abs. 1 S. 2 WpHG beispielhaft konkretisiert. Danach betrifft eine Insiderinformation den Emittenten insbesondere dann unmittelbar, wenn sie sich auf Umstände bezieht, die in seinem Tätigkeitsbereich eingetreten sind. Indem diese Bestimmung auf die Formulierung des alten § 15 Abs. 1 S. 1 WpHG Bezug nimmt, stellt sie zum einen klar, dass alle bislang ad-hoc-publizitätspflichtigen Sachverhalte auch nach neuem Recht unverzüglich zu veröffentlichen sind[948]. Zum anderen kommt durch das in der Vorschrift enthaltene Regelbeispiel zum Ausdruck, dass auch Insiderinformationen, die nicht im Tätigkeitsbereich des Emittenten selbst eingetreten sind und damit von Außen auf den Emittenten zukommen, publizitätspflichtig sind[949].

Bei dem Beschluss des Vorstands, von der Ermächtigung der Hauptversammlung zur Durchführung eines Rückkaufprogramms Gebrauch zu machen, handelt es sich um eine Maßnahme der Geschäftsführung. Maßnahmen der Geschäftsführung sowie Akte anderer Organe des Emittenten gehören zu den klassischen Vorgängen, die im Tätigkeitsbereich des Emittenten eintreten[950]. Mithin ist der nach § 15 Abs. 1 S. 2 WpHG erforderliche unmittelbare Emittentenbezug bei dem Beschluss des Vorstands, von der ihm durch die Hauptversammlung eingeräumten Ermächtigung Gebrauch zu machen, gegeben.

947 S. hierzu unter 4. Kap., § 3, III 1a).

948 BaFin, S. 53 (IV.2.2.2); Assmann in Assmann/Schneider, WpHG, § 15, Rn. 55.

949 RegBegr. zum AnSVG, BT-Drucks. 15/3174, S. 35; BaFin, S. 53 (IV.2.2.2); Assmann in Assmann/Schneider, WpHG, § 15, Rn. 55; Kümpel/Veil, WpHG, S. 92, Rn. 14.

950 Assmann in Assmann/Schneider, WpHG, § 15, Rn. 59; Simon, Der Konzern 2005, 13, 15.

Etwas anderes ergibt sich auch dann nicht, wenn der Ermächtigungsbeschluss für den Erwerb eigener Aktien durch den Vorstand die Zustimmung des Aufsichtsrats verlangt. Bei solchen mehrstufigen Entscheidungsprozessen ging die herrschende Meinung nach bisherigem Recht davon aus, dass eine Auswirkung auf die Vermögens- oder Finanzlage oder den allgemeinen Geschäftsverlauf des Emittenten erst auf der letzten Entscheidungsstufe hinreichend konkretisiert sei und eine Publizitätspflicht des Emittenten deshalb erst nach dem Beschluss des Aufsichtsrats in Frage komme[951]. Aufgrund der geänderten Fassung des § 15 Abs. 1 WpHG ist dieses Ergebnis indes nicht mehr haltbar. Denn nach neuer Rechtslage kann jede einzelne Stufe eines mehrstufigen Entscheidungsprozesses Gegenstand einer vom Emittenten ad hoc zu veröffentlichenden Insiderinformation sein[952]. Eine publizitätspflichtige Insiderinformation liegt nach der nunmehr auch für die Ad-hoc-Publizität geltenden Definition der Insiderinformation i.S.v. § 13 Abs. 1 WpHG bereits dann vor, wenn sich die Information auf Umstände bezieht, bei denen mit hinreichender Wahrscheinlichkeit davon ausgegangen werden kann, dass sie in Zukunft eintreten werden (Satz 3) und ihr Kursrelevanz zukommt (Satz 1). Dass der noch fehlende Aufsichtsratsbeschluss nicht zwangsläufig einer Ad-hoc-Pflicht entgegensteht, ergibt sich auch aus den neuen Regelungen zur vorläufigen Befreiung von der Ad-hoc-Publizität bei entgegenstehenden berechtigten Interessen des Emittenten nach § 15 Abs. 3 WpHG i.V.m. § 6 WpAIV, genauer gesagt aus einem Umkehrschluss zu § 6 Nr. 2 WpAIV. Diese Bestimmung geht auf Art. 3 Abs. 1 lit. b der Durchführungsrichtlinie 2003/124/EG zur Marktmissbrauchsrichtlinie zurück. Nach § 6 Nr. 2 WpAIV kann der Emittent eine Veröffentlichung gemäß § 15 Abs. 1 S. 1 WpHG dann aufschieben, wenn in einem mehrstufigen Entscheidungsprozess die abschließende Zustimmung durch ein anderes Organ – namentlich den Aufsichtsrat – noch nicht vorliegt und der Hinweis auf die ausstehende Zustimmung die sachgerechte Bewertung der Information durch das Anlegerpublikum gefährden würde. Aus dem Gegenschluss zu dieser Formulierung ist zu folgern, dass spätestens mit der Entscheidung des Geschäftsführungsorgans eine Insiderinformation vorliegt und damit eine Veröffentlichungspflicht entstanden ist[953].

---

951 Kümpel/Assmann in Assmann/Schneider, WpHG, 3. Aufl. 2003, § 15, Rn. 63; Cahn, ZHR 162 (1998), 22, 25; Happ/Semler, ZGR 1998, 117, 127, 131, 141; Hopt, ZHR 159 (1995), 135, 152; Kümpel, AG1997, 66, 68; a.A. Kiem/Kotthoff, DB 1995, 1999, 2003; Pananis, WM 1997, 460, 463; van Aerssen, WM 2000, 391, 401; differenzierend nach Fallgestaltungen Burgard, ZHR 162 (1998), 51, 78 f., 83, 99.

952 Assmann in Assmann/Schneider, WpHG, § 15, Rn. 60; Simon, Der Konzern 2005, 13, 15; Ziemons, NZG 2004, 537, 541.

953 BaFin, S. 58 (IV.2.2.7).

3. Aufschub der Ad-hoc-Publizität gemäß § 15 Abs. 3 WpHG

Zwar ist der Beschluss des Vorstands, von der Ermächtigung der Hauptversammlung zum Aktienrückkauf Gebrauch zu machen, gemäß § 15 Abs. 1 S. 1 WpHG publizitätspflichtig. Der Gesellschaft steht jedoch gemäß § 15 Abs. 3 WpHG die Möglichkeit offen, die Publikation des Beschlusses des Vorstandes aufzuschieben.

a) Allgemeines

Die im Rahmen der Ad-hoc-Publizität geltende Definition der Insiderinformation gemäß § 13 Abs. 1 WpHG führt zu einer zeitlichen Vorverlagerung der Veröffentlichungspflicht. Hierdurch besteht zum einen die Gefahr, dass der Aufsichtsrat durch die Veröffentlichung der vom Vorstand getroffenen Entscheidung vor vollendete Tatsachen gestellt wird und daher seine Überwachungsfunktion nicht mehr ordnungsgemäß ausüben kann. Dies würde im Widerspruch zum Bestreben der letzten Jahre stehen, die Stellung des Aufsichtsrates im Rahmen einer Corporate Governance zu stärken[954]. Zum anderen ist zu befürchten, dass die Anleger dazu verleitet werden, sich zu früh auf derartige Informationen zu verlassen[955]. Daher hat der Gesetzgeber des AnSVG für den Emittenten die Selbstbefreiung von der Veröffentlichungspflicht nach Maßgabe von § 15 Abs. 3 WpHG als gewisses Korrektiv geschaffen[956].

Nach bisherigem Recht konnte die BaFin dem Emittenten gemäß § 15 Abs. 1 S. 5 WpHG a.F. auf Antrag eine Befreiung von der Veröffentlichungspflicht erteilen, falls die Veröffentlichung geeignet war, den berechtigten Interessen des Emittenten zu schaden[957]. Nach der Neuregelung in § 15 Abs. 3 S. 1 WpHG kann der Emittent den Aufschub der Veröffentlichung einer Insiderinformation eigenverantwortlich vornehmen, wenn es der Schutz seiner berechtigten Interessen erfordert, keine Irreführung der Öffentlichkeit zu befürchten ist und der Emittent die Vertraulichkeit der Insiderinformation gewährleisten kann. Damit muss der Emittent nunmehr auf eigenes Risiko entscheiden, ob er vorläufig von der Veröffentlichung absehen darf.

Nach § 15 Abs. 3 S. 4 WpHG ist der Emittent verpflichtet, die Gründe für die Befreiung sowie den Zeitpunkt der Entscheidung über den Aufschub der Veröffentlichung zu dokumentieren. Diese Dokumentation ist der BaFin zu übersenden, sobald

---

954 BaFin, S. 58 (IV.2.2.7); Schneider, BB 2005, 897, 899.

955 RegBegr. zum AnSVG, BT- Drucks. 15/3174, S. 35; Diekmann/Sustmann, NZG 2004, 929, 935.

956 Assmann in Assmann/Schneider, WpHG, § 15, Rn. 134.

957 Zur alten Rechtslage Kümpel/Assmann in Assmann/Schneider, WpHG, 3.Aufl. 2003, § 15, Rn. 132 ff.

der Emittent die Veröffentlichung nach Wegfall der in § 15 Abs. 3 S. 1 WpHG aufgeführten Voraussetzungen für eine Suspendierung unverzüglich nachgeholt hat (§ 15 Abs. 3 S. 2 WpHG). Demnach hat sich der deutsche Gesetzgeber dagegen entschieden, dass der Emittent der BaFin bereits die Entscheidung über den Aufschub der Veröffentlichung unverzüglich mitteilt – was nach Art. 6 Abs. 2 M-RL auch möglich gewesen wäre – und eine nachgelagerte Mitteilungspflicht des Emittenten angeordnet. Festzuhalten bleibt, dass mit der Neuregelung an die Eigenverantwortlichkeit des Emittenten und seiner Organmitglieder, insbesondere auch angesichts des enorm wachsenden Kreises ad-hoc-publizitätspflichtiger Informationen, hohe Anforderungen gestellt werden. Dabei darf nicht außer Betracht gelassen werden, dass die schuldhafte Verletzung bestimmter, im Zusammenhang mit der Ad-hoc-Publizität geregelter Pflichten eine Ordnungswidrigkeit darstellt und mit Bußgeld belegt werden kann (§ 39 Abs. 2 Nr. 5 lit. a, Abs. 4 WpHG). Zudem droht dem Emittenten wegen Verletzung seiner in § 15 Abs. 1-4 WpHG statuierten Emittentenpflichten unter den Voraussetzungen der §§ 37b, 37c WpHG eine Schadensersatzpflicht (§ 15 Abs. 6 S. 1 WpHG), wobei Schadensersatzansprüche, die auf anderen Rechtsgrundlagen beruhen, hiervon unberührt bleiben (§ 15 Abs. 6 S. 2 WpHG). Dem Emittenten ist daher zu seinem eigenen Schutz eine ausführliche Dokumentation anzuraten, obwohl – abgesehen von der Dokumentation bei aufgeschobener Ad-hoc-Mitteilung gemäß § 15 Abs. 3 S. 4 WpHG – keine gesetzliche Pflicht des Emittenten besteht, die Voraussetzungen des § 15 Abs. 3 S. 1 WpHG zu dokumentieren. Der Emittent sollte laufend darüber Aufzeichnungen anfertigen, dass bzw. warum ein berechtigtes Interesse i. S. des § 15 Abs. 3 S. 1 WpHG besteht, an wen die Insiderinformation weitergegeben wurde, wie die Aufklärung erfolgte und ob ein Verstoß gegen § 14 Abs. 1 Nr. 2 WpHG gegeben ist[958].

Die Frage, ob die bewusste Entscheidung des Emittenten über den Aufschub der Veröffentlichung einer Insiderinformation Voraussetzung dafür ist, dass kein Verstoß gegen die Publizitätspflicht gemäß § 15 Abs. 1 S. 1 WpHG besteht, hat in der Öffentlichkeit vor dem Hintergrund des „Daimler/Schrempp"-Musterverfahrens für Aufsehen gesorgt[959]. Zu dieser Streitfrage haben sich erstmals zwei Gerichte geäußert: Das OLG Frankfurt im Rechtsmittelverfahren gegen die von der BaFin wegen verspäteter Ad-hoc-Mitteilung verhängte Geldbuße gegen die Daimler AG[960] und das OLG Stuttgart im vorstehend genannten Musterverfahren wegen Schadensersatzansprüchen aus § 37b WpHG[961]. Während das OLG Frank-

958 Simon, Der Konzern 2005, 13, 21.

959 FAZ vom 24. September 2008, S. 23; FAZ vom 7. Februar 2009, S. 17.

960 OLG Frankfurt/M., ZIP 2009, 563.

961 OLG Stuttgart, NZG 2009, 624; der BGH hat die angefochtene Entscheidung wegen eines Verfahrensfehlers aufgehoben und zur nachzuholenden Beweisaufnahme an einen anderen Senat des OLG Stuttgart zurückverwiesen (vgl. BGH NJW-RR 2008, 865; BGH AG 2008, 380; zur erstmaligen Befassung des OLG Stuttgart, NZG 2007, 352).

furt festgestellt hat, der Befreiungstatbestand in § 15 Abs. 3 sei als „Legalausnahme“ ausgestaltet, weshalb der Emittent selbst darüber entscheiden könne, ob er die Veröffentlichung von Tatsachen aufschieben wolle[962], hat das OLG Stuttgart enschieden, die Befreiungswirkung trete kraft Gesetzes ein und erfordere keine aktive Befreiungsentscheidung[963]. Als Begründung führt das OLG Stuttgart den Wortlaut des § 15 Abs. 3 S. 1 WpHG an, wonach der Emittent unter den genannten Voraussetzungen von dieser Pflicht befreit sei, sowie den Umstand, dass der Emittent bei Vorliegen der Voraussetzungen die Befreiung ohnehin in Anspruchen zu nehmen habe[964].

Die Auffassung des OLG Frankfurt entspricht der herrschenden Meinung in der Literatur, die aus der Entstehungsgeschichte des Befreiungstatbestands, seinen europarechtlichen Vorgaben und dem Gebot der richtlinienkonformen Auslegung, der Gesetzesbegründung zum AnSVG, dem insiderrechtlichen Schutzzweck der Ad-hoc-Publizität und schließlich dem systematischen Zusammenspiel mit § 15 Abs. 3 S. 4 WpHG folgert, dass die Befreiung nach § 15 Abs. 3 S. 1 eine Befreiungsentscheidung des Emittenten voraussetzt[965]. Diese Sichtweise steht auch im Einklang mit der bisherigen Verwaltungspraxis der BaFin. Im Emittentenleitfaden vom 28. April 2009 stellt die BaFin nunmehr klar, dass eine Befreiung gemäß § 15 Abs. 3 WpHG eines ausdrücklichen Beschlusses des geschäftsführenden Organs bedürfe. An der Entscheidung über die Befreiung habe mindestens ein ordentliches Vorstandsmitglied mitzuwirken. Gegen einen Aufschub der Veröffentlichungspflicht kraft Gesetzes spreche der Wortlaut des § 8 Abs. 5 WpAIV, wonach sich ergebe, dass die Befreiung aktiv in Anspruch genommen werden müsse[966]. Für die bewusste Entscheidung des Emittenten über den Aufschub der Veröffentlichung spricht vor allem ein für die Praxis relevantes Kriterium: Der Emittent hat gemäß § 15 Abs. 3 S. 4 WpHG eine Dokumentation über den Aufschub der Veröffentlichung anzufertigen und sie der BaFin mitzuteilen. Daher kann Gesellschaften nicht geraten werden, der vom OLG Stuttgart befürworteten Selbstbefreiung kraft Gesetzes zu folgen, denn auch die verspätete Übermittlung dieser Dokumentation ist mit einem Bußgeld bewehrt (§ 39 Abs. 2 Nr. 2 lit. C WpHG)[967].

---

962 OLG Frankfurt/M., ZIP 2009, 563, 564.

963 OLG Stuttgart, NZG 2009, 624 (vgl. 3. Leitsatz des Beschlusses).

964 OLG Stuttgart, NZG 2009, 624, 635; dem zustimmend *Assmann* in Assmann/Schneider, WpHG, § 15, Rn. 165a ff.; KöKoWpHG-Versteegen, § 15, Rn. 168 ff.

965 Ausführlich zum Ganzen Widder, BB 2009, 967; Harbarth, ZIP 2005, 1898, 1906; Bedkowski, BB 2009, 1482, 1485 m.w.N.

966 BaFin, S. 65 (IV. 3).

967 Nikoleyczik, GWR 2009, 82, 85.

b) Befreiungsvoraussetzungen

Der Aufschub der Veröffentlichung des Beschusses des Vorstands, von der Ermächtigung der Hauptversammlung zur Durchführung eines Rückkaufprogramms Gebrauch zu machen, ist zulässig, wenn die drei Befreiungsvoraussetzungen des § 15 Abs. 1 S. 1 WpHG vorliegen.

aa) Schutz der berechtigten Interessen des Emittenten

Zunächst setzt der Aufschub der Ad-hoc-Publizität voraus, dass dieser zum Schutz der berechtigten Interessen des Emittenten erforderlich ist. Die Frage, welche Interessen als berechtigt anzusehen sind, beurteilt sich nach der neuen Regelung zu den Befreiungssachverhalten in § 15 Abs. 3 WpHG i.V.m. § 6 WpAIV. Nach § 6 S. 1 WpAIV ist als Regel immer dann von einem berechtigten Interesse des Emittenten auszugehen, wenn seine Interessen an der Geheimhaltung der Information die Interessen des Kapitalmarktes an einer vollständigen und zeitnahen Veröffentlichung überwiegen. In der Sache geht es nach wie vor um die Abwägung der widerstreitenden Interessen des Emittenten an der Nichtgefährdung seiner unternehmerischen Ziele und der des Kapitalmarktes an Information. Der Unterschied in dem Verständnis der berechtigten Interessen nach der neuen Regelung des § 15 Abs. 3 WpHG i.V.m. § 6 S. 1 WpAIV und der alten Regelung des § 15 Abs. 1 S. 5 WpHG liegt jedoch darin, dass aufgrund der zeitlichen Vorverlagerung der Veröffentlichungspflicht nach neuem Recht eine restriktive Auslegung im Hinblick auf den Aufschub der Veröffentlichung nicht mehr aufrechterhalten werden kann[968]. Gerade das reibungslose Funktionieren der organisierten Kapitalmärkte erfordert es, dass das unternehmerische Handeln der Emittenten faktisch nicht dadurch zum Erliegen gebracht wird, dass alle wichtigen und deshalb kursrelevanten Geschäftsentwicklungen im Vorfeld veröffentlicht werden müssen. Dem kann aber nur ein relativ weites Verständnis der berechtigten Interessen Rechnung tragen[969]. Daher ist der Anwendungsbereich der Befreiungsvorschrift in § 15 Abs. 3 WpHG seit dem Inkrafttreten des AnSVG erheblich weiter gefasst[970].

Der in § 6 S. 1 WpAIV enthaltene Grundsatz wird in § 6 S. 2 WpAIV durch zwei nicht abschließende Regelbeispiele, in denen berechtigte Interessen des Emittenten an einer Nichtveröffentlichung gegeben sein können, konkretisiert. Dazu zählt nach § 6 S. 2 Nr. 2 WpAIV der Fall mehrstufiger Entscheidungsprozesse. Danach ist ein Aufschub der Ad-hoc-Veröffentlichung gerechtfertigt, wenn die Wirksamkeit einer vom Leitungsorgan getroffenen Entscheidung noch von der

968 BaFin, S. 66 (IV.3.1).
969 Simon, Der Konzern 2005, 13, 19.
970 BaFin, S. 66 (IV.3.1); Simon, Der Konzern 2005, 13, 19.

Zustimmung eines anderen Organs des Emittenten abhängt und die Bekanntgabe der Information mit dem Hinweis, dass die Zustimmung noch nicht erteilt ist, die sachgerechte Bewertung der Information durch das Publikum gefährden würde. Aus dieser Formulierung sind zwei Schlussfolgerungen zu ziehen: Zum einen befreit nicht per se jede noch ausstehende Zustimmung eines anderen Organs von der unverzüglichen Veröffentlichungspflicht nach § 15 Abs. 1 S. 1 WpHG. Zum anderen beantwortet die Bestimmung nicht abschließend die Frage, unter welchen Voraussetzungen der Emittent wegen einer noch ausstehenden Zustimmung eines anderen Organs zum Aufschub der Veröffentlichung berechtigt sein soll[971]. Die BaFin hat allerdings im Hinblick auf die noch ausstehende und notwendige Zustimmung des Aufsichtsrates festgestellt, dass die Befreiung von der Publizitätspflicht „angesichts der dem Aufsichtsrat nach dem Aktienrecht zugewiesenen gesetzlichen Aufgaben zur Überwachung des Vorstands ... bei mehrstufigen Entscheidungsprozessen ... regelmäßig zulässig" sei[972]. Damit ist davon auszugehen, dass die unverzichtbare Zustimmung des Aufsichtsrates in der Regel einen Aufschub im berechtigen Interesse des Emittenten nach § 15 Abs. 3 S. 1 WpHG rechtfertigt.

bb) Keine Irreführung der Öffentlichkeit

Eine Befreiungsmöglichkeit i.S.v. § 15 Abs. 3 S. 1 WpHG setzt weiterhin voraus, dass die Öffentlichkeit durch den Aufschub der Ad-hoc-Mitteilung nicht irregeführt wird.

Wann eine Irreführung der Öffentlichkeit zu befürchten ist, wurde weder von dem europäischen noch von dem deutschen Gesetzgeber definiert. Bei der Auslegung dieses Tatbestandsmerkmals ist es hilfreich, sich die zwangsläufigen Folgen eines jeden Aufschubs der Veröffentlichung zu vergegenwärtigen. Zunächst führt jede Verzögerung im Hinblick auf die Veröffentlichung der Insiderinformation zu einem Informationsungleichgewicht. Denn im Gegensatz zu dem Emittenten hat der Kapitalmarkt keine Kenntnis von der erheblich preisrelevanten Information. Verfügt der Markt aber nicht über alle kursrelevanten Informationen, kann die fragliche Insiderinformation konsequenterweise auch nicht in den Preis der betroffenen Wertpapiere einbezogen werden. Folglich wird sich ein nicht alle Umstände berücksichtigender und damit „falscher" Kurs bilden. Jedoch ist zu beachten, dass das Informationsgefälle zwischen Emittenten und Kapitalmarkt gerade erklärtes Ziel der Aufschubregelung des § 15 Abs. 3 S. 1 WpHG ist. Daher kann auch die Bildung des „unzutreffenden" Kurses keine Irreführung des Marktes

971 Assmann in Assmann/Schneider, WpHG, § 15, Rn. 142, 143.
972 BaFin, S. 66 (IV.3.1).

darstellen. Andernfalls wäre bei einem Aufschub der Ad-hoc-Publizität immer eine Irreführung zu konstatieren, so dass die Befreiungsmöglichkeit nach § 15 Abs. 3 S. 1 leer laufen würde[973]. Aus diesen Ausführungen lassen sich Rückschlüsse im Hinblick auf die Anforderungen an das Verhalten des Emittenten ziehen, die dieser zu beachten hat, um eine Irreführung der Öffentlichkeit zu verhindern: Der Emittent darf während des Befreiungszeitraums aktiv keine Äußerungen treffen oder sonstige Signale setzen, die im Widerspruch zu der noch nicht veröffentlichten Insiderinformation stehen[974].

Die Aktiengesellschaft muss daher darauf achten, dass sie durch ihr Informationsverhalten während des Zeitraums des Aufschubs beim Anlegerpublikum nicht Vorstellungen hervorruft, die im Hinblick auf den Beschluss des Vorstands, ein Aktienrückkaufprogramm durchführen zu wollen, unzutreffend sind.

cc) Gewährleistung der Vertraulichkeit

Schließlich muss der Emittent für eine Selbstbefreiung gemäß § 15 Abs. 3 S. 1 WpHG die Vertraulichkeit der Information während des Aufschubs der Ad-hoc-Veröffentlichung gewährleisten. Neben dem Insiderregister, das immer zu führen ist (§ 15 b WpHG), bestimmt § 7 WpAIV in Übereinstimmung mit Art. 3 Abs. 2 der Durchführungsrichtlinie 2003/124/EG zur Marktmissbrauchsrichtlinie, dass der Emittent während der Befreiung nach § 15 Abs. 3 S. 1 WpHG den Zugang zur Insiderinformation kontrollieren muss. Dies erfordert, dass er zum einen wirksame Vorkehrungen dafür trifft, dass andere Personen als solche, deren Zugang zu Insiderinformationen für die Wahrnehmung ihrer Aufgaben beim Emittenten unerlässlich ist, keinen Zugang zu dieser Information erlangen (Nr. 1). Zum anderen hat der Emittent dafür Sorge zu tragen, dass er die Information unverzüglich bekannt geben kann, wenn er nicht länger in der Lage ist, ihre Vertraulichkeit zu gewährleisten (Nr. 2).

Welche organisatorischen Maßnahmen die Aktiengesellschaft treffen muss, um die Kontrolle des Zugangs zur Insiderinformation zu gewährleisten, lässt sich generalisierend nicht sagen. Als erste Orientierung kann die Regelung des § 33 WpHG herangezogen werden, wonach der Zugriff auf die betreffenden Daten mit der Einrichtung strikter Vertraulichkeitsbereiche (sog. „Chinese Walls") unterbunden werden kann[975].

---

973 BaFin, S. 67 (IV.3.2); Simon, Der Konzern 2005, 13, 20; Schneider, BB 2005, 897, 899; Assmann in Assmann/Schneider, WpHG, § 15, Rn. 159.

974 BaFin, S. 67 (IV.3.2); Assmann in Assmann/Schneider, WpHG, § 15, Rn. 160; Tollkühn ZIP 2004, 2215, 2218.

975 Kümpel/Veil, WpHG, S. 99, Rn. 27; Assmann in Assmann/Schneider, WpHG, § 15, Rn. 165.

4. *Neues Veröffentlichungsregime*

Sofern der Aktienrückkauf der Gesellschaft gemäß § 15 WpHG der Ad-hoc-Pulizität unterworfen ist, stellt sich die Frage, wie die Gesellschaft ihrer Pflicht zur Publikation nachkommen kann. § 15 WpHG enthält hierzu keine Regelungen, sondern verweist in seinem Abs. 4 auf die WpAIV, die durch Art. 2 des TUG wesentlich geändert worden ist. Den Kern des neuen Veröffentlichungsregimes bilden die Regelungen in §§ 3a, 3b und 3c WpAIV, welche die allgemeinen Vorschriften zur Art, Sprache und Mitteilung der Veröffentlichung beinhalten. Daneben finden sich in der WpAIV spezielle Regelungen für die jeweiligen Veröffentlichungspflichten, so beispielsweise für die Ad-hoc-Publizität in §§ 5, 5a WpAIV oder für die Veröffentlichung von Stimmrechtsverhältnissen in §§ 17 ff. WpAIV.

a) *Allgemeine Anforderungen*

Nach § 3a Abs. 1 S. 1 WpAIV sind Insiderinformationen gemäß § 15 WpHG solchen Medien zur Veröffentlichung zuzuleiten, bei denen davon ausgegangen werden kann, dass sie die Informationen in der gesamten EU und in den übrigen EWR-Mitgliedstaaten aktiv verbreiten. Von der Konzeption her ist der Emittent bei der Auswahl der Medien weitgehend frei, muss jedoch ein Bündel unterschiedlicher Medienarten nutzen, so dass die Nutzung einer Medienart allein nicht ausreicht[976]. Nach dem Willen des Gesetzgebers des TUG gehört zu einem solchen Medienbündel mindestens ein elektronisch betriebenes Informationsverbreitungssystem[977]. Daneben kommen für die Verbreitung News Provider, Nachrichtenagenturen, die wichtigsten nationalen und europäischen Printmedien sowie Internetseiten in Betracht[978]. Vor dem Hintergrund einer möglichst zeitgleichen Information der Anleger in der gesamten EU müssen zu den eingesetzten Medien grundsätzlich stets solche gehören, die die Information europaweit schnell und aktiv verbreiten können[979]. Demnach wird die elektronische Publizitätsform immer mehr an Bedeutung gewinnen, während der Einsatz von Printmedien, der zudem mit einem hohen finanziellen Aufwand verbunden ist, weiterhin zurückgehen wird[980]. Die Zahl der unterschiedlichen Medienarten und der eingesetzten Medien pro Medienart bestimmt sich nach den Besonderheiten des Einzelfalls, zu denen insbesondere die Aktionärsstruktur des Emittenten sowie Zahl und Ort

---

976 RegBegr. zum TUG, BT-Drucks. 16/2498, S. 49; Pirner/Lebherz, AG 2007, 19, 21 f.
977 RegBegr. zum TUG, BT-Drucks. 16/2498, S. 49.
978 RegBegr. zum TUG, BT-Drucks. 16/2498, S. 49.
979 RegBegr. zum TUG, BT-Drucks. 16/2498, S. 49.
980 Pirner/Lebherz, AG 2007, 19, 22 f.; Hutter/Kaulamo, NJW 2007, 550, 555.

seiner Börsenzulassungen gehören[981]. Grundsätzlich gilt, dass je höher der Streubesitz bei dem jeweiligen Emittenten ist, desto mehr Medienarten bedient werden müssen[982].

Im Rahmen des Erwerbs eigener Aktien stellt der Beschluss des Vorstands, von der Ermächtigung der Hauptversammlung zur Durchführung eines Rückkaufprogramms Gebrauch zu machen, eine nach § 15 Abs. 1 S. 1 WpHG publizitätspflichtige Insiderinformation dar. Der Veröffentlichungsprozess dieser Insiderinformation erfordert in einem ersten Schritt, dass die emittierende Gesellschaft ein angemessenes Medienbündel auswählt, das mindestens alle fünf in der Gesetzesbegründung genannten Medien und pro Medienart ein Medium enthält. Bei der Auswahl der Medienarten sowie der Medien pro Medienart muss die Gesellschaft darauf achten, dass mindestens ein Medium eine aktive europaweite Verbreitung ermöglichen kann. Ferner müssen die einzelnen Medien die Information zumindest auch in dem Land verbreiten können, in dem die Aktien der Gesellschaft börsennotiert sind[983]. In einem weiteren Schritt hat die emittierende Gesellschaft die zu veröffentlichende Insiderinformation den betreffenden Medien zuleiten. Dabei genügt es nicht, dass die Gesellschaft nach Maßgabe des § 3 Abs. 2 Nr. 1 WpAIV sicherstellt, dass die Medien die Insiderinformation auch tatsächlich empfangen haben. Vielmehr trifft die Gesellschaft gemäß § 5 S. 1 Nr. 1 WpAIV im Rahmen von Ad-hoc-Mitteilungen eine weitergehende Verantwortlichkeit: Sie muss gewährleisten, dass die Insiderinformation tatsächlich veröffentlicht wird. Die emittierende Gesellschaft kann auch einen Informationsdienstleister mit der Veröffentlichung der Insiderinformation beauftragen. Für einen solchen Fall stellt § 3a Abs. 4 WpAIV klar, dass der Dienstleister alle Anforderungen an die Veröffentlichung und deren Übersendung erfüllen muss und die Gesellschaft daneben weiterhin verantwortlich bleibt. Nach Abschluss des Veröffentlichungsprozesses muss die Gesellschaft der BaFin einen Nachweis in Form einer „Belegübersendung" oder eines „Screenshots" über den Inhalt und den Zeitpunkt der Veröffentlichung der Insiderinformation sowie der hierzu genutzten Medien zukommen lassen (§ 3c WpAIV)[984].

---

981 RegBegr. zum TUG, BT-Drucks. 16/2498, S. 49.

982 Pirner/Lebherz, AG 2007, 19, 24; Hutter/Kaulamo, NJW 2007, 550, 555.

983 BaFin, Hinweise zu den Mitteilungs- und Veröffentlichungspflichten gem. §§ 21 ff. WpHG, S. 8 (abrufbar unter: www.bafin.de); Pirner/Lebherz, AG 2007, 19, 24.

984 § 71 Abs. S. 3 AktG, wonach die Gesellschaft die BaFin unverzüglich von der Ermächtigung unterrichten muss, ist als Ergänzung zur Ad-hoc-Publizität nach § 15 WpHG zu begreifen. Der Zweck der aktienrechtlichen Norm liegt in der Erleichterung der Überwachungsmöglichkeiten der BaFin im Vorfeld von Ad-hoc-Mitteilungen, s. MüKo-Oechsler, § 71, Rn. 291; RegBegr. zum KonTraG, BT-Drucks. 13/9712, S. 14.

b) *Zusätzliche Anforderungen*

Satz 1 des § 5 WpAIV stellt klar, dass die emittierende Gesellschaft bei der Veröffentlichung von Insiderinformationen neben den §§ 3a, 3b, 3c WpAIV die weiteren Publizitätsanforderungen des § 5 WpAIV zu beachten hat. Der Grund für die strengere Veröffentlichungspflicht von Insiderinformationen besteht darin, dass die deutschen Vorschriften zur Ad-hoc-Publizität auf Art. 6 Abs. 1 und Abs. 3 Unterabs. 1 der Marktmissbrauchsrichtlinie basieren, der eine tatsächliche Bekanntgabe der Information an die Öffentlichkeit verlangt[985]. Die Bestimmungen der Marktmissbrauchsrichtlinie werden nicht durch die Transparenzrichtlinie verdrängt. Vielmehr bewirken die unterschiedlichen Zielrichtungen der Marktmissbrauchsrichtlinie – die Pflicht zur tatsächlichen Veröffentlichung der Information – und der Transparenzrichtlinie – die Pflicht zur Weiterleitung der Information an Medien –, dass die Vorgaben der beiden Richtlinien nebeneinander anwendbar sind[986]. Darüber hinaus ist zu beachten, dass die Nichtanwendbarkeit der strengeren Veröffentlichungsvorschriften dazu führen würde, dass im Insiderrecht ein Graubereich bestünde, in dem unklar bliebe, wann der Handel mit Insiderpapieren vom Recht gestattet ist[987].

Als weitere Publizitätsanforderung muss die Gesellschaft diese Insiderinformation gemäß § 5 S. 1 Nr. 1 WpAIV über ein elektronisch betriebenes Informationsverbreitungssystem tatsächlich veröffentlichen, welches bei professionellen Marktteilnehmern weit verbreitet ist. Bei diesem Medium handelt es sich zwar um ein solches, das Teil des verpflichtenden Medienbündels i.S.v. § 3a Abs. 1 WpAIV ist. Jedoch hat die emittierende Gesellschaft mit der Veröffentlichung gemäß § 5 S. 1 Nr. 1 WpAIV ihre Verpflichtung zur Weiterleitung an mehrere Medien zwecks einer europaweiten Verbreitung gemäß § 3a Abs. 1 WpAIV nicht erfüllt. Dies begründet sich zum einen damit, dass der Emittent nach Maßgabe des § 3a Abs. 1 WpAIV ein Bündel verschiedener Medienarten und innerhalb dieser grundsätzlich mehrere Medien nutzen muss. Zum anderen steht der Inlandsbezug des § 5 S. 1 Nr. 1 WpAIV einer europaweiten Verbreitung gemäß § 3a Abs. 1 WpAIV entgegen[988]. Nach der tatsächlichen Veröffentlichung der Insiderinformation über das elektronisch betriebene Informationsverbreitungssystem hat die Gesellschaft den Beschluss des Vorstands auf ihrer unternehmenseigenen Internetseite zu veröffentlichen (§ 5 S. 1 Nr. 2, S. 2 WpAIV). Schließlich hat die Gesellschaft der Geschäftsführung der organisierten Märkte i.S.v. § 15 Abs. 4

985 RegBegr. zum TUG, BT-Drucks. 16/2498, S. 51.
986 Pirner/Lebher, AG 2007, 19, 25; RegBegr. zum TUG, BT-Drucks. 16/2498, S. 26, 29, 50 f.
987 RegBegr. zum TUG, BT-Drucks. 16/2498, S. 51.
988 Pirner/Lebherz, AG 2007, 19, 26.

Nr. 1 und Nr. 2 WpHG einen Veröffentlichungsnachweis mit den Angaben des § 3c WpAIV zu senden (§ 5a WpAIV).

c) Übermittlung an das Unternehmensregister

Die emittierende Gesellschaft hat gemäß § 15 Abs. 1 S. 4 WpHG die Insiderinformation, d.h. den Beschluss des Vorstands, dem Betreiber des Unternehmensregisters zu übermitteln, und zwar im Wege der Datenfernübertragung in Datenformaten[989], die der Bundesanzeigerverlag als beliehener Träger des Unternehmensregisters vorgibt. Die Übermittlung kann auch mit Hilfe von Formularen im Internet erfolgen, die der Betreiber zur Verfügung stellt[990].

IV. Veröffentlichungspflicht des Emittenten gemäß § 26 WpHG

1. Pflicht zur Veröffentlichung und Übermittlung im Fall des Erwerbs eigener Aktien

§ 26 Abs. 1 S. 2 i.V.m. S. 1 Halbs. 2 WpHG sieht entsprechend den Vorgaben in Art. 14 der Transparenzrichtlinie in Bezug auf eigene Aktien eine Veröffentlichungspflicht und nach Veröffentlichung unverzüglich eine Übermittlungspflicht des Inlandsemittenten an das Unternehmensregister vor.

Hat eine Aktiengesellschaft, die Inlandsemittent i.S.d. § 2 Abs. 7 WpHG ist, selbst oder ein ihr nach den §§ 71a, 71d AktG zurechenbarer Dritter eigene Aktien erworben oder veräußert und dadurch die Schwelle von 5% oder 10% erreicht, überschritten oder unterschritten, so hat die Gesellschaft dies unverzüglich, d.h. spätestens innerhalb von vier Handelstagen nach Berührung der Schwellenwerte zu veröffentlichen. Im Vergleich zur bisherigen Regelung in § 25 Abs. 1 S. 3 WpHG a.F. wurde die Frist zur Veröffentlichung von bislang neun Kalendertagen auf vier Handelstage verkürzt. Handelstage sind gemäß § 30 Abs. 1 WpHG alle Kalendertage, die nicht Sonnabende, Sonntage oder zumindest in einem Land landeseinheitlich anerkannte Feiertage sind[991]. Sofern die Bundesrepublik Deutschland der Herkunftsstaat für die emittierende Gesellschaft gemäß § 2 Abs. 6 WpHG ist, ist zusätzlich auch der Schwellenwert von 3% für eigene Aktien zu beachten. Eine solche Sonderregelung war angesichts der in Art. 3 Abs. 2 der Transparenzrichtlinie enthaltenen Regelung erforderlich, woraus sich ergibt, dass eine zusätz-

989 § 4 der Verordnung über das Unternehmensregisterverordnung (Unternehmensregisterverordnung – URV) vom 26.02.2007, BGBl. I (2007), S. 217.

990 § 11 S. 3 URV.

991 Die BaFin stellt gem. § 30 Abs. 2 WpHG im Internet unter www.bafin.de einen Kalender der Handelstage mit informatorischer Bedeutung zur Verfügung.

liche Meldeschwelle von 3% nur eingeschränkt möglich ist. Diese Meldeschwelle wurde vom Gesetzgeber des TUG mit der Begründung eingeführt, dass sie die Transparenz der Beteiligungen weiter verbessern und ein unbemerktes Anschleichen an Emittenten erschweren werde[992]. Im Gegensatz zu der Vorgängerregelung in § 25 Abs. 1 S. 3 WpHG a.F. besteht eine Veröffentlichungspflicht der Gesellschaft auch dann, wenn einer der vorgenannten Schwellenwerte auf sonstige Weise, also insbesondere durch Einziehung eigener Aktien, berührt wird. Die Regelung verhindert nach der Begründung des Regierungsentwurfs die Verbreitung von Fehlinformationen. Gesellschaften, die beim Erwerb eigener Aktien eine Schwelle überschritten hatten, mussten beim Einzug dieser Aktien keine Schwellenunterschreitung veröffentlichen, da es sich bei dem Einzug nicht um eine Veräußerung handelte. Insofern blieb die fehlerhafte Information, der Emittent hielte diese Aktien noch, unrevidiert[993]. Unter Beachtung der Auffassung der BaFin, dass eine Einziehung eigener Aktien bereits nach geltendem Recht einer Veräußerung gleichzustellen ist, schafft die Neureglung zumindest Rechtssicherheit. Schließlich ist noch darauf hinzuweisen, dass durch das TUG die Pflicht des Emittenten zur Veröffentlichung der Gesamtzahl seiner Stimmrechte in § 26a WpHG neu eingeführt wurde. In Bezug auf eigene Aktien ist zu beachten, dass erworbene eigene Aktien entsprechend der bisherigen Praxis Teil der zu meldenden Gesamtzahl der Stimmrechte bleiben, obwohl die aus diesen Aktien resultierenden Stimmrechte nach § 71b AktG ruhen[994].

Die Aktiengesellschaft hat gemäß § 26 Abs. 2 WpHG gleichzeitig, d.h. im unmittelbaren Anschluss an die Veröffentlichung, diese der BaFin mitzuteilen. Nach Veröffentlichung der Erklärung nach § 26 Abs. 1 S. 2 WpHG hat die Gesellschaft die Erklärung unverzüglich an das Unternehmensregister zu übermitteln (§ 26 Abs. 1 S. 2 i.V.m. S. 1 Halbs. 2 WpHG).

2. *Art und Weise der Veröffentlichung*

Die Art und die Sprache der Veröffentlichung gemäß § 26 Abs. 1 S. 2 WpHG richtet sich nach den allgemeinen Vorschriften der §§ 3a, 3b i.V.m. § 20 WpHG. Der Inhalt der Veröffentlichung bestimmt sich nach der speziellen Regelung des § 19 WpAIV, wonach die Veröffentlichung die Angaben der Mitteilungen enthalten muss. Die emittierende Gesellschaft ist hierbei mit Firma, Sitz und Staat, in dem sich der Sitz befindet, anzugeben. Die Nachweispflicht der Gesellschaft gegenüber der BaFin gemäß § 26 Abs. 2 WpHG wird durch den in § 21 WpAIV enthaltenen Verweis auf die Vorgaben des § 3c WpAIV näher konkretisiert.

---

992 RegBegr. zum TUG, BT-Drucks. 16/2498, S. 28.
993 RegBegr. zum TUG, BT-Drucks. 16/2498, S. 38.
994 Schlitt/Schäfer, AG 2007, 227, 235.

V. Zwischenergebnis

1. Die Neufassung des WpHG im Hinblick auf die Ad-hoc-Publizität hat eine erhebliche Ausweitung der meldepflichtigen Tatsachen mit sich gebracht. Die Insiderinformation i.S.v. § 13 Abs. 1 WpHG ist der gemeinsame Ausgangspunkt sowohl für die insiderrechtlichen Verbotsnormen des § 14 Abs. 1 Nr. 1-3 WpHG als auch für die Ad-hoc-Publizität des § 15 Abs. 1 S. 1 WpHG. Hierdurch kommt es zu einer zeitlichen Vorverlagerung der Veröffentlichungspflicht, so dass die Ad-hoc-Publizität nunmehr viel früher eingreifen kann als dies nach altem Recht der Fall war.
2. Der Kreis der Informationen, die der Ad-hoc-Publizität unterliegen, ist durch die Einführung des die Publizitätspflicht des Emittenten eingrenzenden Unmittelbarkeitskriteriums stark ausgeweitet worden. Der Veröffentlichungspflicht nach § 15 Abs. 1 S. 1 WpHG unterfallen sowohl unternehmensinterne Umstände, also solche, die im Tätigkeitsbereich des Emittenten eingetreten sind, als auch unternehmensexterne Umstände, also solche, die von Außen auf den Emittenten zukommen, soweit in beiden Fällen ein unmittelbarer Emittentenbezug besteht. Nicht publizitätspflichtig sind folglich nur Insiderinformationen, die sich lediglich mittelbar auf den Emittenten auswirken.
3. Als Korrektiv für die zeitliche Vorverlagerung der Ad-hoc-Publizitätspflicht des § 15 Abs. 1 S. 1 WpHG ist der Aufschub von der Veröffentlichung nach Maßgabe des § 15 Abs. 3 WpHG anzusehen. Danach muss der Emittent für jeden Fall eigenverantwortlich prüfen, ob eine veröffentlichungspflichtige Insiderinformation vorliegt, dennoch aber ein Suspendierungsinteresse gegeben ist, die Öffentlichkeit nicht irregeführt wird und die erforderliche Vertraulichkeit gewährleistet ist. Falls der Emittent unzutreffend von einem Aufschub ausgeht, drohen im Schadensersatzansprüche (§ 15 Abs. 6 WpHG) oder die Auferlegung eines Bußgeldes (§ 39 Abs. 2 Nr. 5 lit. a WpHG).
4. Solange keine anderslautende Entscheidung des BGH vorliegt, sollte in Übereinstimmung mit der bisherigen Praxis der BaFin davon ausgegangen werden, dass die Befreiungswirkung aus § 15 Abs. 3 S. 1 WpHG nicht kraft Gesetzes eintritt, sondern eine Entscheidung des Emittenten voraussetzt, sich von der Veröffentlichungswirkung zu befreien.
5. Bei dem Beschluss des Vorstands, von der Ermächtigung der Hauptversammlung zur Durchführung eines Rückkaufprogramms Gebrauch zu machen, handelt es sich um eine nach § 15 Abs. 1 S. 1 WpHG publizitätspflichtige Insiderinformation.
6. Der Vorstandsbeschluss stellt eine Insiderinformation i. S. des § 13 Abs. 1 S. 1, 3 WpHG dar. Er gehört als Maßnahme der Geschäftsführung zu den klassischen Vorgängen, die im Tätigkeitsbereich des Emittenten eingetreten sind, so dass der nach § 15 Abs. 1 S. 2 WpHG erforderliche unmittelbare Emittentenbezug gegeben ist.

7. Verlangt der Ermächtigungsbeschluss für den Erwerb eigener Aktien durch den Vorstand die Zustimmung des Aufsichtsrats, so kommt eine Publizitätspflicht des Emittenten im Unterschied zur alten Rechtslage nicht erst nach dem Beschluss des Aufsichtsrats, sondern bereits nach dem Beschluss des Vorstands in Frage. Denn nach neuer Rechtslage kann jede einzelne Stufe eines mehrstufigen Entscheidungsprozesses Gegenstand einer vom Emittenten ad hoc zu veröffentlichenden Insiderinformation sein.
8. Die noch ausstehende Zustimmung des Aufsichtsrats zu dem Beschluss des Vorstands, von der Ermächtigung der Hauptversammlung zur Durchführung eines Rückkaufprogramms Gebrauch zu machen, führt grundsätzlich zur Bejahung des berechtigten Interesses der Aktiengesellschaft an einer vorübergehenden Nichtveröffentlichung. Die Gesellschaft muss während des Aufschubzeitraums darauf achten, keine Signale zu setzen, die zu der noch nicht veröffentlichten Insiderinformation in Widerspruch stehen könnten. Zudem muss die Gesellschaft die Vertraulichkeit der Information dadurch gewährleisten, dass sie den Zugang zur Insiderinformation kontrollieren kann.
9. Hat die Gesellschaft selbst oder ein Strohmann eigene Aktien erworben oder veräußert und dabei die Schwelle von 5% oder 10% berührt, muss die Gesellschaft dies innerhalb von vier Handelstagen nach Berührung der Schwellenwerte veröffentlichen. Dies gilt für alle Gesellschaften, die Inlandsemittenten i.S.d. § 2 Abs. 7 WpHG sind. Emittenten, für die Deutschland nach § 2 Abs. 6 WpHG der Herkunftsstaat ist, haben zusätzlich den Schwellenwert von 3% für eigene Aktien zu beachten.
10. Die durch das TUG eingeführten Neuregelungen zur anlassbezogenen Publizität sind einerseits zu begrüßen, da sie dazu beitragen, die mit der Transparenzrichtlinie angestrebte Herstellung eines einheitlichen Informationsniveaus in Europa zu erreichen. Andererseits ist jedoch nicht zu verkennen, dass die Art und Weise der Öffentlichkeitsherstellung mit einem nicht unerheblichen bürokratischen, organisatorischen und finanziellen Mehraufwand verbunden ist.
11. Bei der Ad-hoc-Publizität von Insiderinformationen sind nicht weniger als sechs Adressaten zu bedienen: das Medienbündel des § 3a WpAIV, das elektronische Informationsverbreitungssystem des § 5 S. 1 Nr. 1 WpAIV, die Internetseite der emittierenden Gesellschaft gemäß § 5 S. 1 Nr. 2 WpAIV, die Mitteilung an die Börse gemäß § 15 Abs. 4 Nr. 1 und 2 WpHG i.V.m. § 5a WpAIV, die Mitteilung an die BaFin gemäß § 15 Abs. 4 Nr. 3 WpHG und die Übermittlung an das Unternehmensregister gemäß § 15 Abs. 1 S. 1 Halbs. 2 WpHG.
12. Die emittierende Gesellschaft muss bereits vor Eintritt der Veröffentlichungspflicht klären, welche Medienarten und welches Medium pro Medienart an welchen Orten sie zu bedienen hat, um eine europaweite Verbreitung ihrer Informationen sicherzustellen. Die Einschaltung eines Informationsdienstleisters dürfte sich damit für die Gesellschaft als ratsam erweisen.

13. In der Literatur wird nach dem Vorbild des US-amerikanischen Systems EDGAR[995] vorgeschlagen, das Publizitätsregime insofern zu vereinfachen, als Unternehmen ihre Daten nur einmal angeben sollen. Anschließend sei es die Aufgabe der vernetzten Administrationen, für deren vielfache Verwendung zu sorgen. Alle Meldungen gehen zu einer Internetseite, die gleichzeitig als Speichersystem diene, und dem globalen Publikum offen stehe[996].
14. Die Effizienz eines einheitlichen Informationsmarktes wirkt sich auf die Effizienz eines europäischen Kapitalmarktes aus. Aus diesem Grunde sind auch gewisse organisatorische und finanzielle Einbußen von kapitalmarktorientierten Unternehmen gerechtfertigt. Zudem erleichtern zahlreiche im Internet zugängliche Hinweise, ausgewählte Fragen und Muster zu Mitteilungs- und Veröffentlichungspflichten seitens der BaFin den Unternehmen die Erfüllung ihrer Pflichten.

995 Electronic Data Gathering Analysis and Retrieval System, mehr Informationen unter: www.sec.gov/edgar.shtml.
996 Noack, WM 2007, 377, 381.

Schlussbetrachtung

Entschließt sich die Aktiengesellschaft, eigene Aktien zurück zu kaufen, so können die mit dem Eigenerwerb diskutierten Risiken für die Gesellschaftsgläubiger, für die Aktionäre sowie für die Gesellschaft nahezu abschließend mit den Schlagworten „Kapitalerhaltung“, „Kapitalbindung“, „Gleichbehandlung der Aktionäre“ und „Verselbständigung der Unternehmensverwaltungen“ beschrieben werden[997]. Daher bestand das Ziel der Kapitalschutzrichtlinie darin, im Bereich des Erwerbs eigener Aktien ein Mindestmaß an Gleichwertigkeit beim Schutz der Anteilseigner und Gläubiger zu gewährleisten. Die in Übereinstimmung mit der Kapitalschutzrichtlinie ergangenen gesellschaftsrechtlichen Regelungen tragen dem Schutz der Gläubiger hinreichend Rechnung. § 71 Abs. 2 S. 2 AktG i.V.m. § 272 HGB bewirkt, dass unter dem Gesichtspunkt der Kapitalerhaltung keine Bedenken gegen einen Aktienrückkauf bestehen. Denn die Kapitalgrenze des § 71 Abs. 2 S. 2 AktG stellt zum einen sicher, dass das Nettoaktivvermögen der Gesellschaft den Betrag des gezeichneten Kapitals zuzüglich der gebundenen Rücklagen nicht unterschreitet. Zum anderen wird durch die gemäß § 272 Abs. 4 HGB vorgeschriebene Pflicht zur Rücklagenbildung auf der Passivseite der Bilanz erreicht, dass der auf der Aktivseite der Bilanz eingestellte Betrag für die eigenen Aktien neutralisiert wird. Der Grundsatz der Kapitalaufbringung wird durch § 71 Abs. 2 S. 3 AktG insofern sichergestellt, als die Vorschrift einen Eigenerwerb nur unter der Voraussetzung erlaubt, dass auf die Aktien der Ausgabebetrag voll geleistet ist. Im Hinblick auf den Schutz der Aktionäre verlangt das aktienrechtliche Gleichbehandlungsgebot des § 53a AktG, auf das § 71 Abs. 1 Nr. 8 S. 3 AktG ausdrücklich verweist, dass alle Aktionäre grundsätzlich die gleichen Möglichkeiten haben müssen, Aktien zu gleichen Bedingungen an die Gesellschaft zu veräußern und von der Gesellschaft zu erwerben. Schließlich wird die Gefahr einer Aushöhlung der Kompetenzordnung innerhalb der Aktiengesellschaft durch die Regelung in § 71b AktG eingedämmt.

Der Erwerb eigener Aktien durch die Gesellschaft kann sich jedoch auch unter kapitalmarktrechtlichen Gesichtspunkten als nachteilig erweisen. Das Kapitalmarktrecht befasst sich mit den Funktionsbedingungen und Regulativen des Marktes, auf dem mitgliedschaftliche oder obligatorische Kapitalanlagen angeboten werden[998].

997 Wastl, DB 1997, 461, 462.

998 Karsten Schmidt, Gesellschaftsrecht, § 1 II 3 a, S. 14.

Vorrangige Regelungsziele kapitalmarktrechtlicher Regelungen sind die rechtliche Sicherung der Funktionsfähigkeit des Kapitalmarktes und des hierfür notwendigen Anlegerschutzes[999]. Setzt die Aktiengesellschaft den Erwerb eigener Aktien als Instrument zur Finanzierung der Unternehmung ein, so weist er deutliche Bezüge sowohl zur Marktmanipulation als auch zur Problematik der Insidergeschäfte auf. Im Mittelpunkt der Diskussion steht die manipulative Einflussnahme auf den Börsenkurs durch gezielte An- und Verkäufe eigener Aktien sowie die Verwertung von spezifischen Kenntnissen im Rahmen des Aktienrückkaufs zum Nachteil der anderen Marktteilnehmer.

Demnach kann der Aktienrückerwerb in Abhängigkeit davon, welchen Zweck die Gesellschaft mit Eigenerwerb verfolgt, Risiken für die Gesellschaftsgläubiger, die Aktionäre und den Kapitalmarkt bergen. Im Hinblick auf den einzelnen Aktionär bedeutet dies, dass er sowohl in seiner Eigenschaft als Verbandsmitglied als auch in seiner Eigenschaft als Anleger betroffen ist[1000]. Erwirbt die Aktiengesellschaft eigene Aktien, um Einfluss auf die Zusammensetzung des Aktionärskreises zu nehmen, so muss der Aktionär in seiner Rolle als Verbandsmitglied geschützt werden. Es muss sichergestellt werden, dass eine Verschiebung der Machtverhältnisse innerhalb der Aktiengesellschaft eingedämmt werden kann und die Verwaltungsträger einer ausreichenden Kontrolle unterliegen. Diese Aufgabe erfüllen die aktienrechtlichen Vorschriften der §§ 71 ff. AktG, indem sie Vertrauen in die Rechtsform der Aktiengesellschaft schaffen und auf den individuellen Schutz der Aktionäre abzielen. Setzt hingegen die Gesellschaft den Erwerb eigener Aktien zur Verwirklichung des Wertsteigerungsmanagements im finanziellen Bereich ein, so ist der Aktionär in erster Linie als Finanzier des Unternehmens betroffen. Als ein solcher wird er sein Investment in Aktien nur dann steigern, wenn sein Vertrauen in die Ordnungsmäßigkeit der Preisbildung auf dem Markt durch den Ausgleich und Abbau von Informationsasymmetrien aufgebaut und gestärkt wird. Somit verfolgt der kapitalmarktrechtliche Anlegerschutz vorrangig das Ziel, die Funktionsfähigkeit des Kapitalmarktes zu gewährleisten. Hingegen stellt der Schutz des individuellen Investors ein nachrangiges Ziel dar.

Inwieweit gesellschaftsrechtlichen Vorschriften, die die Interessen der Aktionäre und der Gläubiger schützen, auch die Funktion zugeschrieben werden kann, die

---

999 Kümpel, Kapitalmarktrecht, Rn. 29, S.30.

1000 Mülbert hat zahlreiche aktienrechtliche Regelungen unter kapitalmarktrechtlichen Funktionsbezügen gedeutet und damit die hybride Stellung des Aktionärs als Mitgesellschafter und Kapitalgeber nachgewiesen, s. Mülbert, Aktiengesellschaft, Unternehmensgruppe und Kapitalmarkt, S. 89, 100 ff., 259 ff., 518; hierzu auch Wiedemann, Gesellschaftsrecht I, § 9 III 1 S. 495 ff.

Funktionsfähigkeit des Kapitalmarktes zu fördern, ist in der Literatur umstritten[1001]. Im Kern geht es um die Frage, ob die Mechanismen des Aktionärsschutzes im Verbandsrecht auch zugleich einen wirksamen Funktions- und Anlegerschutz vermitteln. Dieses Problem knüpft an die im Schrifttum geführte Diskussion im Hinblick auf das Verhältnis des Gesellschaftsrechts zu dem Kapitalmarktrecht an[1002]. In Bezug auf den Erwerb eigener Aktien ist zu verzeichnen, dass sich der Gesetzgeber des KonTraG der Risiken, die Erwerb und Veräußerung eigener Aktien für den Kapitalmarkt darstellen, bewusst war. Er ließ die für den Kapitalmarkt bestehenden Gefahren nicht zum Gegenstand spezifisch kapitalmarktrechtlicher Regulierung werden, sondern bediente sich insoweit der Hilfe von aktienrechtlichen Erwerbs- und Veräußerungsbeschränkungen. Folglich ist davon auszugehen, dass der Gesetzgeber des KonTraG der Auffassung war, dass die aktienrechtlichen Vorschriften der §§ 71 ff. AktG neben dem Schutz der Gläubiger und Aktionäre zugleich einen wirksamen Funktions- und Anlegerschutz vermitteln können. So stellen sowohl die Erwerbsgrenze in § 71 Abs. 1 Nr. 8 S. 1 AktG als auch das Handelsverbot in § 71 Abs. 1 Nr. 8 S. 2 AktG gesellschaftsrechtliche Beschränkungen des Erwerbs eigener Aktien dar, mit deren Hilfe die aus dem Eigenerwerb resultierenden Gefahren der Verfälschung von Aktienkursen sowie der Vornahme von Insidergeschäften verhindert werden sollten, um damit einer Erschütterung des Vertrauens der Kapitalanleger in die Funktionsfähigkeit des Kapitalmarktes entgegenzuwirken. Folglich musste aktienrechtlichen Vorschriften, denen herkömmlicher Weise die Aufgabe zukommt, die Interessen der Gläubiger und der Aktionäre zu schützen, die Funktion zugeschrieben werden, zugleich Beeinträchtigungen des Kapitalmarktes und Schädigungen der Anleger durch marktmissbräuchliche Praktiken, sei es in Form von Marktmanipulation oder von Insidergeschäften, vorzubeugen.

Welche gravierenden Auswirkungen diese Vorgehensweise des Gesetzgebers auf die Auslegung von aktienrechtlichen Vorschriften hat, zeigt in aller Deutlichkeit das in § 71 Abs. 1 Nr. 8 S. 2 AktG normierte Verbot des Handels in eigenen Aktien. Bis zum heutigen Tage herrscht darüber Streit, wann eine Gesellschaft „Handel in eigenen Aktien“ betreibt. Die Begründung zum Regierungsentwurf

---

1001 Siehe nur die Vielzahl der Nachweise bei Möllers, ZGR 1997, 334 ff.

1002 Im Schrifttum finden sich hierzu drei Lösungsansätze: Die traditionell verbandsrechtliche Sichtweise stellt als rechtsformübergreifende Institution die Mitgliedschaft in den Vordergrund. Die gegenteilige Ansicht entwickelt das Aktien- und Börsenrecht zum Kapitalmarktrecht fort mit der Folge, dass das Gesellschaftsrecht das Kapitalmarktrecht im Ergebnis nur ergänzt. Schließlich spricht eine dritte Auffassung dem Gesellschaftsrecht Funktionsschutz für den Kapitalmarkt zu, so dass Gesellschafts- und Kapitalmarktrecht miteinander verzahnt werden können; s. Möllers, ZGR 1997, 334 ff.

vermag die Problematik nicht zu entwirren, sondern trägt vielmehr durch die Verwendung von Anglizismen zur Verwirrung bei. Nach der hier vertretenen Auffassung liegt ein Handel in eigenen Aktien i. S. des § 71 Abs. 1 Nr. 8 S. 2 AktG dann vor, wenn der Vorstand zum einen eigene Aktien nur zu dem Zweck erwirbt, durch den fortlaufenden An- und Verkauf eigener Aktien Kursgewinne zu erzielen, und zum anderen über einen länger andauernden Zeitraum in den Preisbildungsmechanismus des Marktes durch Erwerb und Veräußerung eigener Aktien derart eingreift, dass sich der Aktienkurs nicht mehr als das Ergebnis der Marktentscheidungen der anderen Anbieter und Nachfrager darstellt. Mithin hat das aktienrechtliche Handelsverbot zwei Schutzrichtungen: Das Spekulationsverbot dient der Kapitalerhaltung und damit dem Gläubigerschutz, während der Verbotstatbestand der kontinuierlichen Kurspflege das reibungslose Funktionieren der Kapitalmärkte sicherstellen soll.

Erst die Marktmissbrauchsrichtlinie und die hierzu auf der Grundlage von Art. 1 Nr. 7 S. 2, 17 Abs. 2 M-RL ergangenen Durchführungsakte haben Vorgaben normiert, die darauf angelegt sind, sich mit kapitalmarktrechtlichen Beziehungen zu befassen und spezielle Vorgaben für die Verhinderung von Marktmissbrauch festzulegen, um das Vertrauen der Anleger in die europäischen Kapitalmärkte zu stärken. In Zukunft muss jedes Aktienrückkaufprogramm in Umsetzung der europäischen Vorschriften an § 20a Abs. 1 WpHG und § 14 Abs. 1 WpHG gemessen werden und kann nur unter den Voraussetzungen von § 20a Abs. 2 oder 3 sowie § 14 Abs. 2 WpHG jeweils i.V.m. der Verordnung (EG) Nr. 2273/2003 vom Verbot der Marktmanipulation und des Insiderhandels freigestellt werden. Mithin haben die Vorschriften des WpHG eine umfassende Regelung geschaffen, die die kapitalmarktrechtliche Problematik des Marktmissbrauchs zum Gegenstand hat und gesellschaftsrechtliche Bestimmungen mit gleichem Sachanliegen überlagern. Demzufolge erübrigt sich zukünftig eine Beschränkung der Kurspflege über § 71 Abs. 1 Nr. 8 S. 2 AktG. Das Verbot des Handels in eigenen Aktien gemäß § 71 Abs. 1 Nr. 8 S. 2 AktG hat damit nur in Form des Spekulationsverbotes weiterhin Bestand.

Darüber hinaus hat sich der europäische Gesetzgeber mit Erlass der Kapitaländerungsrichtlinie für eine weitgehende Deregulierung im Bereich des Rechts der eigenen Aktien ausgesprochen. Sowohl die Verlängerung der in Art. 19 Abs. 1 lit. a Kap-RL geregelten Geltungsdauer der Ermächtigung der Hauptversammlung zum Aktienrückkauf von 18 Monaten auf fünf Jahre als auch die Aufhebung der 10%-Volumengrenze des Art. 19 Abs. 1 lit. b Kap-RL tragen zu einer erheblichen Erleichterung im gesellschaftsrechtlichen Bereich bei. Dabei ist hervorzuheben, dass die Kapitaländerungsrichtlinie in ihrem Eingangssatz ausdrücklich klarstellt, dass die Mitgliedstaaten den Erwerb eigener Aktien nur „... unbeschadet der Richtlinie 2003/6/EG des Europäischen Parlaments und des Rates vom 28. Januar 2003 über Insider-Geschäfte und Marktmanipulationen (Marktmissbrauch) ...“, gestatten können. Der europäische Gesetzgeber hat also eine gesellschaftsrechtliche Deregulierung im Bereich des Erwerbs eigener Aktien nicht ohne Hinweis auf die Geltung der Marktmissbrauchsrichtlinie für Aktienrückkäufe vorgenommen.

Das Zusammenspiel von Kapitalmarktrecht und Gesellschaftsrecht im Bereich des Erwerbs eigener Aktien durch die Gesellschaft lässt sich anhand des Erlasses der Marktmissbrauchsrichtlinie und des der Kapitaländerungsrichtlinie aufzeigen. Für den Bereich des Erwerbs eigener Aktien durch die Gesellschaft wird deutlich, dass das Gesellschaftsrecht nicht ohne Blick auf das Kapitalmarktrecht reguliert werden kann. Will der europäische Gesetzgeber angesichts des verstärkten internationalen Wettbewerbs und des Einflusses neuer Technologien auf das Gesellschaftsrecht eine gesellschaftsrechtliche Deregulierung vorantreiben, so muss er gleichzeitig eine kapitalmarktrechtliche Regulierung sicherstellen. Die durch die Kapitaländerungsrichtlinie geschaffenen Erleichterungen in Bezug auf eigene Aktien sind zu begrüßen. Die Verlängerung der Geltungsdauer der Erwerbsermächtigung von 18 Monaten auf fünf Jahre eröffnet dem Vorstand insbesondere die Möglichkeit, ein auf Dauer angelegtes Rückkaufprogramm zu planen und es unter Berücksichtigung der Kursentwicklung entsprechend den unternehmerischen Bedürfnissen der Aktiengesellschaft zum relativ günstigsten Zeitpunkt vornehmen zu können. Die Bestandsgrenze des § 71 Abs. 2 S. 1 AktG ist als redundant anzusehen, da sich die Kapitalgrenze des § 71 Abs. 2 S. 2 AktG als eine Regelung bewährt, die weitaus besser geeignet ist, einen effektiven Schutz der Gläubiger zu gewährleisten. Die Marktmissbrauchsrichtlinie und die hierzu ergangenen Durchführungsakte haben kapitalmarktrechtliche Regelungen geschaffen, die durch eine dichte und komplexe Regulierung gekennzeichnet sind. So erfordert die Bewertung des Erwerbs eigener Aktien unter kapitalmarktrechtlichen Gesichtspunkten eine genaue Überprüfung anhand einer Vielzahl von in Betracht kommenden Normen, namentlich der Verordnung (EG) Nr. 2273/2003, der in den §§ 14, 20a WpHG geregelten Verbote der Insidergeschäfte und der Marktmanipulation sowie der auf Grundlage des § 20a Abs. 5 WpHG erlassenen MaKonV. Da die Ausnahmeverordnung einen Safe Harbour nur für begrenzte Fälle des Erwerbs eigener Aktien darstellt, muss der Rechtsanwender eine umfangreiche und komplexe Prüfung vornehmen, um beurteilen zu können, ob das betreffende Aktienrückkaufprogramm als Marktmissbrauch zu werten ist. Die Prüfung ist deshalb aufwendig, weil ein außerhalb des Safe Harbour durchgeführter Aktienrückkauf nach Maßgabe *aller* Tatbestandshandlungen sowohl des Verbotes der Insidergeschäfte in § 14 WpHG als auch des Verbotes der Marktmanipulation in § 20a WpHG zu beurteilen ist. Insbesondere das Verbot der Marktmanipulation enthält eine Vielzahl an unbestimmten Rechtsbegriffen, die mit Hilfe der MaKonV konkretisiert werden, die ihrerseits mit einer Reihe von Legaldefinitionen, (zwingenden) Beispielen, Regelbeispielen und Anzeichen arbeitet. Jedoch darf nicht außer Acht gelassen werden, dass es eine solche Regelungstechnik ermöglicht, auf die sich ständig wandelnden Entwicklungen auf den Kapitalmärkten zu reagieren und neue Handlungsmuster, die den Tatbestand der Insidergeschäfte oder der Marktmanipulation in der Praxis erfüllen, zu verbieten. Auch sind ausdifferenzierte kapitalmarktrechtliche Regeln für den Erwerb eigener Aktien, vor allem die technischen Einzelbestimmungen der Verordnung (EG) Nr. 2273/2003 erforderlich, um den Gefahren von Geschäften in eigenen Aktien für den Kapitalmarkt begegnen zu können. Denn allgemeine oder abstrakte Grundsätze können einen ausreichenden Schutz der Funktionsfähigkeit des Kapitalmarktes im Allgemeinen und der Anleger im Besonderen nicht sicherstellen. So hat das in § 71 Abs. 1 Nr. 8 S. 2 AktG kodifizierte allgemeine Verbot des Handels in eigenen Aktien eher zu Auslegungsfragen geführt, als der Gefahr missbräuchlicher Kursbeeinflussung tatsächlich zu begegnen.

Das Recht des Erwerbs eigener Aktien durch die Gesellschaft zeigt in einer besonderen Weise auf, dass das Gesellschaftsrecht in einer Wechselwirkung mit dem Kapitalmarktrecht steht. Beide Rechtsordnungen müssen sich ergänzen, um einen möglichst optimalen Schutz für Aktionäre, für Gläubiger und für die Funktionsfähigkeit des Kapitalmarktes zu gewährleisten. Dies ist schon deshalb erforderlich, weil kapitalmarktbedingte Konflikte am effektivsten von detaillierten, speziell auf die kapitalmarktrechtliche Problematik der Marktmanipulation und der Insidergeschäfte zugeschnittenen Regelungen erfasst werden können. Werden hingegen Aktionäre durch den Erwerb oder die Wiederveräußerung eigener Aktien ungleichmäßig behandelt, besteht die Gefahr einer der Organisationsverfassung der Aktiengesellschaft widersprechenden Verschiebung des Kräftegleichgewichts zwischen Vorstand und Hauptversammlung oder werden die Interessen der Gläubiger unter dem Aspekt der Kapitalaufbringung und -erhaltung betroffen, so ist das Gesellschaftsrecht am besten geeignet, diese verbandsorientierten Konflikte zu lösen. Daher sollte der deutsche Gesetzgeber umso stärker dazu übergehen, das gesellschaftsrechtliche und kapitalmarktrechtliche Recht mit seiner jeweils spezifischen Aufgabenstellung fortzuentwickeln und aufeinander abzustimmen.

Literaturverzeichnis

Aerssen, Rick van	Erwerb eigener Aktien und Wertpapierhandelsgesetz: Neues von der Schnittstelle Gesellschaftsrecht/Kapitalmarktrecht – Zugleich Anmerkungen zum Schreiben „Erwerb eigener Aktien nach § 71 Abs. 1 Satz 1 Nr. 8 AktG" des Bundesaufsichtsamts für den Wertpapierhandel vom 28. Juni 1999 –, WM 2000, 391
Aha, Christof	Verbot des Erwerbs eigener Aktien nach den §§ 71 ff. AktG und eigener Genußscheine nach § 10 Abs. 5 S. 5 KWG, AG 1992, 218
Akerlof, George A.	The Market for "Lemons": Quality Uncertainty and the Market Mechanism, Quarterly Journal of Economics 84 (1970), 488
Allen, Franklin und Gale, Douglas	Stock-Price Manipulation, The Review of Financial Studies 5 (1992), 503
Altenhain, Karsten	Die Neuregelung der Marktpreismanipulation durch das Vierte Finanzmarktförderungsgesetz, BB 2002, 1874
Arbeitskreis „Finanzierung" der Schmalenbach-Gesellschaft, Deutsche Gesellschaft für Betriebswirtschaft e.V.	Wertorientierte Unternehmenssteuerung mit differenzierten Kapitalkosten, zfbf 48 (1996), 543
Assmann, Heinz-Dieter	Unternehmenszusammenschlüsse und Kapitalmarktrecht, ZHR 172 (2008) 635

Assmann, Heinz-Dieter	Das künftige deutsche Insiderrecht (I), AG 1994, 196
Assmann, Heinz-Dieter und Schneider, Uwe H.	Wertpapierhandelsgesetz, Kommentar, 5. Auflage, Köln 2009 (zit.: *Bearbeiter* in Assmann/Schneider, WpHG)
Assmann, Heinz-Dieter und Schütze, Rolf A.	Handbuch des Kapitalanlagerechts, 3. Auflage, München 2007 (zit.: *Bearbeiter* in Assmann/Schütze)
Assmann, Heinz-Dieter; Pötzsch, Thorsten und Schneider, Uwe H.	Wertpapiererwerbs- und Übernahmegesetz, Kommentar, Köln 2005 (zit.: *Bearbeiter* in Assmann/Pötzsch/Schneider)
Bachmann, Gregor	Kapitalmarktrechtliche Probleme bei der Zusammenführung von Unternehmen, ZHR 172 (2008) 597
Baldamus, Ernst-August	Reform der Kapitalrichtlinie, Dissertation, Köln, Berlin, Bonn, München 2002 (zit.: Baldamus)
Ballerstedt, Kurt	Das Mitbestimmungsgesetz zwischen Gesellschafts-, Arbeits- und Unternehmensrecht, ZGR 1977, 133
Ballwieser, Wolfgang	Adolf Moxter und der Shareholder Value-Ansatz, in: Festschrift für Adolf Moxter, Düsseldorf 1994, S. 1378
Baum, Harald	Rückerwerbsangebote für eigene Aktien: übernahmerechtlicher Handlungsbedarf?, ZHR 167 (2003), 580
Baumbach, Adolf; Hopt, Klaus J. und Merkt, Hanno	Beck'sche Kurz-Kommentare zum Handelsgesetzbuch mit GmbH & Co., Handelsklauseln, Bank- und Börsenrecht, Transportrecht (ohne Seerecht), 32. Auflage, München 2005 (zit.: HGB-*Bearbeiter*)

Baums, Theodor und Stöcker, Mathias	Rückerwerb eigener Aktien und WpÜG, in: Festschrift für Herbert Wiedemann, 2002, S. 703
Bayer, Walter	Vorsorge- und präventive Abwehrmaßnahmen gegen feindliche Übernahmen, ZGR 2002, 588
BDI, BDA, DIHK und GDV	Gemeinsame Stellungnahme zum Regierungsentwurf eines Übernahmerichtlinie-Umsetzungsgesetz vom 17.3.2006 (zit.: Gemeinsame Stellungnahme des BDI, der BDA, des DIHK und der GDK zum RegE eines Übernahmerichtlinie-Umsetzungsgesetz), abrufbar unter: www.dihk.de/inhalt/themen/recht undfairplay/stellungnahmen/uebernahmerichtlinie.pdf
Bedkowski, Dorothea	Der neue Emittentenleitfaden der Bafin, BB 2009, 394
Bedkowski, Dorothea	Der neue Emittentenleitfaden der Bafin – nunmehr veröffentlicht, BB 2009, 1482
Behrens, Peter	„Corporate Governance“, in: Festschrift für Ulrich Drobnig, Tübingen 1998, 491
Benckendorff, Andreas	Erwerb eigener Aktien im deutschen und US-amerikanischen Recht, Dissertation, Baden-Baden 1998 (zit.: Benckendorff)
Berger, Axel; Ellrott, Helmut; Förschle, Gerhart und Hense, Burkhard	Beck'scher Bilanz-Kommentar zum Handels- und Steuerrecht – §§ 238 bis 339 HGB –, 6. Auflage, München 2005 (zit.: *Bearbeiter* in Beck'scher Bilanzkommentar)
Bernhardt, Wolfgang und Witt, Peter	Stock Options und Shareholder Value, ZfB 67 (1997), 85

Berrar, Carsten und Schnorbus, York	Rückerwerb eigener Aktien und Übernahmerecht, ZGR 2003, 59
Bezzenberger, Tilmann	Erwerb eigener Aktien durch die AG, Köln 2002 (zit.: Bezzenberger)
Bosch, Ulrich und Groß, Wolfgang	Das Emissionsgeschäft, 3. Ausgabe, Köln 2006 (zit.: Bosch/Groß)
Bosse, Christian	Handel in eigenen Aktien durch die Aktiengesellschaft, WM 2000, 806
Bosse, Christian	Probleme des Rückkaufs eigener Aktien, Kommentar zu LG Berlin, NZG 2000, 944, NZG 2000, 923
Bosse, Christian	Mitarbeiterbeteiligung und Erwerb eigener Aktien, NZG 2001, 594
Bosse, Christian	Zulässigkeit des individuell ausgehandelten Rückkaufs eigener Aktien („Negotiated repurchase") in Deutschland, NZG 2000, 16
Bosse, Christian	Wesentliche Neuerungen ab 2007 aufgrund des Transparenzrichtlinie-Umsetzungsgesetzes für börsennotierte Unternehmen, DB 2007, 39
Budde, Wolfgang Dieter	Aktienrückkaufprogramme im Spannungsfeld von Aktien-, Bilanz- und Steuerrecht, in: Festschrift für Klaus Offerhaus, 1999, S. 659
Bühner, Rolf und Weinberger, Hans-Joachim	Cash-Flow und Shareholder Value, BFuP 1991, 187
Bundesanstalt für Finanzdienstleistungsaufsicht (BaFin)	Emittentenleitfaden der Bundesanstalt für Finanzdienstleistungsaufsicht, Stand: 28. April 2009, Frankfurt am Main, Bonn, abrufbar unter: www.bafin.de (zit.: BaFin)

Burgard, Ulrich — Ad hoc-Publizität bei gestreckten Sachverhalten und mehrstufigen Entscheidungsprozessen, ZHR 162 (1998), 51

Bürgers, Tobias — Das Anlegerschutzverbesserungsgesetz, BKR 2004, 424

Büschgen, Hans E. — Das kleine Börsenlexikon, 22. Auflage, Düsseldorf 2001

Busse von Colbe, Walther — Was ist und was bedeutet Shareholder Value aus betriebswirtschaftlicher Sicht?, ZGR 1997, 271

Butzke, Volker — Gesetzliche Neuregelungen beim Erwerb eigener Aktien, WM 1995, 1389

Cahn, Andreas — Das neue Insiderrecht, Der Konzern 2005, 5

Cahn, Andreas — Grenzen des Markt- und Anlegerschutzes durch das WpHG, ZHR 162 (1998), 1

Calliess, Christian und Ruffert, Matthias — Kommentar des Vertrages über die Europäische Union und des Vertrages zur Gründung der Europäischen Gemeinschaft sowie die Europäische Grundrechtscharta – EUV/EG –, 3. Auflage, Neuwied 2006 (zit.: *Bearbeiter* in Calliess/Ruffert, EUV/EGV)

Caspari, Karl-Burkhard — Die geplante Insiderregelung in der Praxis, ZGR 1994, 530

Casper, Matthias — Insiderverstöße bei Aktienoptionsprogrammen, WM 1999, 363

Claussen, Carsten Peter — Aktienoptionen – eine Bereicherung des Kapitalmarktrechts, WM 1997, 1825

Claussen, Carsten Peter — 25 Jahre deutsches Aktiengesetz von 1965 (II), AG 1991, 10

Claussen, Carsten Peter — Bank- und Börsenrecht für Studium und Praxis, 3. Auflage, München 2003 (zit.: Claussen, Bank- und Börsenrecht)

Claussen, Carsten Peter — Wie ändert das KonTraG das Aktiengesetz? DB 1998, 177

Claussen, Carsten Peter — Aktienrechtsreform 1997, AG 1996, 481

Claussen, Carsten Peter — Anstöße für die nächste Aktienrechtsreform, AG S/1997, 108

Claussen, Carsten Peter — Das Wertpapierhandelsgesetz und die Wertpapieranalysten – ein offenes Feld, AG 1997, 306

Clemm, Hermann — Zur Verantwortung der Unternehmensleitung gegenüber Aktionären („shareholder value"), Arbeitnehmern, und Gemeinwohl („soziale Verantwortung") Anmerkungen vor dem Hintergrund der aktuellen wirtschaftlichen und sozialen (auch Beschäftigungs-)Lage in Deutschland, in: Festschrift für Wolfgang Rittner, Köln 1997, S. 675

Comment, Robert und Jarrell, Gregg A. — The Relative Signalling Power of Dutch-Auction and Fixed-Price Self-Tender Offers and Open-Market Share Repurchases, The Journal of Finance 46 (1991), 1243

Dann, Larry Y. — Common Stock Repurchases, An Analysis of Returns to Bondholders and Stockholders, Journal of Financial Economics 9 (1981), 113

Dannenbring, Jan — Aktuelle Initiativen der Europäischen Kommission zur Verwaltungsvereinfachung und besseren Rechtsetzung, WiVerw 1999, 112

Deutscher Anwaltsverein	Referentenentwurf zur Änderung des Aktiengesetzes („KonTraG“) – Stellungnahme des DAV, ZIP 1997, 163
Deutsches Aktieninstitut	Der Erwerb eigener Aktien in Deutschland, Ergebnisse einer Untersuchung des Deutschen Aktieninstituts zum Rückkauf eigener Aktien durch die Gesellschaft, Frankfurt am Main 1995 (zit.: DAI, Erwerb eigener Aktien)
Deutsches Aktieninstitut	Stellungnahme zu CESR`s Advice on possible Level 2 Implementing Measures for the proposed Market Abuse Directive, 30.September 2002 (zit.: DAI, Stellungnahme zur Level 2-Regulierung des Marktmissbrauchs)
Diekmann, Hans und Merkner, Andreas	Die praktische Anwendung des WpÜG auf öffentliche Angebote zum Erwerb eigener Aktien, ZIP 2004, 836
Diekmann, Hans und Sustmann, Marco	Gesetz zur Verbesserung des Anlegerschutzes (Anlegerschutzverbesserungsgesetz – AnSVG), NZG 2004, 929
Dier, Christian und Fürhoff, Jens	Die geplante europäische Marktmissbrauchsrichtlinie, AG 2002, 604
Dokumentation	Referentenentwurf eines Gesetzes zur Kontrolle und Transparenz im Unternehmensbereich – Art. 1: Änderung des AktG, AG S/1997, 7
Dokumentation	Referentenentwurf zur Änderung des Aktiengesetzes („KonTraG“), ZIP 1996, 2129
Donath, Roland	Das Gesellschaftsrecht in Europa, JA 1993, 289

Dreyling, Georg	Die Umsetzung der Marktmissbrauchs-Richtlinie über Insider-Geschäfte und Marktmanipulation, Der Konzern 2005, 1
Drukarczyk, Jochen und Müller-Hagedorn, Lothar	Betriebswirtschaftslehre – Eine Einführung in die Theorie der Unternehmung, Teilband I, Wiesbaden 1978 (zit.: *Bearbeiter* in Handbuch der Betriebswirtschaft)
Drygala, Tim	Die Vorschläge der SLIM-Arbeitsgruppe zur Vereinfachung des Europäischen Gesellschaftsrechts, AG 2001, 291
Düringer, A. und Hachenburg, Max	Das Handelsgesetzbuch vom 10. Mai 1897 (unter Ausschluss des Seerechts) auf der Grundlage des Bürgerlichen Gesetzbuchs, III. Band / 1. Teil, Einleitung: Die Aktiengesellschaft im Leben der Wirtschaft und §§ 178-230a, 3. Auflage, Mannheim, Berlin, Leipzig 1934 (zit.: Düringer/Hachenburg-*Bearbeiter*)
Eberstadt, Gerhard	Rückkauf eigener Aktien – Ein wichtiges Element zur Stärkung des Finanzplatzes Deutschland, WM 1996, 1809
Eilenberger, Guido	Betriebliche Finanzwirtschaft, Einführung in Investition und Finanzierung, Finanzpolitik und Finanzmanagement von Unternehmungen, 7. Auflage, München, Wien 2002 (zit.: Eilenberger)
Ekkenga, Jens	Kurspflege und Kursmanipulation nach geltendem und künftigem Recht, WM 2002, 317
Elschen, Rainer	Shareholder Value und Agency-Theorie – Anreiz- und Kontrollsysteme für Zielsetzungen der Anteilseigner, BFuP 1991, 209

Englert, Joachim und Scholich, Martin — Unternehmensführung auf der Basis eines umfassenden Shareholder Value-Management-Konzepts, BB 1998, 684

Ernst, Christoph; Seibert, Ulrich und Stuckert, Fritz — KonTraG, KapAEG, StückAG, EuroEG (Gesellschafts- und Bilanzrecht), Textausgabe mit Begründungen der Regierungsentwürfe, Stellungnahmen des Bundesrates mit Gegenäußerungen der Bundesregierung, Berichten des Rechtsausschusses des Deutschen Bundestages, Stichwortverzeichnis, Düsseldorf 1998 (zit.: Ernst/Seibert/Stuckert, KonTraG)

Escher-Weingart, Christina — Reform durch Deregulierung im Kapitalgesellschaftsrecht – Eine Analyse der Reformmöglichkeiten unter besonderer Berücksichtigung des Gläubiger- und Anlegerschutzes, 2001 (zit.: Escher-Weingart)

Escher-Weingart, Christina und Kübler, Friedrich — Erwerb eigener Aktien, Deutsche Reformbedürfnisse und europäische Fesseln? ZHR 162 (1998) 537

Fama, Eugene F. — Efficient Capital Markets: A Review of Theory and Empirical Work, The Journal of Finance 25 (1970), 383

Feddersen, Dieter — Aktienoptionsprogramme für Führungskräfte aus kapitalmarktrechtlicher und steuerlicher Sicht, ZHR 161 (1997), 269

Feddersen, Dieter und Pohl, Marcus — Die Praxis der Mitarbeiterbeteiligung seit Einführung des KonTraG, AG 2001, 26

Fischel, Daniel R. und Ross, David J. — Should the Law Prohibit „Manipulation" in Financial Markets?, Harvard L. Review 105 (1991), 503

Fischer zu Cramburg, Ralf — IIMG legt zweiten Bericht zum Lamfalussy-Verfahren vor,
AG 2004, R 44

Flechtheim, Julius — Zur Aktienrechtsnovelle,
Bank-Archiv 1931, 10

Fleischer, Holger — Statthaftigkeit und Grenzen der Kursstabilisierung,
ZIP 2003, 2045

Fleischer, Holger — Das Vierte Finanzmarktförderungsgesetz,
NJW 2002, 2977

Fleischer, Holger und Körber, Torsten — Der Rückerwerb eigener Aktien und das Wertpapiererwerbs- und Übernahmegesetz,
BB 2001, 2589

Franke, Günter — Neuere Entwicklungen auf dem Gebiet der Finanzmarkttheorie,
WiSt 1993, 389

Ganske, Joachim — Das Zweite gesellschaftsrechtliche Koordinierungsgesetz vom 13. Dezember 1978,
DB 1978, 2461

Geber, Susanne und zur Megede, Ekkehard — Aktienrückkauf – Theorie und Kapitalmarktpraxis unter Beachtung der „Safe-harbor-Verordnung" (EG Nr. 2273/2003),
BB 2005, 1861

Geibel, Stephan und Süßmann, Rainer — Wertpapiererwerbs- und Übernahmegesetz (WpÜG) Kommentar mit WpÜG-Angebotsverordnung und den geänderten Vorschriften in AktG, WpHG, KAAG, AuslInvestmG, KWG, VerkProspG, VerkProspVO, GKG und BRAGO,
1. Auflage, München 2002
(zit.: *Bearbeiter* in Geibel/Süßmann)

Gerber, Ludwig — Der Erwerb eigener Aktien durch die Aktiengesellschaft, Würzburg 1932
(zit.: Gerber)

Gerke, Wolfgang und Steiner, Manfred	Handwörterbuch des Bank- und Finanzwesens, 3. Auflage, Stuttgart 2001 (zit.: *Bearbeiter* in Handwörterbuch des Bank- und Finanzwesens)
Geßler, Ernst; Hefermehl, Wolfgang; Eckardt, Ulrich; Kropff, Bruno und Bungeroth, Erhard; Fuhrmann, Hans; Hüffer, Uwe; Semler, Johannes	Aktiengesetz, Kommentar, Band 1 (§§ 1-75), München 1973-1984 (zit.: Geßler/Hefermehl-*Bearbeiter*)
Göbel, Elisabeth	Neue Institutionenökonomik, Konzeption und betriebswirtschaftliche Anwendungen, 1. Auflage, Stuttgart 2002
Grimme, Leoni und Buttlar, Julia von	Neue Entwicklungen in der Ad-hoc-Publizität – Vom Vierten Finanzmarktförderungsgesetz zur Marktmissbrauchsrichtlinie WM 2003, 901
Grobecker, Wolfgang und Michel, Arndt	Rückkauf eigener Aktien: Die Grenzen des § 71 Abs. 1 Nr. 8 AktG, DStR 2001, 1757
Groeben, Hans von der und Schwarze, Jürgen	Kommentar zum Vertrag über die Europäische Union und zur Gründung der Europäischen Gemeinschaft, Band 4, Art. 189 – 314 EGV, 6. Auflage, Baden-Baden 2004 (zit.: *Bearbeiter* in Groeben/Schwarze, EUV/EGV)
Groh, Manfred	Shareholder Value und Aktienrecht, DB 2000, 2153
Groß, Wolfgang	Kapitalmarktrecht, Kommentar zum Börsengesetz, zur Börsenzulassungs-Verordnung, zum Verkaufsprospektgesetz und zur Verkaufsprospekt-Verordnung, 3. Auflage, München 2006 (zit.: Groß, Kapitalmarktrecht)

Großmann, Klaus	Praxisrelevante Änderungen des Wertpapierhandelsgesetzes – Die Auswirkungen des Vierten Finanzmarktförderungsgesetzes, DB 2002, 2031
Grundmann, Stefan	Europäisches Gesellschaftsrecht, Eine systematische Darstellung unter Einbeziehung des Europäischen Kapitalmarktrechts, Heidelberg 2004 (zit.: Grundmann)
Habersack, Mathias	Rückerwerbbare Aktien auch für deutsche Gesellschaften!, in: Festschrift für Marcus Lutter, Köln 2000, S. 1329
Habersack, Mathias	Das Andienungs- und Erwerbsrecht bei Erwerb und Veräußerung eigener Anteile, ZIP 2004, 1121
Habersack, Mathias	Stellungnahme zum Regierungsentwurf eines Gesetzes zur Umsetzung der Richtlinie 2004/25/EG betreffend Übernahmeangebote (Drs. 16/1003) vom 2.5.2006 (zit.: Stellungnahme von Habersack zum RegE eines Übernahmerichtlinie-Umsetzungsgesetz), abrufbar über die Internetseite der Universität Augsburg: www. Juristische Fakultät → Professoren/Dozenten → Prof. Dr. Möllers → Materialien → Direktzugriff → Entstehungsgeschichte deutscher Gesetze → Gesetz zur Umsetzung der RiL 2004/25/EG des Europ. Parlaments und des Rates v. 21.4.2004 betreffend Übernahmeangebote (Übernahmerichtlinie-Umsetzungsgesetz)
Hampel, Volker	Erwerb eigener Aktien und Unternehmenskontrolle, Beiträge zur Theorie der Finanzmärkte Nr. 10, Frankfurt am Main, 1994

Handelsrechtsausschuss des DAV	Stellungnahme zum Regierungsentwurf eines Gesetzes zur Verbesserung des Anlegerschutzes (Anlegerschutzverbesserungsgesetz – AnSVG), NZG 2004, 703
Happ, Wilhelm und Semler, Johannes	Ad hoc-Publizität im Spannungsfeld von Gesellschaftsrecht und Anlegerschutz – Zum Begriff der „Tatsache“ in § 15 WpHG bei mehrstufigen Entscheidungsprozessen –, ZGR 1998, 117
Harbarth, Stephan	Ad-hoc-Publizität beim Unternehmenskauf, ZIP 2005, 1898
Hayek, F.A.	The Use of Knowledge in Society, The American Economic Review 35 (1945), 519
Henn, Günter	Handbuch des Aktienrechts, 7. Auflage, Heidelberg (zit.: Henn)
Hirsch, Hendrik	Der Erwerb eigener Aktien nach dem KonTraG, Unter besonderer Berücksichtigung der Bilanzierung eigener Aktien, Köln 2004 (zit.: Hirsch)
Hirte, Heribert und Möllers, Thomas M. J.	Kölner Kommentar zum WpHG, Köln, Berlin, München 2007 (zit.: KöKoWpHG-*Bearbeiter*)
Hirte, Heribert und von Bülow, Christoph	Kölner Kommentar zum WpÜG mit AngebVO und §§ 327a – 327 f AktG, Köln, Berlin, Bonn, München 2003 (zit.: KöKoWpÜG-*Bearbeiter*)
Holzborn, Timo und Israel, Alexander	Das Anlegerschutzverbesserungsgesetz – Die Veränderungen im WpHG, VerkProspG und BörsG und ihre Auswirkungen in der Praxis –, WM 2004, 1948

Hommelhoff, Peter — Corporate Governance: Vertragen sich die deutsche Unternehmensverfassung und das Shareholder Value-Prinzip?, ZfB-Ergänzungsband 4/1997, 17

Hommelhoff, Peter — Das Unternehmensrecht vor den Herausforderungen der Globalisierung, in: Festschrift für Marcus Lutter, Köln 2000, S. 95

Hopt, Klaus J. — Europäisches Gesellschaftsrecht und deutsche Unternehmensverfassung – Aktionsplan und Interpendenzen, ZIP 2005, 461

Hopt, Klaus J. — Der Kapitalanlegerschutz im Recht der Banken – gesellschafts-, bank- und börsenrechtliche Anforderungen an das Beratungs- und Verwaltungsverhalten der Kreditinstitute –, München 1975 (zit.: Hopt, Kapitalanlegerschutz)

Hopt, Klaus J. — Grundsatz- und Praxisprobleme nach dem Wertpapierhandelsgesetz – insbesondere Insidergeschäfte und Ad-hoc-Publizität –, ZHR 159 (1995), 135

Hopt, Klaus J. und Waschkeit, Indre — „Stabilisation and Allotment – A European Supervisory Approach" – Stellungnahme zum FESCO-Konsultationsdokument vom 15.9.2000, in: Festschrift für Werner Lorenz, München 2001, S. 147

Hopt, Klaus J. und Wiedemann, Herbert — Aktiengesetz, Großkommentar, Erster Band, Einleitung, §§ 1-53, 4. Auflage, Berlin 2004 (zit.: *Bearbeiter* in GroßKommAktG)

Huber, Ulrich — Rückkauf eigener Aktien, in: Festschrift für Bruno Kropff, Düsseldorf 1997, S. 101

Huber, Ulrich — Zum Aktienerwerb durch ausländische Tochterunternehmen,
in: Festschrift für Konrad Duden, München 1997, S.137

Hueck, Götz und Windbichler, Christine — Gesellschaftsrecht, ein Studienbuch, 20. Auflage, München 2003
(zit.: Hueck/Windbichler, Gesellschaftsrecht)

Hüffer, Uwe — Beck'sche Kurz-Kommentare zum Aktiengesetz, 7. Auflage, München 2006
(zit.: Hüffer, AktG)

Hüffer, Uwe — Harmonisierung des aktienrechtlichen Kapitalschutzes. Die Durchführung der Zweiten EG-Richtlinie zur Koordinierung des Gesellschaftsrechts,
NJW 1979, 1065

Hüffer, Uwe — Aktienbezugsrechte als Bestandteil der Vergütung von Vorstandsmitgliedern und Mitarbeitern – gesellschaftsrechtliche Analyse,
ZHR 161 (1997), 214

Hulle, Karel van und Maul, Silja — Aktionsplan zur Modernisierung des Gesellschaftsrechts und Stärkung der Corporate Governance,
ZGR 2004, 484

Hutter, Stephan und Kaulamo, Katja — Das Transparenzrichtlinie-Umsetzungsgesetz: Änderungen der anlassabhängigen Publizität,
NJW 2007, 471

Hutter, Stephan und Kaulamo, Katja — Transparenzrichtlinie-Umsetzungsgesetz: Änderungen der Regelpublizität und das neue Veröffentlichungsregime für Kapitalmarktinformationen,
NJW 2007, 550

Hutter, Stephan und Leppert, Michael — Das 4. Finanzmarktförderungsgesetz aus Unternehmenssicht,
NZG 2002, 649

Johannsen-Roth, Tim | Der Erwerb eigener Aktien, Regelungsprobleme im Spannungsfeld gesellschaftsrechtlicher Normbehelfe und kapitalmarktrechtlich implizierter Verhaltensforderungen, Dissertation, Köln 2001 (zit.: Johannsen-Roth)

Kallfass, Hermann H. | Kapitalmarktkoordination: Die Koordinationsprozesse über Märkte für Beteiligungstitel in der Theorie und in der wissenschaftlichen Realität, Habilitation, Hamburg 1991

Kallmeyer, Harald | SLIM Schlankheitskur für das EU-Gesellschaftsrecht, AG 2001, 406

Kallmeyer, Harald | Aktienoptionspläne für Führungskräfte im Konzern, AG 1999, 97

Kellerhals, Philipp und Rausch, Elmar | Die Liberalisierung von Aktienrückkäufen: Bundesdeutsche Erfahrungen, AG 2000, 222

Kiem, Roger und Kotthoff, Jost | Ad-hoc-Publizität bei mehrstufigen Entscheidungsprozessen, DB 1995, 1999

Kindl, Johann | Der Erwerb eigener Aktien nach Europäischem Gemeinschaftsrecht, ZeuP 1994, 77

Klein, Albrecht | Abwehrmöglichkeiten gegen feindliche Übernahmen in Deutschland, NJW 1997, 2085

Koch, Jens | Der Erwerb eigener Aktien – kein Fall des WpÜG, NZG 2003, 61

Koch, Stefan | Neuerungen im Insiderrecht und der Ad-hoc-Publizität, DB 2005, 267

Kopp, Hans Joachim | Erwerb eigener Aktien, Ökonomische Analyse vor dem Hintergrund von Unternehmensverfassung und Informationseffizienz des Kapitalmarktes, Dissertation, Koblenz 1995

Kraft, Gerhard und Altvater, Christian | Die zivilrechtliche, bilanzielle und steuerliche Behandlung des Rückkaufs eigener Aktien, NZG 1998, 448

Krause, Hartmut | Die Abwehr feindlicher Übernahmeangebote auf der Grundlage von Ermächtigungsbeschlüssen der Hauptversammlung, BB 2002, 1053

Krause, Hartmut | BB-Europareport: Die EU-Übernahmerichtlinie – Anpassungsbedarf im Wertpapiererwerbs- und Übernahmegesetz, BB 2004, 113

Kropff, Bruno und Semler, Johannes | Münchener Kommentar zum Aktiengesetz, Band 2, §§ 53a-75, 2. Auflage, München 2003 und Band 3, §§ 76-117 AktG, MitbestG, § 76 BetrVG 1952, 2. Auflage, München 2004 (zit.: MüKoAktG-*Bearbeiter*)

Kübler, Friedrich | Gesellschaftsrecht, 6. Auflage, Heidelberg 2006 (zit.: Kübler, Gesellschaftsrecht)

Kübler, Friedrich | Aktie, Unternehmensfinanzierung und Kapitalmarkt, Rechtsvergleichende Untersuchung der Möglichkeiten der Eigenkapitalbeschaffung in der Bundesrepublik und in den USA, unter besonderer Berücksichtigung der mit der nennwertlosen Aktie verbundenen Vor- und Nachteile, Köln 1989 (zit.: Kübler)

Kübler, Friedrich | Stellungnahme zur Aktienrechtsreform 1997, AG S/1997, 48

Kuhner, Christoph — Unternehmensinteresse vs. Shareholder Value als Leitmaxime kapitalmarktorientierter Aktiengesellschaften, ZGR 2004, 244

Kümpel, Siegfried — Kapitalmarktrecht – Eine Einführung –, 3. Auflage, Berlin 2004 (zit.: Kümpel, Kapitalmarktrecht)

Kümpel, Siegfried — Bank- und Kapitalmarktrecht, 3. Auflage, Köln 2004 (zit.: Kümpel, Bank- und Kapitalmarktrecht)

Kümpel, Siegfried — Aktuelle Fragen der Ad hoc-Publizität, AG 1997, 66

Kümpel, Siegfried und Veil, Rüdiger — Wertpapierhandelsgesetz – Eine systematische Darstellung –, 2. Auflage, Berlin 2006 (zit.: Kümpel/Veil, WpHG)

Kuthe, Thorsten — Änderungen des Kapitalmarktrechts durch das Anlegerschutzverbesserungsgesetz, ZIP 2004, 883

Leithaus, Rolf — Die Regelung des Erwerbs eigener Aktien in Deutschland und den Niederlanden, Eine rechtsvergleichende Arbeit aus europäischer Sicht, Dissertation, München 2000 (zit.: Leithaus)

Lenz, Jürgen und Linke, Ulf — Rückkauf eigener Aktien nach dem Wertpapiererwerbs- und Übernahmegesetz, AG 2002, 420

Lenzen, Ursula — Unerlaubte Eingriffe in die Börsenkursbildung, Dissertation, Neuss 2000 (zit.: Lenzen)

Lenzen, Ursula — Reform des Rechts zur Verhinderung der Börsenkursmanipulation, WM 2000, 1131

Lenzen, Ursula	Das neue Recht der Kursmanipulation, ZBB 2002, 279
Lenzen, Ursula	Verbot der Kurs- und Marktpreismanipulation im Referenten-Entwurf für das 4. Finanzmarktförderungsgesetz, FB 2001, 603
Leppert, Michael und Stürwald, Florian	Die insiderrechtlichen Regelungen des Vorschlages für eine Marktmissbrauchsrichtlinie und der Stand der Umsetzung im deutschen Wertpapierhandelsrecht, ZBB 2002, 90
Leppert, Michael und Stürwald, Florian	Aktienrückkauf und Kursstabilisierung – Die Safe-Harbour-Regelungen der Verordnung (EG) Nr. 2273/2003 und der KuMaKV, ZBB 2004, 302
Leuering, Dieter	Behandlung zukünftiger Umstände im Recht der Ad-hoc-Publizität – Zum DaimlerChrysler-Musterentscheid des BGH vom 25.2.2008, II ZB 9/07, DStR 2008, 680
Leuering, Dieter	Der Rückerwerb eigener Aktien im Auktionsverfahren, AG 2007, 435
Lutter, Marcus	Zur Europäisierung des deutschen Aktienrechts, in: Festschrift für Murad Ferid, München 1978, S. 599
Lutter, Marcus	Stellungnahme zur Aktienrechtsreform 1997, AG S/1997, 52
Maier, Stefan	Die Europäische Übernahmerichtlinie vom 21.4.2004 – eine erneute Momentaufnahme?, abrufbar unter www.nwir.de/aktuell/Maier_UebernRiL.pdf (zit.: Maier)

Marsch-Barner, Reinhard und Schäfer, Frank A. | Handbuch börsennotierte AG, Aktien- und Kapitalmarktrecht, Köln 2005 (zit.: *Bearbeiter* in Marsch-Barner/Schäfer)

Martens, Klaus-Peter | Eigene Aktien und Stock-Options in der Reform, AG S/1997, 83

Maul, Silja und Muffat-Jeandet, Danièle | Die EU-Übernahmerichtlinie – Inhalt und Umsetzung in nationales Recht (Teil II), AG 2004, 306

Meißner, Jörg | Die Stabilisierung und Pflege von Aktienkursen im Kapital- und Aktienrecht, Dissertation, Berlin 2005 (zit.: Meißner)

Merkner, Andreas und Sustmann, Marco | Insiderrecht und Ad-Hoc-Publizität – Das Anlegerschutzverbesserungsgesetz „in der Fassung durch den Emittentenleitfaden der BaFin", NZG 2005, 729

Merkt, Hanno | Unternehmenspublizität, Offenlegung von Unternehmensdaten als Korrelat der Marktteilnahme, Tübingen 2001 (zit.: Merkt)

Merkt, Hanno | Zur Entwicklung des deutschen Börsenrechts von den Anfängen bis zum Zweiten Finanzmarktförderungsgesetz, in: Börsenreform, Eine ökonomische, rechtsvergleichende und rechtspolitische Untersuchung, herausgegeben von Klaus J. Hopt / Bernd Rudolph / Harald Baum, Stuttgart 1997, S. 17 (zit.: Merkt in Hopt/Rudolph/Baum, Börsenreform)

Merkt, Hanno | Schriftliche Stellungnahme zur öffentlichen Anhörung in Berlin am 10. Mai 2006 zum Gesetzesentwurf der Bundesregierung – Drucksache 16/1003 – Entwurf eines Gesetzes zur Umsetzung der Richtlinie 2004/25/EG des Europäischen Parlaments und des Rates vom 21. April 2004 betreffend

	Übernahmeangebote (Übernahmerichtlinie-Umsetzungsgesetz) vom 8.5.2006 (zit.: Stellungnahme von Merkt zum RegE eines Übernahmerichtlinie-Umsetzungsgesetz), abrufbar über die Internetseite der Universität Augsburg: www. Juristische Fakultät → Professoren/ Dozenten → Prof. Dr. Möllers → Materialien → Direktzugriff → Entstehungsgeschichte deutscher Gesetze → Gesetz zur Umsetzung der RiL 2004/25/EG des Europ. Parlaments und des Rates v. 21.4.2004 betreffend Übernahmeangebote (Übernahmerichtlinie-Umsetzungsgesetz)
Meyer, Andreas	Neue Entwicklungen bei der Kursstabilisierung, AG 2004, 289
Michalski, Lutz	Abwehrmechanismen gegen unfreundliche Übernahmeangebote („unfriendly takeovers") nach deutschem Aktienrecht, AG 1997, 152
Möller, Andreas	Die Neuregelung des Verbots der Kurs- und Marktpreismanipulation im Vierten Finanzmarktförderungsgesetz, WM 2002, 309
Möller, Hans Peter	Die Informationseffizienz des deutschen Aktienmarktes – eine Zusammenfassung und Analyse empirischer Untersuchungen, zfbf 37 (1985), 500
Möller, Mirko	Rückerwerb eigener Aktien. Der Rückerwerb eigener Aktien ohne positive gesetzliche Zweckvorgabe, Dissertation, Köln 2005 (zit.: Möller)
Möllers, Thomas M. J.	Der BGH, die BaFin und der EuGH: Ad-hoc-Publizität beim einvernehmlichen vorzeitigen Ausscheiden des Vorstandsvorsitzenden Jürgen Schrempp, NZG 2008, 330

Möllers, Thomas M. J. | Anlegerschutz durch Aktien- und Kapitalmarktrecht – Harmonisierungsmöglichkeiten nach geltendem und künftigem Recht, ZGR 1997, 334

Moosmayer, Klaus | Straf- und bußgeldrechtliche Regelungen im Entwurf eines Vierten Finanzmarktförderungsgesetzes, wistra 2002, 161

Mülbert, Peter O. | Shareholder Value aus rechtlicher Sicht, ZGR 1997, 129

Mülbert, Peter O. | Aktiengesellschaft, Unternehmensgruppe und Kapitalmarkt; Die Aktionärsrechte bei Bildung und Umbildung einer Unternehmensgruppe zwischen Verbands- und Anlegerschutzgesichtspunkten, Habilitationsschrift München 1995 (zit.: Mülbert, Aktiengesellschaft, Unternehmensgruppe und Kapitalmarkt)

Müller, Welf und Rödder, Thomas | Beck'sches Handbuch der AG – mit KGaA – Gesellschaftsrecht – Steuerrecht – Börsengang, 1. Auflage, München 2004 (zit.: *Bearbeiter* in Beck'sches Handbuch der AG)

Neumann, Manfred J. M. und Klein, Martin | Probleme der Theorie effizienter Märkte und ihrer empirischer Überprüfung, Kredit und Kapital 1982, 165

Niessen, Hermann | Gründung und Kapital von Aktiengesellschaften im Gemeinsamen Markt – Zum Vorschlag der Kommission einer zweiten Richtlinie zur Angleichung des Gesellschaftsrechts – AG 1970, 281

Nikoleyczik, Tobias | Ad-hoc-Publizitätspflicht bei zukunftsbezogenen Sachverhalten – der Fall „Schrempp“, GWR 2009, 82

Noack, Ulrich | Neue Publizitätspflichten und Publizitätsmedien für Unternehmen – eine Bestandsaufnahme nach EHUG und TUG, WM 2007, 377

Nussbaum, Arthur | Kommentar zum Börsengesetz, München 1910 (zit.: Nussbaum, BörsG)

Oechsler, Jürgen | Der ReE zum Wertpapiererwerbs- und Übernahmegesetz – Regelungsbedarf auf der Zielgeraden!, NZG 2001, 817

Paefgen, Walter G. | Die Gleichbehandlung beim Aktienrückerwerb im Schnittfeld von Gesellschafts- und Übernahmerecht, ZIP 2002, 1509

Pananis, Panos | Zur Abgrenzung von Insidertatsache und ad-hoc-publizitätspflichtigem Sachverhalt bei mehrstufigen Entscheidungsprozessen, WM 1997, 460

Park, T. | Börsenstrafrechtliche Risiken für Vorstandsmitglieder von börsennotierten Aktiengesellschaften, BB 2001, 2069

Peltzer, Oliver | Die Neuregelung des Erwerbs eigener Aktien im Lichte der historischen Erfahrungen, WM 1998, 322

Perridon, Louis und Steiner, Manfred | Finanzwirtschaft der Unternehmung, 14. Auflage, München 2007 (zit.: Perridon/Steiner)

Pfüller, Markus und Anders, Dietmar | Die Verordnung zur Konkretisierung des Verbotes der Kurs- und Marktpreismanipulation nach § 20a WpHG, WM 2003, 2445

Piepenburg, Manfred	Sind die Vorschriften zum Rückkauf eigener Aktien noch zeitgemäß? Sollte das in §§ 71 ff. AktG geregelte – mit einigen Ausnahmen versehene – grundsätzliche Verbot aufgehoben werden? BB 1996, 2582
Pirner, Barbara und Lebherz, Axel	Wie nach dem Transparenzrichtlinie-Umsetzungsgesetz publiziert werden muss, AG 2007, 19
Posner, Dirk	Der Erwerb eigener Aktien in der US-amerikanischen Unternehmenspraxis, AG 1994, 312
Raisch, Peter	Zum Begriff und zur Bedeutung des Unternehmensinteresses als Verhaltensmaxime von Vorstand und Aufsichtsrat, in: Festschrift für Wolfgang Hefermehl, 1976, S. 347
Raiser, Thomas und Veil, Rüdiger	Recht der Kapitalgesellschaften, Ein Handbuch für Praxis und Wissenschaft, Aktiengesellschaft, Kommanditgesellschaft auf Aktien, Gesellschaft mit beschränkter Haftung, Kapitalgesellschaft & Co., Umwandlungsrecht, Konzernrecht, Internationales Gesellschaftsrecht, 4. Auflage, München 2006 (zit.: Raiser/Veil)
Rams, Andreas	Aktienrückkauf: Flexibilisierung der Unternehmensfinanzierung, Die Bank 1997, 216
Reichert, Jochem und Harbarth, Stephan	Veräußerung und Einziehung eigener Aktien, ZIP 2001, 1441
Ringleb, Henrik-Michael; Kremer, Thomas; Lutter, Marcus und Werder, Axel von	Kommentar zum Deutschen Corporate Governance Kodex, Kodex-Kommentar, 3. Auflage, München 2007 (zit.: KodexKom-*Bearbeiter*)

Rosen, Rüdiger von und Helm, Leonhard — Der Erwerb eigener Aktien durch die Gesellschaft – Plädoyer für ein neues Instrument der Unternehmensfinanzierung in Deutschland und einen wichtigen Impuls für den deutschen Kapitalmarkt –, AG 1996, 434

Rudolph, Bernd — Ökonomische Theorie und Insiderrecht, in: Festschrift für Adolf Moxter, Düsseldorf 1994, S. 1335

Ruffner, Markus — Die ökonomischen Grundlagen eines Rechts der Publikumsgesellschaft – Ein Beitrag zur Theorie der Corporate Governance –, Zürich 2000, (zit.: Ruffner)

Saria, Gerhard — Schranken beim Erwerb eigener Aktien nach § 71 I Nr. 8 AktG, NZG 2000, 458

Schäfer, Frank A. — Zulässigkeit und Grenzen der Kurspflege, WM 1999, 1345

Schander, Albert Axel — Der Rückkauf eigener Aktien nach KonTraG und Einsatzpotenziale bei Übernahmetransaktionen, ZIP 1998, 2087

Schander, Albert Axel — Abwehrstrategien gegen feindliche Übernahmen und ihre Zulässigkeit im Lichte der Aktienrechtsreform, BB 1997, 1801

Schilling, Wolf Ulrich — Shareholder Value und Aktiengesetz, BB 1997, 373

Schilling, Wolfgang — Das Aktienunternehmen, ZHR 144 (1980), 134

Schlitt, Michael und Schäfer, Susanne	Auswirkungen der Umsetzung der Transparenzrichtlinie und der Finanzmarktrichtlinie auf Aktien- und Equity-Linked-Emissionen, AG 2007, 227
Schmidt, Karsten	Gesellschaftsrecht, 4. Auflage, Köln, Berlin, Bonn, München 2002 (zit.: Karsten Schmidt, Gesellschaftsrecht)
Schmidt, Reinhard H.	Neuere Property Rights-Analysen in der Finanzierungstheorie in: Betriebswirtschaftslehre und Theorie der Verfügungsrechte, herausgegeben von Dietrich Budäus, Elmar Gerum und Gebhard Zimmermann, Wiesbaden 1988 (zit.: Schmidt)
Schmidt, Reinhard H. und Spindler, Gerald	Shareholder- Value zwischen Ökonomie und Recht in Wirtschafts- und Medienrecht in der offenen Demokratie, Freundesgabe für Friedrich Kübler, Heidelberg 1998, S. 515
Schneider, Sven H.	Selbstbefreiung von der Pflicht zur Ad-hoc-Publizität, BB 2005, 897
Scholes, Myron S.	The Market for Securities: Substitution versus Price Pressure and the Effects of Information on Share Prices, The Journal of Business 45 (1972), 179
Schön, Siegfried	Geschichte und Wesen der eigenen Aktie, Würzburg 1937 (zit.: Schön)
Schwark, Eberhard	Kurs- und Marktpreismanipulation in Bankrecht und Kapitalmarktrecht in der Entwicklung, in: Festschrift für Siegfried Kümpel, Berlin 2003, S. 485

Schwark, Eberhard	Kapitalmarktrechtskommentar, Börsengesetz mit Börsenzulassungsverordnung, Verkaufsprospektgesetz mit Verkaufsprospektverordnung, Wertpapierhandelsgesetz, Wertpapiererwerbs- und Übernahmegesetz, 3. Auflage, München 2004 (zit.: Schwark, Kapitalmarktrecht)
Schwark, Eberhard	Börsengesetz, Kommentar zum Börsengesetz und zu den börsenrechtlichen Nebenbestimmungen, 2. Auflage, München 1994 (zit.: Schwark, BörsG)
Schwarze, Jürgen	EU-Kommentar, 1. Auflage, Baden- Baden 2000 (zit.: *Bearbeiter* in Schwarze, EU-Kom)
Seitz, Jochen	Die Integration der europäischen Wertpapiermärkte und die Finanzmarktgesetzgebung in Deutschland, BKR 2002, 340
Semler, Johannes	Vom Gesellschaftsrecht zum Unternehmensrecht – Versuch einer Orientierung – in: Unternehmen, Recht und Wirtschaftsordnung, in: Festschrift für Peter Raisch, Köln, Berlin, Bonn, München 1995, S. 291
Simon, Stefan	Die neue Ad-hoc-Publizität, Der Konzern 2005, 13
Singhof, Bernd und Weber, Christian	Neue kapitalmarktrechtliche Rahmenbedingungen für den Erwerb eigener Aktien, AG 2005, 549
Skog, Rolf	Der Erwerb eigener Aktien: Reformbestrebungen in den EU-Mitgliedstaaten, ZGR 1997, 306
Sorgenfrei, Ulrich	Zum Verbot der Kurs- oder Marktpreismanipulation nach dem 4. Finanzmarktförderungsgesetz, wistra 2002, 321

Spindler, Gerald — Deregulierung des Aktienrechts?, AG 1998, 53

Spindler, Gerald — Kapitalmarktreform in Permanenz – Das Anlegerschutzverbesserungsgesetz, NJW 2004, 3449

Spindler, Gerald und Stilz, Eberhard — Kommentar zum Aktiengesetz, Band 1, §§ 1-178, München 2007 (zit.: *Bearbeiter* in Spindler/Stilz, AktG)

Stenglein — Kommentar zu den strafrechtlichen Nebengesetzen des Deutschen Reiches, Band II, 5. Auflage, Berlin 1931 (zit.: Stenglein, Kommentar)

Streinz, Rudolf — Beck'sche Kurz-Kommentare zum EUV/EG – Vertrag über die Europäische Union und Vertrag zur Gründung der Europäischen Gemeinschaft, Band 57, München 2003 (zit.: *Bearbeiter* in Streinz, EUV/EG)

Streinz, Rudolf — Europarecht, 7. Auflage, Heidelberg 2005 (zit.: Streinz, Europarecht)

Streinz, Rudolf und Ohler, Christoph — § 20a WpHG in rechtsstaatlicher Perspektive – europa- und verfassungsrechtliche Anforderungen an das Verbot der Kurs- und Marktpreismanipulationen, WM 2004, 1309

Süßmann, Rainer — Anwendung des WpÜG auf öffentliche Angebote zum Erwerb eigener Aktien?, AG 2002, 424

Thel, Steve — $850,000 in Six Minutes – The Mechanics of Securities Manipulation, Cornell L. Review 79 (1994), 219

Titzrath, Alfons — Corporate Governance: Vertragen sich die deutsche Unternehmensverfassung und das Shareholder Value-Prinzip?, ZfB-Ergänzungsband 4/1997, 31

Tripmaker, Stefan — Der subjektive Tatbestand des Kursbetruges – Zugleich ein Vergleich mit der Neuregelung des Verbots der Kurs- und Marktpreismanipulation im Vierten Finanzmarktförderungsgesetz –, wistra 2002, 288

Ulmer, Peter — Aktienrecht im Wandel – Entwicklungslinien und Diskussionsschwerpunkte –, AcP 202 (2002), 143

Ulmer, Peter; Habersack, Mathias und Winter, Martin — Gesetz betreffend die Gesellschaften mit beschränkter Haftung (GmbHG), Großkommentar, Band II, §§ 29-52, Berlin 2006 (zit.: *Bearbeiter* in Ulmer/Habersack/Winter, Großkommentar zum GmbHG)

Vellen, Michael — SLIM-Initiative, UR 1998, 143

Vermaelen, Theo — Common Stock Repurchases and Market Signalling, An Empirical Study, Journal of Financial Economics 9 (1981), 139

Vogel, Joachim — Kurspflege: Zulässige Kurs- und Marktpreisstabilisierung oder straf- bzw. ahndbare Kurs- und Marktpreismanipulation?, WM 2003, 2437

Voigt, Stefan — Institutionenökonomik, 1. Auflage, München 2002

Wastl, Ulrich — Erwerb eigener Aktien nach dem Referentenentwurf zur Änderung des AktG und des HGB, DB 1997, 461

Wastl, Ulrich — Die juristische Organisationsstruktur deutscher Börsen- und bzw. Finanzplätze und deren Optimierung, WM 1999, 620

Wastl, Ulrich; Wagner, Franz und Lau, Thomas	Der Erwerb eigner Aktien aus juristischer Sicht, Herleitung und Entwicklung von Vorschlägen für eine gesetzgeberische Reform, Frankfurt am Main, Berlin, Bern, New York, Paris, Wien 1994 (zit.: Wastl/Wagner/Lau)
Weber, Martin	Die Entwicklung des Kapitalmarktrechts 2001/2002, NJW 2003, 18
Werder, Axel von	Shareholder Value-Ansatz als (einzige) Richtschnur des Vorstandshandelns, ZGR 1998, 69
Werder, Axel von	Corporate Governance: Vertragen sich die deutsche Unternehmensverfassung und das Shareholder Value-Prinzip? Ein betriebswirtschaftliches Statement, ZfB-Ergänzungsband 4/1997, 9
Widder, Stefan	Befreiung von der Ad-hoc-Publizität ohne Selbstbefreiungsbeschluss? BB 2009, 967
Widder, Stefan	BGH: Kapitalanleger-Musterverfahren gegen Daimler AG wegen unterlassener Ad-hoc-Mitteilung von Insiderinformation, BB 2008, 855
Wiedemann, Herbert	Gesellschaftsrecht, Ein Lehrbuch des Unternehmens- und Verbandsrechts, Band 1, Grundlagen, München 1980 (zit.: Wiedemann, Gesellschaftsrecht I)
Wiese, Tobias	KonTraG: Erwerb eigener Aktien und Handel in eigenen Aktien, DB 1998, 609

Winter, Martin und Harbarth, Stephan	Verhaltenspflichten von Vorstand und Aufsichtsrat der Zielgesellschaft bei feindlichen Übernahmeangeboten nach dem WpÜG, ZIP 2002, 1
Wöhe, Günter und Bilstein, Jürgen	Grundzüge der Unternehmensfinanzierung, 9. Auflage, München 2002 (zit.: Wöhe/Bilstein)
Wöhe, Günter und Döring, Ulrich	Bilanzierung und Bilanzpolitik, Betriebswirtschaftlich – Handelsrechtlich – Steuerrechtlich, 9. Auflage, München 1997 (zit.: Wöhe/Döring)
Würdinger, Hans	Aktienrecht und das Recht der verbundenen Unternehmen, Eine systematische Darstellung, 4. Auflage, Heidelberg, Karlsruhe 1981 (zit.: Würdinger, Aktienrecht)
Ziebe, Jürgen	Die Regelung des Erwerbs eigener Aktien in den Mitgliedstaaten der Europäischen Gemeinschaft, AG 1982, 175
Ziebe, Jürgen	Der Erwerb eigener Aktien und eigener GmbH-Gesellschaftsanteile in den Staaten der Europäischen Gemeinschaft, Dissertation, Frankfurt am Main 1981 (zit.: Ziebe)
Ziemons, Hildegard	Neuerungen im Insiderrecht und bei der Ad-hoc-Publizität durch die Marktmissbrauchsrichtlinie und das Gesetz zur Verbesserung des Anlegerschutzes, NZG 2004, 537
Ziouvas, Dimitris	Das neue Recht gegen Kurs- und Marktpreismanipulation im 4. Finanzmarktförderungsgesetz, ZGR 2003, 113

Ziouvas, Dimitris und Walter, Tonio — Das neue Börsenstrafrecht mit Blick auf das Europarecht – zur Reform des § 88 BörsG –, WM 2002, 1483

Zöllner, Wolfgang — Kölner Kommentar zum Aktiengesetz, Band 1, §§ 1-75 AktG, 2. Auflage, Köln 1986 und 1988 Band 2, §§ 76-117 AktG und Mitbestimmung im Aufsichtsrat, 2. Auflage, Köln 1996 (zit.: KöKoAktG-*Bearbeiter*)

Schriftenreihe zum Gesellschafts- und Kapitalmarktrecht

Herausgegeben von Lutz Michalski,
Axel Jäger und Klaus-Rudolf Wagner

Band 1 Volker Schulenburg: Bankenhaftung bei geschlossenen Immobilienfonds. Zugleich eine Untersuchung der Wissenszurechnung im Konzern. 2002.

Band 2 Jan Wittenberg: Der Bestandsschutz von Arbeitsverhältnissen im Umwandlungsrecht. 2002.

Band 3 Christian A. Eichner: Management-Buy-Out-Gestaltungen beim Konzern-Spin-Off. Unter besonderer Berücksichtigung der Unternehmenssteuerreform. 2002.

Band 4 Thomas Wunsch: Tracking Stocks - Geschäftsbereichsbezogene Gewinnbeteiligungen bei Aktiengesellschaften. Eine systematische gesellschafts- und steuerrechtliche Betrachtung. 2002.

Band 5 Jan Blumentritt: Die privatrechtlich organisierte Börse. Ein Beitrag zur Diskussion um die Neuordnung des Börsenwesens. 2003.

Band 6 Michael Grüner: Die Beendigung von Gewinnabführungs- und Beherrschungsverträgen. 2003.

Band 7 Holger Pittroff: Die Zurechnung von Stimmrechten gemäß § 30 WpÜG. 2004.

Band 8 Wolfgang Höhn: Ausgewählte Probleme bei Lock-up Agreements. 2004.

Band 9 Gunter Reiff: Gesellschaftsrechtliche Aspekte des regulären Delistings. 2004.

Band 10 Christoph Radke: Die Entsprechenserklärung zum Deutschen Corporate Governance Kodex nach § 161 AktG. Grundlagen und Haftungsfragen. 2004.

Band 11 Gordon Geiser: Gesellschaftsorganisation und Gesellschaftsinnenrecht virtueller Unternehmen. 2004.

Band 12 Gero F. Pfeiffer: Die Kommanditgesellschaft auf Aktien als Beteiligte eines Beherrschungsvertrags und einer Eingliederung. Ein Beitrag zum Konzernrecht einer hybriden Rechtsform. 2005.

Band 13 Markus Rasner: Die Pflichten der Zielgesellschaft bei unfreundlichen Übernahmeangeboten nach dem neuen deutschen WpÜG. Unter besonderer Berücksichtigung europäischer und US-amerikanischer Übernahmeregelungen sowie der Konzeption des Gemeinsamen Entwurfs einer EU-Übernahmerichtlinie. 2005.

Band 14 Julia Kraft: Die Europäisierung der deutschen Mitbestimmung durch das SE-Beteiligungsgesetz. Eine europa- und verfassungsrechtliche Analyse der Richtlinienumsetzung 2001/86/EG zur Ergänzung des Statuts der Europäischen Gesellschaft hinsichtlich der Beteiligung der Arbeitnehmer. 2005.

Band 15 Tobias A. Heinrich: Kapitalmarktrechtliche Transparenzbestimmungen und die Offenlegung von Beteiligungsverhältnissen. Eine rechtsvergleichende Untersuchung des europäischen, deutschen, englischen und US-amerikanischen Rechts. 2006.

Band 16 Hendrik Mielke: Die Rechtsstellung der Verfahrensbeteiligten im gesellschaftsrechtlichen Spruchverfahren. 2006.

Band 17 Florian Mahler: Rechtsgeschäftliche Verfügungen über sonder- und sammelverwahrte Wertpapiere des Kapitalmarktes. 2006.

Band 18 Ines Tauscher: Der Anwendungsbereich der §§ 293a–293g Abs. 1, 2 S. 1, Abs. 3 AktG. In einstufigen vertraglichen Unternehmensverbindungen. 2007.

Band 19 Wolfgang Böh: Die Aufklärungspflicht einer Bank bei der Finanzierung einer Beteiligung an einem geschlossenen Immobilienfonds. 2007.

Band 20 Angela Koch: Die Abkehr von der „bilanziellen Betrachtungsweise“ und ihre Auswirkungen auf die Existenzvernichtungshaftung. 2007.

Band 21 Markus Käppler: Die Rücknahme von Erwerbs- und Übernahmeangeboten nach dem WpÜG. 2008.

Band 22 Lars M. Laeger: Deutsch-amerikanisches Internationales Gesellschaftsrecht. Festschreibung der Gründungstheorie durch den deutsch-amerikanischen Freundschaftsvertrag? 2008.

Band 23 Wolf Rainer Bussian: Due Diligence bei Pakettransaktionen. Zur Rechtsstellung des Vorstands zwischen Auskunftsanspruch der Aktionäre, Insiderverboten und Datenschutz. 2008.

Band 24 Arne Kießling: Der übernahmerechtliche Squeeze-out gemäß §§ 39a, 39b WpÜG. Analyse eines neuen Instituts zum Ausschluss von Minderheitsaktionären. 2008.

Band 25 Uwe Trafkowski: Kreditderivate und Versicherungsderivate als Risikotransferverträge. 2009.

Band 26 Jörg Christoph Bussian: Die Verantwortung der Organe einer Aktiengesellschaft bei Fehlinformation des Sekundärmarkts. 2009.

Band 27 Dennis A. Lepczyk: Rechtliche Aspekte internationaler Börsenfusionen. Gesellschaftsrecht – Organisationsrecht – Aufsichtsrecht. 2009.

Band 28 Anna Lucia Izzo-Wagner: Kollisionsrecht und Gesellschaftsrecht nach der EuGH-Rechtsprechung und europäischen Normgebung. Konsequenzen für grenzüberschreitende Sitzverlegungen nach Inspire Art und Restrukturierungen von Kapitalgesellschaften nach Sevic, der Verschmelzungsrichtlinie und SEStEG unter Berücksichtigung steuerrechtlicher Aspekte. 2009.

Band 29 Hans-Georg Schulze: Geschäfte der Kapitalgesellschaft mit ihren Organmitgliedern. Ein Rechtsvergleich zwischen Deutschland, England und Frankreich. 2010.

Band 30 Annette Christoph: Insiderhandel unter besonderer Berücksichtigung von M&A-Transaktionen. 2010.

Band 31 Magdalena Boguslawska: Das Verbot des Handels in eigenen Aktien und seine Ausnahmen. 2010.

Band 32 Philipp Storm: Alternative Freiverkehrssegemente im Kapitalmarktrecht. Zugleich ein Beitrag zur rechtsökonomischen Analyse emittentenbezogener Regulierung durch einen Marktveranstalter und zum System der Segmentierung. 2010.

www.peterlang.de